사회과학의 방법론

사회적 설명의 다양성

일러두기

1. 옮긴이 주는 원서의 각주와 혼동되지 않도록 * 표시로 처리했다.
2. 원서의 자료가 국내에 번역되어 출간된 경우 본문주에서 [ ] 안에 번역서를 함께 밝혔다.
예: (Geertz, 1971c: 5 [기어츠, 1998: 13])

사회과학의 방법론

사회적 설명의 다양성

대니얼 리틀Daniel Little 지음 | 하홍규 옮김

Varieties of Social Explanation: An Introduction to the Philosophy of Social Science

한울
아카데미

Varieties of Social Explanation

An Introduction To The Philosophy Of Social Science

by Daniel Little

차 례

제3부 | 현재의 논쟁들

옮긴이의 글

『사회과학의 방법론: 사회적 설명의 다양성』은 대니얼 리틀(Daniel Little) 교수의 저서 *Varieties of Social Explanation: An Introduction to the Philosophy of Social Science*를 우리말로 옮긴 책이다. 이 책이 처음 출판된 것은 1991년이다. 꽤 오래 전에 쓰인 책이지만, 리틀은 2012년에 이 책의 가치를 재확인하면서 몇 가지 수정과 함께 상당히 긴 새로운 서론을 덧붙여 디지털판으로 다시 출판했다. 새로운 서론은 과학적 지식은 무엇인지, 사회과학은 무엇인지, 사회적인 것을 어떻게 정의할 수 있는지, 해석적 설명이란 무엇인지, 사회이론은 무엇인지, 경험적 정당화는 어떠해야 하는지 등을 폭넓게 논의함으로써 사회과학 철학 분야의 핵심 논제들을 망라하고 있으며, 이로써 초판에서 아쉬웠던 부분을 매우 훌륭하게 보완하고 있다. 번역본은 이 디지털판을 원본으로 삼았다.

저자 리틀은 이 책을 '사회과학 철학' 분야의 입문서로 기획해서 집필했다. 그런데 좋은 입문서란 어떤 것일까? 그저 쉽게 쓴다고 해서 좋은 입문서가 되는 것일까? 좋은 입문서를 쓰기 위한 저자의 전략에는 이해하기 쉽도록 쓰는 것도 물론 포함되어 있다. 하지만 이 책은 무엇보다 이 책을 사회과학 철학 분야에서 나온 많은 다른 저서들과 구별지어 주는 중요한 전략적 이점을 포함하고 있다. 그것은 저자가 이 책을 사회과학 연구의 수많은 실례를 중심으로 구성했다는 점이다. 저자는 특정한 사회과학적 설명 사례들을 검토함으로써 사회과학 철학의 일반적이고 추상적인 문제들에 접근한다. 저자 스스로 밝히고 있듯이, 이 책은 "인류학, 지리학, 인구학, 정치학, 경제학, 그리고 사회학으로부터 가져온 사회과학 설명들에 대한 논의를 담고" 있으며, "아시아 농민 사회로부터 산업화된 사회의 거주 분리 유형에 이르기까지 다양한 사회 현상을" 논의하고 있다. 나는 저자가 소개하는 45개나 되는 사회과학 연구 실례가 사회과학 철학 분야의 고질적인 문제, 즉 일반적이고 추상적인 논의만 진행하는 데 따른 '구체적인 사회 현상에 대한 무관심(disinterestedness)'이라는 문제를 극복하기에 충분했다고 판단한다.

이로써 내가 이 책을 우리말로 옮기려고 결심했던 이유를 독자들은 쉽게 짐작할 수 있을 것이다. 우선 내가 이 책의 모든 내용에 전적으로 동의하지는 않을지라도 이 책은 사회학을 전문적으로 공부하고자 하는 이들에게 '실제적인' 도움을 줄 수 있는 매우 훌륭한 사회학 연구 방법론 안내서이기 때문이다. 이 책이 매우 훌륭한 사회과학 방법론 교재라는 것에는 많은 이가 동의할 것이다. 나는 연세대학교 사회학과 대학원에서 '사회과학 방법론 세미나'라는 제목의 수업을 여러 차례 운영했는데, 그때마다 이 책을 주교재로 사용했고, 자연스럽게 번역의 필요성을 느끼게 되었다. 특히 이 책을 주교재로 삼으면서, 나는 사회학을 전문적으로 공부하는 학생들이 자신이 하는 사회학적 설명이 무엇인지 알고 설명하는 작업을 했으면 좋겠다는 소망을 가졌다. 그저 설명의 노하우를 배워서 사회 현상에 적용만 하기보다는, 자신이 배운 노하우를 넘어서 그 설명에 어떤 존재론적 가정들이 전제되어 있는지, 제시한 설명의 타당성은 어떻게 확보할 수 있는지, 그 결과 자신의 설명이 어떻게 과학자 공동체에서 받아들여질 수 있는지 등을 알고 그 작업을 수행해야 하지 않겠는가.

나는 또한 그 세미나를 진행하면서 학생들이 사회학적 설명이라는 것에는 하나가 아니라 여러 가지가 있음을 알기 바랐다. 반드시 상호배타적인 설명 양식이지는 않지만, 인과적 설명도 있고, 구조적 설명도 있고, 기능적 설명도 있고, 통계적 설명도 있다. 아울러 사회과학자는 해석적 기획으로서 사회과학을 실행할 수도 있다. 설명 방식이 다양한 만큼, 하나의 사회과학만 존재하는 것이 아니라 다수의 '사회과학들'이 존재한다. 이 책의 원제목은 바로 '사회적 설명의 다양성(Varieties of Social Explanation)'(번역판의 부제)이다. 나는 오래전부터 일부 사회학자가 단 한 가지 기술만 알고 그 기술만을 사용해서 사회학을 하는 것에 대해 많은 불만을 갖고 있었다(당연히 모두가 그런 것은 아니다). 요즘 사회학이 요구하는 전문성을 쌓기 위해서는 한 가지 기술만 익히는 것도 심히 어려운 일임은 틀림없으나, 자신의 방식과는 다르다 하더라도 함께 사회학을 연구하는 동료들의 설명을 읽어낼 수는 있어야 하지 않겠는가.

나는 사회과학을 하는 이라면 누구든지 최소한 이 책의 내용 정도는 파악하고 있어야 한다는 신념을 갖고서 이 책을 우리말로 옮기는 작업에 착수했다. 이 책의 초판이 나온 지 30년이나 지났지만, 이 책의 가치는 하락하지 않았다고 확신한다.

그동안 국내에서 사회과학 철학 분야의 책들은 거의 한울엠플러스에서 출판되었다. 이 책이 한울엠플러스에서 출판되는 것 또한 우연한 일은 아니다. 그만큼 출판사는 그리 이윤이 남지 않는 사회과학 전문 서적들을 출판하는 데 주저하지 않았다. 사회학자로서 출판사가 참 고맙다. 마지막으로 이 책이 나오기까지 세밀하게 애써준 편집부의 신순남 팀장에게 고마운 마음을 전한다. 덕분에 딱딱한 이 책이 독자들이 훨씬 더 편안하게 읽을 수 있도록 변모했다.

2021년 여름
하홍규

감사의 글

여러 친구와 동료들이 각 단계에서 유용한 비판과 자극을 주었다. 콜게이트대학교의 동료 제롬 볼머스(Jerome Balmuth), 모드 클락(Maude Clark), 그리고 제프리 폴란드(Jeffrey Poland)는 저작 초기 단계에서 나를 격려해 주었다. 이후 단계에서는 케네스 윙클러(Kenneth Winkler)와 오언 플래너건(Owen Flanagan)에게서 받은 폭넓은 논평이 최종적인 수정을 할 때 꼭 필요한 도움이 되었다. 국제문제연구소(Center for International Affairs: CFIA)의 동료인 로버트 파월(Robert Powell)은 이 책의 보다 형식적인 내용에 대해 가치 있는 비판을 해주었다. 스펜서 카(Spencer Carr)의 세심하고 세밀한 원고 읽기는 훌륭한 편집자가 책을 위해 무엇을 할 수 있는지에 대한 나의 생각을 다시 정의해 주었다. 그리고 콜게이트대학교와 웰즐리(Wellesley)대학에서 사회과학의 철학 수업에 참석한 학생들은 나의 기대를 바꿀 수 있도록 해주었고, 그 문제들을 더 잘 이해할 수 있게 해주었다.

이 책을 집필하면서 여러 기관으로부터 받은 연구 지원에 감사하게 생각한다. 국립과학재단(National Science Foundation)의 과학사와 과학철학 프로그램으로부터 받은 연구 지원금은 원고의 초판 작업을 지원했다. 콜게이트대학교의 연구위원회와 인문학발전기금이 제공한 연구비는 학회 참석 경비와 조사를 위한 비용 전부를 지원했다. 사회과학연구

위원회/맥아더재단의 국제 평화와 안전 프로그램이 지원한 연구도 이 책에 도움을 주었다. 그리고 하버드대학교 국제문제연구소는 이 책의 최종판을 완성할 수 있도록 고무적인 환경을 제공해 주었다. 조앤 셔먼 (Joan W. Sherman)은 꼼꼼하게 원고를 편집해 주었다.

디지털판 머리말

『사회과학의 방법론』은 1991년에 처음 출판되었다. 이 디지털판은 소소한 본문 수정과 제2장의 제목을 '합리적 행위자들'로 바꾼 것 외에는 기본적으로 바뀐 것 없이 다시 출판된 것이다. 이 제목은 원판에서 사용된 보다 제한적인 제목인 '합리적 선택 이론'보다 그 장의 내용과 역할에 대해 더 잘 묘사하고 있다. 이번 판에는 독자들에게 사회과학 철학의 목적과 이 분야가 사회 세계의 경험적이고 설명적인 연구에 접근하는 더 혁신적인 방법들을 공식화하는 데 기여할 수 있는 유용성에 대한 방향을 제공하는 상당히 긴 분량의 새로운 서론을 실었다.

당연히 원판이 나온 이후 사회과학 철학 분야에서는 새로운 주제들이 등장했다. 그러나 나는 이 책에서 발전된 주요한 주장들이 사회적 설명의 본질을 설명하는 데 합리적 기초로 계속 기여하고 있는 데 만족한다.

사회과학 철학에 대해 최근에 내가 쓴 글들을 볼 수 있는 나의 학술 블로그(understandingsociety.blogspot.com)에 독자들을 초대한다. 독자들은 또한 사회과학의 본질에 대해 자신들의 생각을 밝힌 찰스 틸리(Charles Tilly), 더그 매캐덤(Doug McAdam), 조지 스타인메츠(George Steinmetz), 메이어 잘드(Mayer Zald) 등 여러 선구적인 사회학자, 역사가, 정치과학자들과의 영상 인터뷰에 관심이 있을 것이다. 이 인터뷰들은 https://understandingsociety.blogspot.com/p/interviews.html에 링크되어 있다.

새로운 서론

철학과 사회적 지식

이 글은 프리츠 알호프(Fritz Allhoff)가 편집한 『과학철학: 안내서(Philosophy of the Sciences, A Guide)』(Blackwell, 2010)에 실린 나의 글 「사회학의 철학 (Philosophy of Sociology)」을 수정한 것이다.

사회과학 철학은 사회 현상을 이해하고 설명하려는 지적 노력의 다양한 측면을 밝히는 것을 목적으로 하는 일단의 연구 전통이다. 간단히 말해서, 사회과학 철학은 그 연구 전통들이 제공하는 지식의 질, 그것들이 제기하는 설명의 유형, 그리고 사회과학 조사연구 과정에서 제기되는 중요한 개념적 문제들의 관점에서 이루어지는 사회과학에 대한 연구이다. 핵심 질문은 다음과 같다. 사회에 대한 과학적 지식의 범위와 한계는 무엇인가? 사회에 대한 과학적 이해에 도달하는 데 관련되어 있는 것은 무엇인가? 제안된 사회적 설명을 판단하는 데 가장 적절한 기준은 무엇인가? 사회적 인과와 같은 것이 있는가? 사회 이론과 주장은 어떻게 경험적으로 검증되는가? 사회적 사실은 개인에 대한 사실과 어떻게 연관되는가?

사회과학 철학은 어떤 의미에서 '메타' 학문이다. 사회과학 철학은 더 경험적인 다른 연구자들의 연구를 검토하고 분석한다. 그러나 다른 의미에서 철학자는 사회과학 연구에 대한 직접적인 기여자이다. 현직 사회과학자들의 방법, 전제, 개념, 그리고 이론을 논의하고 검토함으로써, 철학자도 사회과학 연구를 향상시키는 데 공헌하고 있다. 이런 관점에서, 응용 사회과학자의 이론적·개념적 탐구와 철학자의 같은 종류의 연구 사이에 선을 긋는 것은 자의적이다.

철학은 우리가 지식 영역을 구축할 때 안내자가 될 수 있으며, 우리가 지식 영역을 구축하고 확대할 때 일단의 규제적 기준으로서 특정한 역할을 할 수 있다. 철학은 지난 한 세기 반 동안에 사회과학을 위한 두 가지 지적 기능을 수행해 왔다. 지식의 본질과 사회 세계의 본질에 대한 철학적 관념들은 막스 베버(Max Weber), 에밀 뒤르켐(Émile Durkheim), 또는 허버트 스펜서(Herbert Spencer)와 같은 초기 사회 연구자들의 창건 노력에, 즉 사회 과정들에 대한 최고 수준의 전제들과 사회를 과학적으로 다루는 것이 어떠해야 하는지에 대한 가장 일반적인 가정들을 정식화하는 과정에 지침이 되거나 영향을 주었다. 그래서 철학과 사회과학 사이에는 처음부터 중요한 주고받기가 있었다. 존 스튜어트 밀(John Stuart Mill)과 윌리엄 휴웰(William Whewell)은 사회과학에 대한 많은 전제를 고안했는데, 이 전제들은 영어권에서 여러 사회과학 영역의 발전을 좌우했다. 반면에 하인리히 리케르트(Heinrich Rickert), 빌헬름 딜타이(Wilhelm Dilthey)와 같은 유럽 철학자들은 유럽 사회과학 발전에 큰 영향을 주었던 의미 있는 행위 개념에 기초한 '인간 과학'의 비전을 표명했다. 최선으로는, 철학은 더 영속성 있고 통찰력 있는 이론들과 방법들에 도달할 수 있도록 도우면서, 사회과학의 창건자들 및 실행자들과 함께 동등한 협력자로서 기능할 수 있다. 최악으로는, 철학적 교리들은 사회 연구자들의 눈을 멀게 해서 더 풍부하고 혁신적인 이론과 설명의 길을 보지 못하게 할 수 있다.

사회과학 철학의 중요성은 두 가지 점에서 비롯된다. 첫째는 21세기의 사회에서 우리를 둘러싸고 있는 잘 이해되지 않는 사회 과정들에 대한 빈약한 이해로 인해 야기되는 도전들의 긴급성과 복잡성이고, 둘째는 사회과학 지식과 설명의 논리에 대한 우리의 현재 이해의 불안정한 상태이다. 우리는 사회과학에서 행해지는 가능한 가장 훌륭한 연구와 설명이 필요하며, 현재 사회과학 탐구는 이에 미치지 못한다. 우리에게는 근대 사회 세계를 구성하는 사회적·정치적·행동적 현상에 대한 더 근거 있는 이해가 필요하다. 게다가 성공적인 사회과학의 목적과 주요 특징은 여전히 부분적으로만 이해되고 있다. 우리는 사회과학으로부터 무엇을 원하는가? 그리고 우리는 이 인지적·실천적 목적을 어떻게 가장 잘 달성할 수 있는가? 그 이해에 도달하는 데 기초가 되는 사회과학 지식과 이론의 논리에서는 거대하고 해결되지 않은 철학적 질문들이 존재한다. 그리고 철학은 이 질문들에 대한 더 나은 해답을 명확히 하는 데 도움을 줄 수 있다. 그래서 철학은 사회과학 분야에서 다음 세대가 발전하는 데 중요한 역할을 할 수 있다.

과학적 지식은 무엇인가?

사회과학과 행동과학은 우리를 둘러싸고 있는 다양한 사회적·행동적 사실들을 묘사하며, 이를 설명하며 해석하려고 노력한다. 이 조사 결과들을 '과학'이라고 일컫는 것은 이 영역에 대해 제공된 결론에 도달하고 이를 가늠하기 위해 사용된 탐구·평가 방법들의 본질에 대해 일련의 인식론적 가치를 주장하는 것이다. '과학'이라는 이름표는 엄격성, 증거, 일반화 가능성, 논리적 분석, 객관성, 누적성, 그리고 언명된 주장이 참일 가능성에 대한 일련의 전제들을 동반한다. 흔히 과학 지식에 대해 제기된 몇 가지 가정을 고려해 보자. 어떤 것들은 타당하지만 어떤 것들은 그렇지 않다. 과학은 합리적으로 정당화된 탐구와 검증 방법들에 기초해 있다. 과학 지식은 범위에 있어서, 이해의 상세함에 있어서, 그리고 신뢰도에 있어서 진보한다. 과학은 전문가들에 의해 수행되는데, 그들과 마찬가지로 엄격한 동료들과 경쟁자들의 공동체 안에서 작업하며, 동료가 심사하는 저널, 대학 평가 과정, 국립 연구소, 그리고 국제 협회와 학회 등과 같이 까다로운 일련의 평가 기준에 지배된다. 이러한 검증과 평가 과정의 결과는 상당한 신뢰도—주어진 범위의 현상에 대한 인과적 관찰자들의 글보다 훨씬 더 높은 신뢰도—를 가지는 가설, 실험 결과, 관찰, 이론, 그리고 설명의 군(群)을 이루어 확장한다. 우리는 제도와 과학의 방법을 통해 세계의 본질을 더 잘 이해하게 된다.

과학 지식에 대한 이러한 합리적으로 타당한 가정들 외에, 자연과학에서 나온 가정들로부터 유래하는 보다 의심스러운 일련의 생각들도 있다. 과학은 일반화를 허용한다. 과학은 명백하게 별개로 보이는 현상 영역들(행성 운동과 조류, 합리적 선택 이론과 가족의 행동)을 체계화하게 해주며, 명백하게 이질적으로 보이는 현상들이 사실상 동일한 일반 법칙에 의해 지배되는 것을 실증할 수 있게 해준다. 과학은 예측을 가능하게 한다. 기본 요소들이 이러저러하다면, 그 혼합물도 그에 따라 행동할 것이다. 과학은 통일성을 목표로 한다. 그것은 힘과 실체의 단일 체계를 발견하는 것을 의미하는데, 그 힘과 실체의 총화적(aggregate) 속성은 자연 전체를 나타낸다.

　이러한 후자의 기대들은 특정 자연과학들의 성공과 구체적인 특징으로부터 비롯되었다는 것에 주목하라. 그리고 이것은 사회과학 철학이 오류를 범할 수 있는 많은 가능성 가운데 첫 번째 것이다. 사회 영역이 이러한 특성(특히 단일성, 일반성, 통일성, 단순성)을 성취할 수 있게 할 근본적인 본질과 질서정연함을 가지고 있다고 기대할 이유는 없다. 예를 들어, 동물 행동과 같이 가능한 경험적 연구의 다른 영역들을 고려해 보자. 우리는 거기에 포괄적인 동물 행동 이론이 있을 것이라고 기대해서는 안 된다. 대신에 우리는 동물 행동의 여러 차원, 곧 인지, 기억, 본능, 사회적 행동, 이주 행동에 상응하는 여러 갈래의 연구가 있을 것으로 기대해야 한다. 그리고 이 여러 갈래의 연구는 상이한 종류의 인과 배경들, 곧 진화생물학, 신경생리학, 집단 내 학습 등으로 손을 뻗을 것이다. 사회적 행동의 경우에도 마찬가지이다. 합리적 선택 이론이든, 사회심리학이든, 또는 어떤 다른 통일된 이론이든 간에, 단일한 통일된 '인간 동기 이론'은 없다. 그리고 이것은 통일된 동기와 행위의 실재가 없기 때문에 그러하다. 오히려 이질적으로 다양한 동기, 오류, 충동, 헌신, 습관이 있으며, 이것들이 함께 '행동 성향'을 구성한다.

　과학적 지식에 대한 진실성의 주장을 뒷받침하는 것은 무엇인가? 우리로 하여금 사회적으로 구성된 과학 활동의 결과가 과학적 탐구가 고려하는 현상의 본질과 작용에 대해 참인 가설로 이끌 것이라고 믿게 하는 데 합리적 기초를 제공하는 것은 무엇인가? 첫째, 경험주의의 기본 주장이 있다. 우리는 세계의 어떤 특징들을 관찰할 수 있고, 확실한 명제를 개연성이 있는 것으로 확립할 수 있다. 그리고 우리는 다른 비관찰적 명제들(연역적·귀납적 논리, 통계학, 실험 방법, 인과 모델링)의 신뢰도를 확립하는 데 추론 도구 집합을 사용할 수 있다.

이 단순한 경험주의 인식론은 사회과학의 진실성과 정당화를 옹호하는 가장 강력한 주장을 승인한다. 사회 세계에 대한 경험적 사실의 발견은 가능하지만 도전적이다. 이것이 사회과학 방법론이 뒷받침하려고 시도하는 바이다. 그리고 사회적 실체들과 과정들 사이에 존재하는 인과 관계에 대한 가설은 그 자체로 강한 인식론적 정당성을 가지고 있는 다양한 추론 방법을 사용해 검증될 수 있다. 우리는 과학 지식에 대한 우리의 해석을 교정 가능성과 반토대주의를 강조한 1960년대 이후 과학철학자들의 저작으로부터 학습해 왔다. 그러나 정합주의적(coherentist) 인식론과 인과실재론적 시각은 사회과학 지식에 철학적으로 강력한 기반을 제공한다(Kvanvig, 2007; Boyd, 2002).

덧붙여, 일부 자연과학 영역에서는 축적된 과학 연구가 설계된 목적대로 작동하는 기술의 발명으로 이어진다는 사실이 있다. 전자 산업에서는 새로운 재료들이 발명되고, (빌딩, 비행기, 전자 현미경 같은) 대형 구조물들을 위해 새로운 디자인들이 창조되며, 이 재료들과 인공물들은 근본적인 이론들의 기초 위에 예상한 대로 작동한다. 그래서 재료, 구조, 그리고 자연 체계에 대한 과학적 이론들은 그 이론들이 낳은 기술의 유효성에 의해 지지된다. 이론과 가설이 자신들이 묘사하는 자연 세계의 부분들에 대해 참이 아니라면, 우리는 그 기술이 실패하리라고 예측할 것이다. 기술은 실패한다. 그래서 우리는 이 기술들을 뒷받침했던 과학 이론들을 믿을 추가적인 이유를 갖고 있다. [이것은 리처드 보이드(Richard Boyd)의 방법론적 실재론 주장의 한 형태이다.]

사회과학과 행동과학 사이의 관계에는 자연과학과 기술 사이의 관계와 어떤 유사한 점이 있는가? 전체적으로 볼 때, 유사점은 없다. 사회적 예측은 믿기 어려운 것으로 악명 높으며, 사회-과학 이론에 기초한 공공 정책들은 흔히 예견하지 못한 결과를 낳는다. 그리고 의도적인 사회 과정들(전쟁, 연합, 지구온난화 대응 노력)의 우여곡절은 계속해서 우리를 놀라게 한다. 이러한 사회 세계의 비예측성은 사회적 행위의 본질로부터 비롯된다. 인간 행동과 사회 과정은 분명히 무제한적인 범위의 원인과 동기와 영향에 의해 좌우된다. 그러므로 이러한 다양성을 이해하고 설명하려는 목적을 가진 다양한 과학 영역의 구성은 매우 도전적인 과제이다.

그렇다면 여기에서는 사회과학 인식론의 타당한 해석에 대해 간략하게 기술해 보겠다. 사회적 관찰의 형식으로는 지식을 위한 경험적 토대가 있다. 사회적 행동, 과정, 그리고 성과에 영향을 주는 사회적 원인이 있다(인과적 실재론). 여러 사회 현상에 걸쳐 사회 세계를 '규제하는' 강한 일반화를 기대할 선험적인 이유는 없다. 그리고 사회 현상에 대한 통일된 지배적 이론을 기대할 이유는 없으며, 대신에 중범위 이론을 선호한다.

'사회과학'은 무엇인가?

사회과학은 대개 19세기의 산물, 그것도 유럽의 19세기의 산물이다. 화학, 물리학, 그리고 생물학을 포함해 자연과학의 성공에 고무된 오귀스트 콩트(Auguste Comte), 존 스튜어트 밀(John Stuart Mill), 그리고 카를 마르크스(Karl Marx)와 같은 사상가들은 '과학적인' 사회 이론을 제공하는 목표를 제안했다. 기본적으로 사회 현상에 대한 엄격한 사실적 연구, 더욱 근본적인 이론과 법칙에 기초한 사회적 성과와 유형의 설명, 그리고 사회 문제를 다루는 데 더 효과적인 개입(정책, 개혁, 혁명)을 가능하게 하는 사회 과정들에 대한 이해 등 여러 가지 목표가 있었다. 이 목표들은 엄격한 경험 연구, 설명, 그리고 효과적인 개입을 위한 기초 등 여러 인식적 가치를 강조한다. 그러나 그들은 또한 사회 세계의 연구에는 잘 들어맞지 않는 것으로 판명된 자연과학의 몇몇 특징을 빌려왔다(McIntyre, 1996). 그것은 '자연주의'(Thomas, 1979)라고 부를 수 있는 것으로, 자연은 법칙에 의해 지배된다는 가정, 단일한 포괄적 이론 아래에서의 통일성 추구, 그리고 사회 현상에 대해서는 도달 불가능한 것으로 입증된 체계화와 예측의 추구를 말한다.

오늘날 사회과학은 훨씬 더 광범위한 영역을 포함하며, 경제학, 사회학, 정치학, 인류학을 포함하는 핵심 학문으로 번성해 왔다. 각 학문은 사회 현상 연구에 개별적인 접근을 고무하는 다양한 방법과 이론의 집합들로 더 세분된다. 예를 들어, 문화기술지적 사회학, 정치경제학과 같은 핵심 학문들 사이에는 교차 학문적 연결이 있으며, 아시아 연구, 여성 연구, 젠더 연구, 세계화 연구와 같이 핵심 학문들의 방법과 주제에 의존하지만 스스로 개별 학문으로 위치시키는 새로운 학제 간 형태도 있다. [그 학문 분야들의 정의 자체가 사회과학 철학에서 덜 연구된 주제이다. 몇몇 사회학자는 사회학 분야들의 논리와 발전에 대한 사려 깊은 분석을 제공해 왔다(Zald, 1992; 1995; Abbot, 1999; 2001).] 대략 우리는 사회과학 학문 분야들이 주제, 방법, 그리고 이론에 의해 정의되고 구별된다고 말할 수 있다. 이 각각의 제목 아래에는 사회학자나 경제학자가 사회 현상의 본체를 연구하고 설명하는 방식에 대한 구체적이고 구별되는 가정들이 있다.

강조되어야 할 것은 오늘날 사회과학은 '진행 중인 일(work in progress)'이라는 것이다. 우리는 사회적 삶의 핵심 문제들을 연구 영역들로 쪼개는 가장 좋은 방법, 또는 사회 과정을 조사할 가장 좋은 방식, 또는 사회 현상을 더 잘 이해할 수 있는 기초를 제공할 가장 좋은 이론과 설명적 아이디어에 도달했다고 생각할 만한 근거를 가지고 있지 않다. 그래서 '핵심' 학문 분야들과 주요 방법들의 정의는 매우 잠정적인 것으로 이해될 필요가 있다. 우리는 미래에 더 나은 사회학, 정치학, 또는 경제학을 가지기를 바란다. 그리고 구체적인 학문 분야들에 걸친 분업은 임시적이고 변화하는 것으로 이해되어야 한다.

특별히 한 학문 분야, 사회학을 고려해 보자. 우리는 사회학의 연구 과제를 몇 가지 지적 작업의 유형으로 나눌 수 있다. 첫째, 사회학은 기술을 포함한다. 사회 현상은 관찰 가능하며, 특정 영역에 대한 사실을 확립하는 것을 목표로 하는 엄격한 연구 노력을 설계하는 것은 간단하다. 사회학의 이러한 측면은 사회 현상에 대한 엄격한 경험 연구를 포함한다. 기술적 연구의 사례에는 시카고학파의 계보를 따르는 문화기술지적 연구와 미시 사회학이 있다. 그러나 대규모 사회 유형과 제도들에 대한 경험적 기술을 포함해 대규모 기술 역시 가능하다. 기술적 결과물은 흔히, 예를 들어 프로테스탄트들 사이의 자살률(뒤르켐) 또는 다양한 인종 집단 사이의 당뇨병 유병률과 같이, 한 집단 내 어떤 특징의 빈도에 대한 통계적 추정치의 형식을 취한다. 특정한 모집단 내에서 속성들은 서로 연관될 수 있다. 한 변수의 변이는 다른 변수의 변이와 연관될 수 있다. 그래서 기술적 연구는 때때로 거주 유형과 건강 상태와 같은 행동 유형이나 사회적 결과를 드러낸다. 그리고 이와 같은 유형들은 나열된 특징들 사이에 인과 관계를 찾는 노력을 촉구한다.

둘째, 사회학은 사회적 인과와 메커니즘의 발견에 관여한다. 사회집단들에 걸쳐 변화를 일으키는 조건들 또는 과정들은 무엇인가? 고출산에서 저출산으로의 '인구학적 변화(demographic transition)'와 같은 현상들의 원인은 무엇인가? 특정 기간 동안 이루어진 도시들의 빠른 성장을 설명해 주는 것은 무엇인가? 사회학은 제안된 사회적 메커니즘들의 인과적 귀결을 통해 어떤 사회적 결과에 대한 설명을 제공할 수 있다. 일단 사회적 인과 메커니즘이 어떠한 것인지에 대한 포괄적인 아이디어를 가지면, 우리는 세부 사항으로 들어가서 행동이 생성되고 제한되는 과정을 발견하려고 시도할 수 있다. 그래서 우리는 열대 농업에 기반을 두고 있는 국가들의 정부가 농민들에게 취약한 서비스를 제공하려고 하는 메커니즘을 발견하고 가설을 세울 수 있다(Bates, 1981). 사회 이론은 사회적 인과 메커니즘에 대한 가설이다. 그래서 이론은 사회 현상을 설명하기 위한 기반을 제공한다.

셋째, '이론' 형성의 차원이 있다. 마르크스는 자본주의 이론을, 베버는 관료제 이론을, 틸리는 국가 형성 이론을, 잘드와 존 매카시(John D. McCarthy)는 자원 동원 이론을 제시했다. 사회학에서 이론은 무엇인가? 나는 사회학에서는 '이론'이 두 가지 방식으로 기능한다고 제시하는데, 각각은 자연과학에서의 이론의 쓰임새와 다르다. 첫째, 자본주의, 사회 통합, 국가 형성과 같은 '거대' 이론이 있다. 이 개념들은 주어진 사회 현상 영역의 많은 경험적 세부 사항과 특징을 체계화하는 조직적 정신 체계(organizing mental framework)를 정교화한 것으로 이해되어야 한다. 이것은 베버의 이념형 개념과 유사하다(Weber and Shils, 1949). 두 번째 용도는 로버트 머튼(Robert Merton)이 '중범위 이론'(Merton, 1967)이라고 부른 것이며, 내가 믿는 것은 구체적인 사회적 인과 메커니즘의 설명으로 바꾸어 표현될 수 있다. 무임승차 이론, 카리스마적 지도력 이론, 평면 조직 이론은 각각 사회적 맥락과 그 맥락에서 일어날 수 있는 특징적인 사회적 메커니즘의 설명을 포함한다. 집단 영농의 저생산성을 '무임승차' 또는 '안락승차'의 결과로 설명할 때, 우리는 개별 노동자들 부문의 생산 수준을 낮게끔 이끄는 개별적인 의사결정의 특징과 감독의 맥락을 강조하고 있다.

이 사례들의 어느 것도 제공하지 않는 것—그리고 내가 생각하기에 사회과학이 제공할 수 없는 것—은 바로 특정한 영역에서 모든 설명에 대해 통합적이고 연역적으로 표현된 기반으로 작용할 수 있는 이론이다. 맥스웰의 자기장 이론이 광범위한 물리 현상을 연역적으로 설명할 수 있었던 반면, 사회과학에는 그러한 광범위한 이론이 없다. 이것은 어떤 특정한 사회 현상을 초래하는 동기, 구조, 제도, 사고방식의 다양성을 고려하면 쉽게 이해될 수 있다. 사회 현상의 존재론을 가까이 들여다보면, 사회 현상에 기대되는 체계성, 상호연관성, 결정성의 정도에 주요한 가시적 한계들이 떠오른다. 사회 세계는 매우 우연적인, 많은 독립된 행위자들의 산물이다. 그래서 우리는 사회 현상들 사이에 약간의 체계적인 차이를 예상해야만 한다.

그래서 사회학은 기술적 연구와 경험적 결과를 설명해 줄 사회적 메커니즘의 탐구, 그리고 그와 같이 확인된 원인들을 더 잘 이해하기 위한 기초를 제공할 수 있는 중간 수준의 이론 형성으로 이루어져 있다. 마지막으로 저널, 동료 심사, 종신 재직권 평가와 같은 규율 제도에 의해 제공되는 인식 환경(epistemic setting)은 사회과학 지식의 합리적 신뢰성 평가를 위한 기초를 제공한다. 사회 조사와 설명은 사실의 수준과 상당히 가까이 있다. 학문 분야들과 하위 학문 분야들 내의 연구자들은 자기 동료들의 경험적·이론적 주장을 검증하고 조사할 책임이 있다.

이러한 요소들을 포함하는 과학의 결과는 경험적으로는 잘 통제되고,

이론적으로는 절충적이며, 체계적으로는 적당하다. 사회적인 것의 체계적인 통합을 보여주는 지배적인 이론을 제공하려는 목적은 내던져졌다. [사회학의 역사에서 학문의 인식론적 가치가 이러한 견해와 가장 일치했던 시기가 있었다는 것을 살펴볼 가치가 있다. 바로 시카고학파의 시기였다. 앤드류 애벗(Andrew Abbott)의 『학과와 학문: 시카고학파 100년사(Department and Discipline: Chicago Sociology at One Hundred)』(Abbott, 1999)를 보기 바란다.]

사회적인 것을 어떻게 정의하는가?

존재론은 무엇이 존재하는가에 대한 연구이다. 철학자들은 과학적 연구의 인식론에 주로 관심을 기울여 왔다. 그러나 어쩌면 연구되는 영역의 존재론에 대해 주의 깊게 고려하는 것이 훨씬 더 중요하다.

사회과학은 '사회 현상'을 연구한다. 그렇다면 사회 현상은 무엇인가? 철학자들은 사회 존재론의 질문에 필요한 관심을 덜 기울여 왔다. 그러나 좋은 사회과학 이론은 사회적인 것의 본질에 대한 훌륭한 사고를 요구한다. 그래서 사회과학 철학자들이 할 수 있는 중요한 기여는 사회적 실체의 본질에 대한 가장 기본적인 질문들로 돌아가는 것이다. [이언 해킹(Ian Hacking)은 사회 존재론의 질문들에 대해 여러 중요한 생각을 해왔다(Hacking, 1999, 2002). 독창적으로 기여한 다른 학자로는 캐럴 굴드(Carol C. Gould, 1978)와 마거릿 길버트(Margaret Gilbert, 1989)가 있다.]

사회과학자들은 자신들의 연구 주제의 본질을 어떻게 정의해 왔는가? 사회과학자들은 연구를 위해 매우 다양한 유형의 사회 현상을 선정해 왔다. 다음과 같이 다양한 현상을 고려해 보자. 사회 유형들의 비교,

범죄와 일탈, 도시화, 사회 운동과 집합 행위, 입법 기관의 작동, 투표 행태, 소비자 행동 등 무한하다. 그리고 분명한 것은, 기술과 분석을 위한 영역을 한정하기 위해 모든 사회 현상에 대한 포괄적인 정의를 가질 필요는 없다는 것이다.

일부 사회 이론가들은 사회 구성물을 고유한 인과적 힘을 가진 통일된 거시적 실체로 취급해 왔다. 구조주의 이론들은 '자본주의는 사람들로 하여금 가족 시간보다 소비를 더 소중하게 여기게 한다' 또는 '민주주의는 사회 통합을 야기한다' 등과 같은 것을 주장한다. 마찬가지로 일부 이론가들은 도덕 체계와 문화는—'유교 사회는 응집력 있는 가족을 만들어낸다'와 같은—독특한 행동 유형을 초래한다고 주장해 왔다. 이러한 각각의 주장은 인과 요인의 역할에 거대한 사회 실체를 지정한다. 이러한 존재론의 한 변종은 사회 실체를 서로 연관되고 자기-조절적인 체계로 취급하는 '체계 이론'의 견해이다.

이것이 일관성 있는 말하기 방식인가? 거대 구조들과 가치 체계들은 인과적 영향력을 행사할 수 있는가? 여기서 문제는 이와 같은 진술들이 '원격작용(action at a distance)'과 대단히 유사해 보인다는 것이다. 우리는 이렇게 질문하게 된다. 자본주의, 민주주의, 또는 유교는 어떻게 사회적 결과에 영향을 주는가? 다시 말해, 우리는 거대한 사회적 사실들이 행동에 영향을 미치고, 그럼으로써 사회적 결과에 변화를 야기하는 하위-수준의 매커니즘에 대해 무언가 알고자 한다. 우리는 사회적 인과의 '미시 기초'에 대해 무언가 알고 싶어 한다.

한 가지 점은 분명해 보인다. 그러나 그것은 흔히 간과되거나 무시된다. 사회적 행동은 개인들에 의해 수행되며, 개인들은 직접적으로 그들에게 영향을 주는 (현재의 또는 과거의) 요인들에 의해서만 영향을 받는다. 특정한 유권자가 특정한 후보를 지지하는 결정 과정을 고려해 보자. 이 사람은 특정한 가족, 특정한 도시, 이력, 교육 등 특정한 인성 형성의 역사를 경험했다. 따라서 그 사람의 현재 정치적 정체성과 가치는 일련의 직접적인 영향력의 산물이다. 그리고 이 순간 사회적으로 구성된 이 사람은 선거전에 관한 또 다른 일련의 영향력, 곧 신문, 인터넷, 동료의 의견, 정치 행사 참여 등에 노출되어 있다. 즉, 그(또는 그녀)의 현재 정치적 판단과 선호는 과거와 현재의 경험과 맥락에 의해 초래되거나 영향받는다.

이 이야기는 단계마다 사회적 요인들을 끌어들인다. 가족은 가톨릭이고, 도시는 시카고이며, 직장은 전국자동차노동조합(United Automobile Workers)에 가입된 공장이었다. 그러나 여기에 중요한 점이 있다. 모든 사회적 영향은 사회적으로 형성된 다른 개인들이 국지적으로 경험한 행위와 행동에 의해 매개된다. '가톨릭', '시카고 문화', 그리고 '노조 운동'은 그러한 사회적 표식을 체화하고 있는 사람들의 행동과 행위 위에 독립된 실재를 가지고 있지 않다.

사회과학의 과제에 대한 이러한 추상적인 기술을 고려해 보자. 사회 현상은 개인들의 행위, 선택, 생각, 그리고 행동의 현시(現示)이다. 개인들은 다양한 방식으로 서로 상호 행위한다. 사회적 결과는 이러한 상호 행위와 선택의 총화적 결과이다. 사회적 결과는 관찰되고 묘사될 수 있으며, 그래서 우리는 일단의 경험적인 사회적 사실들(인구 동태, 자살률, 도시 조건 등)을 제공할 수 있다. 사회과학자는 일련의 경험적 관찰을 손에 쥐고 다음과 같은 다양한 질문을 할 수 있다. 이 자료들 사이에 어떤 유형이 있는가? 자료에는 변화로 이어지는 식별 가능한 원인이 있는가? 사회 현상들 사이에서 어떤 종류의 인과 메커니즘이 작동하는지 확인할 수 있는가? 그리고 사회과학자는 참여자들의 설문조사, 문화기술지 조사, 가격과 상품의 양과 같은 자료의 수집, 사회 구조에 대한 관념의 형성 등 이 자료들을 더 깊이 조사하는 다양한 방식을 고려할 수 있다. 그러면 사회과학은 경험적인 조사 영역에 대한 특정한 정의이자, 가장 잘 설명하는 것으로 보이는 방법이자, 핵심적인 이론적·설명적 개념이자, 이 분야의 주장들에 대한 구체적인 경험적 평가 기준을 취하는 조사 전통 또는 패러다임이라고 느슨하게 정의될 수 있을 것이다.

사회과학은 사회 현상의 질서정연함에 대해 상당한 정도의 불가지론을 가지고 출발할 수 있었다. 우리는 다음과 같은 관찰로 시작했을 수 있다.

- 사회 현상은 인간에 의해 (계획적으로, 의도적으로, 또는 알지 못하는 사이에) 창조되었다.
- 인간은 사회적으로 구성된 자신들의 믿음, 가치, 목적, 태도, 사유 방식, 감정 등의 결과로서 행동한다.
- 사회적 배열과 제도 사이에는 문화를 가로지르고, 공간을 가로지르며, 시간(긴 기간과 짧은 기간)을 가로지르는 눈에 띄는 다양한 범위의 변이가 있다.
- 사회 제도, 조직, 그리고 구조는 그것들을 형성한 인간들의 집단이나 세대에 따라 어느 정도의 관찰 가능한 안정성을 가지고 있다.
- 사회적 원인들이 있으며, 그 원인들은 일상적이고, 관찰 가능하며, 평범하다. 그 원인들은 행위자-구조 연결 관계의 변종들이다.

이러한 처음의 '존재론적' 관찰들은 사회적인 것에 대한 기대, 그리고 사회과학 탐구의 예상 결과에 대한 구성적인 기대로 이어졌을 것이다.

- 사회적 결과들의 우연성
- 사회적 궤도의 변이
- 사회 제도들의 가소성(可塑性)
- 사회적인 것의 '유형' 사례들 사이의 이질성
- 발전 또는 근대화를 위한 '운동 법칙'의 부재

그리고 우리는 사회과학을 위한 몇 가지 조사 목표를 설정했을 수 있다.

- 사회적 규칙성의 발견에 주의를 기울이는 만큼 변이와 가소성 또한 의식하기
- 궁극적인 인간 본질이나 지배적인 행동 유형이 있다는 전제 없이, 변이에 대한 민감성을 갖고 인간 행동, 동기, 그리고 행위 연구하기
- 다양한 제도가 상이한 사회적 상황에서 어떻게 작동하는지 상세하게 연구하기(경험적이고 사실-주도적인 관찰과 분석)
- 사회적 과정 안에서 관찰될 수 있는 인과 메커니즘들을 발견하고 이론화하기
- 관찰을 통해 행동과 제도의 약한 규칙성 확인하기
- 이 규칙성을 행위 주체-구조 역동성, 의사결정의 주안점들의 총화, 그리고 의도하지 않은 결과들의 측면에서 이론화하기. 예를 들어, 무임승차자 현상(경제학자들)과 자기-규제적인 공유지(공유 자원 제도들)

우리는 또한 '완성된' 사회과학이 어떤 것을 포함해야 하는지에 대해

다른 구상, 즉 몇몇 고도의 일반화와 법칙을 가진 연역적 이론이 아니라, 가능한 많은 행동 특징과 다양성을 시뮬레이션에 구현하는 '행위자-기반 시뮬레이션'을 포함해야 한다는 구상에 도달할 수도 있다. 그 이상은 연역-법칙적 이론이 아니라 '시뮬레이션-사회(sim-society)'일 수 있다.

해석적 설명이란 무엇인가?

19세기 이래로 사회적 설명에 대해 서로 매우 다른 두 가지 접근이 있었는데, 그 두 가지 접근은 가장 근본적으로 '설명'과 '이해' 또는 '원인'과 '의미'의 구분을 두고 차이가 난다(von Wright, 1971). 이 구분은 사회적 사건들에 관한 '왜'라는 질문을 이해하는 두 가지 방식을 놓고 나뉜다. "그것이 왜 일어났는가?"는 "무엇이 그것을 일어나게 했는가?"를 의미할 수 있다. 또는 그 질문은 "행위자들이 그것을 일으키기 위해 그러한 방식으로 행위했는가?"를 의미할 수도 있다. 해석적 접근은 사회적 삶의 가장 기본적인 사실이 행위의 의미라고 주장한다. 사회적 삶은 사회적 행위에 의해 구성되며, 행위는 행위자들과 다른 사회 참여자들에게 의미가 있다. 게다가 후속 행위들은 이전 행위들의 의미를 지향한다. 그래서 나중에 일어나는 행위를 이해하기 위해서는 다양한 참여자들이 자신들의 행위 및 다른 이들의 행위에 부여하는 의미를 해석할 필요가 있다. 따라서 사회과학(또는 인간 과학)은 해석적일 필요가 있다. 연구자들은 사회적 행위의 의미에 대한 해석에 주의를 기울여야 한다. [이 전통의 핵심 기여자는 딜타이(Dilthey, 1989), 베버(Weber, 1949), 리쾨르(Ricoeur, 1976), 가다머(Gadamer, 1977) 등이다. 해석적 사회과학 철학을 매

우 잘 다루고 있는 셰랫(Sherratt, 2006)을 참고할 수 있다.]

해석과 역사과학 전통은 인간사가 일단의 '자연적' 법칙에 의해 지배된다는 관념을 거부했다. 대신에 그 전통은 역사적·문화적으로 상황 지어진 행위자들의 행위와 의미에 대한 해석적 이해를 제공하고자 했다. 빌헬름 빈델반트(Wilhelm Windelband)는 자연과학의 법칙 정립적 목적(일반화, 추상화, 보편적 진술)과 인간·역사과학의 개성 기술적 목적(특별한 사례, 구체적인 개인, 특정한 것의 상세한 이해) 사이를 뚜렷이 구분하고자 시도했다. 빌헬름 딜타이(Wilhelm Dilthey)와 그의 추종자들은 실증주의와 자연과학 모델에 정면으로 반대되는 해석적 인간 과학 이론을 정교화하고자 했다. 막스 베버(Max Weber)도 역사주의와 해석학 전통 안에 들어간다. 그는 사회학을 사회적 행위의 설명, 곧 타인들의 행위에 지향된 개인들의 의미 있는 행위의 해석으로 정의했다. 이해(verstehen)의 방법은 연구자가 행위자를 위한 행위의 의미에 대한 가설에 도달할 수 있도록 의도되었다. [프리츠 링거(Fritz Ringer)는 베버의 방법론적 사고를 다루면서 이 전통에 연관된 이슈들에 대해 뛰어난 설명을 제공한다(Ringer, 1997).]

이 접근은 의미의 해석을 사회적 탐구의 핵심에 놓는다. 그리고 그것은 방법론과 탐구 도구 대부분을 해석학 전통, 즉 딜타이, 리케르트, 그리고 그 밖의 다른 독일 사상가들로부터 유래하는 성서와 문학 해석의 전통에서 끌어왔다. 이 전통은 행위의 은유를 텍스트로 사용함으로써 인간 과학에 적합화되어 있다. 해석자(예를 들어, 전기 작가)는 행위, 삶, 또는 행위 복합체의 많은 요소를 고려해 다양한 부분을 이해하는 해석에 도달하고자 시도한다.

이 전통에 있는 저자들이 씨름하고 있는 핵심 문제는 '해석학적 순환'

이다. 즉, 기호나 행위 체계의 의미를 객관적으로 측정할 수 있는 중립적이고 외부적인 관점이 없다는 사실이다. 대신에 해석은 주어진 것, 곧 텍스트나 행위와 함께 시작하고 끝나며, 해석을 평가하는 데 가용한 유일한 증거는 텍스트 자체에 내재해 있다. 그래서 해석은 자기-확증적인 것으로 보일 수 있으며, 만약 우리가 사회적 설명은 합리적 정당화와 경험적 뒷받침이 있어야 한다고 생각한다면, 이것은 불행한 결론이다.

해석적 접근은 1960년대와 1970년대에 왕성한 해석적 인류학 분야로부터, 특히 클리퍼드 기어츠(Clifford Geertz, 1971b; 1980; 1983)와 빅터 터너(Victor Turner, 1974) 같은 인류학자들의 저작을 통해 큰 활력을 얻었다. 기어츠는 사회 세계를 의미의 망으로 연구하는 것이 인류학의 과제라고 언급하면서, 인류학적 지식의 내용을 '두꺼운 기술(thick description)'이라고 칭한다(Geertz, 1971c [기어츠, 1998]). 그는 "인간을 자신이 뿜어낸 의미의 그물 가운데 고정되어 있는 거미와 같은 존재로 파악했던 막스 베버를 따라서 나는 문화를 그 그물로 보고자 한다. 따라서 문화의 분석은 법칙을 추구하는 실험적 과학이 되어서는 안 되며 의미를 추구하는 해석적 과학이 되어야 함을 주장하고자 한다. 내가 추구하는 것은 표면적으로는 불가해한 듯이 보이는 사회적 현상들을 밝히는 해석인 것이다"(Geertz, 1971c: 5 [기어츠, 1998: 13])라고 쓰고 있다. 제임스 클리퍼드(James Clifford)는 이러한 인류학 접근법에 대한 유용한 분석을 제공한다(Clifford, 1988).

이해의 접근에 포함된 여러 타당한 통찰이 있다. 가장 중요한 것은 사회적 행위는 의미 있고 의도적이며, 이 의미의 해석에 도달하는 것이 바람직하기도 하고 가능하기도 하다는 점을 주장하는 것이다. 게다가 그러한 해석에 도달할 수 있다는 것은 흔히 역사적이고 문화기술지적인 설명에 필수적이다. 기어츠의 발리 닭싸움에 대한 해석(Geertz, 1971a [기어츠, 1998])과 로버트 단턴(Robert Darnton)의 고양이 대학살에 대한 해석 (Darnton, 1984)은 모두 이 점을 잘 보여준다. 두 사례 모두 참여자들이 자신들의 행위에 부여하는 의미를 깊이 해석하지 않고서는 우리는 그 행동을 이해할 수 없을 것이다. 그리고 이 의미를 해석하는 것은 훈련되고 상세한 해석적·역사적 연구를 취한다. 이것이 말하는 바는, 이해의 접근이 인과적 접근과 상반된다고 상상하는 것은 온당치 않다는 것이다. 오히려 두 접근은 양립 가능하며 상보적이다. 인간 행위가 의미 있고 의도적이라는 것은 사실이며, 모든 사회과학은 이 사실을 고려해야만 한다. 그러나 행위들이 거대한 원인들로 결집되어 사회적 결과에 영향을 미친다는 것 또한 참이다. 의미 있는 의도적 행위는 흔히 특정한 일련의 제도적 배열(말하자면, 재산 제도)이 사회적 결과(말하자면, 새로운 기술에 대한 느린 투자)를 야기하는 통로가 되는 메커니즘이다. 그래서 의미 자체는 원인이자 인과 메커니즘의 구성요소이다. [이것은 도널드 데이비드슨(Donald Davidson)이 개별 행위의 사례에서 지적한 점이다(Davidson, 1963).]

마지막으로, 해석학적 해석에 한정된 사회과학은 근본적으로 불완전할 것이다. 그것은 사회과학 연구의 범위에서 인과 관계, 행위에 대한 구조적 영향, 그리고 사회적 과정에서 의도하지 않은 결과의 작용을 모두 배제할 것이다. 사회과학자들은 문제에 접근하는 데 있어서 인과적 분석과 해석적 분석, 양적 방법과 질적 방법, 그리고 다양한 설명 이론과 인과 메커니즘을 종합해 어느 하나에 치우치지 않는 것이 더 현명하다.

'사회 이론'은 무엇인가?

사회학적 이론은 무엇인가? 그리고 그것은 사회적 사실의 설명을 제공해야 하는 도전과 어떻게 관련이 있는가?

자연과학에서 이 물음에 대한 답은 매우 분명하다. 이론은 하나 이상의 실체 또는 과정에 대한 가설이며, 그것들의 작동과 상호작용에 대한 구체화이다. 이론은 일련의 방정식의 구체화를 통해 또는 연역적 결과를 가진 일련의 진술을 통해 많은 현상의 행동에 대한 함의를 엄격하고 모호하지 않게 도출하는 용어들로 표현된다. 이론은 일단의 실체들이 가지는 결정론적 속성을 구체화해, 관련된 체계의 미래 상태에 대한 시점 예측을 가능하게 할 수 있다. 또는 실체들 사이의 확률론적 관계를 구체화해, 그 체계의 가능한 미래 상태에 대한 진술을 산출할 수도 있다. 그리고 이론은 이론가에게 이론의 결과와 관찰 가능한 사태에 대한 예측을 연결시킬 수 있게 해주는 일련의 '다리'를 제공한다. 그래서 자연과학에서 이론은 정확한 상술, 연역적 결과, 그리고 관찰 가능한 현상과 구체적인 연결 관계를 가질 것으로 기대된다.

사회과학에도 이러한 구성물과 같은 것이 있는가? 사회적 사고에서 이론의 역할에 대한 질문은 복잡하고, 이론의 개념은 모호한 것으로 보인다. 스펙트럼(그것이 정말로 스펙트럼인가?)의 한쪽 끝에는 '이론은 인과 메커니즘에 대한 가설'이라는 관념이 있다. 그 메커니즘은 관찰 불가능한 과정일 수 있으나(그래서 그 자체로 '관찰 불가능할' 수 있다), 경험 세계에 견고하게 기반하고 있다. 그것은 일련의 관찰 가능한 사회적 사실들 사이에 규칙적인 관계를 상정한다. 한 예로, "중간 계급 이데올로기는 젊은이들을 XYZ 운동에 더 쉽게 동원되게 만든다"와 같은 규칙을 들

수 있다.

훨씬 더 추상적인 수준에서, 우리는 이론이 세계가 어떻게 작동하는지에 대한 광범위한 관념들, 가정들, 개념들, 그리고 가설들의 집합인지 여부를 고려할 수 있다. 그래서 마르크스주의나 페미니즘은 특정한 종류의 현상을 설명하는 데 가장 중요한 힘들에 대한 이론을 나타낼 수 있다. 우리는 이러한 광범위한 관념의 모음을 '이론'이라고 일컬을 수 있다. 아니면, 이런 유형의 지적인 구성물을 이론 이상의 무언가로, 즉 패러다임이나 정신적 틀로 간주하거나, 또는 이론 이하의 무언가로, 즉 개념 도식으로 간주할 수도 있다.

사회적 지식-창조 분야에서의 이러한 분류를 아래와 같이 고려해 보라.

• 개념: 사회 세계를 조직하고 표상하는 어휘
• 이론: 인과 메커니즘과 과정에 대한 하나 이상의 가설들
• 정신적 틀/패러다임: 다양한 현상에 접근하게 해주는 전제들, 존재론적 가정들, 길잡이 관념들의 집합
• 인식론: 한 영역의 타당한 지식을 구성하는 것에 대한 관념의 집합

그리고 우리는 이러한 구성물들 사이에 일반적으로 상승하는 서열이 있다고 말할 수 있다. 우리는 가설과 이론을 만들어내기 위해 개념이 필요하다. 우리는 우리의 정신적 틀에 형식을 부여하기 위해 이론이 필요하다. 그리고 우리는 이론과 패러다임을 정당화하거나 비판하기 위해 인식론이 필요하다. 또 다른 의미에서는 인식론에서 틀로, 그리고 개념과 이론으로 하강하는 서열이 있다. 틀과 인식론은 연구자가 개념 체계와 이론적 가설을 구상하는 데 길잡이가 된다.

페미니즘, 비판적 인종 이론, 또는 마르크스주의와 같은 구성물들은 이 도식 내에 어디에 포함되는가? 우리는 이들 각각의 사고체(bodies of thought)가 전문화된 개념, 구체적인 인과 가설, 조직적인 분석 틀, 그리고 지식과 표상의 지위에 대한 구체적인 관념을 제시하는 인식론과 같은 영역 각각에 전념하고 있다고 말할 수 있다.

경험적 정당화는 어떤가?

무엇이 사회학을 '과학적'이게 하는가? 이 질문에 대한 대답의 중요한 요소 가운데 하나는 주장, 가설, 그리고 이론이 경험적 증거를 검증하는 대상이 된다는 것이다. 가설은 실제 세계가 돌아가는 방식에 대한 관찰에 의해서 평가되어야 한다. 우리는 그 가설이 경험적 사실에 얼마나 부합하는지에 따라 우리의 주장을 평가해야 한다. 이것이 '경험주의적' 제약이다. 그래서 사회-과학의 주장은, 사회 현상에 대한 훈련된 관찰, 이론적 주장의 논리적 결과에 대한 주의 깊은 표현(articulation), 그리고 광범위한 경험적 관찰에 대한 일관성에 근거한 이론적 주장들의 평가 등을 기반으로 검증되고 평가된다고 말하는 것에서 시작된다. 그리고 사실 많은 사회과학 연구는 다양한 규모의 수준에서 사회적 사실들을 공들여 발견하는 형식을 취하고 있다.

탈실증주의 과학철학자들은 이 단순한 생각들이 많은 난제를 제기한다는 것을 알아차렸다(Hanson, 1958; Brown, 1987; Glymour, 1980). 이러한 점들을 고려해 보자.

• 어떠한 관찰 가능한 사실도 과학적 주장의 진실성을 보증하지 않

는다.

• 관찰과 이론 사이에는 뚜렷한 구분이 없다. 경험적 사실들의 관찰은 대개 일부 과학 이론 요소의 가정에 의존한다. 관찰은 '이론-의존적(theory-laden)'이다.

• 경험적 '사실들'도 다양한 해석이 가능하다. 일련의 관찰이 모순되는 가설들을 지지하는 듯 보이는 방식으로 다시 기술하는 것이 가능하다.

사회과학에는 경험적 관찰과 측정에 도달하는 방식에 대해 추가적인 복잡성이 있다.

사회적 관찰은 우리가 관찰하고자 하는 경험적 사실들을 '조작화'할 것을 요구한다. 예를 들어, 우리는 노동계급의 생활수준을 관찰하고 싶을 수 있다. 그러나 우리는 이것을 직접적으로 이룰 수는 없다. 대신에 우리는 문제의 특성을 그럴듯하게 지시하는 '대체물(proxies)'에 이르러야 한다. 그래서 특정한 평균 임금으로 구입할 수 있는 임금 장바구니(wage basket)는 우리가 생활수준을 측정하는 데 사용하는 지표일 수 있다. 그러나 생활수준을 조작화하는 다른 정당한 방법들이 있으며, 다양한 범주가 특정한 시간과 장소에서 상이하게 작동하는 결과들을 낳을 수 있다.

사회적 관찰은 다양한 개인들의 집단에 대한 측정치들을 종합할 것을 요구한다. 우리는 사회적 데이터를 종합하는 과정에 이르면, 판단하고 선택해야 한다. 예를 들어, 소득 불평등의 측정치로서 하위 40%의 소득 대신에 지니 계수를 사용하거나 소득 분배의 변화를 관찰하기 위해 평균 대신에 중앙값(median)을 사용하는 선택을 해야 한다. 이러한 선택은 반드시 이루어져야 하며, 이 문제를 결정할 수 있는 결정적인 경험적 이유는 없다.

사회 세계를 사실들의 집합으로 나누기 위해서 우리는 사회적 개념들을 필요로 한다. 그러나 자연과 다양한 사회 현상을 이해할 수 있게 해주는 그럴듯한 대안적 개념 도식들이 있다. 그래서 다시 말하건대, 우리는 '관찰'이 '이론'을 결정한다고 주장할 수 없다.

이것은 과학 철학 내에서 기본적인 경험주의의 요구사항에 따르는 익숙한 논리적 어려움이다. 그러나 그것들은 치명적인 어려움은 아니다. 실제로, 사회적 관찰과 같은 것이 있다는 것은 여전히 맞는 말이다. 관찰이 이론 의존적이라는 것을 받아들이는 것은 필수적이다. 논란의 여지가 없는 관찰은 없다. 그리고 경험적 평가는 판단에 의존한다. 이 모든 것을 받아들이더라도, 상대적으로 현실에 가까워서 우리가 일정 정도의 인식적 보증을 할 수 있는 다양한 사회적 관찰이 있다. 마지막으로, 보증을 전달하는 전체적이고 다면적인 과정을 가능하게 하는 정합성 인식론이 우리에게 유효하다.

그래서 나의 견해는 사회과학의 상황이 (경험적 근거를 평가하기 위해 긴 추론의 연쇄에 매우 의존적인) 물리학보다는 (사회 세계에 대한 관찰을 주의 깊고 조리정연하게 구성하는 데 기반을 두는) 저널리즘에 더 가깝다는 것이다. 사회 세계는 매우 투명하다. 우리는 광범위한 사회적 사실들에 대해 상당히 확신 있는 관찰에 도달할 수 있다. 그리고 우리는 고정된 (수정 가능한) 관찰들의 집합이 있다면 특정한 사회학 이론이 가지는 신뢰도에 대한 논리적 분석을 제공할 수 있다. 사회학의 많은 부분은 기술적 탐구와 밀접한 관계가 있으며, 인식론적 도전은 우리의 이론을 확립하는 단계에서가 아니라 관찰을 확립하는 단계에서 찾아온다.

게다가 자연과학 이론들은 모든 가용한 증거에 의해 '과소결정되며'

(그래서 복수의 이론이 동등하게 잘 입증될 수 있으며), 과학 이론들은 (이론의 부분들에 대한 개별적 확증 없이) 전체로서 입증되거나 기각될 수 있을 뿐이라는 공통된 견해는 사회과학에는 대체로 적용하기 어려워 보인다. 오히려 사회 이론들은 더 일반적으로 단편적인 관찰, 검증, 그리고 경험적 평가를 허용하는 '중범위' 이론이다.

이것은 또한 사회과학에서는 가설-연역적 입증 모델이 자연과학에서보다 덜 중요하다는 것을 의미한다. 핵심적인 설명적 도전은 관찰된 사회 세계를 설명할 수 있는 일련의 인과 과정을 발견하는 것이다. 그리고 정교한 관찰은 흔히 우리가 필요로 하는 것의 대부분이다. [이언 샤피로(Ian Shapiro)의 최근 책 『현실에서 도피하는 인문사회과학(Flight from Reality in the Human Sciences)』(2005[2018])은 사회과학의 과도한 형식주의와 이론주의를 혹독하게 비판한 것이다.]

실증주의, 자연주의, 그리고 일반적인 사회법칙들

사회학에는 강한 실증주의의 흐름이 있다. 실증주의와는 다른 패러다임들도 있는데, 몇 가지만 들자면 페미니즘, 마르크스주의, 비교역사 사회학, 그리고 문화기술지적 사회학이 있다. 그러나 과학이어야 한다는 요구는 주로 실증주의적인 과학과 탐구 이론에서 대두된다. 실증주의의 핵심 전제는 자연주의라고 일컬을 수 있는 다음과 같은 중요한 관념을 포함한다. 즉, 사회과학은 그 논리에서 자연과학과 동일하며, 과학은 경험적 현상에 대한 일반적인 법칙을 찾는 것과 관련된다는 것이다. 사회학에서 실증주의가 역사적으로 지배적이었던 것은 놀랍지 않다. 사회학의 여러 창건자(특히 콩트, 밀, 뒤르켐)는 두 아이디어 사이의 필연적인 관계를 주장하는 데 가장 단호했으며, 콩트는 근대 용어로 '실증주의'와 '사회학'을 둘 다 창안했다. 밀과 콩트를 통해 사회과학 안으로 들어온 실증주의는 1910년대와 1920년대에 빈 학파(Vienna Circle)의 논리실증주의 영향의 결과로, 그리고 1950년대 미국의 연구비 조달 전략으로 추가적인 추동력을 얻었다. 일부 사회과학 철학자는 종종 사회과학을 위한 자연주의적 프로그램을 포용했다. 예를 들어, 데이비드 토머스(David Thomas)와 같은 이들은 노골적으로 그렇게 했다(Thomas, 1979). 다른 이들은 사회과학 지식은 법칙과 같은(lawlike) 일반화의 형식으로 표현될 필요가 있다는 관념을 받아들였다(Kincaid, 1990; McIntyre, 1996).

사회학에 대한 실증주의의 장악력은 최근 여러 해 동안 사회과학 내의 많은 분석과 논쟁의 중심에 있었다(Wallterstein, 1999; Steinmetz, 2005; Adams, Clemens and Orloff, 2005). 현재 사회과학 안에서 나타나고 있는 일부 가장 가치 있는 방법론적·인식론적 저작은 사회과학자들이 사회 세계를 분석하고 설명하는 데 사용하는 도구들의 범위를 넓히는 목적에 초점을 두고 있다(Mahoney and Rueschemeyer, 2003; Ortner, 1999; McDonald, 1996). 그럼에도 불구하고, 양적인 연구 결과에 대한 선호는 사회학의 주요 저널들을 지속적으로 지배하고 있다.

사회학의 실증주의 프로그램은 다음과 같이 요약될 수 있다. 연구를 위한 일련의 단위를 확인하고, 이 단위들 가운데 선택된 속성들의 집합을 측정하고, 이 단위들 사이에서 상관관계와 규칙성을 발견하기 위해 통계 기법을 사용하고, 그리고 변수들 사이에 관찰되는 관계에 대한 인과 가설에 이르기 위한 시도를 한다. 그 단위들은 개인들(유권자, 범죄자, 사회복지사)일 수도 있고, 고차원의 사회적 실체들(도시, 국가 정부, 사회적 또는 정치적 구조의 유형)일 수도 있다. 이러한 방법론적 전제들은 사회과학에서 양적인 방법들을 강하게 선호하도록 이끌었으며, 이상적인 연구 결과는 연구자가 여러 변수 사이의 연관성을 발견하는 것으로 이어지는 통계 분석을 성공적으로 수행한 대규모의 데이터 세트이다. 그리고 인기 있는 탐구의 도구는 국가 기관들에 의해 구축된 대규모 데이터 세트에 기반한 설문조사 연구와 대규모 사례 연구를 포함한다. [애벗은 이것을 변수 패러다임이라고 부른다(Abbott, 1998; 1999).]

물리학과 경제학을 선망의 눈으로 바라보는 시선을 가지고 채택된 연관된 방법론적 전제는 연구되고 있는 사회적 상황에 대한 형식적인 수학 모델을 선호하는 것이다. 여기서 방법론적 이상은 그 분야의 '이론'을 구성하는 일단의 추상적인 공리들(axioms)을 규명하는 것이다. 이 공리들은 수학적인 결정 이론이나 게임 이론으로부터 도출될 수 있을 것이다. 그러면 이론가는 주어진 선행 조건에서 그 공리들에 대한 균형해(均衡解, equilibrium solution)를 통해 결과들을 설명하려는 목적으로, 이 전제들에 기반해 경험 현상의 모델을 구성하려고 한다. 그러나 수학의 우아함은 조사의 실제 경험적 도전에 그늘을 드리우는 경우가 많다. [샤피로는 『현실에서 도피하는 인문사회과학』라는 제목으로 이러한 형식주의적 편향에 대한 자신의 비판을 압축적으로 표현한다(Shapiro, 2005[2018]).] 샤피로와 같은 비판가들은 (자신의 전공인 정치과학을 포함해) 학문 분야들이 입법 기관, 노동조합, 또는 사회복지 기관과 같은 다양한 사회 현상에 대한 자세하고 주의 깊은 묘사를 포함하는 경험 연구를 재강조하는 것이 중요하다고 주장한다. 여기서 요점은 형식적인 모델들이 사회과학에 적절하지 않다는 것이 아니다. 오히려 우리는 항상 그 질문을 '형식주의가 사회적 과정들 이면에 실재하는 것을 밝히는 데 어떻게 기여하는가', 그리고 '그것은 어떻게 경험적 내용을 가질 수 있는가?'라고 물을 필요가 있다.

사회과학 연구를 위한 이러한 실증주의적 이상은 질적 연구 또는 문화기술지 연구, 소규모 비교 연구, 그리고 사례 연구 조사 등 여러 다른 사회 조사 접근법들을 평가절하한다(King, Keohane and Verba, 1994). 대안적인 사회학적 조사 접근법에는 적어도 다음과 같은 것들이 있다.

- 질적 연구: 조사의 대상이 되는 행위자들의 개별성과 독특성을 고려한다. 문화기술지적 방법과 조사 결과를 사용하는 인류학 방법들로부터 차용한다. 조사 중인 사회 단위를 구성하는 사회 행위자들의 생생한 인간 경험의 특징들을 발견하고 이해하기 위해 철저한 노력을 기울인다.
- 비교 연구: 적은 수의 복잡하고 유사한 사례들(혁명, 사회복지 체계, 노동조합)을 특정한다. 관찰되는 특징들의 정의를 주의 깊게 구성하고 설명해야 하는 결과(민족 분쟁의 발생)를 특정한다. 인과 관계를 선별하기 위해 다양한 통제된 비교 방법을 사용한다(예를 들어, '필요한', '충분한', 또는 '무효(null)인' 선행조건들 사이에서 분류하기 위한 밀의 일치법과 차이법).
- 역사적 연구: 사회 제도, 조직, 또는 운동을 역사적 맥락 안에 둔다. 그것들의 현재 특성을 형성한 국면적이고 경로 의존적인 상황들을 발견한다(Thelen, 2004).

예를 들어, 중국의 공장들 내에서 젠더와 계급, 관리 목표의 역할을 이해하는 과제에 대한 리(C. K. Lee)의 다선적(multi-stranded) 접근이나 (Lee, 1998), 멕시코의 마킬라도라(Maquiladora)에서 등장한 유사한 이슈에 대한 레슬리 살징거(Leslie Salzinger)의 논의와 같이(Salzinger, 2003), 오늘날 사회학에서 가장 훌륭한 작업은 이러한 접근법들을 결합한다.

실증주의 틀이 뒤르켐, 밀, 그리고 콩트에 의해 공유되었던 사회학의 영역 안으로 끌고 들어온 가장 기본적인 결점은, 모든 현상은 법칙에 의해 지배되고, 관련 법칙은 추상적이고 관찰 불가능하며, 관찰 가능한 현상들을 포함하는 전체 현상과 상승하는 자연법칙의 수준 사이에는 질서정연한 관계가 있다는 가정이다. 과학적 연구의 과제는 (조수와 같은 여타 현상들을 포함한 중력 인력에 포함되는 타원 궤도에 포함되는 지구의 운동과 같이) 상승하는 규칙성과 법칙의 피라미드를 발견하는 것이다. 그런 다음 이 모델은 사회학적 관찰과 규칙성의 질서정연함에 대한 사회학자의 기대를 틀 짓는 데 사용된다. 사회 세계는 숨겨진 규칙성과 인과 법칙에 의해 지배되는 현상의 체계로 전제된다. 사회과학 연구의 과제는 이러한 지배적인 규칙성과 법칙을 발견하는 것이다. 그러나 이러한 세계의 구상은 사회적인 것의 영역에 전혀 들어맞지 않는다.

자연주의는 사회과학 탐구에서는 빈약한 안내자이다. 대신에 우리는 사회적 삶의 존재론―사회 세계를 구성하는 것의 종류들―에 더 큰 관심을 기울이면서 사회과학 연구에 접근할 필요가 있다. 그리고 기본 요소로서로 상호작용하고 있는 개인들에 초점을 맞추면서 보다 현실적인 존재론에 관심을 기울일 때, 우리는 우리가 연구하는 현상들 중에서 인간 제도와 인간 행위 주체의 가소성에 부합하는 우연성, 이질성, 경로 의존성, 그리고 독특성을 더 쉽게 발견하게 된다. 따라서 이제 사회법칙이 존재하는지 질문해 보자. 사회 현상들을 지배하거나 묘사하는 '자연법칙'과 같은 어떤 것이 있는가?

내 견해로는 이것은 매우 주의 깊게 접근할 필요가 있는 질문이다. 요컨대 나는 다양한 종류의 사회 현상을 가로질러 발견될 수 있는 중간 수준의 규칙성이 있기는 하지만 '자연법칙'과 유사한 '사회법칙'은 없다는 견해를 취하고 있다. 그러나 자연주의—사회 세계는 자연 세계와의 강력한 유비 속에 이해되어야 한다는 관념—의 끊임없는 유혹 때문에 주의가 필요하다. 자연 현상이 자연의 법칙에 의해 지배된다면, 사회 현상은 '사회의 법칙'에 의해 지배되어야 한다. 그러나 그 유비는 오류이다.

사실 사회적 실체와 과정에 대한 법칙과 같은 일반화는 거의 없다 (Little, 1993). 이러한 판단을 위한 가장 깊은 근거는 존재론적인 것이다. 사회 현상은 동질적인 구성원들을 포함하고 있는 고정되고 구별되는 '유형들'로 나뉘지 않는다. 우리는 '물'에 대해서는 일반화할 수 있으나, '혁명'에 대해서는 그럴 수 없다. 왜냐하면 모든 깨끗한 물의 표본은 동일한 구조와 관찰 가능한 특징을 갖고 있지만, 모든 '혁명'은 그렇지 않다는 단순한 이유 때문이다. '혁명'의 범주는 한 '종류'가 아니다. 그리고 우리는 이 집합(혁명) 안에 귀속시킬 수 있는 필요충분조건들의 집합에 도달할 수 있다고 상상해서는 안 된다. 예를 들어, 개별 혁명은 역사적으로 구체적인 원인과 환경의 조합에 따라 진행된다. 그리고 모든 범주를 가로질러 진정으로 흥미로운 일반화란 없다.

물론 사회 현상들 사이에서도 관찰 가능한 규칙성이 있다. 도시 지리학자들은 다양한 국가들의 도시 크기 분포에서 유사한 수학적 관계에 주목했다. 뒤르켐은 가톨릭 국가들 사이에 나타나는 유사한 자살률—프로테스탄트 국가들에서 발견되는 자살률과는 일정하게 다른 비율인—에 주목했다. 정치경제학자들은 사회적 재화에 대한 국가의 지출과 유아 사망률 사이에 나타나는 부정적인 상관관계에 주목한다. 그리고 우리는 목록을 무한히 확대할 수 있다.

그러나 이 사실은 무엇을 보여주는가? 사회 현상이 '법칙 지배적'인 것은 아니다. 대신에 그것은 두 가지 관련된 사실의 결과이다. 첫째는, 사회적 인과 메커니즘이 있다는 것이고, 둘째는, 사회적 상황에 걸쳐 공통된 원인이 일부 반복된다는 것이다.

'공공재가 존재할 때 집합 행위가 실패'하는 메커니즘을 예로 들어보자. 여기서 그 메커니즘의 핵심은 합리적으로 이기적인 의사 결정자들은 공유재가 아니라 사유재를 고려할 것이라는 것이 분석 요지이다. 그래서 그들은 공공재를 생산하는 활동들에 투자하지 않으려 할 것이다. 그들은 '무임 승차자' 또는 '안락 승차자(easy rider)'*가 되려고 할 것이다. 이 메커니즘에 부합하는 사회적 규칙성은—공공재 창출을 위한 강한 집합적 기회 요소를 포함하는 상황에서 영향을 받는 집단의 구성원들은 낮은 기여 수준을 보이는 경향이 있을 것이라는—'약한(soft)' 일반화이다. 그래서 공공 라디오 기금 모금은 단지 소수의 청취자로부터만 기부금을 받을 것이다. 보이콧과 파업은 시간이 가면서 유지하기 어려울 것이다. 어류 자원은 과도하게 잡히는 경향이 있을 것이다. 그리고 실제로 이러한 규칙성들은 다양한 역사적·사회적 환경에서 확인될 수 있다.

그러나 '무임 승차자' 메커니즘은 집합 행위에 영향을 주는 여러 요인 가운데 하나에 불과하다. 집합 행위를 약화시키기보다 증진시키는 효과를 갖는 사회적 메커니즘들도 있다. 예를 들어, 유능한 조직은 공공재에 대한 자발적인 기여를 이끌어내는 데서 큰 차이를 만들어낸다. 많은 의사결정자가 '합리적으로 자기 이익을 극대화하는 사람들'이라기보다

---

* 노력하지 않고 생활하는 사람을 의미한다. _옮긴이

는 '조건부 이타주의자들'로 보인다는 사실이 차이를 만들어낸다. 그리고 사람들이 무임 승차자에 대해 제재를 행사하기 위해 동원될 수 있다는 사실은 공공재에 대한 기여의 수준에 영향을 준다. (당신의 이웃들이 만약 연기가 많이 나는 벽난로에 대해 심하게 불평을 한다면, 당신은 더 깨끗이 타는 나무나 석탄을 구입하도록 자극받을지도 모른다.) 그 결과 무임 승차자 메커니즘은 그 자체로는 드물게 작동하며, 그래서 예측되는 규칙성은 감소하거나 심지어 사라질 수도 있다.

이로부터 도출할 수 있는 결론은 매우 단순하다. 사회적 규칙성은 '지배적'이라기보다는 '현상적'이다. 사회적 규칙성은 공통의 사회-인과 메커니즘들이 작동한 결과로 나타나며, 사회적 인과는 일반적으로 접합적이고 우연적이다. 그래서 분명하게 나타나는 규칙성은 약하며 예외로 가득하다. 그리고 사회적 규칙성은 사회적 환경의 근원적인 '운동 법칙'을 표현하기보다는 그 결과를 묘사하고 있다.

그리고 이 논의로부터 등장하는 발견적(heuristic) 조사 방법이 있다. 이것은 사회 현상의 형태를 갖추게 하는 구체적인 사회-인과 메커니즘 탐색의 중요성이다. 우리가 만약 단순히 1000개의 사례를 수집하고 결과 변수들과 대조해 측정한 특징들에 대한 통계적 분석만을 수행한다면, 우리는 파업을 이해하는 작업을 형편없이 수행한 셈이다. 우리가 만약 파업을 발생시키고 개인들로 하여금 파업에 참여하도록 결정하게 하는 구조와 행위성(agency)의 특성에 대한 일련의 이론을 종합한다면, 우리는 파업을 이해하는 작업을 훨씬 더 잘 수행한 셈이 된다. 동원과 관련된 공통의 '행위 주체/구조' 요인들에 대한 분석은 개별적인 동원 사례를 이해하게 하고, 우리가 발견하는 약한 규칙성을 설명하며, 그리고 부정적인 사례들도 해명해 줄 것이다.

결론

이 서론 장에서는 '사회를 이해하는 일에는 무엇이 관련되는가?'라는 큰 주제를 다루었다. 사회적 과정을 분석하고 설명하려고 시도할 때 우리는 어떤 종류의 존재론적 가정들을 전제해야 하는가? 사회 세계에 대한 가설과 이론에 대한 경험적 확증은 어떻게 제공하는가? 그리고 실증주의와 자연주의의 유산들로부터 어떤 도움이나 방해를 받을 수 있는가? 철학은 21세기를 위한 더 나은 사회학의 창조에 어떻게 기여할 수 있는가?

우리는 이러한 탐구가 단지 학문적 관심사만은 아니라는 것을 언급함으로써 시작했다. 사회를 더 잘 이해하는 것은 21세기 우리 모두를 위해 시급히 필요한 일이다. 우리의 삶의 질, 우리의 신체적 안전, 전 지구적으로 그리고 지역적으로 더 큰 사회적 정의를 가능하게 할 우리의 능력, 그리고 자연환경의 지속 가능성을 성취하기 위한 우리의 능력 모두 사회적 과정과 사회적 행동에 의존한다. 이 과정과 행동을 더 잘 이해할수록 우리는 우리의 필요와 가치에 기여하는 방식으로 우리의 미래를 만들어갈 수 있을 것이다. 그리고 현재 중요한 사회 과정들에 대한 우리의 이해는 매우 제한적이다. 사회 세계를 더욱 현실적으로 이해하려면 더 나은 이론, 더 나은 연구 방법론, 그리고 사회 현상의 기본 본질에 대한 더 나은 개념이 필요하다. 사회과학 철학은 이러한 중요한 과제에 기여할 수 있다.

앞의 논의에서는 세 가지 특정한 핵심 아이디어가 등장한다. 첫째는 사회 존재론에 대한 요점이다. 사회 조사는 사회 현상이 사회적으로 배태된 개인들이 상호작용하면서 구성된다는 사실에 대한 현실적인 이해에 기초해야 한다. 고차원의 사회적 실체들—국가, 조직, 제도—은 충분히 실재적이지만, 상호작용하는 개인들로 이루어진 것으로 이해되어야 한다. 그래서 사회과학은 물화(物化)의 오류, 곧 사회 실체들이 그 구성 요소인 개인과는 독립적으로 일종의 지속적인 영속성을 가진다는 전제를 피해야 한다.

이러한 존재론은 결국 사회 연구자들이 연구하는 현상에 상당한 정도의 우연성과 가소성이 있음을 예상하도록 이끌어야 한다. 제도와 조직이 그것들을 만드는 사회적 개인들에 의해 구성된다는 것을 고려할 때, 우리는 제도와 조직이 시간이 지나면 변형된다는 것을 예상해야 한다. 곧, 사회 실체의 가소성을 예상해야 한다. 그리고 우리는 우연성을 예측해야 한다. 마르크스가 찾고자 했던 역사의 철칙을 발견하기보다는, 사회적 결과가 많은 독립적인 요소에 의존하며 그 결과들은 경로 의존적이고 우연적이라는 것을 이해해야 한다. 우리는 현상들 사이에서 나타나는 법칙-지배적인 규칙성의 발견을 과학으로 규정해서는 안 된다.

마지막으로, 다양한 사회적 사실 사이의 인과 관계의 형태로 사회 현상 사이에서 일정한 질서를 발견할 수 있는 믿을 만한 기초가 있다는 것이 여기서 확인된다. 사회적 인과 메커니즘의 발견은 사회적 설명의 기초이다. 게다가 사회적 인과 메커니즘과 여기서 제시된 '사회적으로 상황 지어진 개인들'의 사회 존재론 사이에는 매우 일치하는 관계가 있다. 사회적 인과 관계는 개인들의 구조화된 행위를 통해 흐른다. 그리고 경험적인 사회 조사는 우리에게 사회적 인과 관계의 다양한 측면, 곧 개인이 행위하는 곳인 사회 제도, 개인으로 하여금 현재의 정신 모델과 도덕 관념과 선호를 갖게 한 역사적 발전 과정, 그리고 특정 시간에 일련의 사회관계에서 구체화되어 있는 권력과 제약에 대해 알려줄 수 있다.

이 책은 사회과학자들이 가장 관심을 갖고 사회적 결과와 과정을 설명하려고 시도해 왔던 방식들을 주의 깊게 살펴봄으로써 이 작업의 중요한 부분을 탐구한다. 사회 과정의 인과 메커니즘에 대한 분석은 거의 모든 설득력 있는 사회적 설명에서 중요한 역할을 한다는 것이 드러난다.

참고문헌

지난 20년 동안 사회과학 철학에 유용하게 기여한 연구로는 브레이브룩(Braybrook, 1987), 로젠버그(Rosenberg, 1988), 리틀(Little, 1991), 보먼(Bohman, 1991), 마틴과 매킨타이어(Martin and McIntyre, 1994), 킨케이드(Kincaid, 1996), 리틀(Little, 1998), 터너와 로스(Turner and Roth, 2003), 셰럿(Sherratt, 2006), 엘스터(Elster, 2007), 그리고 이언 자비(Ian C. Jarvie)가 편집한 저널 ≪사회과학 철학(The Philosophy of Social Science)≫에 들어 있는 지속적인 논쟁과 토론을 들 수 있다.

Abbott, Andrew. 1998. "The Causal Devolution." *Sociological Methods and Research* no. 27(2): 148~181.

Abbott, Andrew Delano. 1999. *Department & discipline: Chicago sociology at one hundred.* Chicago, IL: University of Chicago Press.

_____. 2001. Chaos of disciplines. Chicago: University of Chicago.

Adams, Julia, Elisabeth Stephanie Clemens and Ann Shola Orloff. 2005. *Remaking modernity: Politics, history, and sociology* (Politics, history, and culture). Durham: Duke University Press.

Bates, R. H. 1981. *Markets and states in tropical Africa: the political basis of agricultural policies.* Berkeley, Los Angeles, London: University of California Press.

Bohman, James. 1991. *New philosophy of social science: problems of indeterminacy.* 1st MIT Press(ed.). Cambridge, Mass.: MIT Press.

Boyd, Richard. 2002. Scientific Realism. Stanford Encyclopedia of Philosophy, http://plato.stanford.edu/entries/scientific-realism/.

Braybrooke, D. 1987. *Philosophy of Social Science.* Englewood Cliffs, NJ: Prentice Hall.

Brown, Harold I. 1987. *Observation and Objectivity.* New York: Oxford University Press.

Bunge, Mario. 1996. *Finding Philosophy in Social Science.* New Haven, CT: Yale University Press.

Clifford, James. 1988. *The predicament of culture: twentieth-century ethnography, literature, and art*. Cambridge, Mass.: Harvard University Press.

Darnton, Robert. 1984. *The great cat massacre and other episodes in French cultural history*. New York: Basic Books.

Davidson, Donald. 1963. "Actions, Reasons, and Causes." *Journal of Philosophy* no. 60(23): 685~700.

Dilthey, Wihelm. 1989. *Introduction to the human sciences*. Edited by Rudolf A. Makkreel and Frithjof Rodi. Princeton, N.J.: Princeton University Press.

Elster, Jon. 2007. *Explaining Social Behavior: More Nuts and Bolts for the Social Sciences*. Cambridge and New York: Cambridge University Press [욘 엘스터, 『사회적 행위를 설명하기: 사회과학의 도구상자』, 김종엽 옮김(서울: 그린비, 2020)].

Gadamer, Hans Georg. 1977. *Philosophical hermeneutics*. 1st paperback(ed.). Berkeley: University of California Press.

Geertz, Clifford. 1971a. "Deep Play: Notes on the Balines Cockfight." in *The interpretation of cultures: selected essays*. New York: Basic Books [클리퍼드 기어츠, 「심층 놀이: 발리의 닭싸움에 관한 기록들」, 『문화의 해석』, 문옥표 옮김(서울: 까치, 1998)].

_____. 1971b. *The interpretation of cultures: selected essays*. New York: Basic Books [클리퍼드 기어츠, 『문화의 해석』, 문옥표 옮김(서울: 까치, 1998)].

_____. 1971c. "Thick Description: Toward and Interpretive Theory of Culture." in *The interpretation of cultures: selected essays*. New York: Basic Books [클리퍼드 기어츠, 「중층 기술: 해석적 문화이론을 향하여」, 『문화의 해석』, 문옥표 옮김(서울: 까치, 1998)].

_____. 1980. *Negara: The Theatre State in Nineteenth-Century Bali*. Princeton: Princeton University Press [클리퍼드 기어츠, 『극장국가 느가라: 19세기 발리의 정치체제를 통해서 본 권력의 본질』, 김용진 옮김(서울: 눌민, 2017)].

_____. 1983. *Local knowledge: further essays in interpretive anthropology*. New York: Basic Books.

Gilbert, Margaret. 1989. *On Social Facts*. Princeton, NJ: Princeton University Press.

Glymour, Clark N. 1980. *Theory and evidence*. Princeton, NJ: Princeton

University Press.

Gould, Carol C. 1978. *Marx's social ontology: individuality and community in Marx's theory of social reality.* Cambridge, MA: MIT Press.

Hacking, Ian. 1999. *The Social Construction of What?* Cambridge, MA: Harvard University Press.

_____. 2002. *Historical Ontology.* Cambridge, MA: Harvard University Press.

Hanson, Norwood Russell. 1958. *Patterns of Discovery: An Inquiry into the Conceptual Foundations of Science.* Cambridge: Cambridge University Press.

Kincaid, Harold. 1990. "Defending Laws in the Social Sciences." *Philosophy of the Social Sciences* no. 20(1): 56~83.

_____. 1996. *Philosophical foundations of the social sciences: analyzing controversies in social research.* Cambridge and New York: Cambridge University Press.

King, Gary, Robert O. Keohane and Sidney Verba. 1994. *Designing Social Inquiry: Scientific Inference in Qualitative Research.* Princeton: Princeton University Press.

Kvanvig, Jonathan. 2007. Coherentist Theories of Epistemic Justification. *Stanford Encyclopedia of Philosophy,* http://plato.stanford.edu/entries/justep-coherence/.

Lee, Ching Kwan. 1998. *Gender and the South China Miracle: Two Worlds of Factory Women.* Berkeley: University of California Press.

Little, Daniel. 1991. *Varieties of Social Explanation: An Introduction to the Philosophy of Social Science.* Boulder, CO: Westview Press.

_____. 1993. "On the Scope and Limits of Generalizations in the Social Sciences." *Synthese* 97: 183~207.

_____. 1998. *Microfoundations, Method and Causation: On the Philosophy of the Social Sciences.* New Brunswick, NJ: Transaction Publishers.

Mahoney, James and Dietrich Rueschemeyer(eds.). 2003. *Comparative Historical Analysis in the Social Sciences.* Cambridge Studies in Comparative Politics. Cambridge: Cambridge University Press.

Martin, Michael and Lee C. McIntyre(eds.). 1994. *Readings in the Philosophy of Social Science.* Cambridge, MA: MIT Press.

McDonald, Terrence J.(ed.) 1996. *The Historic Turn in the Human Sciences.*

Ann Arbor: University of Michigan Press.

McIntyre, Lee C. 1996. *Laws and Explanation in the Social Sciences: Defending a Science of Human Behavior.* Boulder, CO: Westview Press.

Merton, R. K. 1967. *On Theoretical Sociology: Five Essays, Old and New.* New York: Free Press.

Ortner, Sherry B.(ed.) 1999. *The Fate of "Culture": Geertz and Beyond.* Berkeley: University of California Press.

Ricoeur, Paul. 1976. Interpretation theory: discourse and surplus of meaning. Fort Worth: Texas Christian University Press.

Ringer, Fritz. 1997. *Max Weber's Methodology: The Unification of the Cultural and Social Sciences.* Cambridge: Harvard University Press.

Rosenberg, Alexander. 1988. *Philosophy of Social Science.* Boulder, CO: Westview Press.

Salzinger, L. 2003. *Genders in Production: Making Workers in Mexico's Global Factories.* Berkeley: University of California Press.

Shapiro, Ian. 2005. *The Flight from Reality in the Human Sciences.* Princeton, NJ: Princeton University Press [이언 샤피로, 『현실에서 도피하는 인문사회과학』, 정성원 옮김(고양: 인간사랑, 2018)].

Sherratt, Yvonne. 2006. *Continental Philosophy of Social Science: Hermeneutics, Genealogy, Critical Theory.* Cambridge: Cambridge University Press.

Steinmetz, George(ed.). 2005. *The Politics of Method in the Human Sciences: Positivism and its Epistemological Others, Politics, History, and Culture.* Durham, NC: Duke University Press.

Thelen, Kathleen Ann. 2004. *How Institutions Evolve: The Political Economy of Skills in Germany, Britain, the United States, and Japan.* Cambridge Studies in Comparative Politics. Cambridge: Cambridge University Press.

Thomas, David. 1979. *Naturalism and Social Science: A Post-Empiricist Philosophy of Social Science.* Themes in the Social Sciences. New York: Cambridge University Press.

Turner, Stephen P. and Paul A. Roth(eds.). 2003. *The Blackwell Guide to the Philosophy of the Social Sciences.* Malden, MA: Blackwell Publishing.

Turner, Victor Witter. 1974. *Dramas, fields, and metaphors: symbolic action in human society, Symbol, myth, and ritual.* Ithaca, NY: Cornell University Press [빅터 터너, 『인간사회와 상징 행위: 사회적 드라마, 구조, 커뮤니타스』, 강대훈 옮김(서울: 황소걸음, 2018)].

von Wright, G. H. 1971. *Explanation and understanding, Contemporary philosophy.* Ithaca, NY: Cornell University Press.

Wallerstein, Immaneul Maurice. 1999. *The End of the World as We Know it: Social Science for the Twenty-first Century.* Minneapolis: University of Minnesota Press [이매뉴얼 월러스틴, 『우리가 아는 세계의 종언』, 백승욱 옮김(서울: 창비, 2001)].

Weber, Max. 1949. *The Methodology of the Social Sciences.* New York: Free Press [막스 베버, 『막스 베버 사회과학방법론 선집』(2011)].

Zald, Mayer. 1992. "Sociology as a Discipline: Quasi-Science and Quasi Humanities." *American Sociologist* no. 22: 5~27.

_____. 1995. "Progress and Cumulation in the Human Sciences after the Fall." *Sociological Forum* no. 10.3: 455~481.

서론

　오늘날 사회과학은 원기 왕성한 활동의 시기를 목격하고 있다. 정치학자들은 국가들 사이의 협력과 경쟁 과정에 대한 우리의 이해를 심화시키고 있고, 인류학자들은 우리 자신의 문화 현상뿐만 아니라 다른 문화 현상도 이해할 수 있는 새로운 도구들을 발전시키고 있으며, 역사가들은 과거에 대해 새로운 경험적·설명적 이해를 던져주고 있고, 인간 과학들 사이에서도 그러하다. 그러나 사회과학을 배우는 학생들과 아마도 현역 연구자 자신들이 이러한 성장의 결과 중 하나로 느끼는 것은 방법론적 불협화음일 것이다. 하나의 과학에서 기본이 되는 문제들과 방법들이 다른 과학에서는 알려져 있지 않다. 하나의 분야에서 복잡하고 다면적인 논쟁들이 다른 분야에서는 불가사의하고 무의미해 보인다. 중요한 질문들이 떠오른다. 어떤 의미에서 인간 과학은 **과학적인가?** 인간 과학은 어떤 방식으로 경험적 방법과 설명 패러다임을 공유하는가? 다양한 사회과학 실천의 이면에 있는 방법, 증거 및 설명에 대한 일관된 전제의 틀을 식별하는 것이 가능한가?

　엄격한 의미에서 이 마지막 질문에 대한 해답은 '아니다'이다. 예를 들어, 기어츠가 제시한 발리의 실천에 대한 두꺼운 기술과 로저 쇼필드 (Roger Schofield)가 제공한 영국 인구 변화에 대한 인과 분석 사이에는 사실상 공통점이 없다. 그러나 느슨한 의미에서의 단 하나의 통합된 사회 탐구 방법이 아니라 광범위한 사회과학에서 사용되는 일단의 설명 모델과 경험적 방법을 중심으로는 어느 정도의 통합이 존재할 수 있다는 확신의 여지는 있다. 예를 들어, 많은 사회과학은 사회 현상들에 대한 인과적 설명을 제공한다. 그러므로 사회적 인과 개념의 주요 요소들을 명확히 하는 것이 중요하다. 많은 사회과학은 인간 **행위성**의 본질에 관한 가정에 대한 설명─합리적 선택 설명과 해석적 이해 모두에서─을 전제로 한다. 구조적·기능적 설명도 마찬가지로 다양한 사회과학에서 역할을 하며, 거시 현상의 미시 기초에 대한 쟁점들이 정치학, 경제학, 그리고 사회학에서 되풀이해서 나타난다.

그래서 설명 이론에는 광범위한 사회과학 연구 프로그램들을 함께 이해하도록 해주는 일단의 논제들이 있다. 이 책의 목적은 이 논제들의 논리적 특징을 고찰하는 것이다. 세부 사항의 수준이 중요하다. 나는 많은 청중이 논의를 쉽게 접할 수 있도록 하기 위해 고도로 기술적인 이슈들은 피하려고 노력했다. 그와 동시에 전통적인 함정에 빠지지 않고 현재 사회과학의 관행을 조명하기에 충분할 만큼 미묘한 이들 이슈에 대한 해명을 제시하기 위해 철학적 타당성을 확보하려고 노력했다.

이 책은 현재 사회-과학적 연구의 수많은 실례를 중심으로 구성되어 있다. 즉, 인류학, 지리학, 인구학, 정치학, 경제학, 그리고 사회학으로부터 가져온 사회과학 설명들에 대한 논의를 담고 있다. 또한 아시아 농민 사회로부터 산업화된 사회의 거주 분리 유형에 이르기까지 다양한 사회 현상을 논의한다. 나는 사회과학 철학은 특정 사회과학 분야의 실제 연구 문제와 설명에 아주 근접해서 작업해야 하며, 다른 사례에는 다른 해답을 허용하는 방식으로 질문을 만들어야 한다고 생각해 이러한 접근법을 취했다. 우리는 가장 일반적인 쟁점들에 대해 중대한 진전을 이루기 전에, 현대 사회과학에서 실제 모델, 설명, 논쟁, 방법 등에 대해 훨씬 더 상세한 구상을 발전시켜야 한다. 그리고 우리는 이 사례들 사이에서 발견되는 중요한 다양성의 정도에 대해 더 깊은 인식을 발전시킬 필요가 있을 것이다. 그러므로 나는 특정한 사회-과학적 설명 사례들에 대한 검토를 통해 사회과학 철학의 일반적인 문제들에 대해 아래에서부터 접근할 것이다. 이 다양한 자료들 중 일부에 대한 세밀한 연구는 단 하나의 통합된 사회과학이 존재하는 것이 아니라, 상이한 설명 패러다임과 상이한 개념 체계를 사용하고 상이한 연구 목적에 의해 동기 부여되는 다수의 '과학들'이 존재한다는 것을 보여줄 것이다. 과학의 통일성 대신에 과학의 다원성이 나타날 것이다.

사회과학 철학에 대한 이러한 견해에서 철학자들은 경험적인 연구와 순전히 철학적인 분석 사이의 경계에 서 있다. 그들의 목적은 구체적인 연구와 이론화를 세심하게 고려함으로써 사회과학에 대한 철학적 이해를 심화시키고, 세심한 분석과 핵심적인 이론적 관념들을 진전시킴으로써 고려 중인 과학 영역을 발전시키기 위한 기반을 제공하는 것이다. 철학자들은 구체적인 사례들을 자세히 고려해 진정으로 사회과학에 적용시킬 수 있는 더 포괄적인 과학 이론에 기여함으로써 사회과학의 논리 구조와 다양성에 대해 배울 수 있다. 그러나 동시에 철학자들은 쟁점을 명확히 하고, 다른 철학 영역의 결과(예를 들어, 합리적 선택과 집합적 선택 이론)를 제공하고, 이론적 쟁점을 특징짓는 대안적인 방식을 제안함으로써 구체적인 연구 영역에서 진행 중인 이론적 논쟁에 기여할 수 있다.[1]

책의 개요

이 책은 총 세 개의 부로 구성되어 있다. 제1부는 사회적 설명의 특징에 대한 세 가지 중요한 아이디어를 소개한다. 즉, 사회적 설명은 원인 규명을 요구하고, 합리적 행위자들의 의사결정에 대한 분석으로부터 도출되며, 문화적으로 특정한 규범, 가치, 세계관에 대한 해석을 요구한다는 것이다. 이 세 가지 아이디어는 현재 많은 사회적 설명의 기초이며, 사회과학 철학에서 일어나는 많은 논쟁을 위한 기반을 제공한다.

제2부는 이 세 가지 기본 설명 모델의 정교화와 결합으로 눈을 돌린다. 기능적 설명과 구조적 설명은 때로 독특한 유형의 설명으로 여겨지지만, 제4장은 각각의 설명이 사회 현상에 대한 인과적 설명에 의존한다고 주장한다. 유물론적 설명(마르크스주의와 그와 관련된 이론들)은 때로는 독자적인 설명 형식으로 생각되지만, 제5장에서는 이 분석 모델이 실제로 합리적 선택 설명과 인과적 설명에 의존한다고 제시한다. 제6장에서 논의된 경제 인류학은 합리적 선택 모델의 기초 위에서 전근대 사회들의 사회적 행동과 조직의 특징을 설명하려고 시도한다. 이 분야의 많은 논쟁은 제1부에서 기술된 합리적 선택 설명과 해석적 설명 사이의 대비로부터 비롯된다. 그리고 많은 사회과학 영역에서 일반적인 통계적 설명은 때때로 다른 설명 형식들보다 더 엄격한 것으로 간주된다. 제7장은 통계적 설명의 핵심 아이디어들을 제시하고, 통계적 설명이 사실

---

1   이 접근법은 심리 철학에서 최근 저작들이 취하는 접근법과 유사하다. 제리 포더(Jerry Fodor)의 저작(Fodor, 1980)은 철학과 경험적 학문 분야 사이의 관계에 대한 이런 입장을 특히 분명하게 보여주는 사례이다.

상 인과적 설명의 한 형식이라고 결론 내린다.

제3부는 1, 2부 전체에 걸쳐 등장한 사회과학 철학의 여러 일반적인 문제로 관심을 돌린다. 제8장은 방법론적 개인주의 주제를 고찰하고, 제9장은 문화 상대주의 주제로 넘어가며, 그리고 제10장은 사회과학의 방법론으로서 자연주의 원리에 대한 논의와 함께 마친다.

각 장은 다수의 사회과학 설명 사례를 포함한다. 이 사례들은 그러한 설명의 다양한 측면을 실증하고 독자가 사회과학 조사 연구에 대해 더 구체적으로 이해할 수 있도록 선택되었다. 독자들이 더 편리하게 참고할 수 있도록 그 사례들은 본문과 구별되어 있다.

과학적 설명

이 책의 주요 주제는 사회적 설명의 본질이다. 그러나 우리는 세부 사항으로 나아가기 전에 질문 하나를 던질 필요가 있다. 과학적 설명이란 무엇인가? 설명되어야 할 사건이나 유형을 **피설명항**(explanandum)이라고 부르자. 그 사건을 설명한다고 여겨지는 상황은 **설명항**(explanans)이라고 부를 수 있다(〈표 1〉 참조). 좋은 설명에서는 설명항과 피설명항 사이에 어떤 관계가 있는가?

과학적 설명의 주제는 여러 다양한 질문을 포함한다. 과학적 설명의 목적은 무엇인가? 설명의 논리적 형식은 무엇인가? 설명의 실용적인 요구사항은 무엇인가? 설명의 적합성에 대한 판단기준은 무엇인가? 그리고 일반적인 법칙은 과학적 설명에서 어떤 역할을 하는가?

표 1 **설명의 논리**

설명항

―――――――

피설명항

'왜'라는 질문들

설명은 대개 질문에 대한 답과 관련된다. 미국의 남북전쟁은 왜 일어났는가? 왜 양당제 민주주의가 다당제 민주주의보다 더 흔한가? 왜 집단 영농은 비효율적인가? 자본주의적 민주주의 국가는 어떻게 계급 갈등을 억제할 수 있는가? 이러한 질문들은 몇 가지 상이한 범주로 나눌 수 있다. 일부는 '왜-반드시(why-necessary)'라는 질문으로, 다른 일부는 '어떻게-가능한가(how-possible)' 질문으로 바꾸어 표현할 수 있을 것이다. '왜-반드시'라는 질문을 고려해 보자. 여기서 문제는 사건이나 규칙성 또는 과정이 그 상황에서 필연적이거나 예측 가능하다는 것을 보여주는 것, 곧 피설명항이 일어났다고 판단한 초기 조건과 인과 과정을 규명하는 것이다. 여기서 우리는 피설명항을 산출했던 충분조건을 규명하려고 시도하고 있는 것이다. 그러나 이 서술은 과도하게 결정론적이다. 많은 경우에 우리가 최대한 말할 수 있는 것은 설명항에서 묘사된 상황들이 피설명항 발생의 **확률을 증가시켰다**는 것이다.

'왜'라는 질문에 대한 답은 대개 인과적 설명, 곧 특정한 결과의 원인을 규명하는 설명의 형식을 취한다. 그러나 '왜'라는 질문은 행위 주체의 동기에 따라 설명을 야기할 수 있기 때문에 다른 가능성들도 있다. 워터게이트 은폐 사건은 왜 일어났는가? 대통령이 선거 전에 불법 침입 정보를 국민들로부터 감추기를 원했기 때문이다. 그렇다면 여기서 '왜'라는 질문은 행위 주체의 동기에 대한 가설을 통해 답을 얻는다. 그리고 '왜'라는 질문은 기능적 설명을 요청할 수도 있다. 박쥐들은 왜 깩깩거리는 소리를 내는가? 박쥐는 먹이를 확인하고 포획하기 위해 반향 위치 측정 (echolocation)을 사용하기 때문이다. 이 경우에 그 질문은 박쥐의 생리학에서 그 깩깩거리는 소리를 내는 능력이 수행하는 기능에 의해 답을 얻는다.

다른 핵심 유형의 설명 추구 질문은 '어떻게-가능한가'라는 질문이다. 일반적으로 이 질문들은 복잡한 인공물, 신경망, 사회 조직, 경제 제도 등 복잡한 체계들의 행동에 관한 것이다. 예를 들어, 개구리가 빠른 속도로 움직이는 파리를 감지한 후 혀를 재빨리 움직여 파리를 잡는 능력과 같은 그 체계의 능력에 주목하고, 그다음에 이 능력을 발생시키는 체계의 내부 작동에 대한 해명을 보여주려고 시도한다. 시장 경제는 다음 생산 기간에 필요한 비율로 투입물을 생산할 수 있는 능력을 가지고 있는데, 우리는 이것이 어떻게 가능한지 질문할 수 있다. 즉, 철강, 고무, 그리고 플라스틱 제조업자들이 자동차 산업의 수요를 충족시키기 위해 적절한 양을 생산하도록 유도하는 경제 메커니즘은 무엇인가?

'어떻게-가능한가'라는 질문은 체계의 부분들에 대한 기능적인 설명의 요구와 관련되어 있다. 이 경우 우리는 기능하는 체계에 대한 기술을 제공할 필요가 있는데, 그 기능하는 체계 내에서 다양한 하위 체계는 더 큰 체계가 가지고 있다고 알려진 수행 능력에 공헌하는 기능을 수행한다. 이것들은 사실상 인과적 설명의 일종이다. 우리는 하위 체계들이 더 큰 체계의 능력에 어떻게 공헌하는지 말하기 위해 하위 체계들의 인과적 속성들을 발견하려고 시도하는 것이다.

포괄 법칙 모델

과학적 설명의 논리적 구조는 무엇인가? 우리는 하나의 통상적인 견해에서, 즉 특정한 사건이나 규칙성은 하나 이상의 일반적인 법칙 아래 포함될 수 있다는 생각에 기반한 포괄 법칙 모델(the covering-law model)에서 시작할 수 있다. 핵심 아이디어는 우리가 어떤 현상이나 규칙성이 자연의 더 깊은 규칙성으로부터 어떻게 파생되는지 보면 그 현상이나 규칙성을 이해한다는 것이다. 즉, 사건이나 규칙성은 우연한 것이 아니라 오히려 그 현상을 지배하는 좀 더 근본적인 일반 법칙으로부터 유래한다. 그래서 포괄 법칙 모델은 이 질문으로부터 시작한다. 왜 그 현상은 그 상황에서 **필연적**이라고 설명되어야 했는가?

이 통찰은 **연역-법칙적**(deductive-nomological, D-N) 설명 모델의 형식으로 널리 발전되어 왔다(〈표 2〉 참조). 이 접근법에 따르면, 설명은 연역적인 주장이다. 설명의 전제는 하나 이상의 검증 가능한 일반 법칙과 하나 이상의 검증 가능한 사실 진술을 포함한다는 것이다. 설명의 결론은 설명되는 사실 또는 규칙성에 대한 진술이다. 칼 헴펠(Carl Hempel)의 고전적인 논문 「역사학에서의 일반 법칙의 기능(The Function of General Laws in History)」(1942)은 연역-법칙적 설명 모델의 표준적인 진술을 제공한다. "특정 유형의 사건 E가 특정 장소 및 시간에 발생한 것에 대한 설명은 …… E의 원인이나 결정적 요인을 제시하는 것으로 이루어진다. 그러므로 문제의 사건에 대한 과학적 설명은 다음과 같은 형태로 이루어진다. (1) 특정 사건 C_1, C_2, ……, C_n이 특정 시간과 장소에서 발생했음을 주장하는 진술, (2) 보편 가설이다. 이 진술은 다음과 같은 성격을 지닌다. (a) 두 부류(즉, 특정 사건이 발생했음을 주장하는 진술과 보편 가설이라는

표 2 **연역-법칙적 설명 모델**

L$_i$	(하나 이상의 보편 법칙)
C$_i$	(배경 상황에 대한 하나 이상의 진술)
————————	(연역적으로 포함한다)
E	(설명되는 사실이나 규칙성에 대한 진술)

두 부류)의 진술이 경험적 증거에 의해 잘 입증되었으며, (b) 두 부류의
진술로부터 사건 E가 발생했음을 주장하는 문장이 논리적으로 연역될
수 있다"(Hempel, 1965: 232 [헴펠, 2011: 12]).

포괄 법칙 설명 모델은 과학적 설명의 두 가지 중요한 특징에 주의를
기울인다. 첫째, 이 모델은 일반적인 전제와 경계 조건(boundary condi-
tions)으로부터 피설명항을 설명하는 연역적 논증으로, 설명을 기술하는
데 사용하는 논리적 틀을 제시한다. 둘째, 이 모델은 과학적 설명에서
일반적인 법칙, 자연의 법칙, 법칙과 같은(lawlike) 일반화 등에 강조를
둔다. 그래서 문제의 사건이 그 상황에서 왜 필연적인지 보여줌으로써
그 사건을 설명하려고 한다.

물론 모든 과학적 설명이 보편적 일반화에 의존하는 것은 아니다. 일
부 과학 법칙은 보편적이라기보다는 통계적이다. 연역 법칙 모델은 이
런 종류의 법칙들을 포함하는 설명을 포괄하기 위해 조정되어 왔다. **귀**
납-통계적(inductive-statistical, I-S) 모델은 하나 이상의 통계적 일반화,
특정 사실에 대한 하나 이상의 진술, 그리고 피설명항에 대한 귀납적 논
증으로 이루어진 통계적 설명을 기술한다(〈표 3〉 참조). 이 경우에는 논
증의 형식이 다르다. 연역적 논증에서는 전제의 진실성이 (연역-법칙적
논증에서 '_____'로 표시된) 결론의 진실성을 보장하는 반면, 귀납-통계적

표 3 확률적 설명

L$_i$	(하나 이상의 확률 법칙)
C$_i$	(배경 상황에 대한 하나 이상의 진술)
==========	(매우 가능성 있게 만든다)
E	(설명되는 사실이나 규칙성에 대한 진술)

논증은 ('====='로 표시된) 피설명항에 대한 귀납적 또는 확률적 뒷받침만을 전달한다. 즉, 전제는 참이지만 결론이 거짓인 경우가 전적으로 가능하다. 연역-법칙적 모델은 한 현상에 대한 과학적 설명을 왜 그 현상이 그 상황에서 필연적이었는지를 보여주는 것으로 해석한다고 앞에서 언급한 바 있다. 연역-법칙적 모델과 귀납-통계적 모델의 형식적 유사성에도 불구하고, 둘은 뚜렷하게 구별된다. 왜냐하면 한 사건에 대한 통계적 설명은 왜 그것이 필연적인지가 아니라 왜 그것이 개연적인지 보여주기 때문이다.

그러나 이 해명도 충분하지는 않다. 웨슬리 새먼(Wesley Salmon)은 한 사건에 대한 많은 통계적 설명이 그 사건이 그 상황에서 **개연적**이었다는 결론으로 이어지지도 않으며, 다만 그 상황에 비추어 볼 때 그 상황이 없었을 때보다 **더** 그럴 가능성이 높다는 것을 보여준다. 새먼은 이러한 확률적 설명의 특징을 설명하기 위해 '통계-유관성(statistical-relevance)' 설명이라는 자신의 고유한 해명을 발전시킨다(Salmon, 1984: 36 ff.). 다시 한번, 우리는 상황 C에서의 E의 발생을 설명하는 데 관심이 있으며, 그러한 사건의 발생에 관해 다양한 조건적 확률을 알고 있다고 가정해 보자. 특히 우리는 모집단 A에서 일어나는 사건 E의 확률(P(E|A))과 상황 C를 만족시키는 하위 모집단에서 일어나는 E의 확률(P(E|A.C))을 알고 있다.

우리가 $P(E|A) \neq P(E|A.C)$라는 것을 발견한다면, C는 E의 발생에 통계적으로 유관하다(Salmon, 1984: 32~33). 그러므로 우리는 C의 존재에 기초해 E의 발생을 설명한다. (이 모델에 대해서는 제1장에서 고찰할 것이다.)

이것들은 과학적 설명의 논리를 나타내기 위해 제공되어 온 주요 구조들을 보여준다. 그러나 과학적 설명에 대한 적절한 해명은 더 실질적인 논의를 필요로 한다. 다음 장들에서 우리는 합리적 선택 설명, 인과적 설명, 구조적·기능적 설명 그리고 유물론적 설명 등 다양한 유형의 설명을 훨씬 더 자세하게 검토할 것이다.

경험적 설명 대 이론적 설명

사회과학자들은 대개 경험적 설명과 이론적 설명을 구분한다. 하지만 그 구분은 잘 이루어진 것이 아니다. 왜냐하면 이론적 설명은 쓸모가 있으려면 경험적으로 뒷받침할 수 있어야 하기 때문이다. 대신에 귀납적 설명과 연역적 설명 사이의 구분에 따라 더 적절하게 특징지을 수 있는 대조가 진정한 대조이다. 귀납적인 사건 설명은 이전에 확립된 경험적 규칙성 아래에 그 사건을 포함하는 것과 관련된다. 연역적 설명은 그 사건을 야기한 과정들에 대한 이론적 가설로부터 그 사건에 대한 기술을 이끌어내는 것과 관련된다. 우리는 방글라데시가 왜 유아 사망률이 높은지 알고 있다고 가정해 보자. 우리는 그 국가의 1인당 소득이 (200달러 이하로) 낮고, 1인당 소득이 낮은 국가들은 거의 항상 유아 사망률이 높다고 언급함으로써, 이 상황을 설명하려고 할 것이다. [제7장에서 논의하겠지만, 유아 사망률과 1인당 소득은 높은 부(否)의 상관관계가 있다.] 이 보기에서 우리는 방글라데시가 지닌 하나의 특징(높은 유아 사망률)

을 (국가 간 비교에 기초해) 그 특징과 일반적으로 연관되어 있는 다른 특징(1인당 소득)을 발견함으로써 설명했다.

과학에서 중요한 하나의 설명 전략은 피설명항을 야기하는 근원적인 구조나 메커니즘의 이론에 기초해 특정한 현상이나 규칙성을 설명하려는 시도이다. 이론들은 관찰 불가능한 메커니즘과 구조들을 상정한다. 예를 들어, 물리학자는 고온 초전도체를 설명할 때 그 특징을 나타내는 신종 세라믹의 속성들에 대한 이론을 통해 설명한다. 이상적으로는 근원적인 메커니즘에 대한 이론이 복잡한 구조의 특성을 도출할 수 있어야 한다. 이상적으로는 또한 양자 역학적인 설명에서 원자의 화학적 속성을 이끌어내는 것도 가능해야 한다.

사회과학에서의 전형적인 연역적 설명, 즉 근본적인 사회적 메커니즘에 대한 가설에 기초한 이론적인 설명을 고려해 보자. 식민지 베트남에서 낮은 직급의 공무원들은, 도시에서 더 많은 보수를 받는 상급자들과 보수를 덜 받는 비숙련 노동자들 둘 다와는 대조적으로 국가에 대한 폭력적인 공격을 지지하는 경향이 있다는 사실에 관심이 있다고 가정해 보자. 왜 이 사회의 특정 계층이 폭력적인 시위에 자극되었을까? 우리는 상대적 박탈감 이론으로 이 상황을 설명하려고 할 수 있다. 이것은 한 개인이 삶으로부터 기대하는 것과 그(또는 그녀)가 실제로 성취할 수 있는 것 사이의 격차에 대한 관심에 초점을 두는 개인적 정치 동기 이론이다. 테드 로버트 거(Ted Robert Gurr)는 이 이론을 '가치 기대와 가치 능력 사이의 불일치' 이론으로 정식화한다(Gurr, 1968: 37). 이 이론을 이용해서 우리 앞에 놓인 이 사례를 생각해 보면, 하위직 공무원들은 더 특권 있는 동료들과 비교함으로써 자신들의 기대를 형성한 반면, 그들의 소득은 비숙련 노동을 지배하는 동일한 경제적 힘에 묶여 있다는 것을 발견한다. 그래서 비숙련 노동자의 비용이 하락할 때, 하위직 공무원들의 소득도 하락한다. 최종적으로 우리는 현재의 경제적 상황이 비숙련 임금에 하향 압력을 생성했다고 밝힌다. 우리는 이제 하위직 공무원들의 정치적 행동에 대한 결론을 연역적으로 이끌어낸다. 하위직 공무원들은 고위 공무원이나 비숙련 노동자들보다 더 호전적일 것이다. 왜냐하면 고위 공무원이나 비숙련 노동자 집단의 기대는 그들의 소득과 일치하기 때문이다. 그렇다면 여기서 우리는 하위 공무원들의 호전성에 대한 이론적 설명을 갖게 된다.

사회적 설명에 대한 귀납적이고 이론적인 접근은 모두 특정한 어려움에 맞서야 한다. 귀납적 설명의 경우에, 우리는 설명되어야 하는 사건을 포함하는 보다 일반적인 경험적 규칙성의 발견이 사실상 설명적인지 질문해야 한다. 우리는 소득과 유아 사망률 사이의 규칙적인 관계를 발견했을 때, 방글라데시의 유아 사망률에 대한 적합한 설명에 도달했는가? 우리는 한 걸음 더 나아가 이 변수들을 연결하는 메커니즘에 대한 가설을 세울 필요가 있다는 것을 제7장에서 논의할 것이다. 이 사례에서 가설을 세우기는 어렵지 않다. 가난한 국가들과 가난한 가족들은 유아의 건강관리에 쏟을 자원이 적으며, 결과적으로 유아들은 더 빈번히 사망할 것으로 예측된다. 귀납적 설명은 일반적으로 중간 수준의(intermediate) 설명 가치가 있는 듯하다. 귀납적 설명은 문제의 사건과 관련이 있어 보이는 일부 변수들을 확인함으로써 우리의 설명적 탐색을 발전시킨다. 그러나 그 설명은 자신이 규정하는 경험적 규칙성에 대한 이론적 설명을 제공하는 추가적인 노력에 의해 보완되어야 한다.

이제 연역적 설명이 당면하고 있는 문제들로 가보자. 여기서 핵심 과제는 설명 가설과 특정 사례에 대한 가설을 적용하기 위한 경험적 지원을 제공하는 것이다. 이것은 두 종류의 탐구를 포함한다. 하나는 다양한 상황에서 이론 자체를 탐구하는 것이고, 다른 하나는 이 특정한 사례에서 그 이론의 적용을 탐구하는 것이다. 앞에서 언급한 상대적 박탈 사례에서, 우리는 몇 가지 질문에 직면해야 한다. 호전적인 정치 행동이 상대적 박탈 상황의 결과라는 것은 일반적으로 사실인가? 추가적인 탐색은 아마도 그 이론이 다수의 정치적 동기 부여 메커니즘 가운데 하나를 기술하고 있다는 것을 보여줄 것이다. 개인의 행동이 이론에 합치하는 사례도 있고, 그렇지 않은 사례도 있다. 이론가가 이론을 위해 경솔하게 일반성을 주장하지 않는 한, 이것은 이론을 무효화시키지 않는다. 하지만 이것은 우리가 이론을 적용하는 데 주의를 기울여야 한다는 것을 의미한다. 우리는 또한 그 이론이 특정한 사례에 적용되는지도 조사해야 한다. 하위직 공무원들이 자신들의 기대를 고위직 공무원들의 생활양식으로 정의한다는 것을 보여주는 직접적인 증거가 있는가? 그들의 소득이 위급한 시기에 압박을 받았다는 것을 보여주는 직접적인 증거가 있는가? 그리고 그들의 호전성이 기대와 능력 사이의 격차에 의해 고무되었다는 가설을 뒷받침하는 직접적인 증거가 있는가?

이론적인 설명은 사회과학에서 필수적이다. 그러나 동시에 이러한 이론적 가설들에 대한 신중한 경험적 평가의 필요성을 강조하는 것 또한 중요하다. 그렇다면 사회과학에서 이론적 분석의 기능은 무엇인가? 그것은 사회과학자에게 합리적 선택의 작용, 시장 체계의 논리, 사회적 행동에 대한 규범과 가치의 인과적 영향, 행동에서 민족 정체성과 종교 정체성의 역할 등 여러 사회 체계 내의 많은 과정에 대한 이해를 제공하는 것이다. 사회과학자는 사회적 과정의 다양성에 대한 민감성과 사회 이론의 다양한 부분에 대한 연구 결과들로 가득 찬 잘 채워진 도구

상자를 가지고 자신들의 영역을 구성하고 있는 다양한 현상과 마주해야 한다.[2]

비설명적 사회과학

이 책에서 고찰할 사례들은 한 가지 공통점이 있다. 그 사례들은 모두 사회 현상을 **설명**하려는 시도를 나타낸다. 그러나 설명이 항상 과학적 조사의 주요 목적은 아니라는 점에 유의해야 한다. 예를 들어, 어떤 사회 조사의 공통적인 목적은 단순히 특정한 사회적 특성에 관한 사실을 밝히는 것이다. 청나라 초기 중국 인구의 주요 특징은 무엇인가? 노동조합은 산업계의 안전 기준을 높이는 데 효과적인가? 산업혁명은 있었는가? 미국의 외교 정책은 식량을 무기로 사용한 적이 있는가? 이러한 사례들 각각의 경우에 연구자는 주로 사실적 질문에 대한 해답을 알아내는 데 관심이 있는데, 그것은 광범위한 분석과 사실 조사에 근거해야만 답할 수 있다. 그렇다면 명백하게 사회적 탐구가 취하는 형식에는 상당히 다양한 것들이 있다. 그래서 이 책은 **설명**에 초점을 두고, 사회 조사의 이러한 주요 측면에 집중할 것이다.

---

2   아서 스틴치콤(Arthur Stinchcombe, 1978)과 머튼(Merton, 1967)은 사회적 설명에서 이론의 역할에 대해 이와 같은 견해를 표현한다.

▌더 읽어볼 책들

Achinstein, Peter. 1983. *The Nature of Explanation*.

Braybrooke, David. 1987. *Philosophy of Social Science*.

Elster, Jon. 1983. *Explaining Technical Change*.

Glymour, Clark. 1980. *Theory and Evidence*.

Hempel, Carl. 1966. *Philosophy of Natural Science*[C. G. 헴펠, 『자연 과학 철학』 (2010)].

Miller, Richard W. 1987. *Fact and Method*.

Newton-Smith, W. H. 1981. *The Rationality of Science*.

Rosenberg, Alexander. 1988. *Philosophy of Social Science*.

제1부

설명 모델들

다음 세 개의 장에서는 사회적 설명의 주요 모델들, 즉 인과적 모델, 합리적-의도적 모델, 그리고 해석적 모델을 소개한다. 이 모델들은 토대가 되는 것이라고 간주될 수 있다. 이 모델들은 사회과학에서 주요한 대안적인 설명 모델을 대표한다. 다양한 이유로 이 접근법들은 종종 상반된 것으로 여겨진다. 때때로 인과적 설명은 사회 현상에서는 발견되지 않는 결정론의 형식을 상정하기 때문에 사회과학에는 부적절하다는 주장이 제기되기도 한다. 합리적 선택 설명은 때로는 인과적 설명과는 그 종류가 다른 것으로 이해되며, 해석적 분석은 때로는 합리적 선택, 인과적 설명 모두와 상반되는 것으로 여겨진다.

그러나 제1부에서는 그러한 견해들이 잘못되었다고 주장할 것이다. 인과적 분석은 사회과학에서 타당하다. 하지만 개인들의 행위를 통해 작동하는 사회적 메커니즘을 규명하는 데 의존한다. 즉, 사회적 인과는 합리적 선택 이론과 해석적 사회과학이 모두 확인하고자 하는 인간 행위성에 대한 사실들에 의존한다. 그래서 합리적 선택 이론과 (조금 낮은 정도로) 해석적 사회과학은 사회적 인과의 기저를 이루는 특유의 인과 메커니즘에 대한 설명을 제공한다고 주장할 것이다.

제1장

인과 분석

사회과학자들은 종종 사회 현상들 사이의 인과 관계를 정립하는 데 관심을 가진다. 예를 들어, 곡물 가격의 상승은 농민 소요를 야기한다거나 기술 변화는 이데올로기의 변화를 일으킨다는 사실 등이다. 게다가 사회과학자들은 단일한 인과적 판단("프란츠 페르디난트 대공의 암살은 제1차 세계대전의 발발을 야기했다"), 일반적인(generic) 인과 관계("기아는 사회 무질서를 일으킨다"), 인과적 관련성 주장("상업화의 수준은 도시화율에 영향을 준다"), 확률적 인과 주장("무기 경쟁은 전쟁의 가능성을 높인다") 등 다양한 종류의 인과 주장을 한다. 나아가 사회 분석에서는 개인 행위, 집합 행위, 사회 구조, 국가 활동, 조직 형태, 규범과 가치의 체계, 문화적 재현 양식, 사회관계, 그리고 환경의 지리적·생태적 특징들과 같이 매우 다양한 요소가 원인이나 결과로 기능한다. (예를 들면, 왜 도적들은 전통 사회의 중앙보다는 주변부에 더 흔한가? 왜냐하면 주변 지역들의 험한 지형은 도적들의 소탕을 더 어렵게 하기 때문이다.)

사회과학에서 인과 주장과 변수의 다양성은 사회적 인과에 대한 일관된 분석을 제공하는 것이 불가능하다는 것을 시사할 수 있다. 그러나 이것은 근거가 없다. 사실 이러한 다양한 인과 주장의 이면에 있는 핵심 관념은 꽤 단순하다. 이 장에서는 앞에서 언급한 변형들을 이해할 수 있도록 인과적 설명에 대해 자세히 이야기할 것이다. 그리고 광범위한 사회적 설명이 본질적으로 확실한 조건을 가진 인과적 추론에 의존한다는 것이 드러날 것이다. 첫째, 사회과학 내에서 제시되는 인과적 주장들은 대개 사회적 속성 전체에 걸친 단순한 일반화에 의존하지 않는다. 즉, 그 주장들은 단순한 귀납적 일반화에 의존하는 경우가 드물다. 둘째, 이러한 주장들은 전형적으로 원인과 결과를 연결하는 구체적인 인과 메커니즘에 의존한다. 셋째, 사회적 인과 설명들이 상정하는 메커니즘들은 일반적으로 그 행위가 사회 현상에 영향을 미치는 개인들을 특징짓는 신념과 필요, 권력과 제약에 대한 언급을 포함한다.

인과적 주장의 의미

조건 C가 결과 E의 원인이라고 말하는 것은 무엇을 뜻하는가? 직관적으로 생각하자면, C와 E를 구성하는 실체와 과정의 행동을 지배하는 법칙을 고려할 때, 전자가 후자를 일으키는 데 관여한다는 것을 뜻한다. 사회과학자 또는 역사가는 피설명항을 **야기했거나** 또는 피설명항에 독특한 특징을 부여한 조건들을 규명하려고 한다. 목표는 이런 종류의 현상들 사이에 존재하는 법칙 같은 규칙성을 가정할 때, 그 사건을 야기하기에 충분했던 사건 이전에 존재한 조건들을 발견하는 것이다. 인과적 추론에는 일반적으로 관련된 세 가지 핵심 아이디어가 있다. 즉, 원인과 결과를 연결하는 인과 메커니즘의 아이디어, 둘 이상의 변수들 사이의 상관관계의 아이디어, 그리고 한 사건은 다른 사건에 필요하거나 충분한 조건이라는 아이디어이다.

그러면 다음에서 세 가지 인과적 테제를 논의해 보겠다. 인과 메커니즘(CM) 테제는 다음과 같다.

CM   C는 E의 원인이다 = $_{df}$ C에서 E로 이어지는 일련의 사건 C_i가 있다. 그리고 각 C_i로부터 C_{i+1}로의 이행은 하나 이상의 법칙 L_i에 의해 지배된다.

이 정의는 법칙 지배적인 인과 메커니즘의 아이디어를 포착하기 위한 것이다. CM을 귀납적 규칙성(IR) 테제와 대조해 보자.

IR   C는 E의 원인이다 = $_{df}$ C유형의 사건들과 E유형의 사건들 사이에 규칙적인 연관이 있다.

이 테제는 귀납적 인과 모델을 구현한다. 인과 관계의 진술은 C유형의 사건들과 E유형의 사건들을 연결하는 규칙성을 요약할 뿐이다. 마지막으로 필요충분조건(NSC) 테제를 고려해 보자.

NSC   C는 E의 원인이다 = $_{df}$ C는 E의 발생을 위한 필요 그리고/또는 충분조건이다.

이 테제는 원인이 그 결과의 발생에 필요조건이며, 조건들의 일부 집합은 E의 발생에 충분하다는 생각을 불러일으킨다.

이러한 인과 관계의 개념들 사이에는 어떤 관계가 있는가? 나는 인과 메커니즘 관점이 가장 근본적이라고 주장할 것이다. 사건 유형들 사이의 상관관계는 그 사건들의 출현을 연결하는 하나 이상의 인과 메커니즘이 있다는 증거이다. 이것은 직접적인 인과 메커니즘—C가 직접적으로 E를 일으킨다—일 수도 있고, 간접적인 인과 메커니즘—C와 E는 모두 어떤 세 번째 조건 A로부터 파생된 메커니즘의 결과이다—일 수도 있다. 마찬가지로 C가 E의 필요 또는 충분조건이라는 사실은 C와 E를 연결하는 인과 메커니즘의 결과이며, 인과적 설명의 핵심 과제는 인과 메커니즘과 그 메커니즘이 의존하는 법칙을 파악하는 것이다.

메커니즘과 인과 법칙

인과 메커니즘이란 무엇인가?

나는 인과적 설명에서 핵심적인 개념은 C에서 E로 이어지는 인과 메커니즘 개념이라고 주장한다. 그러므로 그 개념과 함께 시작해 보자. 자동차 바퀴에서 볼트가 풀려 있다. 수백 마일을 운전하고 나면 그 바퀴는 느슨해져서 빠지게 된다. 그 사고의 원인은 느슨한 볼트이지만, 이 결과를 입증하기 위해서는 자동차의 상태를 볼트가 느슨한 상태에서 바퀴가 빠진 상태로 변화시킨 사건들을 재구성해야 한다. 설명은 다음과 같이 진행될 수 있다. 움직이는 바퀴의 진동으로 느슨한 볼트가 완전히 떨어졌다. 이로 인해 바퀴가 단단하게 부착되지 않아 진동이 증가했다. 진동 증가 때문에 나머지 볼트가 느슨해지고 분리되었다. 볼트가 완전히 사라지자, 바퀴가 풀어져서 사고가 발생했다. 여기에 여러 단계를 포함하는 비교적 단순한 인과 관계가 있으며, 각 단계에서 우리의 과제는 당시 조건에서 그 시점의 시스템 상태가 어떻게 새로운 상태로 이어지는지를 보여주는 것이다.

앞의 CM 테제는 이러한 설명 양식의 일반화를 제공한다. 그것은 C와 E를 연결하는 일련의 사건들을 일컫는다. 이 일련의 사건 C_i 는 C를 E로 연결하는 인과 메커니즘을 구성하며, 사건들 C_i 사이의 이행을 지배하는 법칙들은 C와 E 사이의 인과 관계를 결정하는 인과 법칙이다. (가장 단순한 사례에서는 그 사건의 연쇄가 매우 짧을 수 있다. 예를 들면, 망치가 가하는 충격은 호두가 깨지는 것을 야기한다.) 이 설명에서, 사건들은 원인에서 결과로 이어지는 인과 법칙이 있는 경우에만 (대부분 다수의 다른 사건도 포함해) 인과적으로 연관된다. 그리고 우리는 그 사건들을 연결하는 인과 메커니즘을 밝혀냄으로써 그 사건들의 인과 관계를 증명할 수 있다.

그렇다면 인과 메커니즘은 설명항에서 피설명항으로 이어지는 법칙 같은 규칙성에 의해 지배되는 일련의 사건이다. 그러한 연쇄는 다음과 같이 나타낼 수 있다. C의 속성과 그러한 사건들을 지배하는 법칙을 고려할 때, C_1이 발생했다. C_1의 속성과 관련된 법칙을 고려할 때, C_2가 발생했다. …… 그리고 C_n의 속성과 관련된 법칙을 고려할 때, E가 발생했다. 나아가 C에서 E로 이어지는 인과 메커니즘을 기술하면서, 우리는 C의 발생이 어떻게 E의 발생을 초래했는지 입증한 것이다.

사회 현상의 이면에 인과 메커니즘은 존재하는가? 이 질문은 부분적으로 사회 현상의 이면에 있는 법칙 같은 규칙성이 가진 가용성에 관한 것으로, 앞으로 논의될 것이다. 간단한 예를 들어보자. 주요 도시의 외곽 지역으로 전차 노선을 확장함으로써 그 도시에 있는 공립학교들의 질이 저하되었다는 주장이 있다고 가정해 보자. 이때 제기된 메커니즘은 다음과 같다. 값싸고 효율적인 교통수단은 외곽 지역들이 도시에 있는 일자리를 얻을 수 있게 했다. 그래서 중산층 노동자들은 이전에는 부자들의 거주지였던 외곽 지역에서 살 여유를 가질 수 있게 되었다. 몇 년 동안 도시에서 교외로 중산층 노동자들의 탈출이 일어났다. 이러한 움직임으로 인한 효과는 도시와 교외 사이에 더 큰 계층화가 발생한 것이었다. 교외화 이전에는 거주지가 경제적으로 상당히 혼합되어 있었으나, 교외화 이후에는 가난한 사람들은 도시에, 중산층은 교외에 집중되었다. 그러나 중산층 사람들은 가난한 사람들보다 더 큰 정치적 영향력을 가지고 있다. 그래서 중산층이 중심 도시를 떠나자, 공공 자원들과 편의 시설들도 뒤따랐다. 도시에서 교육에 충당되는 자원은 감소하고, 도시의 공립학교 교육의 질은 떨어졌다.

이 이야기는 일련의 사회적 사건들, 즉 새로운 교통 기술의 개발, 많은 중산층 사람이 자신들의 거주지를 바꾸려고 하는 조정되지 않은 결정들, 도시에 남아 있는 사람들의 효력 있는 정치적 요구의 감소, 그리고 교육의 질 저하에 의존한다. 이러한 인과 사슬에서 개별적인 연결은 개인의 경제적·정치적 행동에 대한 꽤 단순한 이론에 의해서 보증되는데, 그것은 주어진 선택의 환경이라는 맥락 안에서 합리적 선택을 내리는 개인들에게 의존하는 이론이다. 그 이야기는 노동자들이 자신들 재정의 제약에 부합하는 수준에서 최고의 편안함을 제공하는 거주지를 찾을 것이고, 지방 정부에 자신들의 이익을 위해 자원을 사용하도록 요구할 것이며, 효력 있는 정치적 요구는 계급에 크게 의존한다고 가정한다. 이러한 인간 행동의 규칙성은 앞의 이야기에서 기술한 기회들의 순서에 적용될 때 규정된 변화로 이어졌다. 달리 말하자면, 이 이야기는 새로운 전차 체계와 중앙 도시 학교 시스템의 질 저하를 연결하는 메커니즘을 묘사한다.

이 사례는 사회 현상들과 관련한 인과적 추론에 대해 중요한 점을 예시하고 있다. 원인과 결과를 연결하는 메커니즘은 전형적으로 의미 있고 의도적인 개인들의 행동에 기반하고 있다. 이 메커니즘은 합리적인 선택의 특징, 행위자의 의사결정에서 규범과 가치의 작동, 개인 행동에 미치는 상징적 구조의 영향, 사회적·경제적 구조들이 개인 선택을 제약하는 방식 등을 포함한다. 이 점은 사회과학을 자연과학으로부터 구별해 주는 상황에서 비롯된다. 사회 현상은 개인들에 의해 구성되는데, 개인들의 행동은 그들의 합리적인 의사결정의 결과이자 때때로 작동하는 비합리적인 심리 과정의 결과이다. (제2장은 사회적 설명에서 합리적 선택 이론이 수행하는 역할에 대한 폭넓은 논의를 제공할 것이다.)

어떤 종류의 것들이 사회 현상에 영향을 주는 인과적 속성을 가지는가? 실제 사회적 설명들에서 얻을 수 있는 해답은 다양하다. 이러한 것들에는 개인과 집단의 행위, 개인 성격과 동기 구조의 특징, 사회 구조·제도·조직의 속성, 집단과 공동체의 도덕적·이데올로기적 속성, 새로운 기술적 기회, 새로운 문화 발전(예를 들어, 종교 체계), 자연환경의 특징 등이 있다. 그러나 각각의 경우에 관련 요인(relevant factor)이 그 요인을 체화하고 있는 개인들의 행위와 신념을 통해 어떻게 인과적 힘을 획득하는지는 분명하다.

사회적 인과를 매개하는 메커니즘에 대한 주장에 의존하는 설명 사례를 고찰해 보자(〈사례 1.1〉 참조). 〈사례 1.1〉에서 쿤의 분석은 두 가지 인과적 연결을 주장한다. 바로 행정부의 나약함에서 지방 군대의 창설

| 사례 1.1 |

태평천국의 난의 원인

19세기 중반, 중국 중앙 정부와 지방 엘리트들 사이에서는 힘의 균형에 뚜렷하고 영구적인 변화가 있었다. 왜 이런 일이 일어났는가? 필립 쿤(Philip Kuhn)은 적어도 일부분은 태평천국의 난에 의해 중국 정치 체계에 야기된 도전 때문이라고 설명한다. (a) 엘리트들은 국가 관료로부터 지방 군대의 통제권을 쟁취해, 효과적인 지역 민병대를 만들 수 있었다. 1840년대 이전에 국가는 대체로 도적 떼와 반란을 억제하기 위해 규모가 큰 지방 군대의 운용을 피해왔다. 1840년 이후에는 지방 민병대에 의지하지 않고서는 더 이상 사회 무질서를 진압할 수 없었다. (b) 지방 엘리트들은 당시 장발적(長髪賊, 태평천국 농민 혁명 참가자_옮긴이)에 대항해 이 조직들을 효과적으로 관리했다. "세기 중반의 사회적 위기가 중국을 내전으로 몰아넣자, 지방 군대화의 속도는 빨라졌다. 경제적 위기와 착취가 가난한 사람들을 기존 질서의 밖으로 몰아내고, 결핍이 민족과 언어 집단들 사이의 갈등을 심화시키면서, 이단 지도층과 정통 지도층은 모두 점차로 군사 조직에 대한 관심이 높아졌다"(Kuhn, 1980: 105). (c) 청(淸) 정권은 행정적으로 과도하게 확장되었고, 청의 군사 배치는 폭증하는 반란을 통제하기에는 제대로 설계되지 않았기 때문에, 엘리트들은 스스로 군사를 조직화할 수 있었다. (d) 이러한 지방 군대화는 궁극적으로 중앙의 영구적인 약화와 지방 권력과 자치권의 강화로 이어졌다.

▌ 자료: 중국의 지방 군사 조직과 태평천국의 난의 과정에 대한 역사적 자료
▌ 설명 모델: 지방과 국가의 정치 중심 사이에 일어난 권력 균형의 변화를 설명하기 위한 기초로 지방 정치와 중앙집중화된 중국 행정부의 제도들에 대한 분석
▌ 출처: Philip Kuhn, *Rebellion and Its Enemies in Late Imperial China: Militarization and Social Structure, 1796~1864* (1980)

로 이어지고, 지방 군대의 창설에서 제국 중심의 정치권력의 약화로 이어지는 인과적 연결이다. (a)과 (b)의 진술은 모두 타당한 역사 연구의 기초 위에 성립된 사실 주장(factual claims)이다. 그러나 (c)는 (a)와 (b)의 원인에 대한 주장이며, (d)는 (a)의 인과적 결과에 대한 주장이다. 진술 (c)는 (서론에서 서술된) '어떻게-가능한가'라는 질문을 나타낸다. 쿤은 지방 엘리트들로 하여금 19세기 초에는 할 수 없었던 일을 가능할 수 있게 한, 즉 엘리트들로 하여금 중앙의 정치적 명령에 저항할 수 있는 힘을 가진 지방 군대를 창설하게 한 청나라 후기의 행정 체계 특징들을 확인한다. 그리고 (d)는 효과적인 지방 군사조직을 확립한 결과를, 즉 국가와 지방 엘리트들 사이에서 나타난 권력 균형의 영속적 변화에 대한 분석을 나타낸다. 게다가 각 사례에서의 주장의 강점은 쿤의 역사 서술에 명시된 대로 이러한 변화들이 발생하는 메커니즘들의 개연성에 있다.

법칙 같은 규칙성이란 무엇인가?

인과 메커니즘에 대한 이러한 설명은 법칙 같은 규칙성이라는 관념에 기초하고 있다. 인과 관계는 관련된 실체들의 행동을 지배하는 법칙들로부터 유래한다. 칼 헴펠(Carl Hempel)은 다음 구절에서 이러한 노선을 따라 인과적 설명에 대한 영향력 있는 이야기를 제공한다. "**인과적 설명**은 연역-법칙적 설명의 특수한 유형이다. 어떤 사건이나 사건들의 집합이 특정한 '결과'를 야기했다(또는 그 '결과'의 원인이다)라고 말할 수 있는 경우란 오로지 전자와 후자를 연결해 주는 일반 법칙이 있어서 선행사건의 기술이 주어지면 결과의 발생이 법칙에 의해 연역될 수 있는 경우뿐이기 때문이다"(Hempel, 1965: 300~301 [헴펠, 2011: 116]).

법칙 같은 규칙성은 사건들 사이에서 지배하는 규칙성에 대한 진술로, 다양한 실체의 속성이나 힘으로부터 비롯되며 이 실체들의 행동과 상호작용을 설명하는 진술이다. 이러한 기술은 규칙성을 요인들의 규칙적인 연결이라고 해석하는 것을 넘어선다는 점에 주의해야 한다. 그것은 규칙성이 관련된 실체들의 인과적 힘으로부터 유래한다고 주장한다. 보편 중력의 법칙을 생각해 보자. 그 법칙에 따르면, 모든 물질적 대상들은 질량에 비례하고 그 대상들을 분리하는 거리의 제곱에 반비례해 서로를 끌어당긴다. 이것은 태양 주위 행성들의 운동을 지배하는 인과 법칙들 가운데 하나이다. 행성들이 태양 주위를 타원 궤도로 운동한다는 사실은 (적절한 제한 조건과 결합된) 이 법칙의 인과적 결과이다.

인과 법칙은 결정론적일 수도 있고 확률론적일 수도 있다. 중력의 법칙은 결정론적 법칙의 좋은 예이다. 예외 없이 모든 물체는 이 법칙에 의해 지배된다. (물론 물체들은 다른 힘에도 종속되며, 그래서 물체들의 움직임은 중력의 끌어당김의 고유한 영향만은 아니다.) 확률론적 법칙의 예는 멘델의 유전 법칙이다. 양 부모가 2분의 1의 열성 유전자, 말하자면 푸른 눈을 갖고 있다면, 그들의 자녀가 그 열성 형질을 가질 확률은 25%이다. 자녀에게 그 형질이 나타날 때, 우리는 그것이 열성 형질이 가진 확률적 유전 법칙의 결과라고 말할 수 있다. 그 결과의 원인은 양 부모가 2분의 1의 열성 형질을 가졌다는 것이다.

사회 현상들 가운데도 인과 법칙이 있는가? 내가 여기서 옹호하고자 하는 견해는 '인과적'이라고 적절하게 불릴 수 있는 사회 현상들 이면에는 규칙성이 있고, 이 규칙성은 **개별** 행위자에 대한 사실을 반영한다는 것이다. 첫째, 행위자들이 (흔히 그리고 여러 상황에서) 그들의 이해관계에 대해 신중하고 계산적이라는 사실은 미시경제학, 게임 이론, 사회적 선택 이론 등 합리적 선택 이론으로 요약되는 일련의 규칙성을 만들어 낸다. 그리고 둘째, 인간이 일련의 심리적 법칙을 따른다는 사실은 특정한 사회적 환경과 개인 행동의 유형 사이에 인과 관계를 도출할 수 있게 해준다.

따라서 사회적 인과는 개별 행위 주체들의 속성, 그들의 의도성, 그들의 합리성, 개인의 동기 부여 심리의 다양한 특징에서 비롯된 규칙성에 의존한다. 이러한 결론은 몇 가지 시사점을 가지고 있다. 결과적으로 사회적 규칙성은 자연적 인과의 이면에 있는 규칙성보다 실질적으로 더약하고 예외가 많다. 그 결과로서, 사회적 인과에 대한 주장은 자연적 인과에 대한 주장보다 더 잠정적이고 확률적이다. 나는 제2장에서 합리적 선택 이론에 대해 논의할 것이다. 궁극적으로 사회 현상들 사이에 존재하는 인과 관계에 대해 근거를 제공하는 것은 제2장에서 설명되는 종류의 규칙성이다.

또한 개인 행위의 규칙성들로부터 독립적인 **사회적** 인과 과정은 없다는 점도 뒤따른다. 경제 위기가 정치 불안정을 초래한다고 주장한다면, 이것은 사회적 요인에 대한 인과적 판단이다. 그러나 이 판단을 뒷받침하기 위해서는 경제 위기가 개인들로 하여금 어떻게 정치 불안정을 초래하는 방식으로 행동하게 하는지에 대한 가설을 세울 필요가 있다. (이 요건은 제8장에서 논의될 주제인, 사회적 설명은 미시적인 기초를 요구한다는 생각과 맞닿아 있다.) 예를 들어, 마르크스가 시장 경제는 과잉 생산이라는 경제 위기를 낳는다고 주장할 때, 그의 주장은 그 경제 제도들에 의해 생산되는 개별 행동에 대한 영향과 개별 행위들이 오랜 기간에 걸쳐 경제 제도의 안정에 미치는 총화(總和) 효과(aggregate effects)를 통해 진행된다. 이러한 추론의 흐름은 대표적인 경제 행위자들이 특정한 상황에서 무엇을 하는지에 대한 가정에 달려 있다. 그리고 이 가정들은 결과적으로 개인 합리성 이론을 구현하고 있다. 제도와 사회 조직의 다른 측면들은 그것들과 관련된 개인들의 행위와 의도에 미치는 영향들을 통해서—그리고 오로지 그 영향들로부터만—인과적 힘을 획득한다. 따라서 하나의 제도가 다른 사회적 실체들에 대해 인과적인 힘을 가진다는 것을 확증하기 위해서는 전형적인 행위 주체가 어떻게 해서 이 효과를 보장하는 방식으로 행동하게 되는지 고려할 필요가 있다. 은행이 파산할 거라는 소문이 예금 유출 사태를 일으키기에 충분하다고 말하는 것은, 재정적 안정성에 대한 전형적인 사람들의 염려와 전형적인 예금자가 가용한 선택의 범위를 고려할 때, 소문 때문에 대다수의 계좌 보유자가 자신들의 자금을 인출할 가능성이 높다는 얘기이다.

귀납적 규칙성 범주

이제 (앞에서 IR로 표현된) 인과적 추론의 귀납적 측면으로 가보자. 제7장은 사회과학에서 통계적 추론에 대해 보다 광범위한 논의를 제공할 것이다. 이 절에서는 불연속 변수에 대한 귀납적 추론의 기초만을 살펴보겠다. 불연속 변수들은 종교적 소속, 결혼 여부, 직업, 고소득·중소득·저소득 지위 등 제한적인 상태만을 취하는 속성을 가지고 있다. 이 제약은 우리를 불연속 유형의 사건들, 개인들, 속성들 사이의 인과 관계 분석으로 제한한다. 연속 변수들 사이의 상관관계에 대해서는 제7장에서 논의할 것이다. IR에 의해 표현된 일반적인 생각은, 인과 관계가 오로지 변수들, 사건의 부류들(classes of events) 같은 것들 사이의 규칙적인 연관성의 유형들로만 이루어진다는 데이비드 흄(David Hume)의 생각이다. 이 견해에 따르면, C와 E의 변수쌍은 C유형의 사건들과 E유형의 사건들을 결합시키는 규칙성이 존재하는 경우에만 인과적으로 관계된다. 이 해석에서 인플레이션이 시민들의 소요를 일으킨다고 말하는 것은 인플레이션의 기간과 그 후의 시민들의 소요 기간 사이에 규칙적인 연관이 있다고 말하는 것이다.

불연속 변수 E와 C 사이의 연관성이라는 개념은 **조건적 확률**(conditional probabilities)에 의해 표현될 수 있다. C가 주어졌을 때 E의 조건적 확률이 E의 절대적 확률과 다른 경우에만 E는 C와 연관된다. 이 조건은 E의 발생이 C의 유무에 따라 달라진다는 의도된 생각을 나타낸다. 여기서 우리는 다음과 같은 종류의 주장에 관심이 있다. "결혼 여부는 자살률과 인과적으로 관련 있다." E를 한 사람의 자살 상황이라고 하고, C를 그 사람의 이혼 상태라고 하자. E의 절대적 확률은 인구 전체에서 자살 발생률이다. 그것을 $P(E)$라고 표현할 수 있다. 이혼한 사람이 자살할 조건적 확률은 전체 인구 내에 이혼한 사람들 중의 자살 발생률이다. 그것을 $P(E|C)$(C가 주어지면 E가 발생할 확률)라고 표현할 수 있다. 이제 새먼(Salmon, 1984: 32~36)에 의해 고안된 통계적 연관 검증을 도입할 수 있다. $P(E) \neq P(E|C)$이면, C가 E의 발생에 인과적으로 연관된다고 주장할 수 있는 근거가 된다. 그것들이 인과적으로 연관되어 있지 않다면, C가 주어졌을 때 E의 조건적 확률은 전체 인구에서 E의 발생률과 동일해야 한다고 예측해야 할 것이다. [이것은 두 변수 사이에 관계가 없다고 가정하는 영(零)가설(null hypothesis)과 동등하다. 이러한 견해는 제8장에서 더 자세하게 검토한다.]

표준 시험에서 90점 이상 점수로 측정했을 때, 고등학교 3학년 학생

표 1-1 **가상 소득과 수학 성적 간 자료**

부모의 소득	수학 시험 성적			
	90점 이상	80~90점	70~80점	70점 미만
10,000달러 미만	.1	1	25	74
10,000~20,000달러	.1	3	50	67
20,000~30,000달러	.7	10	35	54
30,000~50,000달러	5.0	30	40	25
50,000달러 이상	5.0	32	43	20

들의 상위 수학(數學) 능력에서 나타나는 분포 유형의 원인에 관심이 있다고 가정해 보자. 그 시험을 치르는 전체 모집단 가운데 단 1%만 '상위' 범위에 속하기 때문에 무작위 학생이 '상위' 자격을 얻을 절대적 확률은 1%이다. 이제 모집단을 일련의 범주, 즉 젠더, 민족적 배경, 부모의 소득, 부모의 학력, 그리고 학생의 평균 성적 등으로 나눈다고 가정해 보자. 각 범주는 상호 배타적이고 포괄적으로 고안된다. 각 개인은 단 하나의 범주에만 속한다. 이제 우리는 각 범주에 대해 〈표 1-1〉과 유사한 일련의 표를 만들어서 부모의 소득이 2만 달러와 3만 달러 범위 안에 있을 때 상위 성적을 받을 확률과 같이, 표의 다양한 셀에 의해 정의된 조건적 확률들을 조사한다. 일부 범주의 경우에는 하나의 셀과 다른 셀 사이에 유의미한 변이가 있지 않을 것이다. 그런 경우에는 범주를 정의하는 속성들이 수학 성적에 인과적으로 연관되지 않는다고 판단할 수 있다. 그러나 〈표 1-1〉에서는 하나의 셀과 다른 셀 사이에 유의미한 변이가 있다는 것을 발견한다. 소득이 3만 달러 미만인 가족 사이에서는 상위 성적의 발생률이 모집단 평균인 1%보다 유의미하게 낮으며, 반면에 소득이 3만 달러 이상인 가족 사이에서는 우수한 성적의 발생률이 모집

단 평균보다 유의미하게 높다. 달리 말하면, 수학 성적은 부모의 소득과 연관된다. 우리는 이 발견으로부터 부모의 소득이 수학 성적에 인과적으로 관련된다고 결론 내릴 수 있다.

이 결론은 인과 관계의 성격을 밝히지 않는다. 대신에 이 변수들을 연결하는 인과 메커니즘에 대한 가설을 세울 필요가 있다. 몇몇 가설이 특히 두드러진다. 첫째, 상위 수학 능력은 아이에게 제공되는 수학 교육의 질과 밀접하게 관련되어 있으며, 소득이 3만 달러 이상인 가족은 자녀를 위해 더 높은 수준의 교육을 구매한다고 할 수 있다. 이 경우에 높은 가족 소득이 높은 수학 성적의 원인이다. 둘째, 자녀의 교육 경험과 그 자녀가 최대로 발전시키는 다양한 인지 능력은 교육에 대한 가족의 태도에 매우 민감하며, 그것은 소득과 연관성이 있다고 할 수 있다. 소득이 높은 가족은 소득이 낮은 가족보다 교육을 더 가치 있게 여기는 경향이 있다. 그 결과로, 고소득층 가족의 자녀들은 수학 수업에 더 많은 노력을 기울이고, 평균적으로 저소득층 가족의 자녀들보다 더 좋은 성적을 거둔다. 이 경우에 인과 요인은 교육에 대한 가족의 태도이며, (이 가설에서는) 소득과 관련 있다. 그래서 소득 자체는 수학 성적에 인과적 요인이 아니다. 마지막으로 [1970년대에 아서 젠슨(Arthur Jensen)과 리처드 헤른스타인(Richard Herrnstein)이 그다지 설득력 없게 주장했듯이] 성적은 일반적으로 개인의 유전적 기질에 민감하며, 부모에게 높은 소득을 얻게 했던 동일한 유전적 속성이 평균보다 높은 수학 능력도 얻게 한다고 할 수 있다. 이것은 부수적 인과(collateral causation)의 사례이다. 즉, 가족 소득과 수학 성적 모두 (유전적 기질이라는) 동일한 원인의 결과이다.

그렇다면 통계적 연관 검증은 확률적 현상을 설명하는 데 어떻게 기여하는가? 조건적 확률에 대한 정보를 통해 우리는 하나의 특성이 발생하는 데 작용하는 잠재적인 인과 요인의 규명을 시작할 수 있다. 분할된 모집단의 하나의 셀이 기준 모집단과 상당히 다른 조건적 확률을 보인다면, 가장 훌륭한 설명은 이 셀에 있는 개인들에게는 공통되지만 전체 모집단에는 공통되지 않는 인과 요인이 있다는 것이다. 그렇지 않다면 확률상의 차이는 시간이 지나면서 균등해져야 하는 무작위적인 변동의 결과일 수밖에 없다. 따라서 통계적 연관 검증은 E와 C 사이에 인과 관계가 있다는 추론을 지지한다. 그러므로 통계적 연관 검증을 제대로 이해하려면 서로 다른 확률을 낳는 인과 요인들을 어느 정도 해명함으로써 그러한 설명을 뒷받침해야 한다.

이것은 중요한 점을 밝혀준다. 연관성의 증거는 조사 중인 변수들에 영향을 주는 어떤 인과 관계가 있다고 믿을 수 있는 근거를 제공하지만, 그 관계의 본질을 밝혀주지는 않는다. 대신에 관찰된 조건적 확률을 생성하는 인과 메커니즘에 대한 가설을 제기할 필요가 있다. 그리고 이 가설은 [가능하면 추가적인 통계적 연관 검증을 통해(Simon, 1971: 6)] 경험적으로 평가되어야 한다. 소득과 성적의 상관관계가 고소득 가족들이 제공하는 가정된 교육의 질의 차이로 인한 결과로 설명된 첫 번째 경우에, 이 변수를 통제하고 나서 조건적 확률이 여전히 달라지는지 확인하는 새로운 연구를 설계할 수 있을 것이다. 우리의 연구는 (이제 교육 자원의 질이 동등할 것이라는 배경 가정을 갖고) 상당수의 저소득 가족 출신의 장학생들과 같은 학교의 상당수의 고소득층 학생들을 비교할 수 있다. 결과적인 조건적 확률이 이제 같다면, 우리는 교육의 질이라는 가설을 경험적으로 지지하게 된다. 만약 그렇지 않다면, 우리는 다른 가설을 고려해야 한다.

귀납적 추론에 명시적으로 의존하는 사회적 설명의 예는 제임스 통

(James Tong)의 명 왕조 시대 집단 폭력에 대한 연구이다(〈사례 1.2〉참조). 통의 주장은 '조건적-확률' 분석으로 해석될 수 있다. 비적(匪賊) 행위의 절대적 발생률은 100현년(縣年, county-year) 중 0.21이다(연구에 포함된 전체 현년으로 나눈 전체 사건 수). 조사 중인 변수들이 비적 발생과 인과적으로 무관하다면, 각 셀의 비적 발생률은 대략 0.21이어야 한다. 〈표 1-2〉에는 비적의 발생률이 아홉 개의 셀로 분류되어 있는데, 이는 농민과 범법자로서의 생존 가능성에 대한 아홉 가지 조합이다. 우측 상단에 있는 세 개의 셀(범법자로서의 생존 가능성이 최소인 셀)에서 우리는 비적의 발생률이 전체 현년에서의 절대적 발생률보다 낮다는 것을 발견한다. 다른 여섯 개의 셀에서는 반대로 비적 발생률이 절대적 발생률보다 더 크다. (이것은 각 셀의 현년 수가 서로 다르기 때문에 가능하다). 게다가 좌측 하단에서 우측 상단으로 규칙성을 가지고 있다. 가장 높은 발생률은 좌측 하단에서 발생하고, 다음으로 인접한 셀들이 오고, 그런 식으로 우측 상단 셀로 향한다. 따라서 두 독립 변수와 비적 발생 사이에는 상관관계가 있다. 이 발견을 통해 범법자와 농민으로서의 생존 확률과 비적 발생 사이에는 인과 관계가 있다고 추론할 수 있다.

이제 우리는 이 유형의 이면에 있는 인과 메커니즘을 확인할 필요가 있다. 조사에 따르면, 비적 발생률이 가장 높은 셀은 농민으로서의 생존 전망이 최소이고 범법자로서의 생존 전망이 최대인 셀이라는 것이 드러난다. 그러나 비적 발생률이 최소인 두 셀은 농민으로서의 생존이 최대이고 범법자로서의 생존이 중간이거나 최소이다. 그러므로 이 결과는 비적 발생이 합리적 행위 주체들에게 비적질의 비용과 편익을 정의하는 상황에 대해 반응한 것이라는 가설을 뒷받침한다. 비적질의 리스크와 농민으로서의 생존 전망이 가장 낮을 때, 합리적 행위 주체들은 비적 전

명 왕조 시대 비적에 대한 귀납적 연구

비적과 반란은 중국 제국에서는 흔한 사건이었으며, 그 사건들은 시간과 공간을 가로질러 연거푸 일어나는 경향이 있었다. 무엇이 이러한 비적 발생의 시간적·공간적 분포의 원인이었는가? 제임스 통은 1368~1644년 기간에 명나라 15개 성 중에 11개 성에 걸쳐 분포되었던 630개의 집단 폭력 사례를 모은다. 그리고 그는 세 가지 대안적인 인과 가설을 평가한다.

- 집단 폭력은 빠른 사회 변동의 결과이다.
- 집단 폭력은 악화된 계급 갈등의 결과이다.
- 집단 폭력은 합리적 의사결정자들에게 미치는 생존 스트레스 상황의 결과이다.

그는 세 번째 가설이 옳다고 주장한다. 그는 현재의 '곤경에서 생존할 가능성'과 '범법자로서의 생존 가능성'에 따라 각 사건을 코드화한다(Tong, 1988: 122~124). 그리고 그는 이 변수들에 따라 코드화되었을 때 그 데이터는 합리적 선택 가설을 입증한다고 주장한다(〈표 1-2〉 참조).

표 1-2 **농민으로서의 생존 가능성과 범법자로서의 생존 가능성에 의한 100현년 중 비적 발생 수**
단위: 건/현년

		범법자로서의 생존 가능성			
		최대	중간	최소	합계
농민으로서의 생존 가능성	최대	0.39	0.11	0.12	0.19
	중간	1.32	0.53	0.20	0.59
	최소	1.79	0.90	0.82	1.15
	합계	0.41	0.13	0.12	0.21

출처: Tong(1988: 126).

가장 많은 반란은 곤경에서 생존할 확률이 가장 낮고 범법자로서 생존할 확률이 가장 높을 때 발생하며(1.79건/현년), 가장 적은 반란은 우측 상단의 두 셀에서 일어난다(0.12건/현년). 그러면 통이 구분하는 변수들과 반란의 발생 사이에는 긍정적인 연관성이 있다. 게다가 이 상관관계를 설명하기 위한 통의 인과 메커니즘은 복잡하지 않다. 그것은 많은 익명의 사람들의 합리적 의사결정 과정에 의존한다.

▌자료: 지방의 역사들에서 발췌한 중국 명나라 시기에 발발한 많은 종류의 사회적 소요 사건들

▌설명 모델: 사회적 소요의 발생에 핵심적인 인과 변수가 변화하는 정치적·경제적 상황에서 전형적인 중국 농민의 합리적 자기-이익이라는 가설을 지지하는 데 사용된 귀납적 연구

▌출처: James Tong, "Rational Outlaws: Rebels and Bandits in the Ming Dynasty, 1368~1644"(1988)

략을 가장 많이 채택할 것이라고 예측해야 한다. 이 예측은 통이 만든 자료에서 지지된다.

이제 귀납적 규칙성 테제를 평가해 보자. 먼저 둘 이상의 변수를 연결하는 귀납적 규칙성의 발견이 그 변수들 사이의 인과 관계를 강하게 시사한다는 것은 분명하다. 전기 기술자들의 암 발병률이 일반 인구의 암 발병률보다 상당히 높다는 발견은 그 원인을 규명할 수 있든 없든 간에 작업 환경에 암을 유발하는 어떤 인과적인 영향이 있다는 강한 증거이다. 따라서 규칙성, 비정상적인 확률 분포, 그리고 상관관계의 발견은 인과 관계의 유력한 증거이다. 그러나 IR 테제는 이것 이상을 주장한다. IR 테제는 인과 관계의 개념이 상관관계와 조건적 확률에 관한 사실로 환원될 수 있다고 주장한다. 이것은 옹호할 수 있는 주장인가? 그렇지 않다. 엄격하게 적용된다면, IR 기준은 두 가지 다른 종류의 오류, 곧 허

위 긍정(false positives)과 허위 부정(false negatives)을 발생시킬 것이기 때문이다. 그리고 이 두 결함에 대한 최선의 해결책은 관찰된 규칙성을 생성하는 인과 메커니즘을 규명하는 것이다.

첫째, (제7장에서 더 상세하게 논의될) 변수들 사이에는 의사(疑似, spurious) 상관관계의 문제가 있다. 흡연가들의 손가락에 니코틴 얼룩이 있는 경향이 있다고 가정해 보자. 즉, 흡연가가 되는 것과 니코틴 얼룩을 가지는 것 사이에는 상관관계가 있다. 흡연과 암 사이에 통계적 상관관계가 있다면, 니코틴 얼룩과 암 사이에도 상관관계가 있을 것이다. 그러나 니코틴 얼룩이 암을 유발한다는 것은 명백하게 사실이 아니다. 이 가능성은 IR이 과도하게 주장한다는 것을 보여준다. 두 변수 사이에 규칙성이 존재한다고 해서 두 변수 사이에 인과적 연관이 성립되는 것은 아니다. 이 경우에 IR 기준은 '허위 긍정' 오류를 생성한다. 그것은 실제로는 그렇지 않은데도 두 변수 사이의 관계를 인과적인 것으로 취급한다.

IR 기준은 허위 부정 오류, 즉 두 변수의 관계가 사실상 인과적일 때 인과 관계가 없다는 결론을 생성할 수도 있다. 이러한 종류의 오류가 발생하는 가장 두드러진 원인은 간헐적으로 나타나는 인과 연쇄의 가능성이다. 개별 사건들 사이에는 인과 관계가 있을 수 있지만, 사건들의 부류로 이동할 때 개별 사건들의 공분산(共分散, covariance)*은 감추어진다. 예를 들어, 특정한 반란을 고려할 때, 특정한 상황과 기근으로부터 폭력 발생으로 이어지는 메커니즘에 대한 분석에 기반해, 기근이 민중

---

* 두 개의 확률변수의 선형 관계를 나타내는 값을 말한다. 예를 들어, 두 개의 변수 가운데 하나의 값이 상승하는 경향이 있을 때 다른 변수의 값도 상승하는 경향이 있다면, 선형 상관성이 있다고 말할 수 있으며 양수(陽數)의 공분산을 가진다. _옮긴이

폭력의 근인(近因)이었다고 결론 내릴 수 있다. 그러나 기근과 반란이 상호 연관되어 있다는 것은 사실이 아닐 수 있다. 오히려 반란은 배후의 다양한 사회적 또는 경제적 원인에 따라 분산되어 있을 수 있다. 이 경우에 IR 테제는 인과 관계에 대해 너무 조악하게 검증을 부과하고 있다.

이러한 두 유형의 오류를 모두 제외하려면 원인과 결과를 매개하는 가능한 인과 메커니즘에 대한 분석에 의존해야 한다. 우리는 상황 가운데에서 작동하는 메커니즘에 대한 가설을 형성함으로써 의사 상관관계의 가능성을 가장 잘 배제할 수 있다. 니코틴 얼룩과 폐암을 연결하는 가능한 메커니즘이 없다고 결론을 내린다면, 우리는 또한 관찰된 상관관계는 거짓이라고 결론 내릴 수 있다. (흡연으로부터 니코틴 얼룩과 폐암 둘 다로 이어지는 실제 인과 연쇄를 규명한다면, 우리는 니코틴 얼룩과 폐암 사이의 의사 상관관계의 발생을 설명할 수 있다.) 마찬가지로 우리는 한 사건에서 다른 사건으로 이어지는 인과 메커니즘을 규명함으로써 특정한 인과 연쇄와 관련된 허위 부정 오류(예를 들어, 특정한 반란을 자극하는 기근의 발생)를 피할 수 있다.

그러므로 나는 귀납적 규칙성의 기준은 인과 메커니즘의 기준보다 부차적이라고 결론 내린다. 두 변수를 연결하는 인과 메커니즘이 있을 때만 두 변수 사이에 인과 관계가 있다. 귀납적 규칙성에 대한 사실들은 가능한 인과 관계를 확인하는 데는 유용하지만, 인과 관계가 존재한다고 결론 내리기 전에 이면에 있는 인과 과정을 조사하는 것이 필수적이다. 그러므로 IR 기준은 인과의 확인으로 이해되는 것이 아니라 인과 가설의 출처이자 그 인과 가설을 경험적으로 평가하는 방법으로 이해되어야 한다.

필요충분조건

인과 관계의 주장은 한 사건이 발생하기 위한 필요충분조건(앞에서 언급한 NSC 원칙)을 규명하는 것을 포함한다. C가 E의 발생에 필요한 경우이거나 E의 발생에 충분한 경우(또는 둘 다의 경우)에만 C는 E와 인과적으로 연관되어 있다. **인과의 장**(causal field)을 피설명항의 발생에 인과적으로 관련될 수 있는 조건들의 집합으로 정의하자. **충분**조건 C는 C의 존재가 E의 발생을 보장하는 조건이다. 한 대상의 어두운 표면 위에 존재하는 태양복사는 그 대상을 가열하기에 충분하다. C가 E의 발생에 충분조건이라는 관념은 원인은 결과를 **발생시킨다**거나 또는 그 상황에서 그 결과의 발생을 불가피하게 만든다라는 직관적 관념과 일치한다. 그러나 어떤 단일한 조건이 어떤 다른 것의 발생에 충분하다는 것이 사실인 경우는 드물다. 대신에 조건들이 집단으로 결합해 충분해질 수 있다. 예를 들어, 유리 한 장의 물질적 속성은 야구공의 질량과 가속도와 결합될 때 유리창을 깨뜨리는 원인이 되기에 충분하다. 게다가 인과적 설명은 대개 '정상 조건'이 존재한다는 가정에 의존한다. 유가 상승으로 촉발된 투자자의 불안의 결과를 통해 주식 시장의 폭락을 설명한다고 가정해 보자. 이 설명은 다른 조건들은 변화가 없다(ceteris paribus; other things being equal)는 것을 전제로 한다. 즉, 투자자들은 수익을 극대화하고 손실을 최소화하기를 원하고, 상품 가격에 대한 정보가 가용하며, 주식을 사고팔 자유가 있다는 것이다. 그러나 이 조건들은 주식 시장의 정상 조건들의 일부이며, 그래서 고정된 것으로 여겨질 수 있다. 사회과학에서의 실제 인과 관계 논의에서, C가 E에 충분하다는 주장은 다른 조건들은 변화가 없다는 언급되지 않은 조항에 의존한다. 곧, C는 정상적인 상황에서 E에 충분하다.

C가 부재할 때에는 E가 일어나지 않는다고 한다면 조건 C는 사건 E 의 발생에 **필수적**이라고 한다. C가 E의 필수 조건이라는 생각은, C가 E 의 원인이라면 C가 부재할 때는 E가 일어나지 않았을 것이라는 생각을 반영한다. 산소의 존재는 연소의 발생에 필수 조건이다. 산소가 부재하다면, 연소는 일어나지 않을 것이다. 프란츠 페르디난트 대공의 암살이 제1차 세계대전의 원인이었다는 주장이 있다고 가정해 보자. 이 주장을 거부하는 한 방식은 그가 암살되지 않았더라도 몇 달 이내에 전쟁이 발발했을 것이라고 주장하는 것이다. 곧, 암살은 전쟁 발발에 필수적이지 않았다는 것이다. 이것은 **인과적 과잉결정**(causal overdetermination) 현상을 예시한다. 과잉결정은 다수의 조건이 존재하는 인과의 장으로, 그 조건 각각은 개별적으로 그 사건을 일으킬 수 있다. 그러한 경우에 (그 상황들의 집합 가운데 하나가 발생해야 할 필요가 있지만) 그 상황 중 어느 것도 유일하게 필수적이지는 않다.

우리는 인과의 장 내에서 존속 조건(standing conditions)과 촉발 조건 (instigating conditions)을 구분할 수 있다. 존속 조건은 장기간에 걸쳐 존재하며, 피설명항이 발생하기 이전에 상당 시간 존재했던 조건이다. 독일과 영국 사이의 해군 군비 경쟁은 제1차 세계대전의 구조적 원인들 가운데 하나였으나, 이것은 1890년대까지 거슬러 올라가는 조건이다. 촉발 조건은 시간 t에서의 발생이 시간 t에서의 효과의 발생을 불러일으키는, 시간적으로 국한된 사건(an event localized in time)이다. 촉발 조건은 변화의 요소를 결과를 산출하는 국면으로 인도한다.

사건들이나 조건들 사이에서 필요성과 충분성의 관계를 확립하는 것은 무엇인가? 철학자들은 자연적인 필연성 개념, 곧 자연의 법칙과 배경 환경을 가정할 때 전자는 불가피하게 후자로 이어진다는 생각으로 이러한 관념을 포착하려고 노력해 왔다.[1] 위에서 보았듯이, 이 관계는 궁극적으로 원인과 결과를 연결하는 인과 법칙과 메커니즘에 의존한다. 인과 법칙은 그 조건의 구성 요소들의 행동을 지배하는, 예를 들어 인간 행위자의 규칙성을 특징짓는 법칙 같은 일반화이다. 그러므로 자연과학에서 인과적 추론은 사건들과 조건들 사이에 필연적으로 관계를 확립하는 자연의 법칙이 있다는 가정에 의존한다. 산소의 존재가 연소 발생에 필요조건이라는 주장은 최종적으로 연소를 지배하는 화학 법칙에 대한 우리의 지식에 의존한다. 달리 말하면, 자연의 법칙은 어떤 사건들이 다른 사건들에 영향을 준다는 우리의 판단의 기초가 된다.

이러한 논의를 통해 인과적 설명에 대한 분석을 다음과 같이 구성할 수 있다.

1. A가 B의 발생에 필요조건일 경우에만
2. A가 B를 발생시키기에 공동으로 충분한 조건 C의 집합에 속하는 경우에만
A는 B의 원인이 된다.

그러나 이러한 설명은 몇 가지 이유로 만족스럽지 못하다. 첫째, 앞서 언급했듯이, 단일한 조건이 다른 사건의 발생에 충분조건인 경우는 거의 없다. 대신에 충분조건을 제공하기 위해서는 일련의 조건들이 결합할

---

1   롬 하레(Rom Harré)는 이 견해를 자세히 발전시킨다. 관련된 견해들은 Salmon(1984)에서 찾아볼 수 있다.

필요가 있다. 그러므로 하나의 조건은 그 결과에 대해 **공동으로**(jointly) 충분한 조건들 집합의 일부일 수 있다. 산소의 존재**와** 마른 종이의 존재, **그리고** 불꽃의 존재는 함께 연소의 발생에 충분하다. 따라서 마른 종이의 존재는 불의 발생에 충분하지 않으며, 다른 가연성 물질들이 마찬가지로 존재할 수도 있기 때문에 필요하지도 않다. 이런 이유로, 존 매키(John Mackie)는 INUS 조건이라는 개념을 도입해서 필요충분조건 개념을 재규정한다. INUS 조건은 "결과에 대해 그 자체로 필요조건은 아니지만 충분조건은 되는, 조건의 충분하지는 않지만 필요한 부분"을 말한다(Mackie, 1976: 62). 그의 요점은 각각 그 사건을 일으키기에 충분한 대안적인 조건들의 집합이 있을 수 있다는 것이다. 다른 집합들도 있을 수 있기 때문에 이 조건들 가운데 어느 것도 필수적이지 않다. 그리고 각 집합의 어떠한 개별적인 결합(conjuncts)도 그 사건에 충분하지 않다. 그래서 매키는 A가 P의 INUS 조건의 부분일 때 그리고 그럴 때만 A는 P의 원인이라고 주장한다. "어떤 X, 어떤 Y에 관해 (AX 또는 Y)는 P의 필요충분조건이 되지만, A는 P의 충분조건이 아니고 X도 P의 충분조건이 아닌 경우에만 A는 결과 P의 INUS 조건이다"(Mackie, 1965: 237).

필요충분조건으로 인과 관계를 분석하는 데서의 가장 중요한 결함은 어떤 인과 관계는 결정론적이기보다는 확률적이라는 사실과 관련이 있다. 위기 시에 강대국들 사이의 소통 부족은 전쟁의 가능성을 증가시킨다는 주장을 고려해 보자. 이것은 확률적 주장이다. 그것은 원인 변수(소통 부족)를 확인하고 이 변수가 주어진 결과(전쟁)의 가능성을 증가시킨다고 주장한다. 그러나 그것은 전쟁의 필요충분조건이라는 주장으로 번역될 수 없다. 그것은 돌이킬 수 없게 확률적이다.

이러한 고찰은 INUS 조건이 지나치게 강하다는 것을 시사한다. 기껏

해야 그 조건은 사건들 사이의 관계를 지배하는 결정론적 법칙이 있는 경우에만 유효하다. 그러나 특히 사회 현상의 경우 이면의 규칙성이 결정론적이라고 가정하는 것은 타당해 보이지 않는다. 다행스럽게도, (앞 절에서 논의했던) 인과 연관 개념의 형식으로 가용한 대안이 있다. 필요 충분조건 개념은 조건적인 확률들을 비교함으로써 일반화될 수 있다. C 가 E의 필요조건이라면, C가 부재할 때 E의 확률은 0이다($P(E|-C) = 0$). C가 E의 충분조건이라면, C가 존재할 때 E의 확률은 1이다($P(E|C) = 1$). 그리고 필요충분조건의 통계적 유사체인 병렬 개념을 도입할 수 있다. C는 $P(E|C) > P(E)$인 경우에만 **강화**(enhancing)의 인과 요인이며, C는 $P(E|C) < P(E)$에만 **억제**(inhibiting)의 인과 요인이다. 억제 요인의 극단적인 사례는 필요조건의 부재이며, 강화 요인의 극단적인 사례는 충분조건이다.

사회적 인과의 필요충분조건 분석을 예시하는 사례를 고찰해 보자 (〈사례 1.3〉 참조). 우리는 〈사례 1.3〉의 인과 가설을 방금 발전시켰던 틀을 사용해 분석할 수 있다. 가난은 이 분석에서 존속 조건이며, 근대화는 촉발 조건이다. 가난과 근대화는 둘 다 최종 결과(높은 수준의 불안정)의 필요조건이다. 가난, 근대화, 정치적 동원, 그리고 엘리트의 비타협은 높은 수준의 불안정을 위해 공동으로 충분한 조건들의 집합이다. 근대화는 자체의 인과적 속성을 야기하는 역사적 발전이며, 이 경우에 근대화는 관습적인 또는 전통적인 행동에 대한 제약을 약화시키는 것으로 이어진다. 이 인과 과정들 각각에 대해 우리는 그 과정을 야기하는 메커니즘과 법칙에 대한 설명을 제공할 필요가 있다. 여기서 근대화는 전통적인 사회 조직을 붕괴시키고, 가족과 전통 종교의 역할을 감소시키고, 농촌와 도시 간의 인구 이동을 자극하고, 그리고 사람들을 시장

| 사례 1. 3 |

라틴 아메리카의 가난과 불안정

라스 솔츠(Lars Schoultz)는 라틴 아메리카의 가난과 불안정 사이의 인과 관계를 분석했는데(Schoultz, 1987), 그의 설명은 〈그림 1-1〉에 요약되어 있다.

도표의 화살표들은 상단에 있는 조건이 하단에 있는 조건을 낳는 인과 메커니즘을 나타낸다. 그래서 근대화는 전통적인 제약의 쇠퇴로 이어진다. 솔츠는 이러한 인과 가설을 다음과 같이 기술한다. "불안정하게 만들기 위해서, 가난은 먼저 행동에 대한 전통적인 제약을 쇠퇴시키는 구조적 변동을 기다려야 한다. 그런 다음 두 가지의 부가적인 요인, 곧 정치적 동원과 엘리트의 비타협이 존재할 때, 그 결과는 불안정이다"(Schoultz, 1987: 72).

그림 1-1 **불안정의 원인으로서의 가난**

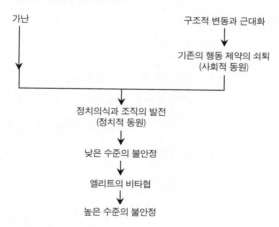

출처: Schoultz(1987: 72)에서 수정.

▎자료: 1945년 이후 라틴 아메리카의 소득 분배와 정치적 불안정을 묘사하는 자료
▎설명 모델: 존속 조건과 촉발 조건을 규명하는 인과적 설명
▎출처: Lars Schoultz, *National Security and United States Policy Toward Latin America* (1987)

관계 안으로 몰아넣음으로써 관습적인 제약들을 쇠퇴시킨다. 정치적 동원은 부분적으로 가난과 구조적 변동에 기인하지만, 배타적으로 그런 것은 아니다. 이것은 이 지점에서 알려지지 않은 독립적인 인과 요인이 있다는 것을 의미한다. 일단 정치적 동원이 이루어지면, 낮은 수준의 불안정은 불가피한 결과이다. 그러나 엘리트의 비타협이 필연적으로 뒤따르는 것은 아니다. 대신에 우리는 엘리트들이 비타협적일지 또는 협조적일지 결정하는 조건들을 나타내는 다른 독립적인 요인이 필요하다. 마지막으로 엘리트의 비타협이 발생하면, 엘리트들과 빈곤층 사이의 갈등이 고조되면서 높은 수준의 불안정으로 귀착된다.

인과적 추론의 형식들

이 절에서는 인과적 추론의 특성을 고찰하고, 사회과학자들이 인과관계를 발견하거나 확립하는 방식들을 탐구할 것이다. 인과적 판단의 의미가 지닌 주요 요소들에 상응하는 몇 가지 광범위한 접근법이 있다. 우리는 여기서 비교 분석과 인과 메커니즘 분석을 다룰 것이며, 제7장에서는 통계적 추론에 대해 더 폭넓게 다루도록 하겠다.

사례 연구 방법

예를 들어 중국 혁명과 같은 특정한 사건의 발생과 성격을 설명하는 데 관심이 있다고 가정해 보자. 여기서 연구 주제는 다음과 같이 언급될 수 있다. 중국 혁명은 왜 그 시대와 상황에서 일어났으며, 도시 자유민주주의 운동이 아니라 급진적인 농민 혁명의 형식을 취했는가? 이것은 인과적인 질문이다. 그러한 문제에 접근하는 일반적인 방식은 연구자가 그 과정에 대한 일련의 인과 가설들에 도달하기 위해 사건의 역사를 자세히 조사하는 사례 연구 방법이다. 연구자의 목적은 사건의 역사에서 인과적으로 연관된 상황들, 즉 그 사건의 발생, 발생 시기, 또는 사건의 성격에 확실한 영향을 미친 상황들을 발견하는 것이다. 이런 유형의 문제에서 겪는 주요한 어려움은 우리는 역사적 과정에서 이후의 사건들에 선행하는 사건들의 독특한 연쇄를 다루고 있다는 것이다. 1930년대 중국에서 일어났던 세 가지 역사적 상황을 고찰해 보자. 첫째, 1930년대에 대공황은 세계 경제를 붕괴시켰으며, 중국의 농촌 경제에도 큰 영향을 미쳤다. 둘째, 1930년대에 일본 교육을 받은 많은 중국 학생들이 중국으로 돌아왔다. 그리고 셋째, 장제스(蔣介石) 휘하의 중국 국민당은 이 10년 동안 공산주의 좌파를 당으로부터 폭력적으로 쫓아냈다. 각 상황은 1930년대 후반에 공산주의 혁명을 목표로 했던 농민을 기반으로 한 정치 운동의 발생에 선행하며, 각각을 공산주의 운동의 발생과 성격의 원인 변수로 해석할 수 있다. 첫째와 셋째 요인은 공산주의 혁명에 인과적으로 연관되었지만 둘째 요인은 관련이 없다고 볼 수 있다. 세계 경제 불황은 농민들의 경제 상황을 악화시켰고, 그 집단은 혁명 운동에 더 쉽게 동원되었다. 그리고 공산주의자들에 대한 국민당의 공격은 공산주의 운동을 도시 노동자들로부터 농촌 농민들로 방향을 전환하게 했다. 하지만 외국에서 교육받은 학생들의 귀환은 이후 사건들의 과정에 큰 영향을 끼치지 못했다. 그러나 이러한 인과 분석은 신뢰할 만한 근거 위에서 옹호되어야 한다. 따라서 연구자가 다양한 요인에 인과적 중요성을 부여하기 위해서는 보증된 근거(warranted basis)에 도달하는 것이 매우 중요하다.

그러한 인과 분석을 지지하는 가장 일반적인 방식은 이야기의 다양한 부분을 연결하는 특정한 인과 메커니즘에 대한 설명을 제공하는 것이다. 원인으로부터 결과로 이어지는 사건들의 연쇄를 확립하는 것은 역사 서술에서 하나의 목적이다. 예를 들어, 한 중요한 행위자에 의한 즉흥적인 결정과 같은 연결은 비법칙 지배적일 수 있으며, 밀에 비해 쌀 가격을 인상해서 소비자들을 밀 소비로 전환하게 하는 것과 같은 연결은 사회적 규칙성에 의해 지배될 수 있다.

인과 메커니즘을 확실하게 규명하기 위해서는 하나 이상의 추론 형식을 사용해야 한다. 첫째, 이면의 과정들에 대한 이론에 기반해 사회적 요인들 사이의 인과 관계를 확립하는 연역적 접근을 사용할 수 있다. 이 경우에 우리는 단일 사건 a 뒤에 사건 b가 따른다는 것을 주목하고, 이론적 근거 위에서 이것을 예측할 수 있다고 주장한다. 예를 들어, 1930년대 국제 시장에서의 면화 가격 하락이 중국 농민 운동(activism)을 일으켰다고 가정해 보자. 이러한 인과적 판단은 농민의 경제적인 보장과 정치적인 행동 사이의 연관에 초점을 두는, 농민의 정치적 동기에 대한 이론적 분석에 의해 뒷받침될 수 있다.

둘째, A유형의 사건들은 주로 B유형의 사건들과 연관된다는 근거 위에서 a가 b를 일으켰다는 주장을 정당화하는 넓게 보아 귀납적인 접근을 사용할 수 있다. 이러한 추론은 통계적 상관관계나 (아래에서 논의될) 비교 분석에 따라 달라질 수 있다. 그러나 어느 쪽이든 인과적 주장의 설득력은 사건 유형들 사이에서 규칙적인 연관을 발견하는 데 달려 있다.

그렇다면 특정한 사례에 기반한 인과적 이야기의 구성에는 두 가지가 필요하다. 하나는 광범위한 역사적 과정 내의 사건들의 연쇄에 대한 상당히 자세한 지식이고, 다른 하나는 다양한 종류의 사회적 인과에 대한 신뢰할 만한 이론적 또는 귀납적 가설들이다. 불황이 혁명적인 농민 운동이 성공할 가능성을 증가시켰다는 가설을 고찰해 보자. 이 가설은 여러 종류의 지식에 의존한다. 그 가설은 정치 행동 이론을 전제로 한다. 농민들은 자신들의 경제적 복지에 관심이 있으며, 자신들의 경제적 상황이 나빠질수록 급진적인 정치 운동을 지지할 가능성이 더 높다. 그 가설은 또한 1930년대에 농촌 경제와 농민의 정치적 행동에 대한 꽤 상세한 역사적 지식을 필요로 한다. 우리는 1930년대에 농촌 경제가 실제로 나빠졌는지 그리고 조건이 나빠지면서 농민들이 급진적인 운동들에 실제로 더 관심을 보였는지를 알 필요가 있다. 이 가정들이 뒷받침되지 않는다면, 그 인과 가설은 실패한다. 마지막으로, 비교 및 귀납적 증거로 뒷받침할 수 있는 경우, 이 인과 주장은 훨씬 강화된다. 연구자가 다른 환경(베트남, 쿠바, 중국 명나라)에서도 급진적인 정치 운동이 경제 상황의 악화에 민감했다는 것을 보여줄 수 있다면, 이것은 이 경우에도 단일한 인과적 판단을 위한 경험적 뒷받침을 제공한다.

이러한 고찰은 사례 연구 방법에 대한 몇 가지 결론으로 이어진다. 그 결론은 사회적 사건들과 과정들의 특정한 연쇄에 대한 상세한 연구를 포함한다. 그리고 그 결론은 역사적 사건들과 상황들 사이의 특정한 인과 관계를 규명하는 것에 의존한다. 그러나 인과적 관련성에 대한 주장은 불가피하게 사건들 사이의 시간적 연속에 대한 지식 이상을 요구한다. 또한 우리는 특정한 역사적 상황이 후속 상황의 발생과 성격에 영향을 주었다고 주장하는 이론적 또는 귀납적 근거가 필요하다. 이것은 우리를 몇 가지 다른 인과적 추론 형식으로, 특히 비교 방법과 특정한 인과 메커니즘 분석으로 이끈다.

사회적 인과에 대한 사례 연구 분석의 한 예인 북중국의 염군(捻軍)의 난(Nian rebellion)에 대한 엘리자베스 페리(Elizabeth Perry)의 설명을 고찰해 보자(〈사례 1.4〉 참조). 페리의 분석은 장기간에 걸쳐 발생한 역사적 사건인 대규모 농민 반란에 대한 상세한 연구에 기반하고 있다. 그리고 그녀는 이 사건을 일으킨 조건들에 대한 하나의 가설에 도달한다. 일련의 환경적·사회적 상황이 개인들에게 생존하기 위해 비적과 반란 조직들에게 도움을 줄 유인(誘因)을 제공했다는 것이다. 마지막으로 그녀의 설명은 특정한 선택 환경 안에서 이루어지는 개인적인 의사결정에 대한 이론적 분석에 의존한다.

비교 방법

또 다른 중요한 인과 분석 접근법은 두드러진 차이점과 함께 다양한 유사 특성을 포함하고 있는 사례들을 비교 연구하는 것이다. 외관상 유사한 상황에서 상이한 결과가 도출되는 것은 무엇으로 설명 가능한가? 예를 들어, 왜 어떤 가난한 마을들은 기근, 전쟁, 또는 홍수에도 불구하고 더 결속하며, 다른 마을들은 덜 결속하는가? 이 차이를 설명해 주는 일반적인 요인이 있는가? 아니면 그 차이는 역사적 우연의 결과인가?

비교 접근법에서 연구자는 관심 현상이 다양한 정도로 일어나는 소수의 사례를 확인한 다음, 상이한 결과로 이끄는 인과 과정을 구분해 내려고 시도한다. 이 방법은 그 사례들의 인과 역학에 대한 가설을 발전시키는 노력과 함께 그 사례들에 대한 정밀 조사를 요구한다. 따라서 비교 연구는 변동 메커니즘, 그 과정의 세부 내용, 그리고 구체적인 요인들의 존재 또는 부재를 캐내기 위해 몇 가지 사례를 자세히 들여다본다. 비교

농민 반란과 생존 전략

농민 반란은 19세기 중국의 되풀이되는 특징이었다. 무엇이 이러한 반란을 일으켰는가? 엘리자베스 페리는 1850년대 북중국에서 일어났던 염군의 난을 분석한다. 북중국의 불안한 생태를 자세히 묘사한 후, 페리는 이 지역 농민들의 주된 관심사가 생존 전략을 찾고 추구하는 것이었다고 주장한다. 그녀는 약탈적 전략과 방어적 전략, 이 두 개의 광범위한 전략군을 확인한다. 약탈적 전략은 소금 밀수, 좀도둑질, 그리고 비적 행위를 포함하며, 방어적 전략은 대개 마을 수준의 방어 조직(민병대, 요새화 등)을 포함한다. 그녀는 염군의 난이 이 전략들 사이의 상호작용에서 나타난 의도하지 않은 결과였다고 주장한다. 비적단이 절박한 농민들에게 더 매력적인 것이 되자, 비적의 약탈은 마을에 더 위험한 것이 되었고, 민병대와 비적단 사이의 갈등은 더욱 심화되었다. 결국 비적단들은 국가의 관심을 끌 만큼 커졌고, 자기방어 차원에서 그들은 국가군의 군사 공격을 물리치기 위해 조직화했다. 그래서 페리는 염군의 난을 국가나 지방의 정치적 요인으로 이해하는 것이 아니라 농민 가구와 마을 수준의 요인에 기초해 이해해야 한다고 주장한다. 그리고 그녀는 개별 농민들이 지역 민병대를 지지하거나 비적단에 가담하는 것을 합리적인 것으로 만든 지역 수준의 상황을 면밀히 연구한다.

▌자료: 북중국 평야에서 일어난 19, 20세기 농민의 정치 행동
▌설명 모델: 반란은 대규모 집합 행위로 확대된, 개별적으로 합리적인 생존 전략의 총화적 결과라는 설명
▌출처: Elizabeth Perry, *Rebels and Revolutionaries in North China 1845~1945*(1980)

연구는 흔히 (아래에서 논의될) 특정한 결과가 하나의 사례에 존재하고 다른 사례에는 부재하다면 후자에는 부재한 인과 요인이 첫 번째 사례에는 틀림없이 존재한다고 추론하는 존 스튜어트 밀의 방법들 가운데 한 형식을 사용한다. 그리고 비교 방법은 특정한 사회적 상황으로부터 상이한 결과가 도출되는 인과 메커니즘을 직접적으로 찾는다.

시다 스코치폴(Theda Skocpol)은 사회과학 비교 방법의 탁월한 주창자이다. 그녀는 자신의 방법을 다음과 같이 기술한다. "민족국가와 같은 거대한 단위를 구성하는 사건이나 구조에 대해 인과적이며 설명적인 가설을 발전시키고 시험하고 수준을 높이는 것이 가장 우선하는 목적이다"(Skocpol, 1979: 36 [스코치폴, 1981: 50]). 비교 방법은 피설명항 현상이 발견되는 대규모 사회 단위를 포함하는 상당히 적은 수의 사례에 적용된다. 그 방법은 설명되어야 하는 현상을 포함하는 관련 유사 사례들의 집합을 확인함으로써 진행된다. 스코치폴의 경우, 유사 사례는 프랑스, 러시아, 중국에서 성공적인 혁명이 발생한 것이었다. 찰스 래긴(Charles Ragin)이 서술하듯이, "비교론자들은 거시 사회 단위들을 가로지르는 유사점과 차이점에 관심이 있다"(Ragin, 1987: 6). 그런 다음 연구자는 설명될 현상의 잠재적 원인이 될 수 있는 방식으로 사례 전반에 걸쳐 공변하는 요인들이 있는지 여부를 밝히고자 한다.

한 가설적 사례를 고찰해 보자. 폭동, 파괴, 반란 등 대중적인 사회 갈등의 발생에 관심이 있다고 가정해 보자. 우리는 비교 방법을 사용해서 식민지 베트남, 17세기 프랑스, 중국 청나라와 같이 그러한 갈등의 역사를 지닌 몇몇 사례를 찾아볼 것이다. 우리는 먼저 각 사례에서 사회 갈등의 과정에 대한 상세한 이해를 추구할 것이다. 그런 다음 여러 사례에 유사한 유형이 있는지 확인할 것이다. 이제 첨예한 계급 갈등이 사회 갈등의 발생에 필요충분조건이라는 제안을 가정해 보자. 비교 연구는 두 가지 일을 할 수 있다. 비교 연구는 계급 갈등이 부재할 때 혁명이 일어났다는 것을 밝힐 수 있다. 따라서 계급 갈등이 혁명의 필요조건이라는 주장을 기각한다. 그리고 비교 연구는 극심한 계급 갈등은 있었지만 혁명은 없었던 상황이 있다는 것을 밝힐 수 있다. 따라서 계급 갈등이 혁명의 충분조건이라는 주장을 기각한다.

계급 갈등이 양성 사례에서는 모두 존재했고 음성 사례에서는 부재했다는 것을, 즉 계급 갈등이 혁명과 정확하게 공변한다는 것(실제로는 그렇지 않다)을 발견한다고 가정해 보자. 이것이 계급 갈등이 혁명 발생의 필요충분조건이라는 것을 확고히 하는가? 두 가지 이유로 그렇지 않다. 첫째, 공분산은 우연적이거나 인위적일 수 있다. 적은 수의 사례만 연구하도록 제한될 때마다 공분산은 무작위 사건들의 결과일 가능성이 항상 존재한다. 그리고 둘째, 의사 상관관계라는 익숙한 문제가 있다. 계급 갈등과 성공적인 혁명 모두 어떤 제3의 변수의 부수적인 효과일 수 있다. 이러한 가능성들을 배제하기 위해 우리는 원인과 결과를 연결하는 메커니즘, 즉 설명항이 피설명항을 낳는 경로에 대한 이론을 구성해야 한다.

성공적인 혁명의 인과적 조건에 대한 스코치폴의 분석은 비교 분석의 중요한 예를 나타낸다(〈사례 1.5〉 참조). 스코치폴의 분석은 사회 불안을 사실상 모든 농업 사회에 존재하는 존속 조건으로 취급한다. 그러므로 그녀는 사회 불안이 혁명의 즉각적인 원인이 될 수 없다고 제안한다. 그렇지 않다면 모든 농업 사회는 혁명을 겪을 것이다. 따라서 혁명이 일어난 사례에는 존재하고 그렇지 않은 사례에는 부재한 요인을 찾을 필요가 있다. 그리고 스코치폴은 적절한 방식으로 변화하는 요인은,

국가 구조와 혁명

혁명이 성공하는 것은 소수의 사례이고 다른 많은 사례에서는 혁명 운동이 실패하는 것은 무엇으로 설명되는가? 시다 스코치폴은 이 질문에 답하기 위해 중국, 프랑스, 그리고 러시아의 혁명의 원인에 대해 비교 분석한 내용을 제시한다. 그녀는 복잡한 인과 가설을 주장한다. 농민들의 불안은 전(前) 산업사회에서 혁명의 필요조건이지만 충분조건은 아니다. 그러한 불안은 실제로 어디에나 있으며, 혁명 발생 여부를 결정하는 중요한 변수는 국가 구조의 상태이다. 그러므로 그녀의 인과 설명은 국가의 행정 능력과 역량에 초점을 둔다. 그녀는 연구된 세 개의 혁명 모두 동일한 유형을 보였다고 주장한다. 구체제 국가들은 자신들이 다룰 수 없는 국제적 위기에 봉착했으며, 그런 상황에서 국가의 억압적이고 정치적인 권력으로는 제거할 수 없는 고질적인 계급 갈등이 발생했다. 그녀는 이렇게 쓰고 있다. "필자는 (1) 열강으로부터 압력이 가중될 때 행정적·군사적으로 부패하기 쉬운 국가 조직과 (2) 지주에 대해 농민폭동을 만연시키기에 용이한 농업의 사회정치적 구조가 1789년 프랑스에서, 1917년 러시아에서, 1911년 중국에서 형성되기 시작한 사회혁명적 상황의 명백한 원인이라고 주장했다"(Skocpol, 1979: 154 [스코치폴, 1981: 170]). 이 설명에서 반란 발생 여부를 결정했던 핵심 요인은 국가의 구조와 지방 생활을 지배한 사회적·정치적 배열이었다.

▌ 자료: 프랑스 혁명, 러시아 혁명, 중국 혁명에 선행했던 사회적·경제적·정치적 상황에 대한 비교 연구
▌ 설명 모델: 여러 사회의 정치 구조의 상이성이 혁명의 성공이나 실패를 설명한다는 구조적 인과 모델
▌ 출처: Theda Skocpol, *States and Social Revolutions: A Comparative Analysis of France, Russia, and China*(1979) [시다 스코치폴, 『국가와 사회혁명: 혁명의 비교 연구(프랑스, 러시아, 중국)』(1981)]

국가의 능력과 일관성, 그리고 대중적 반대에도 불구하고 스스로를 보존할 수 있는 국가의 능력이라고 주장한다. 그러나 이 주장은 사회적 긴장이 혁명의 발생에 대한 인과 요인이 아님을 보여주는 것이 아니라, 단지 그것이 충분조건은 아님을 보여준다는 점에 주목해야 한다. 이 때문에 사회적 긴장은 혁명 발생의 필요조건이며, 약한 국가의 특징을 갖는 사회에서 사회적 긴장이 있을 때는 혁명이 뒤따른다.

비교 분석의 두 번째 사례로는 아툴 콜리(Atul Kohli)의 인도의 빈곤 개혁 정치에 대한 분석을 고찰해 보자(〈사례 1.6〉 참조). 콜리의 분석은 여러 사례에 걸쳐 설명되어야 하는 요인, 즉 빈곤 완화 프로그램의 존재와 효과를 확인하는 것으로 시작한다. 그런 다음 그는 이 요인과 공변하고 요인의 차이점을 설명하는 주요 인과 메커니즘을 합리적으로 나타내는 사회·정치 제도의 특징을 제시하려고 시도한다. 그의 설명은 인과의 장의 세부 내용, 즉 조사 이전에 잠재적인 인과 변수가 되는 요인들을 전제한다. (예를 들어, 콜리는 민족적 구성은 잠재적 인과 변수로 고려하지 않는다.) 마지막으로 그는 복잡한 정치적 요인이 있다고 주장하는데, 그 요인의 존재 또는 부재는 빈곤 프로그램의 존재 및 효과와 함께 예측 가능한 방식으로 공변한다. 그 요인은 바로 권력을 쥐고 있는 정권의 정치 이데올로기와 역량이다. 그는 이 요인이 상이한 결과를 산출하는 주요 인과 변수라고 결론 내린다. 이 논의는 귀납적 또한 연역적으로 진행된다는 점에 주의해야 한다. 귀납적 측면은 정권 유형과 빈곤 성과 사이의 공분산에 대한 지적과 일치하지만, 연역적 측면은 왜 이러한 결과가 타당한지 보여주기 위해 고안된 이론적 주장의 형태를 취한다. 다시 말해, 콜리의 입장은 인도의 주에서 빈곤 정책이 채택되고 실행되는 인과 메커니즘에 대한 주장에 의존한다.

| 사례 1.6 |

인도의 빈곤 개혁

콜리는 인도가 1947년 독립한 이후 상당한 경제 성장률을 이뤘음에도 불구하고 인도 빈민층의 상황은 그 기간에 거의 변하지 않았다고 지적한다. 그러나 인도의 일부 주는 다른 주들보다 빈곤을 더 완화했다. 제3세계 경제 발전 과정에서 빈민의 복지에 영향을 준 사회적·정치적 요인은 무엇인가? 콜리는 인도의 세 개 주(서부 벵골, 카르나타가, 그리고 우타르 프라데시)의 경제 정책들에 대한 비교 연구를 수행한다. 그는 빈민의 복지가 국가의 전체적인 번영과 상관관계가 없다는 것을 발견한다. 대신에 결정적인 변수는 경제 발전 과정에서 권력을 잡은 정권의 유형이다. 강하고 능력 있는 좌파 정당이 구성한 정권은 발전 과정을 빈곤 완화 쪽으로 기울이는 데 성공한 반면, 약한 정권과 특권 계급이 지배하는 정권은 빈곤 개혁의 성과가 저조하다.

서부 벵갈의 인도 공산당(Communist Party, Marxist)은 소작 개혁과 지방 신용 및 고용 프로그램을 포함한 빈곤 개혁을 통해 빈민들에게 확실한 혜택을 가져다주는 데 성공했다. 인도 공산당은 일관된 재분배주의 이데올로기와 마을 수준까지 포함하는 유능한 정당 조직, 그리고 효과적인 리더십을 갖춘 좌파 정당이다. 카르나타카(Karnataka)의 어스(Urs) 정권도 재분배주의 이데올로기를 가지고 있었지만, 효과적인 정치 조직이 부재했고 리더십은 분열되어 있었다. 그 정권의 빈곤 개혁 노력은 성공적이지 못했다. 그리고 우타르 프라데시(Uttar Pradesh)의 자나타(Janata)당은 농촌의 지주 계급에 의해 지배되었고, 빈곤 개혁을 실행할 의지가 없었다. 콜리는 한 국가 내의 빈곤 완화의 유무는 빈곤 개혁을 실행할 의지와 수단을 모두 갖춘 정권의 유무의 결과라고 설명한다.

▌ 자료: 1970년대 인도의 세 개 주로부터 모은 경제·정치 자료
▌ 설명 모델: 서로 다른 정권과 정당의 정치적 목적과 능력에 대한 비교 분석에 기반한 인도의 빈곤 개혁에 대한 인과적 설명
▌ 출처: Atul Kohli, *The State and Poverty in India: The Politics of Reform*(1987)

밀의 방법들

비교 방법은 밀이 자신의 『논리학 체계(System of Logic)』에서 제공한 인과 추론 분석, 즉 일치법과 차이법에 크게 의존한다. 이 방법들은 반복되는 사건 발생의 선행 조건들에서 차이를 관찰함으로써 사건의 원인을 규명하는 것을 목적으로 한다.[2] 가능한 관련 요인들 {A, B, C, D, E}가 있는 인과의 장에서 사건 P의 원인을 찾는 데 관심이 있다고 가정하자. 생생한 논의를 위해서, 사건 P는 노조 조직 운동의 성공이고, 인과요인들은, (A) 실제 임금 하락, (B) 도시 환경, (C) 숙련 노동력, (D) 권위주의적인 경영 스타일, (E) 기업이라고 가정해 보자. 우리는 P의 발생에 필요하고 충분한 요인을 발견하는 데 관심이 있다. 일치법은 사건 P가 발생하고 가능한 인과 요인 중 하나만이 모든 사례에 존재하는 둘 이상의 사례를 찾도록 지시한다(〈표 1-3〉의 요인 A). [소문자 p와 a는 해당 요인의 존재(presence) 또는 부재(absence)를 나타낸다.] 이 사례에서, 성공으로 이끄는 A에서 E까지의 요인들의 상태를 확인할 수 있는 둘 이상의 노조 조직 운동 사례들을 찾아볼 필요가 있다. 조사된 요인들의 집합이 총망라되어 있다면, 그리고 P의 발생에 단일한 필요충분조건이 있다면, 모든 사례에 존재하는 요인이 필요충분조건이 되어야 한다. 여기서 사례들에 걸쳐 있는 상수는 '실제 임금' 변수이다. 그래서 일치법을 통해 실제 임금의 변화 방향이 노조 조직 운동이 성공 또는 실패하는 원인이라는 결론을 내릴 수 있다.

---

2   밀의 방법들은 Mill(1950)에 기술되어 있다. 그 방법들에 대한 논의는 Mackie(1974: 68 ff.)에서 찾아볼 수 있다.

표 1-3 **밀의 일치법**

	P	A	B	C	D	E
I1	p	p	p	a	a	p
N1	p	p	a	p	a	a

표 1-4 **밀의 차이법**

	P	A	B	C	D	E
I1	p	p	p	a	a	p
N1	a	a	p	a	a	p

이제 차이법으로 가보자. 이 경우 한 사례에서는 사건 P가 일어나고 두 번째 사례에서는 사건 P가 일어나지 않은 사례의 쌍을 찾아야 한다. 다시 한번, 우리는 관련된 요인들의 집합 {A, B, C, D, E}를 조사해야 한다. P와 공변하는 단일 요인이 있다면, 우리는 A가 P의 원인이라고 결론 내릴 수 있다. 〈표 1-4〉에 P가 일어난 사례(I1)와, P가 일어나지 않은 사례(N1) 두 가지 사례가 있다. 이제 우리는 두 사례에 걸쳐 B, C, D, E가 고정된 채 변동이 없고, P와 A가 첫 번째 사례에서 두 번째 사례로 변화하는 두 상황을 조사한다. 우리는 이 분석으로부터 C와 D는 I1에 부재하기 때문에 그것들은 필요조건이 아니라고 결론 내릴 수 있다. P가 일어날 때만 존재하는 유일한 요인은 A이다. B가 P의 발생에 충분조건이었다면, P는 N1에서도 일어났어야 한다. 그러므로 차이법은 B가 P의 발생에 충분조건이 아니라고 결론 내릴 수 있게 해준다.

그러나 이 결과는 A가 P의 충분조건이라는 결론을 내릴 수 있게 하는가? 그것은 {A, B, C, D, E}가 P의 발생을 위한 인과 요인들을 총망라한 집합이라는 것을 가정할 수 있을 때만 충분조건이 된다. 그와 달리 A와 P의 공분산은 전적으로 우연일 가능성이 있다. 그러나 이것은 매우 비현실적인 가정이다. 전형적인 사례에서 아직 확인되지 않은 다른 인과 요인들이 있는지 여부는 열린 문제일 것이다. {A, B, C, D, E}가 총망라한 것이라는 점을 알지 못한다면, 우리가 내릴 수 있는 최선의 결론은 집합 {A, B, C, D, E} 가운데 A만이 잠재적으로 P의 필요충분조건이며, A, B, E가 잠재적으로 P의 필요조건이라는 것이다. A가 충분하고 필요하다고 가정할 수 있는 추가 근거를 가지기 위해서, 우리는 가능한 여러 다른 사례를 조사할 필요가 있다. 이상적으로는, A가 항상 P와 공변하며, B, C, D, E 어느 것도 P의 발생에 필요하지 않다는 것이 드러날 것이다.

밀의 방법들은 복잡한 인과와 확률적 인과는 다룰 수 없다. F가 존재할 때 A가 P를 발생시키고, G가 존재할 때 B가 P를 발생시킨다고 가정해 보자. 그러면 A는 부재하고 B는 존재하고 P는 존재하는 사례가 있을 것이다. 또한 A는 존재하고 B는 부재하고 P는 존재하는 사례가 있을 것이다. 그리고 A, B, P 모두 존재하는 사례가 있을 것이다. 첫 번째 사례는 A가 P의 원인이 아니라는 것을 보여주고, 두 번째 경우는 B가 P의 원인이 아니라는 것을 보여줄 것이다. 마찬가지로, A가 P의 유일한 원인이지만 그것이 확률적 원인이라고 가정해 보자. A가 일어날 때 P도 일어날 확률은 90%이다. 우리의 사례 집합이 A가 일어날 때 P는 일어나지 않는 드문 사례들 가운데 하나를 포함하고 있다면, 차이법은 P의 원인으로서 A를 배제할 것이다. 그래서 밀의 방법들은 결과의 발생에 필요충분한 단일 조건들을 가진 경우에 대해서만 잘 고안되어 있다. 게다가 이 방법들을 적용하기 위해서는 잠재적으로 관련 있는 인과 조건들의 완전한 목록, P가 일어나고 일어나지 않는 한 쌍의 관찰치, 그리고 각 관런 조건이 발생하거나 발생하지 않는 데 대한 정보 등 상대적으로 까다로운 조건들을 요구한다. 그러나 이러한 제한점에도 불구하고, 밀의 방법들은 사회과학에서 인과에 대한 많은 추론의 바탕이 되고 있다.

결론

사회과학에서 인과적 추론의 바탕이 되는 근본적인 아이디어는 인과 메커니즘의 아이디어이다. C가 E를 일으켰다고 주장하는 것은 C의 발생에서 E의 발생으로 이어지는 인과 메커니즘이 있다고 주장하는 것이다. 우리는 이 개념이 인과에 대한 다른 두 가지 중요한 아이디어의 기초라는 것을 보았다. 즉, 인과적 판단은 귀납적 규칙성에 부합하며, 필요충분조건에 대한 주장을 표현한다는 아이디어이다. 우리는 또한 연결 자체가 인과 메커니즘의 형식을 취하고 있지만, 두 변수 사이에서 귀납적 규칙성을 발견하는 것이 그 변수들 사이의 인과적인 연결을 예측하는 강력한 이유라는 것을 보았다. 마찬가지로 C와 E를 연결하는 인과 메커니즘이 존재한다는 것이 참이라면, C의 발생은 E의 발생 확률을 증가시킨다는 결론이 뒤따른다. (이는 필요충분조건 테제의 가장 일반적인 견해이다.)

후속 장들은 인과적 설명이 사회과학에서 매우 중요한 역할을 한다는 것을 보여줄 것이다. 우리는 유물론적 설명, 기능주의적 설명, 그리고 구조주의적 설명이 특화된 인과적 설명의 형식으로 이해될 수 있다는 것을 보게 될 것이다. 그리고 사회과학에서 통계적인 설명은, 제대로 설명될 때, 이면의 인과 메커니즘에 대한 신뢰할 만한 가설들의 가용성에 의존

한다는 것이 드러날 것이다. 예를 들어, 일반적으로 사회과학에는 구조
주의적 설명, 합리적-의도적 설명, 또는 해석적 설명과 같은 독특한 비
인과적 설명이 있다고 주장된다. 그러나 이후 장들은 이러한 견해에 의
문을 던지는 주장을 할 것이다. 우리는 사회 변동 이면에 있는 핵심적인
인과 과정은 개인들의 합리적-의도적 행동에서 유래한다는 것을 보여
줄 것이다. 따라서 다음 장에서 탐구할 인과적 설명과 합리적 설명 사이
에는 긴밀한 연관 관계가 있다. 사회적 설명이 기본적으로 인과적 설명
이라는 아이디어에 대한 유일한 예외는 제3장에서 고찰할 패러다임인
해석적 사회과학이다. 그리고 제4장에서는 기능적·구조적 설명이 타당
하다면 이는 특화된 형태의 인과적 설명이라는 것을 보여줄 것이다.

▌더 읽어볼 책들

Elster, Jon. 1983. *Explaining Technical Change*.
Mackie, J. L. 1974. *Cement of the Universe*.
Miller, Richard W. 1987. *Fact and Method*.
Ragin, Charles C. 1987. *The Comparative Method: Moving Beyond Qualitative and Quantitative Strategies*.
Salmon, Wesley C. 1984. *Scientific Explanation and the Causal Structure of the World*.
Skyrms, Brian. 1980. *Causal Necessity: A Pragmatic Investigation of the Necessity of Laws*.

제2장

합리적 행위자들

사회 현상은 인간의 활동으로부터 비롯되며, 인간은 자신의 신념, 목적, 의미, 가치, 금제(禁制), 양심의 지시에 따라 행위하는 **행위 주체들**이다. 즉, 인간은 이유에 기반해 행위하는 **의도를 가진** 존재이다. 이것은 사회과학에 많은 시사점을 가지고 있다. 첫째, 그것은 사회적 규칙성이 자연적 규칙성과는 다른 유형의 인과 관계로부터 유래한다는 것을 의미한다. 자연적 규칙성은 관련된 실체의 고정적이고 객관적인 특성들과 그 실체들을 지배하는 자연법칙으로부터 비롯되는 반면에, 사회적 규칙성은 행위 주체들의 의도적인 상태로부터 유래한다. 둘째, 사회 현상의 의도적 특성으로 말미암아 사회과학은 자연과학에서는 볼 수 없는 유형의 설명을 할 수 있다. 많은 사회 현상은 많은 개인들의 의도적인 행위의 총화적 결과로 설명될 수 있다. 그 사람들이 무엇을 원하는지, 무엇을 믿는지, 그리고 그들이 자신들의 목적을 추구하기 위한 행위를 어떻게 기대하는지를 이해하게 됨으로써, 우리는 총화적 결과의 발생에 대해서도 설명할 수 있다.

이 장에서는 사회적 삶의 이러한 특성에 기반한 설명 모델을 탐구할 것인데, 그것은 사회 유형을 다수 참여자에 의해 수행되는 합리적 행위들이 종합된 결과로 설명하려고 시도하는 **총화적** 설명이다. 합리적 선택 이론은 일련의 신념과 목적에 기초해서 합리적 의사결정에 대한 형식적인 분석을 제공하며, 확률 이론, 게임 이론, 그리고 공공재 이론 등 여러 경제 이론의 영역을 포함한다. 앞 장에서 우리는 사회과학의 인과적 설명은 원인과 결과를 매개하는 메커니즘에 대한 설명을 요구한다는 것을 알게 되었다. 합리적 선택 패러다임은 사회 현상들 사이에 존재하는 그러한 메커니즘에 대한 일반적인 해명을 제공한다. 다양한 사회 환경에서 개인들이 자신들의 믿음과 목적에 기반해 계산적인 선택을 한다고 가정할 수 있다면, 우리는 그러한 선택의 총화적 결과로 수많은 사회적 배열을 설명할 수 있을 것이다. 그러나 이 패러다임은 논쟁적이다. 왜냐하면 일부 사회과학자들은 합리적 선택 접근법이 문화적으로 특정한 인간 행위를 지나치게 추상화하며 그 결과로 합리적 선택 '정리(theorem)'는 실제 사회적 행동과는 거의 관련이 없다고 믿기 때문이다. 이 장은 합리적 선택 패러다임의 근본적인 아이디어 몇 가지를 제시한다. 그리고 이후 장들에서 이러한 생각들이 경제 인류학, 공공 선택 이론, 그리고 마르크스주의 이론에서 나타나는 사회적 설명의 구체적인 문제들에 어떻게 적용되는지 살펴볼 것이다.

〈사례 2.1〉은 총화적인 설명 양식을 예시한다. 여기서 더글러스 노스 (Douglass North)와 로버트 폴 토머스(Robert Paul Thomas)는 담보 노동 (bonded labor) 체계를 농노와 영주 모두에게 가장 이익이 되는 것으로 설명한다. 부역 노동 계약은 경제적으로 가용한 가장 효율적인 협정이었으며, 영주와 농민 모두를 위한 것이었기 때문에, 봉건 사회 내 참여자들에 의해 선택되었다고 주장한다. 그런 이유로 봉건제도의 주요 특

봉건적 부역 노동과 경제적 합리성

유럽의 봉건제도는 영주에게 부역 노동을 제공해야 하는 농민들의 법적 의무
에 의해 특징지어진다. 이것은 잉여 축출의 한 체계이지만, 고정 임금, 고정 지
대, 또는 둘의 결합 등 다른 체계도 많다. 왜 장원 경제는 강제적인 부역 노동
을 농민들에게서 영주로 잉여를 이전하는 방식으로 선택했는가? 더글러스 노
스와 로버트 폴 토머스는 봉건제도를 영주와 농민들 사이에서 이루어진 재화
(goods)의 교환으로 해석한다. 영주는 다양한 공공재, 주로 안전을 제공하고,
농민은 잉여의 일부를 영주의 소득으로 제공한다.

노스와 토머스는 부역 노동 계약이 비시장 경제의 맥락에서 영주와 농민 모두
에게 가장 수용할 만한 합의라고 주장한다. 고정 임금은 (농작물이 성공적이든
그렇지 못하든 간에 임금은 지불되어야 하기 때문에) 영주가 경작의 위험부담을 떠
안을 것을 요구하며, 고정 지대는 농민이 그 부담을 떠안을 것을 요구한다. 화
폐 경제가 부재할 때는 생활필수품의 가치를 평가하기가 어렵기 때문에, 어느
경우든 영주와 농민 사이의 협상 비용은 높다. 반면 부역 노동 협정은 협상과
집행이 용이한 표준 협정을 제공하며, 수확이 좋은 해와 나쁜 해 모두 자동으
로 적응한다. "고전 장원의 계약체계가 효율적인 체계였다고 볼 수도 있다. 영
주와 보호자에 대한 농노의 노역 의무인 투입물 공유 협정은 재화를 거래하는
데 거래 비용이 많이 들어가는 상황에서 가장 효율적이기 때문에 선택된 것이
었다. …… 그러므로 우리는 고전 장원의 '기묘한' 조직 방식을 전반적으로 시
장경제가 존재하지 않는 상황에서의 하나의 적절한 응답으로 이해해 볼 수 있
다"(North and Thomas, 1973: 31~32 [노스·토머스, 1999: 65]).

▎자료: 장원 경제(manorial economy)와 영주, 농노 사이의 법적 관계에 대한 역사 자료
▎설명 모델: 경제적 합리성의 틀 안에서 심사숙고의 결과로서 인간 행동 유형을 설명
▎출처: Douglass C. North and Robert Paul Thomas, *The Rise of the Western World, A New Economic History*(1973) [더글러스 C. 노스·로버트 폴 토머스, 『서구세계의 성장: 새로운 경제사』(1999)]

징은 오랜 시간에 걸쳐 다수의 농민과 영주에 의해 이루어진 합리적 선택의 총화적 결과로서 설명된다.

총화적 설명

설명의 합리적 선택 패러다임은 하나의 중심 전제와 다양한 분석 기술에 의존한다. 그 전제는 개인 행동이 목적 지향적이고 계산적이라는 것이다. 개인들은 대안적인 행위 과정을 평가하는 일련의 이해관계를 가지고 있다고 전제된다. 개인들은 다양한 선택지에 비용과 편익을 할당하고 각각의 장단점을 조사한 후에 하나의 행위를 선택한다. 그래서 합리적 선택 설명은 합리적 행위의 '수단-목적' 이론에 의존한다. 행위는 선택 환경에 대한 개인의 신념을 전제할 때 특정 목적을 성취하는 적절한 수단인 경우에만 합리적이다. 그러므로 개인의 행위를 설명하는 것은 그(또는 그녀)의 배경 신념과 목적을 규명하는 것이자, 선택된 행위가 그 신념을 전제할 때 그 목적들을 성취하기 위한 합리적인 방법임을 보여주는 것이다.[1]

이러한 합리성 해명은 '얇은(thin)'* 인간 행위 이론으로 묘사될 수 있

---

1   이런 유형의 합리성 이론에 대한 짧지만 명확한 논의를 위해서는 Philip Pettit, "Rational Man Theory," in Hookway and Pettit(eds.)(1978)을 참고할 수 있다. 폰 라이트(Von Wright, 1971)는 합리적-의도적 설명에 대해 보다 광범위한 분석을 제공한다. 내가 쓴 *Understanding Peasant China*(1989)는 이 모델을 중국에 적용해 분석한다.

*   '얇은' 합리성은 욕구가 단순히 일정한 일관성을 가질 것을 요구한다. 행위자가 행위하고자 하는 이유를 형성하는 믿음과 욕망에 대한 정의를 열어둔 채로 남겨두기 때문에 얇은 합리성이라고 한다. 반면에 '두꺼운' 합리성은 어떤 특정 내용의 욕구만을 합리적인 것으로 간주

다.[2] 그것은 이익, 효용, 또는 선호의 관점에서 목적에 대한 추상적인 기술에 의존하며, 예를 들어 효용 극대화와 같이 단순한 추론 양식을 전제한다. 합리적 선택 이론가들은 이런 단순화된 전제에 기초해 다양한 인간 행동을 설명하기 원한다. 이 접근법의 장점은 설명적 간결성과 설명력이다. 이 전제들이 인간 행동과 어느 정도 관련이 있는 한, 그 전제들은 다양한 문화 환경에서 광범위한 사회 현상을 설명할 기초를 제공한다. 그러나 해석적 사회과학자들은 인간 행동을 설명하기 위해 인간 행위에 대한 '두꺼운(thick)' 기술, 즉 규범과 가치, 문화적 전제들, 은유, 종교적 신념과 실천에 대해 상세하게 설명할 필요성을 상정하기 때문에, 이 지점에서 합리적 선택 분석에 대한 일차적인 비판이 등장한다. 게다가 그들은 인간 행위에 대한 더 추상적인 기술이 많은 설명적 가치가 있다는 것을 부인한다. 다음 장에서는 이러한 비판으로 돌아갈 것이다.

지금까지 우리는 개인들의 행위를 인도하는 목적의 내용에 대해서는 고찰하지 않았다. 그러나 경제학자들은 합리성에 대한 자신들의 설명에 적어도 하나의 실질적인 가정, 즉 이기주의의 가정을 포함하는 경향이 있다. 그들은 각 경제 주체가 노동은 최소화하고, 소득과 여가는 극대화하는 등 오로지 자신의 **사적** 이익을 극대화하는 데만 관심이 있다고 가정한다. 그러나 이 가정은 합리적 선택 이론에서 본질적이지 않다.

하는 것을 말한다. 이것은 '좁은' 합리성이라고도 할 수 있는데, 예를 들어 물질적이고 이기적인 자기 이익의 추구만을 합리적이라고 가정하는 경우이다. _옮긴이

2   지역 연구에서 '엷은' 그리고 '두꺼운' 합리성 이론에 대한 유용한 논의를 위해서는 Michael Taylor(ed.)(1998)에 실린 Michael Taylor의 유용한 논문 "Rationality and Revolutionary Collective Action"을 참고할 수 있다. 이 모음집은 합리적 선택 이론을 지연 연구에 적용한 여러 강력한 사례를 제시한다.

행위 주체가 가진 목적의 본질에 대한 질문은 열어놓을 수 있다. 이런 점에서 볼 때, 합리적 선택 이론의 문제는 목적이 **주어져 있을 때** 다양한 선택 중에서 결정하는 최선의 방법을 어떻게 구체화하는가이다. 행위자의 목적의 내용은 확정되어 있지 않다. 어떤 개인은 자기 이익, 다양한 타인의 이익, 공공재에 효용을 귀착시킬 수도 있고, 또 어떤 개인은 자기 이익에만 관심이 있을 수도 있다.

엷은 개념이 제기하는 마지막 논제는 선택의 환경에 대한 신념의 합리성과 관계된다. 이 요인은 합리적 행위가 행위자가 소유하고 있는 (1) 그(또는 그녀)에게 가용한 선택지들, (2) 각 행위의 가능한 결과들에 대한 믿음에 의존한다는 사실을 반영한다. 이것은 엷은 합리성 이론을 정식화하는 데 있어 우리에게 하나의 선택을 제시한다. 우리는 행위의 가능한 결과들에 대한 행위자의 믿음 그 자체가 합리적으로 근거를 가지도록 요구해야 할까? 즉, 우리는 행위자가 합리적 믿음을 가져야 한다고 요구할 것인가? 아니면 행위자의 믿음은 주어진 것으로 여기고 오로지 그 믿음들과 관계된 선택의 문제에만 초점을 맞출 것인가? 나는 엷은 이론이 합리적 믿음과 합리적 선택 모두를 포함한다고 가정할 것이다. 또한 합리적 행위자들은 적절한 귀납적 방법에 근거해 자신들의 행위의 결과에 대한 믿음에 도달한다고 가정할 것이다.

개인적 합리성 개념은 집합 행위의 발생, 지속적인 사회 제도, 또는 사회적·경제적 변동의 과정과 같은 **사회** 현상에 대한 설명을 어떻게 발생시키는가? 합리적 선택 접근법은 사회적 결과에 대해 합리적 계산에 기초해 행위하는 다수의 개인의 총화적 결과로 설명하려고 한다. 마르크스의 자본주의 경제 체계 분석과 현대의 '정치경제학'이 농촌 사회의 정치에 접근하는 것과 같이, 경제적 추세와 인구 곡선 사이의 관계에 대한 토머스 맬서스(Thomas R. Malthus)의 예측은 이 가정에 의존한다. 이 이론들의 공통점은 설명 전략이다. 그 설명 전략은 사회 유형에 대해 참여자들이 숙고하는 상황인 특정한 사회·자연환경에서 다수의 참여자들의 합리적 행위의 총화적 결과로 설명한다. 왜 파업은 자신들의 목적을 달성하기 전에 종종 실패하는가? 그것은 배반이 개인 파업 참가자들에게 이익이 되기 때문이다. 왜 가격은 생산 비용뿐만 아니라 평균 수익률을 중심으로 요동하는 경향이 있는가? 그것은 합리적 기업가들이 수익률에 따라 산업에 진출하기도 하고 폐업하기도 하기 때문이다. 왜 군비 협정은 결렬되는 경향이 있는가? 그것은 참여자들이 상대방에 의한 일방적인 탈퇴를 두려워하기 때문이다. 그래서 페리는 염군(捻軍)의 등장을 지역적인 약탈 생존 전략의 총화적 결과로 설명한다(〈사례 1.4〉 참조). 새뮤얼 팝킨(Samuel Popkin)은 촌락 사회에서의 집합 행위의 실패를 무임승차 선택의 결과로 설명한다(〈사례 6.1〉 참조). 그리고 로버트 브레너(Robert Brenner)는 프랑스 농업이 침체된 이유를 기술혁신에 대한 지주들과 농민들의 유인과 기회가 부재했기 때문인 것으로 설명한다(〈사례 5.6〉 참조). 각 사례에서 저자는 특정한 일련의 유인과 제약에 반응하는 합리적 개별 행동의 유형을 규명하고 이 개별 행동의 유형이 관찰되는 거시적 유형으로 어떻게 통합되는지 보여주려고 시도한다.

　이러한 노력은 대규모 사회·경제·정치 현상들을 개인 수준에서의 합리적 의사결정의 총화적인 결과이자 종종 의도하지 않은 결과로 설명하려고 하는 **총화적 설명**이라고 기술될 수 있다. 여기서 합리적 선택 이론의 형식적인 도구들은 다수의 합리적인 의사결정자들이 수행한 행위의 총화적인 결과를 도출하기 위한 다양한 분석 기술을 제공하기 때문에 가치가 있다. 게임 이론, 집합 행위 이론, 그리고 한계주의 경제 이론은 각

각 전략적 갈등과 협력, 공공재 문제들, 그리고 시장 등 합리적 의사결정자들이 행위하는 다양한 상황에 대한 총화 기술(aggregation techniques)을 제공한다. 사회 제도들에 의해 규정되는 동기 부여 및 체계 조건들은 이런 의미에서 사회에 식별 가능한 유형을 부과한다. 그것들은 사회 안에서 다양한 행위자를 인도하는 이해관계와 심사숙고에 영향을 미치는 금지와 유인 모두를 규정한다. 그래서 그것들은 개인들이 행위하는 고도로 구조화된 체계를 나타내며, 전체로서의 사회에 발전과 조직의 유형을 부과한다. 그러므로 설명은 이 조건들이 사회 체계의 관찰 가능한 특징을 형성하는 과정을 보여주는 것으로 구성된다. 〈사례 2.2〉와 〈사례 2.3〉은 이러한 설명 양식을 예시한다.

토머스 셸링(Thomas Schelling)의 설명은 간단하다(〈사례 2.2〉 참조). 그는 개인 선호에 대해 복잡하지 않은 가설을 기초로, 단순한 모델 내에서 그러한 선호들의 총화적인 결과를 도출한다. 〈사례 2.3〉에서 마르크스의 모델은 약간 더 복잡하지만 본질적으로 비슷하다. 그것은 다음과 같이 요약될 수 있다. 특정한 자본주의의 특성은 자본가들이 합리적이며 특정한 일련의 유인, 금지, 기회에 지배되기 때문에 발생한다. 그들이 이러한 유인, 금지, 기회에 일치하는 최상의 개별 전략을 추구할 때, 설명항은 결과적인 선택들의 총화적인 결과로 등장한다. 그래서 이 결과들 각각은 사회적 특성이 특정한 선택 환경 안에서 다수의 참여자들에 의해 선택된 합리적 전략의 의도하지 않은 결과라는 것을 보여주려고 시도하기 때문에 총화적인 설명이다.

합리적 선택 접근법은 단순한 설명 전략에 기반한다. 특정한 사회 현상들을 설명하기 위해서는 다음의 설명을 제공하는 것으로 필요충분하다.

주거지 분리

토머스 셸링은 미국 도시들에서 공통된 인종 집단들이 분리된 유형에 주목하면서, 개인의 선호에 대한 가설을 토대로 이에 대한 설명을 구성하려고 시도한다. "이번 장은 개인의 차별적인 행동에서 비롯될 수 있는 …… 분리를 다룰 것이다. …… 이를 통해 '집단적'인 분리로 이어질 수 있는 '개인적' 동기와 지각을 검토한다"(Schelling, 1978:138 [셸링, 2009: 166]). 그는 개인적인 선호에 대한 다소 약한 가정이 대체로 뚜렷하게 분리된 거주 유형을 생성하기에 충분하다는 것을 보여준다. 특히 각 인종 집단의 구성원들이 인종적으로 혼합된 이웃을 특정 비율까지는 용인할 것이고, 비중이 그 비율 이상으로 올라가면 다른 곳으로 이사할 것이라고 가정한다면, 다양한 이웃 모델에서 나타나는 안정적인 균형은 두 집단이 뚜렷하게 구분되는 것이라는 점이 드러날 것이다. 이러한 총화적인 결과는 각 개인이 분리된 이웃에 살기를 원한다는 사실에서 비롯된 것이 아니라 불만족스러운 이웃과 사는 거주자들이 새로운 이웃으로 이사해서 새로운 이웃의 비율을 바꾸고 새로운 이동을 자극하는 데 뒤따르는 파급 효과에서 비롯된다.

▌ 자료: 세계 여러 도시의 거주지 유형에 관한 기술 자료
▌ 설명 모델: 행위자들의 이웃 선호에 대한 가설에 기반한 총화적 설명
▌ 출처: Thomas Schelling, *Micromotives and Macrobehavior*(1978) [토머스 셸링, 『미시동기와 거시행동』(2009)]

- 행위의 환경을 구성하는 선택 상황
- 합리적이고 신중한 사람들이 그 상황에서 추구할 전략들
- 그 전략들의 총화적 결과

이 관점에서 볼 때, 사회 현상은 다수의 합리적 행위자의 목적적 행위

마르크스의 경제학

19세기 자본주의는 위기, 자본 집중, 이윤율 하락, 그리고 만성적인 실업 노동력과 같은 많은 체계적 특성을 드러냈다. 마르크스는 (그가 '자본주의 생산 양식의 운동 법칙'이라고 불렀던) 이 특성들을 자본주의의 본질적 의미를 규정하는 경제 제도, 곧 독립적이고 사적으로 소유된 노동 고용 기업들을 중심으로 조작된 이윤을 위한 생산을 분석함으로써 설명하려고 했다. 자본주의 경제는 일련의 사회적인 생산 관계(소유관계)에 의해 정의된다. 이 관계는 다양한 대표 행위자들(자본가, 노동자, 금융업자)을 위해 비교적 명확한 선택 상황을 결정한다. 그리고 이러한 상황은 동기 부여적이기도 하고 조건 부여적이기도 하다. 그것들은 각 당사자의 이해관계, 각자에게 가용한 기회, 그리고 선택을 제한하는 행위에 대한 제약을 설정한다. 마르크스가 직면한 문제는 이윤율 하락과 같은 특정한 자본주의 생산 양식의 특성에 대해 증명해야 한다는 것이다. 이 특성은 자본주의 주요 제도들에 대한 그의 설명에서 나온 것인데, 그의 설명은 선택 상황에서의 합리적 행동에 대한 추론을 통해 이루어진다. 자본가들은 자신들의 기업에서 이윤율을 극대화하려고 하며, 이로 인해 일반적으로 자본 집중적인 새로운 비용 절감 기술들을 채택하게 된다. 이러한 혁신이 모든 생산자에 의해 채택될 때 이윤율은 하락한다.

▮ 자료: 19세기 자본주의의 경제 지표들(이윤율, 기업 규모, 임금 자료 등)
▮ 설명 모델: (1) 합리적인 개별 자본가의 행동, (2) 자본주의 경제 구조에 의해 만들어진 제약과 유인, (3) 이러한 발견들로부터 결과를 도출하기 위한 고전적인 경제 모델의 사용에 기초한 총화적 설명
▮ 출처: Karl Marx, *Capital*, 1(1867/1977)

들의 (흔히 의도하지 않은) 결과이며, 설명은 개별 행위의 상황들이 어떻게 행동 유형을 자극해 관찰되는 사회 현상을 낳는지 보여주는 것으로

구성된다.

이 모델은 두 지점에서 추가 분석을 요구한다. 첫째, 우리는 특정한 사회적 환경에서 합리적인 선택에 대한 결정적인 예측에 도달할 수 있도록 합리적인 의사결정 구조에 대한 공식적인 설명이 필요하다. 둘째, 우리는 합리적 선택 접근법이 적용될 수 있는 상호작용적인 사회적 행동의 상황, 특히 전략적 합리성과 집합 행위에 대한 분석이 필요하다. 다음 절에서는 이러한 총화적 설명 모델의 이러한 측면들에 대해 각각 고찰할 것이다.

결정 이론

이 절에서는 합리적 선택 분석틀의 세부 사항이 자세하게 검토될 것이다. 또한 합리적 선택 이론의 기초, 즉 효용, 확률, 결정 규칙 등의 개념을 논의할 것이다.

효용과 선호

엷은 합리성 이론은 다음과 같이 언급될 수 있다. "행위 주체들은, 가용한 선택들과 그 선택들의 개연성 있는 결과에 대한 자신들의 **믿음**을 고려할 때 자신들의 **목적**에 가장 적합한 가용한 **선택**의 범위로부터 자신들의 행위를 선택하는 한에서, 합리적으로 행위한다." 엷은 이론은 행위 주체들이 효용 체계나 완전한 선호 서열에 의해 합리화된, 변함없는 일련의 목적이나 목표를 가지고 있다고 가정한다. 그들은 다양한 가능한 행위와 그 결과들을 신중하게 고려한다. 그리고 그들은 이 목적 성취에 대한 기여에 기초해 행위를 선택한다. 이러한 기술은 우리가 행위 주체의 **목적**과 **믿음**, 그리고 합리적 행위자가 다양한 대안에서 하나를 선택할 수 있게 해주는 **선택의 규칙**에 주의를 집중할 것을 요구한다.

우리는 행위의 목적, 곧 행위가 성취하도록 의도된 재화(goods)를 특징짓는 문제로부터 시작할 수 있다. 개인들은 수입, 여가, 교육 등 다양한 것을 얻기 위해 행위를 수행한다. 그리고 그들의 행위는 이 행위자들에게 소모된 노동, 보류된 임금, 부담한 위험 등 비용을 부과한다. 그렇다면 다양한 가능한 행위에 대해 합리적 결정을 내리기 위해서는, 이질적인 재화와 악재(bads) 사이에서 상쇄관계(trade-offs)를 가늠할 수 있는 어떤 방법을 가질 필요가 있다. 왜냐하면 다양한 재화와 악재는 일반적으로 각각의 가능한 선택에 의해 만들어질 것이기 때문이다. 유익한 철학 강의를 듣기 위해 친구와의 오후를 포기하는 것이 나에게 가치가 있는가? 이 두 활동과 관련된 좋은 점을 비교할 방법이 없다면, 나는 그 활동들 사이에서 선택할 근거가 없다.

합리적 선택 이론가들은 **효용** 개념을 이질적인 재화와 악재를 비교하는, 또는 편익과 비용을 비교하는 기초로 사용한다. 효용 이론은 소득과 여가, 영양과 비용, 지적 도전과 사회 환경 등 다양한 재화에 대한 공통된 척도를 제공하기 위해 고안되었다. 직관적인 아이디어는 우리가 실제로 이질적인 재화들 가운데서 선택할 수 있기 때문에 그 재화들에 비교 가능한 가치를 부여할 수 있다는 것이다. 효용 이론은 그 능력을 형식화하기 위한 것이다. 이 이론을 위한 기초적인 논리적 요건은 다음과 같다. (1) 효용은 재화를 하나의 변수로 취급하고, 그 결과로 행위 주체에게 재화의 가치를 명시하는 함수이다. (2) 합리적 행위 주체는 항상 더 큰 효용을 가진 결과를 선호한다. (3) 효용 등급은 연속적이다(그래서 효용을 더하는 것이 가능하다).

그런 다음 우리는 의사결정자들이 소중하게 여기는 모든 재화에 효용을 부여할 수 있으며 이 효용은 재화들 사이에서 선택하기 위한 기반을 제공한다고 가정한다. 예를 들어, 휴가 희망자는 생트로페(St. Tropez)로의 여행이 마르티니크(Martinique)로의 여행보다 더 나은 식사, 더 나쁜 해변, 그리고 더 높은 비용을 초래하리라고 판단할 수 있다. 그 의사결정자는 식사와 해변과 비용의 상쇄 관계를 비교할 방법이 필요하다. 그래야 그(또는 그녀)는 모든 것을 고려할 때 가장 좋은 휴가를 선택할 수 있다. 효용 이론은 (적어도 개념적 수준에서) 바로 그렇게 하기 위한 기초를 제공한다. 그것은 행위 주체로 하여금 좋은 해변을 선택하기 위해 식사의 질에서 얼마나 희생할 것인지 등을 결정할 것을 요구한다. 이는 문제가 되는 각 재화들에 대해서도 마찬가지이다. 개념적으로 그 행위 주체는 다음과 같이 추론할 수 있다. 생트로페에서의 식사는 마르티니크의 3단위에 비해 5단위의 효용을 생성한다. 생트로페의 해변은 마르티니크의 4단위에 비해 2단위를 생성한다. 생트로페의 비용은 마르티니크의 비용 -4단위에 비해 -6단위이다. 이것은 마르티니크의 전체 효용 3단위와 비교할 때 생트로페의 전체 효용 1단위를 생성하며, 이로써 생트로페 대신 마르티니크를 선택하도록 지시한다.

어떤 경우에는 소득이 효용에 대한 적절한 대용물이 되지만 항상 그런 것은 아니다. 왜냐하면 소득은 한계 효용 체감의 법칙에 제한된다고 주장하는 것이 타당하기 때문이다. 즉, 노동자가 1만 달러에서 1만 5000달러로 소득이 증가하면서 얻는 편익은 2만 5000달러에서 3만 달러로 증가했을 때보다 더 크다. 이것은 그 노동자가 두 번째 증가가 아니라 첫 번째 증가를 얻기 위해서 더 위험하거나 불쾌한 일을 받아들이는 것이 합리적일 수 있음을 의미한다. 첫 번째 5000달러 증분의 효용은 불쾌한 일의 비효용보다 더 큰 반면, 그 일의 비효용은 두 번째 5000달러 증분의 효용보다는 더 크다.

효용 이론이 직면하는 몇 가지 문제가 있다. "사람 p는 결과 y에 효용 u를 부여한다"는 주장을 어떻게 해석해야 하는가? 이것은 행위 주체에 대한 심리적 사실인가? 그것은 행위 주체가 그 결과에 부여하는 즐거움의 양을 나타내는가? 이 선택지 가운데 어느 것도 효용 이론을 위한 타당한 기초를 제공하지 못했다. 대신에 효용을 행위자가 결과에 부여하는 가치를 나타내는 추상적인 구성물로 간주해서 행위 주체가 결과들 사이에서 행한 선택과 비교를 설명할 수 있도록 하는 것이 더 바람직하다.

두 번째 쟁점은 효용의 '인간 상호 간 비교'의 문제에 관한 것이다. "P1은 결과 y에 P2가 부여하는 것과 동일한 효용을 부여한다"는 문장을 어떻게 이해할 것인가? 만약 효용이 심리적 크기라고 가정한다면 이것은 특별히 성가신 문제이다. 그러나 만약 효용을 우리가 행위 주체의 선택을 분석할 수 있는 이론적 구성물로 간주한다면 덜 문제가 된다. 게다가 대부분의 합리적 선택 이론의 적용은 인간 상호 간의 효용 비교를 요구하지 않는다. 왜냐하면 우리는 그(또는 그녀)의 효용 규모를 전제한 상태에서 행위자의 선택에 관심을 두기 때문이다. (그러나 많은 사람에 걸쳐 가장 큰 전체 효용을 산출하는 정책들을 선택하는 것을 핵심 과제로 하는 복지경제학에서는 인간 상호 간 비교의 문제가 심각하게 제기된다.)

행위 주체의 목적을 분석하기 위한 대안적 접근법은 효용을 결과에 부여하려는 시도보다는 결과에 대한 행위 주체의 선호 순위를 기술하는 것이다. 이 접근법은 (**기수** 효용 체계와 비교해) **서수**(ordinal) 체계이다.

선호 순위는 모든 결과 쌍들에 대한 행위 주체의 순위와 관련된 정보를 제공하지만, 선호 **강도(强度)**에 대한 정보는 제공하지 않는다. 'xPy'라는 표현이 '행위자는 y보다 x를 더 선호한다 또는 행위 주체는 x와 y 사이에서 중립적이다'를 뜻한다고 해석해 보자. (따라서 선호도는 숫자들 사이에서 '더 큰 또는 같은'이라는 관계처럼 여겨진다.) 선택지의 범위는 (a, b, c)를 포함하고, 행위 주체의 선호 순위는 aPc, cPb, aPb이다. 이것은 이런 의미에서 선택지의 **전체** 선호도 순위이다. 각각의 {x, y} 대안 쌍에 대해, 선호 순위는 xPy인지 yPx인지 구체화한다. 그리고 선호 순위는 이런 의미에서 전이적(transitive) 순위이다. 즉, xPy이고 yPz이면 xPz이다. 그러나 선호 순위는 다양한 선택이 얼마나 밀접하게 결합되어 있는지에 대한 정보, 곧 **선호의 강도**에 대한 정보는 제공하지 않는다. 직관적으로, c보다 a에 대한 행위 주체의 선호는 매우 큰 반면, b보다 c에 대한 선호는 아주 작을 수 있다. 하지만 선호 순위는 이러한 정보를 포함하지 않는다. 적어도 직관적으로, 그러한 정보는 의사결정과 관련이 있다. 다행히도 행위 주체들이 확률적으로 명시된 결과의 집합들 사이에서 선호를 가지고 있다고 가정할 경우, 선호의 강도를 추론하는 것이 가능하다. 존스가 b보다 a를 선호하고 c보다 b를 선호한다고 가정해 보자. 이제 우리가 그에게 b와 (당첨 가능성이 정해져 있는 a와 나머지 당첨 가능성 c를 가진) 복권에 대해 일련의 선택권을 제공한다고 가정해 보자. 존스가 b와 복권 사이에 중립적일 가능성 확률 p가 있을 것이대확률 p에서는 a이고, 확률 1-p에서는 c이다]. 직관적으로, 이 사고 실험은 다음 질문을 제기할 것으로 이해될 수 있다. a를 획득할 가능성을 위해 b의 확실성을 포기할 가치가 있도록 하기 위해서는 복권이 어느 정도의 확률이 있어야 하는가? 존스가 b보다 a를 강하게 더 선호하고, c보다 b를 약간만 더 선호한다면, 우리는 그 확률이 낮을 것으로 예측할 것이다. 행위자가 b와 복권 사이에서 중립적일 확률을 k라고 하자. 우리는 이제 개념적 효용을 a, b, c에 부여할 수 있다. U(a)=1, U(b)=k, U(c)=0이다. k가 크면 클수록, 존스의 선호 공간에서 a와 b는 더 가까워진다. 그렇다면 이것은 선호 순위에 대한 정보를 효용에 대한 정보로 변환시키는 기법이다. 따라서 나는 다음에서 결과에 효용을 부여하는 것이 가능하다고 가정할 것이다.

확률

효용 이론은 행위의 목적을 나타내는 방법을 우리에게 제공한다. 이제 우리는 **리스크**와 **불확실성**의 문제를 고려할 필요가 있다. 확실성을 가지고 행위의 결과를 단정하는 것은 거의 불가능하다. 대신에 행위의 방향을 선택할 때 행위 주체는 가능한 결과가 여러 개 있다는 사실을 고려해야 한다. 리스크 개념은 주어진 행위가 알려진 확률로 여러 가능한 결과—어떤 것은 바람직하고 어떤 것은 그렇지 못한—를 가질 수 있는 일반적인 상황을 가리킨다. 내가 생선 초밥 열 접시 가운데 하나가 상했다는 것을 안다면, 점심 식사로 생선 초밥을 선택하는 것은 리스크를 가진다. 나는 점심을 맛있게 먹을 90%의 가능성과 식중독에 걸릴 10%의 가능성을 가지고 있다. 불확실성은 결과의 상대적 빈도를 결정하지 못할 수 있다는 사실을 가리킨다. 예를 들어, 생선 초밥 일부가 상했다는 것은 알지만 이 문제가 얼마나 흔한지 알지 못한다면 나의 의사결정은 불확실성 가운데 있다.

리스크와 불확실성을 묘사할 때 사용되는 핵심 개념은 사건 또는 결과의 **확률** 개념이다. 일반적으로 사건의 확률은 0과 1의 범위에서 그 사건이 발생할 가능성의 추정치이다. 확률 0을 가진 사건은 일어날 수 없는 사건이고, 확률 1을 가진 사건은 일어날 수밖에 없는 사건이다. 그러나 특정한 사건에 대한 부분 확률(fractional probability) 값의 의미는 무엇인가? 두 가지 일차적인 해석이 가능하다. 하나는 빈도 해석이고 다른 하나는 확신도(degree-of-belief) 해석이다. (이 두 해석은 객관적 확률과 주관적 확률로 부르기도 한다.) 빈도 해석은 가능한 결과의 모집단을 규정할 것을 요구한다. 주어진 결과 e의 확률은 이 결과의 모집단 내에서 e의 빈도이다. 예를 들어, 브리지 핸드(bridge hand)에서 클로버 에이스를 가질 확률은 .25이다. 즉, 무작위로 잡은 브리지 핸드 네 장 가운데 하나는 클로버 에이스이다. 핵심적인 다른 해석은 확률 추정치를 행위자가 가용한 증거에 기반해 결과의 발생을 예측하는 근거의 강도를 나타내는 것으로 이해한다. 일기예보관이 비가 내릴 확률이 33%라고 판단할 때, 그의 진술은 문제의 기후 현상의 인과 속성에 대한 어떤 기초적인 이론과 함께 가용한 증거(다가오는 저기압 전선)에 기반하고 있다. (우리는 이것을 행위 주체가 그 사건에 관한 내기에서 받아들일 수 있는 배당률과 일치하는 것으로 해석할 수 있다.) 주관적 해석은 불확실성에 대한 논의에서 가장 유용하다. 불확실성의 경우, 우리는 결과의 상대적 빈도를 추정할 방법이 없다. 그러므로 우리는 각 결과에 동등한 선험적 가능성을 부여해야만 한다. 이것은 다른 가능한 결과들 가운데 어떤 것보다 e가 발생할 것이라고 예측할 만한 더 나은 근거가 없다고 말하는 것과 같다. [이 해석들에 대한 논의는 Glymour(1980)에서 찾을 수 있다.]

또한 이 두 가지 해명 모두에 의존하는 혼합적인 해석도 있다. 'e의 확률은 r이다'라는 판단은 **두 가지** 확률을 나타내는 것으로 이해되어야 한다. (우리는 이것을 확률의 예측 빈도 해석이라고 부를 수 있다.) 확률 주장 자체는 결과 모집단 내에서 e의 빈도 추정치로 이해될 수 있으며, 우리가 그 판단에 대해 가지는 확신도는 [보증(warrant)을 나타내는] w이다. r과 w는 모두 0과 1 사이의 값이지만, 그들 사이에 필연적인 관계는 없다. 나는 원자력 발전소의 고장 발생률이 낮다는 믿음에 높은 확신을 가질 수 있다. 이 경우 w는 높고 r은 낮다. 반대 방향의 예로, 현재의 별 생성 이론은 태양이 100만 년 이내에 타버릴 가능성이 매우 높다고 시사하지만, 이 이론을 위해 가용한 증거는 약하다고 가정해 보자. 이 이론으로부터 도출되는 확률 판단은 100만 년 내에 태양이 소진한다는 데 높은 확률 r을 부여하지만, 이 판단이 지니는 보증은 낮다.

일반적으로 빈도 해석은 과학적 설명으로 바람직하다. 왜냐하면 우리는 (주관적 해석의 사례와 같이) 우리 자신의 심리 상태에 대한 사실들에 기초해서 세상의 사건을 설명하고 싶어 하지 않기 때문이다. 많은 사건의 경우, 어려운 점은 문제가 되는 사건의 절대적인 발생률을 계산할 수 있는 직접적인 방법이 없다는 것이다. 예를 들어, 쿠바 미사일 위기 시에 미국과 소련 사이에 .33의 전쟁 가능성이 있었다고 가정해 보자. 이것은 반복 불가능한 사건이다. 빈도 계산을 위한 기초로 사용할 수 있는 기존의 결과 모집단이 없다. 대신 빈도 해석은 반사실적(counterfactual) 판단에 의존한다. 위기 시에 존재하는 상황이 여러 번 반복된다면, 전쟁 발발률은 .33일 것이다. 명백히 이것은 반복할 수 없는 실험이다. 그래서 전쟁 확률이 .33이었다는 우리의 판단은 전쟁의 원인에 대한 이론인 다른 근거에 의존해야 한다. 예측 빈도 대안은 이 경우에 가장 도움이 된다. 그 주장의 의미는 가능한 대안들 가운데 가상의 결과 발생을 포함하지만, 그 주장에 대한 **보증**은 미사일 위기라는 특정 상황에 적용되는 전쟁

그림 2-1 **선택, 결과, 그리고 확률**

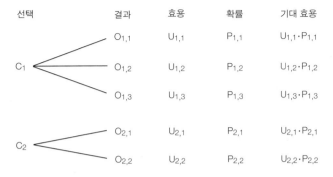

선택	결과	효용	확률	기대 효용
	$O_{1,1}$	$U_{1,1}$	$P_{1,1}$	$U_{1,1} \cdot P_{1,1}$
C_1	$O_{1,2}$	$U_{1,2}$	$P_{1,2}$	$U_{1,2} \cdot P_{1,2}$
	$O_{1,3}$	$U_{1,3}$	$P_{1,3}$	$U_{1,3} \cdot P_{1,3}$
C_2	$O_{2,1}$	$U_{2,1}$	$P_{2,1}$	$U_{2,1} \cdot P_{2,1}$
	$O_{2,2}$	$U_{2,2}$	$P_{2,2}$	$U_{2,2} \cdot P_{2,2}$

의 원인에 대한 이론에 의존한다. 그러면 나는 시종일관 확률 판단을 상대적 빈도의 추정치로 해석하고, 이 판단이 가지는 보증의 정도를 측정하는 문제는 제쳐놓을 것이다.

이제 단순한 합리적 선택의 문제를 고찰해 보자. 행위 주체는 수행될 수도 있는 다양한 대안적 행위를 맞닥뜨리고 있으며, 각 행위는 다양한 확률(리스크 상황과 불확실성 상황)을 가진 하나 이상의 가능한 결과가 있다. 〈그림 2-1〉은 간단한 예를 나타낸다. 행위 주체는 두 가지 가능한 행위(C_1과 C_2)를 가지고 있다. C_1은 세 가지 결과($O_{1,1}$, $O_{1,2}$, $O_{1,3}$)를 가지고 있고, C_2는 두 가지 결과($O_{2,1}$, $O_{2,2}$)를 가지고 있다. 그리고 각 결과는 보상($U_{i,j}$) 및 확률($P_{i,j}$)과 연관되어 있다. 우리는 첫째, 행위 주체가 각각의 가능한 결과의 보상에 값을 부여할 수 있다고 가정한다. 우리는 이 값을 효용이라고 부를 수 있다. 둘째, 우리는 행위 주체가 각각의 결과에 확률을 부여할 수 있다고 가정한다. 이 확률들은 반복된 시도에서 예측된 결과 빈도를 나타내는 것으로 해석될 수 있다.

결정 규칙

이 분석은 합리적 의사결정에서 문제를 분석하기 위한 추상적인 틀을 제공한다. 이제 우리는 적절한 결정 규칙을 명확히 하는 문제를 해결해야 한다. 〈그림 2-1〉에 묘사된 선택의 문제로 돌아가보자. 행위 주체는 무엇을 할지 어떻게 결정해야 하는가? 선택을 위한 하나의 중요한 근거는 [때로 베이즈(Bayes)의 규칙이라고도 불리는(Levi, 1967: 43~45)] **기대 효용**(expected utility) 규칙이다. 이 접근법에서 행위 주체는 각 결과에 대한 기대 효용들의 합으로 이루어진 각 선택지에 가중치를 부여한다 [결과의 확률에 의해서 감가(減價)된 결과의 효용으로, $U_{i,j} \times P_{i,j}$이다]. 그런 다음 행위 주체는 기대 효용이 가장 큰 결과를 선택한다. 이 규칙의 장점은 **다수의 선택 상황에 걸쳐 적용되었을 때** 가장 큰 효용으로 이어진다는 것이다. 선택의 문제가 어떤 복권을 살지 결정하는 것이고, 행위자가 이 선택에 자주 직면한다면, 기대 효용 규칙은 시간이 지남에 따라 가장 높은 당첨 가능성으로 이어질 것이다.

그러나 $U_{i,j}$와 $P_{i,j}$의 값이 〈그림 2-2〉에 묘사된 것과 같다고 가정해 보자. 이 사례에서 C_1의 기대 효용은 90이고, C_2의 기대 효용은 88이므로, 기대 효용 규칙은 C_1의 선택을 지시할 것이다. 그러나 C_1에 대한 보상이 부정적일 확률은 90%인 반면, C_2에 대한 보상이 (20 또는 700 그 어느 쪽이든 간에) 긍정적일 것이라는 점은 보장되어 있다. 마지막으로, 이 선택이 일회성 기회여서 오늘의 실패가 미래의 이익에 의해 상쇄되지 않으리라고 가정해 보자. 이러한 상황에서, 기대 효용 규칙은 합리적인 선택의 규칙이 아닌 듯하다. 이 규칙은 (C_1 대신 C_2를 채택함으로써) 최상의 경우 적은 비용만으로도 이익이 보장될 수 있을 때, 행위 주체로 하여금

그림 2-2　**구체적인 기대 효용 사례**

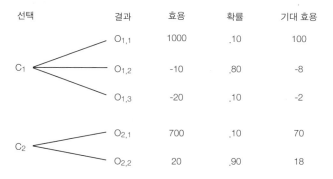

선택	결과	효용	확률	기대 효용
	$O_{1,1}$	1000	.10	100
C_1	$O_{1,2}$	-10	.80	-8
	$O_{1,3}$	-20	.10	-2
	$O_{2,1}$	700	.10	70
C_2	$O_{2,2}$	20	.90	18

높은 실패의 리스크를 무릅쓰게 한다.

　적용될 수 있는 또 다른 규칙은 **최소 극대화**(maxmin) 규칙이다. 이 경우에 행위 주체는 각 대안을 고려하고, 그 대안의 최악의 결과를 확인한 다음, 최상의 최악인(best worst) 결과를 가진 행위를 선택한다. (이 규칙은 행위 주체가 받게 되는 최소 보상을 극대화하게 해준다.) 〈그림 2-2〉의 사례에서, C_1의 최악의 결과는 −20이고, C_2의 최악의 결과는 20이다. 그러므로 최소 극대화 규칙은 행위자가 C_2를 선택해야 한다고 지시한다. 최소 극대화 규칙은 '리스크 회피적인' 규칙이다. 이 규칙은 비록 최상의 달성 가능한 결과가 다른 방법으로 얻을 수 있는 것보다는 낮을 것이라고 보장할 수도 있지만, 행위 주체를 치명적인 실패로부터는 보호한다.

　이 두 가지 규칙은 리스크와 불확실성에 대한 처리가 다르지만, 각각은 극대화하는 규칙이며, 의사결정자가 특정 변수(기대 효용 또는 최악의 결과)와 관련해서 최적화하는 선택지를 선택할 것을 요구한다. 그러나 모든 합리적 행동이 극대화에 의존하는 것은 아니다. 대신에 허버트 사이먼(Herbert Simon)은 많은 합리적 행위가 자신이 **만족화**(satisficing)*라고 부르는 의사결정 과정에서 나온다는 것을 보여주었다(Simon, 1979). 이 과정에서 행위자는 문제 해결에서 달성되어야 하는 최소 모수(minimal parameters)를 결정한다. 그런 다음 그(또는 그녀)는 이 모수들을 만족시키는 해결책을 찾으며, 그러한 해결책 중 첫 번째 것을 선택한다. 이 과정은 그 문제에 대한 최적의 해결책으로 이어지지는 않겠지만, 만족스러운 해결책을 산출할 것이다.

만족화하는 행동은 합리성에 대한 중요한 제약을 반영한다. 그것은 문제에 대한 최적의 해결책을 찾는 것과 관련된 정보 비용이 있다는 사실이다. 내가 가능한 가장 낮은 비용으로 영양 면에서 가장 높은 보상을 주는 시리얼을 먹고자 원한다면, 나는 모든 가용한 시리얼을 평가하는 상당한 노력을 기울여야 한다. 서로 다른 영양 모수들 사이에는 상쇄 관계가 있을 것이므로 전체적인 영양가를 각 시리얼에 부여하는 적절한 측정 항목(metric)을 구축해야 할 것이다. 그리고 마지막으로 나는 비용과 영양가 사이에서 균형을 잡아야 할 것이다. 반면에 내가 '충분히 좋은' 시리얼을 먹기 원한다면, 나는 최소한의 영양 적합성 기준과 가격 표준을 세우고, 두 가지 요구 조건을 모두 충족하는 첫 번째 시리얼을 선택하기만 하면 된다. (일단 정보 비용을 고려하고 나면, 만족화하는 선택들은 효용을 극대화하는 것으로 보일 수 있다. 그러나 정보 비용을 포함하는 극대화

---

* 합리성은 의사결정을 할 때 가능한 완전한 정보를 가지고 최적의 선택을 한다고 가정하는데, 인간은 사실상 완전한 합리성을 가질 수 없다. 사이먼은 제한된 합리성 개념으로 이 문제를 극복하고자 하는데, 인간이 가진 능력과 정보는 유한하므로 인간은 가능한 선택지 가운데 만족스러운 것을 선택한다는 것이다. 사이먼은 이를 satisfying과 sufficing을 합쳐 만족화(satisficing)이라고 부른다. _옮긴이

규칙을 추구하려면 정보 비용에 대한 자료를 수집하고 새로운 선택의 문제에 비추어 최적의 해결책을 선택해야 하기 때문에, 이것이 그리 정확한 것은 아니다. 수용 가능한 해결책에 도달하고 나면, 만족화 접근법은 추가 정보를 수집해야 하는 필요성을 없애준다.)

의사결정에 대한 이러한 접근법은 복잡한 선택 환경에서, 즉 선택지와 가능한 결과가 많은 상황에서 특히 중요하다. 모든 가능한 선택지와 결과를 조사하는 비용은 선택지의 수가 증가함에 따라 빠르게 올라간다. 그러나 중요한 것은, 많은 실제 선택의 문제들은 사실상 다수의 선택지를 포함한다는 것이다. 그래서 만족화 규칙은 복잡한 현실 상황에서 의사결정을 위한 중요한 기초가 되는 것으로 보인다.

게임 이론과 죄수의 딜레마

전략적 합리성

이제까지의 논의는 의사 결정자가 확정적인 결과를 가진 다양한 선택지와 맞닥뜨리고 있다는 가정하에 합리적 선택을 분석해 왔다[이는 욘 엘스터(Jon Elster)가 '모수적(parametric)' 합리성이라고 불렀던 것이다(Elster, 1983: 74 ff.)].* 이러한 사례들은 결과가 자연의 속성에 의해 고정되어

---

* 모수적 합리성은 의사결정 상황에서 나타나는 합리성을 말하는데, '행위자가 (a) 인과 법칙에 의해 지배되는 자연 대상들과 (b) 다른 행위자들(그들의 행위가 나에게 차이를 가져오지 못하거나 차이를 만든다 할지라도 스스로 차이를 만드는 것보다는 덜 복잡하다고 가정되는)로 이루어져 있다고 (아마도 틀리게) 가정하는 환경 안에서의 합리적 행동'을 가리킨다. 행

있고 의사 결정자의 문제는 단순히 각 선택지의 개연적인 결과에 기초해 선택 메뉴 가운데서 하나를 선택하는 것이라는 가정을 포함한다. 이틀은 광범위한 결정 문제를 다루지만 전부는 아니다. 모수적 합리성이 배제하는 가장 중요한 유형의 사례는 다른 합리적인 의사 결정자들의 의도적인 선택에 따라 결과가 달라지는 경우이다. 이것은 **전략적** 합리성의 상황이며, 전략적 합리성의 문제는 모수적 합리성의 문제와는 다른 구조를 가지고 있다. 특히 결과가 확률적이지 않기 때문에, 기대 효용 규칙은 더 이상 선택의 규칙과 관련이 없다. 전략적 합리성의 경우, 개인에 대한 보상은 다른 행위자들의 선택에 달려 있다. 그래서 각 의사 결정자는 다른 사람들의 합리적인 계산을 고려해야 하며, 다른 모든 사람도 합리적인 결정을 내린다는 **주어진** 전제 아래 자신의 보상을 극대화하는 선택지를 택한다.

전략적 합리성은 상호작용적인 사회 행동과 관련되기 때문에 특별히 사회과학에 알맞다. 개인은 다른 행위 주체들이 수행할 행위에 대한 예측에 기반해서 선택을 하며, 개인이 받는 결과는 다른 행위 주체들의 선택에 의존한다. 이 문제는 게임 이론과 집합재 이론 같은 합리적 선택 이론의 여러 영역을 탐구하는 데 필요한 주제이다. 이 절에서 나는 게임 이론의 주요 아이디어를 논의하고, 다음 절에서는 집합재 이론에 대해

위자는 스스로를 변수로 생각하고 다른 모든 행위자는 상수로 생각한다. 즉, 모수적으로 합리적인 행위자는 주어진 목적하에 안정적인 환경에 대해서 스스로 최적의 적응을 할 수 있다고 생각한다. 물론 다른 행위자들도 환경에 최적의 적응을 하고 있다고 생각하지만, 스스로 다른 행위자들의 적응에 적응할 수 있는 유일한 사람이라고 생각한다. 모수적으로 합리적인 행위자의 경우 주어진 목적하에 어떤 행위를 해야 하는지가 수학적으로 잘 도출될 수 있지만, 행위 환경에 대한 그릇된 전제 때문에 집합적으로 의도하지 않은 결과에 봉착하는 딜레마를 갖고 있다. 엘스터는 그래서 모수적 합리성을 전략성과 대비시킨다. _옮긴이

논의할 것이다.

게임 이론은 일반적으로 전략적 합리성의 문제와 관련이 있는데, 그 문제는 합리적 의사 결정자는 자신이 이용할 수 있는 다양한 행위의 결과가 다른 합리적 의사 결정자들의 선택에 의해 영향을 받는다는 사실을 고려해야 한다는 것이다. 합리적인 도박사는 자신이 각 내기에 부여한 승패의 확률에 기초해 대안적 행위들 중에서 선택하는 반면, 합리적인 장군은 (예를 들어, 날씨에 관한) 확률과 대치하고 있는 군대에서 상대방이 지닌 전략적 합리성 둘 다를 고려해야 한다. 상대편 장군은 적이 합리적 행위자라는 자신의 이해를 전제로 최적의 전략을 짜려고 시도하고 있으며, 결과적으로 각 참여자는 다른 참여자의 의도에 대한 가정에 근거해 행동할 것이다. 이 문제는 A는 B가 A의 추론을 추론하는 식의 과정을 거치기 때문에 다루기가 매우 힘들어 보일 수 있다. 하지만 게임이론의 핵심 발견은 이런 종류의 일반적인 선택의 문제들에는 가장 적절하고 안정적인 해결책이 있다는 것이다.

2인 게임 이론의 주요 아이디어부터 시작해 보자. 게임 이론은 합리적인 자기 이익에 대한 가정과 효용 이론을 전제로 하고 있다. 각 '선수'는 사적 이익의 집합과 그 이익에 대한 기여의 측면에서 다양한 가능한 결과를 비교할 방법을 가지고 있다고 가정된다. **제로섬**(zero-sum) 게임은 각 선수의 이익이 정확하게 다른 선수의 손실과 동일한 게임으로, 두 선수의 보상의 합은 0이다. 비제로섬 게임은 주어진 결과에 대한 보상의 합이 플러스(또는 마이너스)일 수 있는 게임이다. 제로섬 게임의 한 예는 동전 던지기에 거는 내기이다. 비제로섬 게임의 한 예는 상품을 생산하기 위한 노동자와 자본가 사이의 협약이다. 제로섬 게임은 한 선수의 이익이 정확하게 다른 선수의 손실에 의해 상쇄되기 때문에 선수들 사이의 협력을 허용하지 않는다. 제로섬 게임은 순수한 경쟁 게임이다. 긍정합(positive-sum) 게임은 반대로 협력을 허용**한다**. 예를 들어, 승자는 패자의 손실을 보상함으로써 패자의 협조를 얻어내고, 여전히 이득을 볼 수 있다. 그래서 긍정합 게임은 경쟁과 협력이 혼합된 게임이다.

전략은 게임 전체를 위한 상세한 경기 규칙이다. 전략은 게임의 각 단계에서 상대의 모든 가능한 움직임에 대해 선수의 플레이를 명시한다. [이러한 게임 전략 개념은 극도로 요구가 많다는 것을 언급할 가치가 있다. 심지어 체커 게임(the game of checkers)*에서도 한 명의 선수에게 논리적으로 가능한 전략 목록은 엄청나게 길다.] 각 선수는 가능한 전략 목록($S_{i,j}$)을 가지고 있다고 가정되고, (완전한 정보 게임에서) 각자 자신의 전략 목록과 상대의 전략 목록을 알고 있다고 가정되며, 각자 특정한 전략 쌍이 각 선수에게 가져올 결과를 알고 있다고 가정된다.

게임을 표현하는 방법에는 두 가지가 있다. 게임은 자신의 **게임 나무** (game tree)**에 의해서 묘사될 수 있다. (이것은 전개형 게임이라고 불린다.) 게임 나무는 첫 번째 동작에서 첫 번째 선수의 선택지와 함께 시작한다. 게임 나무는 이 선택지 각각에 대해 게임이 끝날 때까지 두 번째 선수에게 가용한 선택지들을 명시한다. 각각의 온전한 게임 나무 줄기는 두 선수를 위한 한 쌍의 전략을 나타낸다. 게임 나무의 장점은 게임을 두 선수가 플레이하는 순차적인 연쇄로 보여준다는 것이다. 완성된 게임 나무는 최종 상태에서 소급해 양 선수의 전략적 상황을 분석할 수

---

* 두 명의 선수가 체스판에 각자 12개의 말을 놓고 움직여서 상대방의 말을 모두 따먹으면 이기는 게임이다. _옮긴이

** 전개형 게임의 이야기 진행 상황을 그래픽 형식으로 표현해 선수의 행동 정보를 제공하는 것으로, 게임에서 각각의 상황을 수형도로 연결한 방향 그래프이다. _옮긴이

있게 해준다. 각자는 상대 선수가 완벽하게 합리적이라고 가정한다. 선수는 게임의 모든 단계에서 상대에게 어떤 선택지들이 다음 플레이에 가용한지 결정할 수 있다. 더 일반적으로 게임에서 초기의 동작은 게임 후반부에 어떤 결과에 접근할 수 있을지를 결정한다. 상대가 합리적이라고 가정되기 때문에, 각자의 문제는 최상의 최악인(best worst) 보상에 이를 수 있도록 상대를 강제하는 전략을 선택하는 것이다(최소 극대화 원칙의 적용). 그러나 가장 단순한 게임을 제외한 모든 게임에 대한 분석을 빠르게 압도할 수 있는 조합적 폭발(combinatorial explosion)이 존재한다. 각 선수가 각 플레이에 세 가지 선택권을 가지고 있고 각 선수에 대해 다섯 번의 동작을 통해 게임이 진행된다면, 그 나무의 총 가짓수는 1만 9683개(3^9개)이다.

게임은 또한 '게임 매트릭스'—선수 A의 전략은 행에 나열하고 선수 B의 전략은 열에 나열한 2차원 매트릭스—의 형태로 요약될 수 있다(〈표 2-1〉 참조). [이것은 일반형(normal form) 또는 전략형(strategic form)으로 묘사된다.] 매트릭스의 각 항목은 선택된 전략 쌍에 대해 A의 보상과 B의 보상을 나타내는 서열화된 쌍이다. [조합적 폭발은 일반형 게임을 묘사하는 경우에 똑같이 중요하다. 예를 들어, 3목 두기(tic-tac-toe)*는 첫 번째 선수에게 $9 \times 7^8 \times 5^{48}$개의 전략을 제안한다.] **완전 정보 게임**(game of perfect information)은 각 선수가 다른 선수에게 가용한 전략들과 플레이의 각 단계에서 게임의 상태에 대한 완전한 정보를 가지고 있는 게임이다. (즉, 숨겨진 동작은 없다.) 그러면 2인 게임 이론의 핵심 문제는 이러한 노선을 따라 분석된 게임 전

---

* 두 사람이 아홉 개의 칸 속에 번갈아가며 O나 ×를 그려나가는 게임으로, 연달아 세 개의 O 나 ×를 먼저 그리는 사람이 이기는 게임이다. _옮긴이

표 2-1 **게임 매트릭스**

행		열					
		$S_{2,1}$	$S_{2,2}$	.	.	.	$S_{2,m}$
	$S_{1,1}$	4,2	-1,3	.	.	.	5,-3
	$S_{1,2}$	6,3	2,0	.	.	.	-3,0
	.			.		.	
	.			.		.	
	.			.		.	
	$S_{1,n}$	-2,1	3,0	.	.	.	0,3

략들을 선택하는 합리적인 절차가 있는지를 결정하는 것이다.

2인 제로섬 게임의 분석과 함께 시작해 보자. 가장 단순한 전략적 상황은 각 선수가 **지배적인 전략**, 곧 상대가 어떤 선택을 하든지 그 선수에게 가장 좋은 전략을 가지고 있는 게임이다. 이 경우에, 선수는 상대가 할 수 있는 가능한 선택을 효과적으로 무시할 수 있다. 상대가 무엇을 하든 나의 최선의 전략은 정해져 있다. 각 선수가 지배적인 전략을 가지고 있는 게임에서 결과는 쉽게 결정된다. 그 결과가 지배적인 전략들 쌍이 교차하는 지점이다. 그리고 한 선수만 지배적인 전략을 가지고 있다면, 선택의 문제도 간단하다. 상대가 지배적인 전략을 가지고 있다면, 나는 상대가 그 전략을 사용할 것이라는 점을 알고 있고, 그 전제하에 나에게 가장 큰 보상을 주는 전략을 선택해야 한다. 그러나 더 흥미로운 것은, 어느 선수도 지배적인 전략을 가지고 있지 않은 경우이다. 이럴 때는 대신 각자 상대가 이용할 수 있는 전략을 고려해 그에 따라 전략을 선택해야 한다.

게임 이론가들은 두 종류의 2인 제로섬 게임이 있다는 것을 보여주었다. 어떤 게임은 순수한 균형점을 가지고 있다. 선수 A와 B를 위한 전략 쌍으로, 이 전략들이 선택되고 나면 A도 B도 다른 전략으로 전향해 보상을 향상시킬 수 없는 속성을 가지고 있다. [그러한 지점을 안장점(鞍裝點, saddle point)이라고도 부를 수 있는데, 그것은 게임 매트릭스에서 한 선수에게는 최댓값이고, 다른 선수에게는 최솟값인 성분이다.] 즉, A가 $S_{1,i}$를 선택했을 때, B는 $S_{2,j}$를 선택하는 것밖에 할 수 없고, B가 $S_{2,j}$를 선택했을 때, A는 $S_{1,i}$를 선택하는 것밖에 할 수 없다. [이것을 내시 균형(Nash Equilibrium)*이라고 부르기도 한다.] 이러한 상황에서, 양 선수는 최선의 가용한 전략을 가지고 있고, 게임은 해결된다. 주어진 게임이 균형점을 가지고 있다는 것을 우리는 어떻게 판단할 수 있을까? 앞에서 기술한 최소 극대화 규칙은 각 선수에게 적절한 분석 도구이다. (나는 선수들을 '행'과 '열'이라고 지칭할 것이다.) 행은 자신의 전략들을 최악의 결과에 따라 순위를 매기고, 최악 가운데 최선의 결과를 가지는 전략 $S_{1,j}$를 잠정적으로 선택한다. 이제 그는 상대가 어떤 선택지를 이용할 수 있는지 고려해야 한다. 열은 행이 $S_{1,j}$를 사용할 것을 알았다면, 어떤 전략을 선택할 것인가? 열이 $S_{2,i}$를 선택한다고 가정했을 때, 행은 자신의 보상을 향상시킬 수 있는가? 그럴 수 있다면, $S_{1,j}$는 균형점을 제공하지 않는다. 그럴 수 없다면, {$S_{1,j}$, $S_{2,i}$}가 균형점이다. 이와 같은 균형이 존재하는 게임들도 마찬가지로 최적의 해결책을 가지고 있다. 각 선수는 균형점에 해당하는 전략을 선택해야 한다. 안장점이 있다면, 각 선수는 이 안장점으로 이끄는 전략을 선택하

---

*   내시 균형은 1994년에 노벨 경제학상을 수상한 존 포브스 내시(John Forbes Nash)의 이름을 따서 명명된 개념으로, 게임 이론에서 상대의 대응에 따라 최선의 선택을 하면 서로 자신의 선택을 바꾸지 않는 균형 상태를 말한다. _옮긴이

는 것밖에 할 수 없다.

두 번째 종류의 게임은 더 어렵다. 그것은 안장점이 없는 게임들이다. 결과적으로 어떠한 전략 쌍도 균형을 나타내지 않는다. (열이 $S_{1,i}$를 선택하고, 그 가정 위에 행은 $S_{2,j}$를 플레이한다면, 열은 다른 전략을 선택함으로써 자신의 보상을 향상시킬 수 있다. 열은 이러한 가능성을 예견하면서 $S_{1,i}$를 플레이하지 않기로 결정한다.) 게임 이론가들은 이 게임들도 양 선수 모두를 위한 해결책을 가지고 있다는 것을 보여주었다. 그러나 이 경우에 해결책은 혼합 전략으로, (임의 추출 과정을 사용해서 적용되어) 할당된 일련의 고정된 확률에 의해 결정된 여러 다른 전략들 사이에서 배분하는 것이다. 혼합 전략의 장점은 상대가 내가 무엇을 할 것인지에 대한 지식을 이용할 수 없게 만든다는 것이다. 내가 $S_{1,j}$를 플레이해야 한다는 것을 상대가 안다면, 그는 그 가정하에 이용 가능한 최선의 대응을 선택할 수 있다. 하지만 만약 내가 $S_{1,j}$, $S_{1,k}$, $S_{1,l}$ 사이에서 무작위로 선택한다는 것을 상대가 안다면, 그는 이 전략들 각각에 대해 준비되어 있어야 한다.

이 지점까지의 분석은 제로섬 게임에 한정된다. 그러나 많은 전략적인 상호작용의 사례는 제로섬이 아니다. 대신에 많은 게임은 게임 당사자들이 협력한다면 모두에게 더 나은 결과를 낳는다. 순수한 협력 게임은 극과 극의 사례이다. 이 상황에서는 양 선수가 전략을 적절히 조율하면 모두에게 최적의 결과가 가능하다. 당사자들 사이에 이해 상충이 없다. 각자 상대와 협력하는 것에만 관심이 있다. (이 예로는 혼잡한 경기장에서 친구를 찾는 문제를 들 수 있다. 두 친구가 같은 장소에 도착하기만 한다면 매표소에서 만나든 50야드 선에서 만나든 상관없다.) 더 흥미로운 사례는 양 선수 사이에 이해의 조화와 이해의 충돌이 동시에 존재하는 경우이다. 그러한 경우, 양 선수는 서로 협력함으로써 더 나은 결과를 얻을 수 있지만, 각자는 다른 결과보다 협력 결과의 일부를 선호한다. 그래서 협력 결과 중 어떤 결과를 선택할 것인지를 놓고 선수들 사이에 이해가 상충된다.

이 경우는 사회과학의 특별한 관심사이다. 그 게임이 비제로섬이라는 점에서, 협상된 해결책이 가능하다. (제로섬 게임에서는 두 선수 사이에 협상된 해결책을 허용하는 이해관계의 공통부분이 없다.) 여기서 모든 선수가 특정 결과를 다른 결과보다 선호한다. 그리고 만약 선수들이 서로 의사소통할 수 있다면, 그들은 자신들의 선택을 조정해서 그러한 결과에 도달할 수 있게 해주는 합의에 이를 수 있을 것이다. 게임 이론가들은 양 선수에 대한 보상을 바탕으로 협상 해결책이 무엇인지에 영향을 주는 조건들을 분석하려고 노력해 왔다. 직관적으로 일반적인 결론은 내가 만약 잃을 것이 가장 많은 당사자라면 나는 상대에게 유리한 협상 해결책을 받아들일 수밖에 없다는 것이다. 왜냐하면 합의에 도달하는 데 실패하는 것이 상대보다 나에게 더 큰 손해가 된다는 이유로 상대는 '위협의 이점'을 사용할 수 있기 때문이다[협상 이론에 대한 많은 문헌을 광범위하게 논의하고 있는 Shubik(1982) 참조].

죄수의 딜레마

이것들은 게임 이론의 기본 개념이다. 그리고 게임 이론가들이 스스로 분명히 지적하듯이, 그 이론은 각 선수의 지식과 계산 능력에 대한 극단적으로 완고한 가정 때문에 실제 상황에 직접적으로 적용할 수 있는 사례는 거의 없다. 그러나 그 과정에서 게임 이론가들은 놀라운 특성을 가진 몇 개의 단순한 게임을 분석했다. 이들 가운데 가장 중요한 것

표 2-2 **죄수의 딜레마**

		B의 전략	
		협력	배반
A의 전략	협력	1,1	-2,2
	배반	2,-2	-1,-1

이 **죄수의 딜레마**이다. 이것은 수많은 일반적인 전략적 상황을 모델링한 비제로섬 게임이다. 〈표 2-2〉의 게임 매트릭스를 고찰해 보자. 각 선수는 협력과 배반, 이 두 가지 가능한 전략에 직면해 있다. 각 선수에 대한 보상은 다음과 같이 표시되어 있다. A의 전략은 왼쪽에 있고, B의 전략은 상단에 나열되어 있다. A의 보상은 첫 번째 수량이고, B의 보상은 두 번째 수량이다. 둘 다 협력을 선택하면, 둘 다 1단위를 받는다. 둘 다 배반을 선택하면, 둘 다 1단위를 잃는다. 마지막으로 한 사람은 협력하고 다른 한 사람은 배반하면, 배반자는 2단위를 얻고 협력자는 2단위를 잃는다.

이제 앞에서 설명된 합리적 자기-이익의 가정에 따라 이 게임을 분석해 보면, 각 선수가 지배적인 전략을 가지고 있기 때문에 이 게임은 균형점을 가지고 있다는 것을 알게 될 것이다. 지배적인 전략은 배반이다. 각자는 상대가 배반을 하든 협력을 하든 관계없이 배반하는 것이 더 낫다고 이해한다. 그리고 균형점은 둘 다 배반하는 것으로, 이 경우 A와 B 모두 1단위를 잃는다. 두 선수는 배반-배반의 결과보다 협력-협력의 결과를 선호하지만, 그들이 합리적 의사결정을 통해 이 결과에 도달하는 것은 불가능하다. 여기서 우리는 집합적 합리성의 역설과 같은 것에 이르게 된다. 각 선수는 합리적으로 선택해서 각자 자신의 결과를 극대화하는 전략을 고르는데, 최종적인 결과는 다른 가능한 결과(공동 협력)보다 둘 모두에게 더 나쁜 결과이다. 그렇다면 이 경우에 개인적 합리성은 집합적인 피해로 이어지는 것처럼 보인다.

죄수의 딜레마 구조를 구현하고 있는 것으로 보이는 사회적 행동의 사례들은 많다. 예를 들어, 군비 경쟁, 가격 담합의 파괴, 협력 관행의 실패가 있다. 각 사례에서 참여자들은 비용이 들지 않는 배반 유인에 의해 손상되는 협력적 해결책에 집합적 관심을 가지고 있다. 그래서 죄수의 딜레마는 신뢰의 역할과 관련된다. 협력 협정의 당사자들이 다른 참여자가 그 협정을 지킬 것이라고 신뢰하고 각 참여자가 공정한 협정을 지키려는 규범적 동기를 가진다면, 죄수의 딜레마 상황은 극복될 수 있다.

선택의 상황이 반복된다면, 죄수의 딜레마 상황은 바뀐다.[3] 여기서 중요한 발견은 다소 단순하게 요약될 수 있다. 각 선수가 주어진 상대와 제한 없이 연속적인 죄수의 딜레마 결정을 하는 상황에 처해 있다는 것을 알 때, 배반은 더 이상 각 선수에게 최적의 전략이 아니다.[4] 각 선수는 첫 번째 플레이에서 배반하는 것은—그것이 상대보다 일회성 우위를 획득할지라도—두 번째 플레이에서 상대의 배반을 이끌어낼 것이고, 전체 게임의 연속에서 각 선수에 의해 '배반' 플레이가 지속적으로 이어지는 결과를 낳으리라고 예측할 수 있다. 각 선수는 이 시나리오에서 모두 패

---

3   Axelrod(1984), Rapoport and Chammah(1965), Hardin(1982), 그리고 M. Taylor(1976)가 특히 중요하다.

4   제한이 없다는 단서가 중요하다. 연속이 100번째 게임에서 끝난다면, 각 당사자는 상대가 마지막 게임에서 배반할 것이라고 예측한다. 그러나 상대가 100번째 게임에서 배반하리라고 작정했다면 그 선수는 99번째 게임에서 배반해야 하며, 그 연속은 첫 번째 게임까지 이어진다. 이 역설에 대해서는 Hardin(1982: 146 ff.)을 참조할 수 있다.

배한다는 것을 알 수 있다. 결과적으로 한 번의 플레이에서 '협력'을 플레이하고 상대가 다음에 보답하는지를 보면서 암묵적으로 협력 '제안'을 하는 것이 합리적이다. 로버트 액설로드(Robert Axelrod, 1984 [액설로드, 2009])와 마이클 테일러(Michael Taylor, 1987)는 죄수의 딜레마의 관점으로부터 협력의 구조를 분석했다. 액설로드의 분석에 대해서는 뒤에 나오는 〈사례 2.4〉를 보자. 이 논의들은 반복된 죄수의 딜레마 상황에서는 조건적 협력이 합리적인 전략이라는 것을 보여준다.

경험적 사회과학에 게임 이론을 적용할 수 있는 가능성

적어도 예비적인 방식으로 게임 이론이 경험적인 사회과학과 어느 정도 관련되는지 질문해 보는 것은 타당하다. 아마도 게임 이론의 기술적 장치(technical apparatus)는 전략적 합리성, 죄수의 딜레마, 상호작용적 결과의 상황에서 타인의 선택에 대한 추론과 협상, 연합 등 게임 이론이 제공하는 기본 아이디어들보다 덜 유용할 것이다. 다양한 부류의 게임은 원칙적으로 해결 가능하다는 게임 이론의 기술적 성과(technical achievement)는 의문의 여지가 있다. 특정한 역사적 맥락에서 한 농민 공동체와 그 공동체의 지주가 한 부류의 게임 T 안에 위치한 게임 구조와 갈등 상태에 있다고 가정해 보자. 더 나아가 게임 이론의 어떤 공리화(公理化)는 T가 특정한 혼합 전략을 사용해 해결 가능하다는 것을 보여준다고 가정해 보자. 우리가 참여자들이 합리적이라고 가정하더라도, 그들의 행동에 대한 이러한 사실들로부터는 아무런 결론도 나오지 않는다. 왜냐하면 참여자들은 T가 해결 가능하다는 것을 알지 못하며, 어떤 경우이든 T를 해결하기 위한 수학적 수단(machinery)이 부족하기 때문이다. 그들이 합리적이라는 사실이 그들이 충분히 발전된 전략적 합리성의 도식이 요구하는 조건에 따라 행동한다는 것을 의미하지는 않는다. 사실, 그들의 행위가 T에 대한 해결책과 일치한다면, 우리는 이러한 운 좋은 결과가 어떻게 나왔는지 설명해야 하는 훨씬 더 어려운 문제를 안게 된다. 이 상황은 게임 이론을 진화적으로 안정적인 전략이라는 개념의 형태로 진화생물학에 적용하려는 논의들과 유사하다. 종(種)은 유전적으로 결정된 '혼합 전략'을 발달시킬 수 있다. 그 전략에는 개체들이 고정된 비율로 전략을 교체하도록 프로그램되어 있는데, 그 비율은 종들이 주어진 환경에서 처해 있는 게임에 대한 해결책으로 요구되는 것이다. [이러한 적용에 대해서는 Elster(1982)와 Dawkins(1976) 참조.] 생물학적 설명은 다음과 같을 것이다: 우연히 올바른 전략적 혼합에 도달한 하위 모집단들은 그렇지 않은 하위 모집단들보다 유리하다.

이것은 앞에서 논의된 농민/지주 게임에 특정한 영향을 미칠까? 전혀 아니다. 농민들과 지주들의 행동은 유전적으로 프로그램된 것이 아니라, 오히려 의도적이고 합리적인 것이다. 그들이 게임 이론의 수단을 보유하고 있지 않다면, 그들은 합리적 계산을 통해서가 아니라 시행착오를 통해서만 최적의 전략 혼합에 이를 수 있었을 것이다.[5]

그러나 게임 이론이 제공하는 일반적인 분석 틀은 사회과학 설명에

5 　케네스 오예(Kenneth Oye)는 『무질서 아래에서의 협력(Cooperation Under Anarchy)』(1986)의 서문에서 응용 사회과학에 대한 게임 이론의 관련성에 대해서 사려 깊은 고찰을 제공한다. 그는 "형식적인 게임 이론가들이 규명한 균형 해결책들은 수학자들 사이에서는 한 점으로 기대를 모을 수 있겠지만, '덜 정교한 대안적 경로'를 통해서 균형에 도달할 수 없다면, 그러한 해결책들은 국제적인 결과에 거의 영향을 미치지 않을 수 있다"라고 쓰고 있다 (Oye(ed.), 1986: 2).

유용하다. 〈사례 2.4〉를 고찰해 보자. 여기서 액셀로드는 2인 게임 이론의 일부 비기술적인 요소를 사용해서 합리적 행위 주체들 사이의 협력을 설명한다. 이 분석은 팁을 주는 행위에서부터 참호전에서 하늘로 조준하는 관행에 이르기까지 다양한 사회 현상을 설명하는 데 유용하다. 이 사례는 양측 사이에 반복되는 죄수의 딜레마를 구현하는 상황이다. 어떠한 경우이든 양측은 일방적인 사격, 공동 비사격, 공동 사격, 그리고 일방적인 비사격 같은 순서의 결과를 선호한다. (곧, 양측은 비용 없이 적게 해를 가하는 것을 선호할 것이다.) 각 부대가 적을 한 번만 맞닥뜨린다면, 우리는 양측이 총격을 가할 것이라고 예상할 것이다. 그러나 제한이 없는 일련의 충돌 기회를 놓고 대적하는 부대들끼리 대치하는 참호전 상황을 감안할 때, 각 당사자에게는 조건적 협력 전략이 비협력보다 우위에 있다. 적의 이전 협력에 대응해 협력을 지속한다면 각자에게 더 유리하다. (우리는 또한 한쪽이나 다른 쪽이 전선으로부터 철수하면 이러한 협력의 양상은 무너질 것이라고 예상해야 한다.)

집합 행위 이론

이제 응용된 합리적 선택 이론의 또 다른 중요한 분야인 집합 행위 이론으로 가보자. 공공재 문제에 대해 저술한 경제학자들은 사적인 합리성과 집합적 행위가 상충된다는 것을 보여주었다. 합리적으로 자기 이익을 추구하는 개인들의 집단은 공공재(예를 들어, 깨끗한 공기나 물처럼 나눌 수 없고 배제할 수 없는 재화들)를 추구하는 데서 효과적으로 행동하지 않을 것이다. 한 고전적인 저작에서 맨커 올슨(Mancur Olson, 1965 [올

협력과 반복된 죄수의 딜레마

제1차 세계대전에서 참호전의 격렬함은 양쪽 부대의 비공식적인 휴전에 의해 종종 감소되었다. 양쪽 부대는 상대방에게 큰 피해를 입히지는 않으면서 계속해서 무기를 발사한다. 액설로드는 이러한 '공존 공영(live and let live)' 전략을 호혜성 현상(엄격한 조건적 협력)의 측면에서 설명한다. 그는 합리적이고 이기적인 행위 주체들은 양쪽 모두 협력으로부터뿐만 아니라 배반으로부터도 얻을 것이 있는 상황에서는 다른 행위 주체들과 조건적으로 협력하는 것이 이익이 된다고 여길 것이라고 주장한다. 배반으로부터 얻는 단기간의 이익은 협력으로부터 얻는 장기간의 이익에 의해 상쇄된다.

액설로드의 협력 모델은 반복된 죄수의 딜레마에 대한 연구에서 유래한다. 그는 게임의 제한 없는 연속 플레이에서는 죄수의 딜레마의 구조가 변화한다는 것을 보여준다. 조건적 협력['팃포탯(tit for tat)']은 각 선수에게 가장 좋은 전략이며, 다양한 맥락에 걸쳐 가장 강력한 전략이다. '팃포탯'은 협력으로 시작해서, 상대가 이전 동작에서 어떤 플레이를 하든지 바로 그 플레이를 따른다. 곧, 협력에는 협력적으로 반응하고, 배반에는 즉각적으로 배반으로 응징한다. 액설로드는 협력(엄격한 호혜성)이 각 선수에게 최적의 전략이 되는 일련의 조건들을 파악한다. 선수들은 먼저 하나의 플레이에서 다음 플레이까지 상대를 인식하고 재확인해야 하며, 상대의 이전 플레이의 이력을 기억할 수 있어야 한다. 이러한 조건은 협력자가 다른 전략들에 선택적으로 반응할 수 있도록 하기 위해 필요하다. 그러면 선수들은 상대방과 향후 상호작용할 확률이 배반으로부터 얻는 현재의 이익과 협력으로부터 얻을 미래의 이익을 저울질하는 것을 정당화하기에 충분히 크다고 판단해야 한다. 이러한 상황에서 액설로드는 타인들과의 협력 기회에 맞닥뜨렸을 때, 각 개인에게 최적의 전략은 조건적 협력임을 보여준다. 액설로드는 참호전에서 발견된 '공존 공영' 과정이 양측 모두에서 조건적 협력 전략을 사용하는 합리적 행동으로 설명된다고 주장한다.

▌자료: 협력 행동과 반복된 죄수의 딜레마에 대한 게임 이론적 분석의 사례들, 제1차 세
계대전의 역사 자료
▌설명 모델: 협력 행동의 유형을 선수 각자의 합리적 자기 이익의 결과로 설명
▌출처: Robert Axelrod, *The Evolution of Cooperation*(1984) [로버트 액설로드, 『협력
의 진화』(2009)]

슨, 2013])은 반직관적인 결론을 도출하는 집단행동 이론을 발전시켰다.
집단과 조직들은 그 집단의 공동 이익을 추구하며 집합적으로 행동한다
는 것을 자명하게 여겼던 오랜 사상적 전통을 지니고 있다. 그러나 올슨
은 집단이 독립적인 결정을 내리는 개인들로 구성되어 있기 때문에 이러
한 가정이 논리적 오류와 유사한 것을 범한다는 것을 보여주었다. 결론
적으로 집단의 전체 구성원 또는 대부분의 구성원이 하나의 행위를 수행
할 경우, 그 행위가 집단의 이익에 도움이 된다는 것을 보여주는 것으로
는 충분하지 않다. 이에 더해 집단의 모든 (또는 대부분의) 개인이 그런 방
식으로 행위하는 데서 합리적인 이해관계를 가지고 있다는 것을 보여줄
필요가 있다. [러셀 하딘(Russell Hardin)은 그러한 오류를 묘사하기 위해 '구
성의 오류(fallacy of composition)'라는 용어를 사용한다(Hardin, 1982: 2).] 사
실 올슨은 가장 일반적인 상황에서는 집단은 공동 이익을 추구하는 데
효과적으로 행동하지 않을 것이라고 주장한다. 오히려 우리가 집단은
사적 이익의 극대화에 관심이 있는 합리적 행위 주체들로 구성되어 있다
고 가정한다면, 올슨은 각 구성원이 '무임승차'를 택하는 합리적 유인을
가질 것이라는 점을 보여준다. 공공재에 대한 잠재적인 기여자 각각은
무임 승차자가 되기를 선택하고, 그 집단의 다른 구성원들은 반대되는
결정을 내리기를 바랄 것이다.

한 집단이 공동 이익을 가진 합리적 개인들로 구성되어 있다고 가정해 보자. 공동 이익이란 발생했을 때 그들 모두에게 이익이 되는 결과를 말한다. 개인들은 일관된 효용의 집합이라고 할 수 있는 자기 이익에 의해 동기 부여된다. 모든 개인은 다양한 사적 이익을 가지고 있고, 각자는 그 사적 이익의 관점에서 제시하는 비용과 편익에 따라 가용한 행위들 중에서 선택한다. 공동 이익을 그 이익을 획득할 경우 개인의 사적 이익의 도식에 따라 각자의 복지를 증진시킬 수 있는 재화라고 가정해 보자. (즉, 그 재화의 획득을 놓고 이해관계가 상충되지 않는다. 집단의 모든 구성원은 그 재화의 부재보다 그 재화의 존재를 선호할 것이다.) 이 공동의 재화를 공공재라고 가정해 보자. 그것은 그 집단의 어떤 구성원이 이용할 수 있다면 "그 집단의 다른 사람들 역시 이용할 수 있는"(Olson, 1965: 14 [올슨, 2013: 19]) 재화이다. (즉, 공공재는 비배제성으로 특징지어진다.) 마지막으로 그 집단의 집합 행위는 공공재를 획득하기 위해 각 구성원에게 기대하는 행위이다. 집합 행위의 문제는 다음과 같다. 한 집단이 그 집단의 공동 이익을 위해 연합 행위를 하는 데 성공하는 것은 어떤 상황에서인가?

이러한 가정을 구현하는 한 예를 고찰해 보자. 집단은 통신판매상들의 연합이고, 공동재는 카탈로그 발송을 위한 우편 요금의 하락이며, 문제의 집합 행위는 의회가 적절한 법률을 제정하게 하기 위한 로비 자금에 기부하는 것이라고 하자. 게다가 충분히 높은 수준에서—말하자면 각회원이 1000달러를 기부하는 것에 90%가 응하는 수준에서—모금이 되면, 로비 활동의 성공이 거의 확실하다고 가정해 보자. 마지막으로 각 회원이 실현할 우편 요금 절감액이 5년의 예상 기간 동안 연간 평균 800달러라고 가정해 보자. 이 예에서 문제의 재화는 하나의 공동재이다. 각 회원은 더 낮은 우편 요금의 혜택을 받게 될 것이다. 나아가 그것은 공공재이다. 더 낮은 우편 요금의 혜택에서 비기부자들을 배제하는 것은 불가능하다. 마지막으로, 만약 상인들이 기부와 비기부의 개별 비용과 편익에 따라 엄격하게 기부 여부를 결정한다고 단순하게 가정한다면, 개별 합리성의 가정은 충족된다.

우리는 이제 내가 올슨의 '집합 행위의 정리(定理)'라고 부를 것을 고찰할 준비가 되었다. "대규모 집단의 경우 강제가 없다면 집합재는 공급되지 **않을** 것이다. 즉, 어느 한 개인의 기여가 집단 전체 또는 다른 회원들의 부담이나 혜택에 상당한 차이를 가져다주지 못하는 '대규모 집단'의 경우 집합재는 강압이나 외부 유인이 없다면 확실히 공급되지 않을 것이다"(Olson, 1965: 44 [올슨, 2013: 72~73]). 그의 주장은 크게 다음과 같은 점들로 정리된다. "비록 집단에 속한 모든 구성원이 이러한 집합적 혜택을 획득하는 데에는 하나의 공동 이익이 있을지라도, 그러한 집합재를 공급하는 데 드는 비용을 지불(부담)하는 데에는 공동 이익이 없다. 집단 내 각 개인(구성원)은 다른 사람들이 집합재 공급에 드는 모든 비용을 지불해 주기를 바랄 것이며, 대체로 자신들이 비용의 일부를 부담했는지 여부와 관계없이 제공되는 혜택을 얻으려 할 것이다"(Olson, 1965: 21 [올슨, 2013: 30~31]). 그 정리는 합리적 개인들은 자신들의 사적 이익에 기반해서 결정을 내린다는 사실과 공동 재화는 비배제적이라는 사실, 이 두 가지 점에서 비롯된다. 비배제성을 고려할 때, 개인들은 그 재화가 자신들의 행위 선택과 무관하게 획득되거나 획득되지 못할 것이라고 추론할 수 있다. 어떠한 결과든지 간에, 개인적 이익은 기부하지 않는 것이 최선이다. 그 재화가 획득되면, 그들은 기부 비용 없이 혜택을 누릴 것이다. 만약 그 재화가 획득되지 않으면, 개인들은 기부 비용을 아끼게 된다. 그러므로 각 회원은 기부하지 않기로 결정할 것이며, 재화는 획득되지 않을 것이다. 따라서 '집합 행위의 정리'라고 부른다.

집합 행위의 문제는 '무임승차' 문제라고 한다. 합리적으로 이익을 추구하는 개인들은 집합 행위 상황에서 '무임승차'를 택하는 어쩔 수 없는 유인 아래 있다. 즉, 기부는 하지 않으면서 다른 사람들은 반대의 선택을 하기를 바라는 것이다.

우리는 앞에서 언급한 사례의 가정들과 비교해 이 결과를 형식에 구애받지 않고 검증할 수 있다. 어느 연합이 한 대표 상인에게 기부하는 것이 공동 이익에 가장 적합하다고 결정했음을 상기시키면서 로비 자금 기부를 요청했다고 가정해 보자. 그에게는 기부하느냐 기부하지 않느냐 하는 두 가지 선택이 있다. 그리고 성공한 집합 행위와 실패한 집합 행위의 두 가지 가능한 결과가 있다. 이 선택들은 〈표 2-3〉에 제시되어 있다. 이 결과표는 그 상인이 연합 행위의 성공이나 실패에 관계없이 비기부라는 가용한 가장 좋은 전략을 가지고 있다는 것을 보여준다. 이 전략은 집합적 성공의 경우 3000달러 대 4000달러로 이어지고, 집합적 실패의 경우 -1000달러 대 0달러로 이어진다. 따라서 우리의 대표 상인은 기부를 자제하기로 선택한다. 그러나 각 참여자는 동일한 비용 및 편익의 도식과 마주하고 있다. 그러므로 아무도 기부하지 않고, 로비 활동은 실패하며, 재화는 획득되지 않는다.

올슨은 자신의 분석에 두 가지 방식으로 단서를 단다. 첫째, 그는 대규모 집단과 소규모 집단을 구별하며, 소규모 집단들은 때때로 '특권적(privileged)'이라는 것을 보여준다. 그러한 소규모 집단 안의 개인들은 공공재의 공급으로부터 충분한 혜택을 누릴 수 있기 때문에 그 재화를 구매하는 것이 개인적으로 합리적이다. 그러나 대규모 집단들은 '잠세

표 2-3 **집합 행위 보상**

	성공	실패
기부	3000	-1000
비기부	4000	0

적(潛勢的, latent)'이다. 그들은 대개 집합 행위를 수행하는 데 성공하지 못한다. 둘째, 그는 집단들이 개인의 합리적 계산을 변화시키기에 충분한 중간 과정의 혜택이나 처벌 일정을 마련할 수 있다는 것을 지적한다.

그러나 하딘은 집단 규모에 대한 올슨의 분석은 너무 단순하며, 더 철저하게 분석하면 규모가 다른 측면에서도 관련된다는 것을 보여준다. 특히 하딘은 절대적인 규모보다 더 관련성이 높은 것은 집단 내에서 비용에 대한 편익의 비율과 편익의 층화 정도라는 것을 보여준다(Hardin, 1982: 40 ff. [하딘, 1995: 87 이하]). 비용 대 편익 비율이 충분히 높은 경우, 큰 집단 내에는 집단 프로젝트의 전체 기금을 제공하더라도 집합재로부터 이익을 얻을 수 있는 하위 집단이 있을 수 있다. "집단 전체의 다른 구성원들로부터의 협조가 없을지라도, 재화의 공급에 의해 편익을 향유하게 되는 하위집단의 크기를 k로 표시해 보자"(Hardin, 1982: 41 [하딘, 1995: 81]). 하딘은 집합 행위의 실행 가능성에 영향을 주는 것이 집단의 절대적인 규모라기보다는 k의 규모라는 것을 보여준다. 도로 서비스를 외진 마을까지 확대함으로써 1000명의 사람이 혜택을 받게 되었고, 그 혜택은 불균등하게 분배되어 있다고 가정해 보자. 대부분의 사람은 자신들을 도시로 운송해 줄 당나귀를 빌리는 비용에서 연간 100달러를 절약할 수 있지만, 10명의 소규모 상인 집단은 교역 증가로 연간 5000달러의 혜택을 볼 것이다. 마지막으로 도로 비용이 1만 달러라고 가정하자.

990명의 평범한 마을 사람에게 돌아가는 혜택은 9만 9000달러인데, 이 것은 도로 비용보다 훨씬 크다. 그러나 올슨의 분석으로부터 도출한 이 유들 때문에, 이 집단으로부터 협력을 얻기는 어려울 것이다. 10명의 상인이 받는 혜택은 5만 달러이기 때문에, 그 프로젝트가 실패하는 것보다 전체 도로 비용을 모금하는 것이 그들에게는 이익이다. 이들이 바로 우리가 집합적 노력을 실행하는 데 성공할 것이라고 기대할 수 있는 충분히 작은 집단이다.

독자들은 의심할 바 없이 이 사례가 앞에서 묘사된 죄수의 딜레마와 밀접한 관련이 있다고 생각할 것이다. 그리고 사실상 하딘은 집합 행위의 문제가 형식적으로 n-명의 죄수의 딜레마와 같다고 주장한다(Hardin, 1982: 25~28 [하딘, 1995: 60~65]). 죄수의 딜레마와 집합 행위의 정리 모두 명백하게 집단 합리성에 역설적인 결과를 가져온다. (그 결과들은 하딘의 적절한 표현으로 '보이지 않는 손의 뒷면'을 나타낸다.) 두 결과는 모든 참여자가 올슨의 주장과 죄수의 딜레마의 전체 이야기를 예행연습할 수 있을 때도, 합리적 개인들로 이루어진 집단들은 집합적 이익을 획득하기 위해 행동할 능력이 없다는 것을 보여주는 것으로 보인다. 그리고 가장 추상적인 형태로 이 문제들에 유효해 보이는 유일한 해결책은 (최적에 못 미치는 전략을 선택하는) 비합리적 행동이거나 (개인들이 집합 행위로부터 배반하지 않도록 구속할 수 있는) 강제 조건 아래에서의 협력이다.

집합 행위 이론은 파업, 반역의 성공 또는 실패, 그리고 가격 담합의 불안정성 등 다양한 사회 행동을 설명할 수 있는 기초를 제공한다. 〈사례 2.5〉에서 앨런 뷰캐넌(Allen Buchanan)은 집합 행위 문제를 사용해 혁명적 행위의 기회 앞에서의 노동자들의 수동성을 설명한다.

혁명적 동기 부여

마르크스주의 이론의 예측에 따르면, 노동자들은 자본주의를 전복하기 위한 혁명 운동을 지지하는 것을 합리적인 것으로 만드는 객관적인 계급 이익을 가지고 있다. 마르크스는 "프롤레타리아는 잃을 것이라고는 쇠사슬밖에 없으며 얻을 것은 온 세상이다"(Marx and Engels, 1848[1974]: 98)라고 쓴다. 그러나 전 세계에 걸쳐 노동계급 집단들 사이에서 프롤레타리아 행동주의와 혁명은 예외이지, 상례는 아니다. 왜 그러한가? 뷰캐넌은 노동자들이 혁명에 집합적 관심을 갖고 있다는 점은 받아들이지만, 혁명이 노동계급 구성원들에게 '공공재'라는 것을 지적함으로써 이 현상을 설명한다. 뷰캐넌은 "혁명이 프롤레타리아에게 가장 이익이 될지라도, 그리고 프롤레타리아의 모든 구성원이 그렇게 인식할지라도, 그 구성원들이 합리적으로 행동하는 한, 이 계급은 일치된 혁명적 행위를 해내지 못할 것이다"라고 주장한다(Buchanan, 1979: 63).

어떠한 노동자도 혁명에 기여했든 아니든 간에 사회주의의 혜택을 누릴 수 있을 것이다. 그러므로 합리적인 노동자들은 무임 승차자가 되기를 선택한다. 그 결과로 노동계급의 집합 행위는 드물다. 따라서 뷰캐넌은 세 가지 가정으로부터 노동계급의 수동성을 도출한다. (1) 노동자들은 혁명에 대해 집단적 이해관계를 가지고 있다. (2) 노동자들은 개인적으로 합리적인 의사결정자이다. (3) 합리적 의사결정자는 일반적으로 집합 행위를 확보하는 데 효과적이지 않다. 그러므로 노동계급은 일반적으로 계급 이익을 위한 집합 행위를 시작할 수 없다.

▌ 자료: 노동계급의 정치적 행동의 역사적 유형
▌ 설명 모델: 가설적인 합리적 프롤레타리아 집단에 집합 행위 이론의 적용
▌ 출처: Allen Buchanan, "Revolutionary Motivation and Rationality"(1979)

좁은 경제적 합리성에 대한 비판들

이것으로 합리적 선택 이론의 주요 도구들에 대한 논의를 마감한다. 이 절에서 나는 우리가 시작했던 쟁점, 곧 개인 합리성 개념의 세부 내용으로 돌아간다. 많은 저자가 여기서 다루고 있는 개인 합리성 개념을 비판해 왔는데, 그 비판의 근거는 이 개념이 상당히 핵심적인 인간 행위와 사고의 특징들에 둔감하다는 것이다.

일부 저자는 좁은 경제적 합리성 이론의 다양한 측면을 비판해 왔다. 이 중에서 특히 중요한 것은 아마르티아 센(Amartya K. Sen)의 비판이다. 일류 경제학자인 센은 표준적인 개념에 포함된 순수한 자기 이익이라는 가정을 비판한다. "순수하게 경제적인 인간은 실제로 사회적인 멍청이(social moron)에 가깝다"(Sen, 1982: 99). 자기 이익을 극대화하는 의사결정이라는 가정에 반해, 센은 보다 구조화된 실천 이성이라는 개념을 제안했다. 그것은 의사 결정자가 **헌신***을 고려하는 것을 허용하는 개념이다. 이 개념은 다양한 비복지적(nonwelfare) 추론의 특성을 포함하지만, 이들 가운데 도덕 원칙(공정과 호혜)과 타인의 복지를 위한 이타적 관심이 핵심이다. 센은 공공재에 관한 개인 행동의 분석에서 헌신의 역할이 핵심적으로 중요하다고 믿는다. 예를 들어, 그는 "투표자들은 기대 효용을 극대화하는 것이 아니라 …… 자신의 진정한 선호를 기록하려고 한다"라고 가정함으로써 유권자들의 역설을 설명할 수 있다고 제안한다(Sen, 1982: 97). 그리고 그는 헌신의 역할과 노동의 동기 부여 사

---

*   여기에서의 헌신은 현실 참여, 약속, 의무, 책임 수행 등의 의미를 포함한다. _옮긴이

이에 연관성을 이끌어낸다. "전적으로 개인 이익에 대한 유인에 의존해 조직을 운영하는 것은 거의 절망적인 작업이다"(Sen, 1982: 98). 따라서 그는 합리적 행동의 다양한 영역을 이해하기 위해서는 효용을 극대화하는 의사결정과 헌신에 의해 영향받는 합리적 행동 둘 다 고려하는 것이 필요하다고 주장한다. 더욱이 특정한 행동 범위 안에서 어떠한 요인이 지배적인가 하는 것은 경험적인 질문이다(Sen, 1982: 104).

센의 주장은 실제 많은 인간 행동이 단순한 효용 극대화 도식에 기초해서 설명될 수 없다고 판단할 수 있는 좋은 분석적·경험적 근거가 있음을 보여준다. 이러한 발견으로 말미암아 우리는 인간이 전형적으로 합리적이지 않다고 가정할 수도 있고, 또는 표준적인 개념과 연관된 합리성 개념에 의문을 가질 수도 있다. 센은 후자의 방향을 추천하면서, 복지에 대한 관심뿐만 아니라 도덕적·정치적·개인적 헌신도 고려할 수 있는 보다 구조화된 실천 이성 개념의 확립을 시도하라고 제안한다. 게다가 그는 전자도 단순한 효용 극대화나 선호 서열 순위의 개념 아래 포괄될 수 없다는 것을 보여준다. [센의 주요 공헌은 Sen(1982)에 실린 「합리적 바보들(Rational Fools)」과 「파레토적 자유주의자의 불가능성(The Impossibility of a Paretian Liberal)」에 들어 있다.] 따라서 그는 적절한 합리성 이론은 단순한 효용 극대화 모델이 허용하는 것 이상의 구조를 요구한다고 주장한다. 특별히 그 이론은 도덕적인 원칙과 헌신을 고려해야 한다.

이 주장은 합리성 개념이 어떤 방식으로든 규범적 원칙들을 포함해야 한다고 제시한다. 이것은 어떻게 이루어낼 수 있을까? 최근의 도덕 철학 연구는 이 문제에 대한 통찰을 제공한다. 다양한 도덕 철학자들은 실천적 합리성이 좁은 경제적 합리성보다 더 포괄적이라고 주장해 왔다. 따라서 토머스 네이글(Thomas Nagel)은 합리성이 이타주의―타인이 취하는 이익의 현실을 인식하고 그들의 이익을 고려해서 행동하려는 직접적인 의지—를 요구한다는 취지로 일련의 주장을 제공한다(Nagel, 1970). 이기주의 가정은 합리적 선택 분석의 기초로서, 의무적이지도 않고 타당하지도 않다. 대신에 개인들은 좁은 자기 이익에서부터 가족의 이익, 더 포괄적인 집단들의 이익까지 다양한 목적을 규정하고 이 이익들의 총체에 공헌하는 정도에 따라서 다양한 대안이 자신들의 행위를 선택한다고 가정하는 것은 완벽하게 일관성이 있다. 합리적 선택이 요구하는 전부는 이 선택들이 **개인적인** 목적, 곧 개인 행위자들에 의해 확립되고 추구되는 목적이어야 한다는 것이다. 그러나 목적들의 내용은 이타적일 수 있다. 합리적 선택 접근에 필수적인 것은 개인들이 추구하는 목적의 특정한 성격보다 수단-목적 합리성의 구조이다.

이러한 사고방식은 표준적인 개념의 이기주의 가정을 직접적으로 다루고 있다. 그러나 이기주의 가정은 도덕적 원칙의 관념(또는 다른 규범적인 요구)을 의사결정 과정으로 포함하는 방식을 제공하지 않기 때문에 충분하지 않다. 그러나 최근의 다른 도덕 철학자들은 의사결정에서 원칙의 역할을 고려하는 데 필요한 구조화된 의사결정 과정의 종류를 약술해 왔다. 의사결정자는 일련의 목적(개인적 이익, 사회적 목적, 타인들의 복지 등)뿐만 아니라 행위에 대한 일련의 측면 제약(side constraints; 센의 용어로 규범적 헌신)*도 결합할 수 있다.

---

* 측면 제약은 개인의 목표를 추구하는 데서의 도덕적 제약을 말한다. 로버트 노직(Robert Nozick)은 칸트가 제시한 원칙, 곧 행위자가 어떤 행위를 할 때 주어진 의무론적 제약을 위반해서는 안 된다는 입장을 반영해, 권리를 그 자체로 추구해야 할 목적이 아닌 측면 제약으로 보는 도덕적 견해를 제안한다. 노직에 따르면, "권리를 성취할 종국적 상태의 일부로서 편입시키는 대신, 수행할 행동에의 측면적 제약 사항으로 놓을 수 있다: 제약 사항 C를 어기지 말

특별히 많은 철학자들은 **공정성**(fairness) 관념을 합리적 의사결정 개념 안으로 포섭하려고 시도해 왔다.[6] 내가 어떤 행위를 하는 이유는 내가 이런 종류의 행위를 광범위하게 수행함으로써 이익을 얻고, 공정성은 이러한 공적 이익의 비용 가운데 내 몫을 부담할 것을 요구한다는 것을 인정하기 때문이다. 존 롤스(John Rawls)의『정의론(A Theory of Justice)』은 공정성 원칙에서 도출된, 정의로운 사회를 규제해야 하는 정의의 원칙들이 있다는 취지로 확장된 논의를 펼친다. 그는 전체적인 정의의 특징들에 관심이 있고 우리는 개인 합리성에 관심이 있기 때문에, 그의 이론 구성은 우리의 주된 관심사와는 다소 거리가 있다. 그러나 롤스의 구성에서의 핵심은 여기서 관련이 있다. 개별 합리성이 각 대안의 비용과 편익뿐만 아니라 각 대안의 공정성 측면에서 대안적인 행위 노선을 평가하는 것까지 포함한다면, 우리는 구조화된 합리성 개념에 도달한 것이다. 그리고 그것은 의사결정 과정에 측면 제약의 부과를 포함하는 개념이다. 의사결정에서 원칙의 역할을 고려하기 위해서는 더 구조화된 의사결정 과정이 필요하다. 의사결정자는 일련의 목적뿐만 아니라 행위에 대한 일련의 측면 제약들도 결합할 수 있다. 그리고 그(또는 그녀)가 자유의사로 도달하는 결정들은 제약과 목적을 극대화하는 행위들의 복합적인 함수가 될 것이다.

이러한 결과는 우리의 핵심 관심사와 어떤 관련이 있는가? 첫째, 그 결과들은 좁은 경제적 합리성 개념이 어떤 맥락에서 직관적으로 중요한

---

6   라고. 타인의 권리는 그대의 행동에 가해지는 제약사항을 결정한다". 로버트 노직,『아나키에서 유토피아로: 자유주의 국가의 철학적 기초(Anarchy, state, and utopia)』, 52쪽. _옮긴이
    예를 들어, 공리주의와 공정성에 대한 방대한 저작들을 참고할 수 있다(Regan, 1980; Griffin, 1985; Harsanyi, 1985).

의사결정 과정의 핵심 특징을 고려하지 못하기 때문에 포괄적인 실천 이성 이론이 아니라고 시사한다. 나아가 이러한 고려는 인간 합리성 개념에 대해 보다 적절한 분석이 될 수 있는 대안적인 의사결정 과정 모델을 제시한다. 게다가 이러한 더 풍부한 실천 이성 개념은 다양한 종류의 집합 행위 문제에 대한 새로운 해결책을 제시할 것을 약속한다. 개인들이 어느 정도 이타적이라면(즉, 타인들의 이익에 호응한다면), 그리고 그들이 원칙적이라면(즉, 공정성, 호혜성, 또는 정의에 대한 고려에 따라 움직인다면), 그들은 집합적 행위를 해야 할 상황에 직면했을 때 집합 행위 이론이 예측하는 것과는 다르게 행동하도록 실제로 동기 부여될 것이다.

이러한 결과는 사회적 설명에서 합리적 선택 모델을 적용하는 가능성에 직접적인 중요성을 가진다. 예를 들어, 무임승차 문제와 공공재 문제를 고려해 보자. 좀 더 복잡한 실천 심의 이론을 고려해 보면, 실제 사회 집단에서 공공재 문제의 등장을 예측하는 형식적 주장들은 오해를 불러일으키는 것으로 밝혀질 것이다. 합리적 선택은 실천 이성, 이타주의, 협력, 그리고 호혜성에 대해 더 복잡하고 경험적으로 더 적절한 해명에 의존한다. 그러므로 우리는 협력과 이타주의의 표식을 보여주는 합리적 개인들로 구성된 사회 집단을 기대할 수 있다.

그러나 어느 누구도 인간이 사적인 복지에 무관심하다고 주장하지 않을 것이기 때문에, 우리는 지나치게 강한 결론을 도출하지 않도록 주의해야 한다. 실제로 일반적으로 말해서, 각 의사결정자는 개인과 가족의 복지에 최우선 순위를 둔다고 가정하는 것이 타당해 보일 것이다. 인간은 일반적으로 공정한 효용주의자처럼 행동하지 않는다. 이러한 발견은 인간 행동이 자기 이익과 이타주의 같은 여러 다른 형태의 동기와, 극대화와 측면 제약의 검증을 포함하는 여러 다른 유형의 의사결정 과정의 결과라는 것을 시사한다. [이러한 대조들의 일부를 형식화하려는 시도로는 Margolis(1982)를 볼 수 있다.] 그리고 자기 이익과 행동이 특정한 유형의 환경에서 얼마나 두드러지는가에 따라 행위의 정리(action theorem)는 경험적으로 중요할 것이다. 따라서 이러한 비판들은 합리적 선택 접근법의 신빙성을 떨어뜨리는 것이 아니라 개인 합리성 이론을 더 발전시킬 필요가 있다고 제안하는 것이다.

결론

이 장에서는 사회적 설명에 대한 합리적 선택 접근법의 기초들을 살펴보았다. 일반적인 아이디어는 구체적인 사회 현상을 구체적인 사회적·자연적 환경 내에서 많은 수의 합리적인 사람들이 만들어낸 총화적 결과로 설명하는 것이다. 이 접근법에 사회적인 내용을 부여하는 것은 사회 환경의 세부 사항들에 대해 제공된 상세함의 수준이다. 따라서 예를 들어, 전통적인 농민 사회 내의 합리적인 사람들은 현대의 산업화된 사회의 사람들과는 상당히 다른 행동 유형을 보일 수 있다. 그리고 이러한 차이는 관여된 사람들의 심리나 행위성의 차이에서 오는 것이 아니라, 각 집단이 처한 선택 환경의 실질적인 차이에서 오는 것일 수 있다.

합리적 선택 접근법은 뒤에서 더 자세하게 고려될 여러 중요한 사회 과학 조사 프로그램의 기초가 된다. 공공 선택 패러다임은 개인 합리성에 대한 상당히 좁은 가정들에 기초해 비서구 사회 사람들의 사회적·경제적 행동을 설명하려고 시도한다. 이 패러다임은 **경제 인류학**에서 작업의 토대를 형성한다. 그리고 합리적 선택 패러다임은 **유물론적 설명**

및 마르크스주의 이론과 가까운 친화력을 가지고 있다. 왜냐하면 유물론자들과 마르크스 사회과학자들은 집합적 사회구조들을 물질적 이익을 추구하는 합리적 개인들의 결과로 설명하려고 시도하기 때문이다.

그러나 합리적 선택 접근법을 이와 같이 적용하기 전에, 이 접근에 대한 하나의 강력한 비판 노선을 고려해야 한다. 그것은 사회과학은 문화적으로 고유한 규범, 가치, 그리고 의미의 해석을 요구한다는 견해이다. 이 견해는 합리적 선택 틀은 문화적으로 구체적인 행위성의 내용으로부터 끌어내고 그것을 추상적이고 보편적인 합리성 모델로 대체하려고 시도하기 때문에 근본적으로 결함이 있다고 시사하고 있다. 그렇다면 다음 장에서는 사회적 설명의 해석적 패러다임을 고찰해 보겠다.

▌더 읽어볼 책들

Axelrod, Robert. 1984. *The Evolution of Cooperation* [로버트 액설로드, 『협력의 진화』(2009)].

Becker, Gary. 1976. *The Economic Approach to Human Behavior*.

Bonner, John. 1986. *Introduction to the Theory of Social Choice*.

Elster, Jon. 1979. *Ulysses and the Sirens*.

Elster, Jon(ed.). 1986. *Rational Choice*.

Rapoport, Anatol. 1966. *Two-Person Game Theory*.

Schelling, Thomas C. 1978. *Micromotives and Macrobehavior* [토머스 셸링, 『미시동기와 거시행동: 작은 동기와 선택은 어떻게 커다란 현상이 될까』(2009)].

Sen, Amartya. 1987. *On Ethics and Economics*.

Shubik, Martin. 1982. *Game Theory in the Social Sciences: Concepts and Solutions*.

Simon, Herbert A. 1983. *Reason in Human Affairs*.

Taylor, Michael. 1987. *The Possibility of Cooperation*.

제3장

해석 이론

앞의 두 장에서 우리는 사회적 설명에서 일반화의 중요성을 강조하는 사회과학의 접근법들을 검토했다. 이 장에서는 다른 문화의 세부 사항의 중요성을 강조하고, 사회 탐구의 핵심 목적이 의미 있는 인간 관행에 대한 **해석**이라고 주장하는 접근법으로 관심을 돌린다. 이 접근법은 설명과 이해를 구분한다. 설명은 사건의 일반적인 원인을 규명하는 것과 관련되는 반면, 이해는 특정한 사회적 맥락에서 사건이나 관행의 의미를 발견하는 것과 관련된다(Von Wright, 1971: 5~6). 사회 탐구의 목적은 사회적 배열과 관행의 의미 또는 중요성을 재구성하는 것이다. 따라서 이 접근법은 **해석학적**이다. 그것은 사회 현상을 사회적 행위 또는 사건의 다양한 요소의 의미를 상상적으로 재구성해서 해독할 텍스트로 취급한다. 그래서 사회과학이 불가피하게 의미 있는 인간 행동과 사회적 관행의 해석에 의존하기 때문에, 해석적 틀은 사회과학이 자연과학과는 근본적으로 다르다고 주장한다. 자연과학은 객관적인 인과 과정에 관심이 있으나, 사회과학은 의미 있는 행위와 관행에 관심이 있다. 전자는 객관적으로 묘사되고 설명될 수 있으며, 후자는 해석과 이해를 필요로 한다. 그렇다면 설명은 자연과학의 목표이고, 이해는 사회과학의 목표이다.

철학자 찰스 테일러(Charles Taylor)는 그의 글 「해석과 인간 과학들(Interpretation and the Sciences of Man)」(1985b)에서 해석적 틀에 대해 서술한다. 그는 사회과학은 해석적**이어야 하며**, 오로지 객관적 요소(인과관계, 사회 구조, 추상적 합리성)에만 의존하는 사회 탐구는 실패할 수밖에 없다고 주장한다. 그래서 그는 이렇게 쓴다. "나의 논지는 해석적 사회과학의 주요 명제에 대한 대안적 진술에 해당한다. 그것은 인간 행위에 대한 적절한 해명은 행위 주체를 더 이해할 수 있게 해야 한다는 것이다. 이러한 관점에서, 사회적 또는 역사적 사건들의 실제 유형을 …… 예측하기만 하는 것은 사회 이론의 충분한 목표가 될 수 없다. …… 만족스러운 설명은 또한 행위 주체들을 이해할 수 있어야 한다"(Taylor, 1985b: 116).

해석적인 사회과학 프로그램은 여러 상호 연관된 점을 주장하는 것으로 표현될 수 있다.

- 개별 행위와 신념은 오직 해석 행위를 통해서만 이해될 수 있는데, 탐구자는 그 해석 행위로 행위 또는 신념이 행위 주체에게 갖는 의미 또는 중요성을 발견하려고 시도한다.
- 사회적 삶이 개념화되는 방식에 대해서는 문화를 가로질러 엄청난 다양성이 존재하며, 이러한 차이들이 다양한 사회 세계를 낳는다.
- 사회적 관행(협상, 약속, 출근, 육아)은 참여자들이 그 관행에 부여하는 의미에 의해 구성된다.
- 사회과학에 '자연적 사실(brute facts)', 즉 구체적인 문화적 의미를

내포하지 않는 사실은 없다.

이러한 점들의 중요성은 꽤 명확하다. 특정한 사회 현상에 대한 만족스러운 분석을 제공하기 위해서는, 그 문화 안에 있는 행위 주체들이 자신들의 행위와 사회관계에 부여하는 의미에 대한 해석에 도달할 필요가 있다. 그러므로 사회과학은 불가피하게 해석적이며, 그러한 이해를 제공하지 못하는 사회과학은 근본적으로 오도된 것이다.

대표적인 해석 인류학자 클리퍼드 기어츠의 해석 사례를 고찰해 보자(〈사례 3.1〉 참조). 발리에서 닭싸움이 지닌 문화적 의의에 대한 해석에서, 기어츠는 겉으로 보기에 피상적인 이 사회적 관행을 발리인의 자아(selfhood)가 지닌 깊은 요소들과 연결한다. 그는 닭싸움에 거는 대규모 내기의 유형을 지역 사회의 사회관계, 즉 친족, 마을, 그리고 지위 관계를 상징하는 것으로 해석한다. 그리고 그는 닭싸움 자체를 발리인의 삶의 요소들에 대한 긍정적인 또는 부정적인 상징으로 해석한다. 이러한 해명이 제공하지 않는 것에 주목하라. 이 해명은 어떤 과정이나 메커니즘이 닭싸움을 유발했는지는 말해주지 않는다(인과적 설명). 그리고 발리 남성 개개인이 닭싸움을 통해서 자신의 이익이나 목적을 추구하는 방식을 보여주려고 시도하지 않는다(합리적 선택 설명). 따라서 이 해명은 그 관행에 대한 설명을 제공하지 않는다. 대신에 그 관행의 의미를 우리에게 밝혀주기 위해 그 관행의 맥락에서 관행에 대한 독해를 제공한다.

발리의 닭싸움

발리의 남자들은 새들의 털 손질과 훈련, 모이 주기, 싸움 관람과 내기 걸기, 그리고 싸우고 있는 새들의 강점과 약점에 대해 토론하기 등 닭싸움과 관련된 일에 많은 시간을 투자한다. 왜 이 활동(스포츠?)이 발리 마을 생활에서 그렇게 중요한 부분인가?

클리퍼드 기어츠는 발리 닭싸움이 지닌 의의에 대한 상세한 해석을 제시하는데, 그 해석은 발리 문화의 더 큰 범위 안에 그 활동을 위치시키는 것을 목표로한다. 그는 닭싸움과 연관된 농담과 언어, 그리고 닭싸움과 관계된 사회적 의미에 대해 논한다. 기어츠의 해명에서 특히 중요한 것은 인간들의 동물적 행동에 대한 발리인들의 혐오이다. 동물은 '암흑의 힘'(Geertz, 1971e: 420 [기어츠, 1998: 492])을 표상한다. 기어츠는 닭싸움에 대한 매혹을 선과 악의 투쟁에 대한 대체물로 이해한다. "닭싸움에서는 인간과 짐승, 선과 악, 에고와 이드, 고무된 남성성이 발휘하는 창조적인 힘과 제어되지 않은 동물성의 파괴적인 힘이 혐오, 잔인성, 폭력, 그리고 죽음의 유혈 드라마 속으로 녹아든다"(Geertz, 1971e: 420~421 [기어츠, 1998: 493]). 그는 결론짓는다. "닭싸움을 하나의 텍스트로 다루는 것은 그것의 한 특질 …… 을 드러내는 것이다. …… 닭싸움을 하나의 의식이나 오락으로 다루는 것은 닭싸움이 가지는 이 특질, 즉 인지적 목적을 위해서 감정을 사용하는 측면을 모호하게 만드는 경향이 있다. …… 따라서 발리인들은 닭싸움에서 자신의 기질과 동시에 그가 속한 사회의 기질을 형성하고 또 발견한다. …… 한 종족의 문화는 일련의 텍스트의 집합이며, 인류학자는 이 텍스트를 소유하고 있는 사람들의 어깨너머로 그 텍스트의 의미를 파악하고자 애쓴다"(Geertz, 1971e: 449, 451, 452 [기어츠, 1998: 527~528, 531, 532]).

- 자료: 발리 마을에서의 문화기술지 연구 결과
- 설명 모델: 복잡한 문화적 관행의 의의에 대한 해석
- 출처: Clifford Geertz, "Deep Play: Notes on the Balinese Cockfight"(1971e) [클리퍼드 기어츠, 「심층 놀이: 발리의 닭싸움에 관한 기록들」(1998)].

해석과 행위성

이 장에서 검토되는 접근법의 핵심 개념은 행위 또는 관행에 대한 **해석** 개념이다. 해석은 개인의 행위와 사회적 관행을 인간의 의미를 표현하는 것으로 보는 것과 관련된다. 우리는 행위성 개념을 인간이 자신들의 이해와 욕구에 따라 행동하는 신중하고 상징적인 행위 주체라는 사실을 가리키기 위해 사용할 수 있다. 행위 주체의 이해는 그들이 처한 세계의 표상, 그들의 필요를 특징짓는 가치와 목적의 집합, 위반하면 수치스러워지는 행위의 제약들을 결정하는 규범의 집합, 그들 자신의 힘과 능력의 개념 등과 같은 여러 특징으로 이루어져 있다. 합리적 선택 설명 모델은 인과적 신념, 물질적 이해관계, 그리고 도구적 추론을 강조하면서, 행위성에 대해 특히 얇고 추상적인 관점을 채택한다. 그러나 개인의 가치관, 세계관, 전제, 그리고 사고방식에 대한 광범위한 묘사를 포함해, 개인의 행위성의 상태에 대한 더 미묘한 서술을 상술하는 것 또한 가능하다. 그리고 해석적 사회과학의 핵심 주장은 우리가 개인과 사회적 행위를 이해하려면 행위성에 대한 보다 상세한 해명이 필요하다는 것이다.

어떤 행위를 해석한다는 것은 행위 주체의 행위를 우리가 이해할 수 있도록 만드는 방식으로, 행위 주체의 문화적 맥락과 정신 상태를 묘사하는 것을 포함한다. 해석의 목적은 행위 또는 관행을 이해하는 것, 곧 의미 있는 문화적 상징과 표상 체계의 맥락에서 그 관행의 의미를 포착하는 것이다. 간단한 예를 고찰해 보자. 길을 걷고 있는 한 남자를 관찰한다고 가정해 보자. 그는 사다리 아래를 지나 위를 쳐다본 다음 근처의 나무 벤치로 서둘러 간다. 그는 주먹으로 그 벤치를 두드리고, 이마의 땀을 닦고, 가방을 떨어뜨린 다음 길을 따라 계속 간다. 낯선 관찰자는 사건과 행위의 이러한 연속을 곤혹스럽게 여길 것이다. 그것은 명백히 변화하는 환경에 대응해 수행된 일련의 의도적인 행위이지만, 동기 부여가 되지 않은 것처럼 보인다. 그 남자의 행위는 의미를 노골적으로 드러내지 않는다. 이제 우리가 그 장면에 대한 해석을 제공한다고 가정해 보자. 그 남자는 교육을 거의 받지 못한 농민으로, 강하지만 단순한 종교적 신념을 가지고 있다. 그는 일상생활에서 일어나는 특정 사건들이 앞으로 일어날 일들의 전조라고 믿는다. 검은 고양이, 사다리, 그리고 깨진 거울은 불운의 징조이다. 그는 나무를 두드리는 것과 같은 것처럼 불운을 막기 위해 할 수 있는 일이 있다고 믿는다. 무심코 사다리 아래로 걸었다는 것을 알게 되자(불운!), 그는 가장 가까운 나무로 된 물체로 급히 달려가 그 나무를 두드린다(치유). 자신을 보호하기 위해 할 수 있는 일을 했다는 안도감에 그는 이마의 땀을 닦고(그의 문화에서 안도감을 표현하는 관습적이고 반사적인 방식), 걸음을 다시 시작한다. 가방을 떨어뜨린 것은 단지 우연일 뿐이다. 그것은 아무런 의미도 없고, 더 이상의 해석을 뒷받침하지 않는다.

내가 방금 한 이야기는 그 남자의 행동에 대한 해석에 해당한다. 그것은 세상 사건들이 지닌 의미에 대한 그의 믿음과 이해에 대한 해명이며, 이는 그의 이후 행위를 이해할 수 있게 해준다. 이 이야기는 두 가지 수준에서 해석을 보여준다. 첫째는 그 남자의 문화에서 공통적인 사회적 의미(검은 고양이와 사다리가 지닌 의의)에 대한 해석이고, 둘째는 그 남자의 특정 행위들(나무를 두드리고 이마의 땀을 닦는 것)에 대한 해석이다.

인간 행위를 해석하는 것과 문학 텍스트를 해석하는 것 사이에는 강하고 의도적인 유사성이 있다. 연구자는 의미 있는 요소들의 총체를 발견하고, 그 요소들 사이에서 의미 있는 연관을 발견하려고 시도한다. [이것이 해석을 해석학적(hermeneutic) 과정으로 만드는 것이다.] 일단 그러한 서술이 제공되면, 연구자는 그 행위 주체의 행동이 '비합리적인' 것이 아니라, 오히려 더 넓은 문화적·규범적 체계에 적합하며, 전체 체계가 일관성이 있다는 것을 보여준 것이다. 수단-목적 합리성 개념은 행위 주체의 행위를 이해하는 해석적 틀을 제공할 수 있는 인간 행위에 대한 하나의 가능한 모델이다. 그러나 우리는 또한 행위를 상징적 표시, 극적 장치, 의례적 수행 등으로 해석할 수도 있다.

사회과학자는 의미 있는 사회적 행위를 어떻게 조사해야 하는가? 해석을 할 때 연구자를 인도할 수 있는 '해석적 방법'에는 어떤 것이 있는가? 사회과학에 적절한 방법에 대한 이 아이디어의 중요한 정식화는 막스 베버의 **이해**(verstehen)[1] 개념에서 찾을 수 있다. 베버에 따르면, 이 방법은 사회과학과 자연과학을 구분한다. 베버는 『사회과학 방법론 (The Methodology of the Social Sciences)』에서 그 방법을 이렇게 묘사한다. "사회과학에서는 정신적 과정도 함께 작용한다는 점인데, 이 정신적 과정을 추체험적으로 이해한다는 것은 엄밀한 자연 인식의 공식들이 해결할 수 있거나 또는 해결하고자 하는 과제와는 전혀 다른 성격의 과제인 것이다"(Weber, 1949: 74 [베버, 2011: 66]). 몇 쪽 뒤에 그는 이렇게 쓴다. "우리는 삶의 현상들이 가진 문화 의의를 인식하고자 노력하는 분야들을 '문화 과학'이라고 지칭했다. 그러나 우리는 한 문화현상의 형성이 가진 **의의**와 이 의의의 근거를 법칙개념의 제 아무리 완벽한 체계에서

---

1   오스웨이트(Outhwaite, 1975)는 이해 방법에 대한 유용한 개관을 제공한다.

도 도출해 낼 수 없고, 규명할 수도 없으며, 또 이해시킬 수도 없다. ······ 문화개념은 하나의 **가치개념**이다"(Weber, 1949: 76 [베버, 2011: 69]).

해석 방법에 따르면, 사회과학자의 목적은 특정한 행위를 수행할 때 행위 주체의 정신 상태, 곧 행위 주체가 그 행위를 수행하게 하는 믿음, 가치, 그리고 목적들에 대한 가설에 도달하는 것이다. 베버는 이 과정을 '설명적 이해'라고 일컫는다. "이것은 동기에 대한 합리적 이해이며, 그 행위를 이해 가능하고 더 포괄적인 의미맥락에 놓는 것이다"(Weber, 1978: 8 [베버, 1997: 125]). 그는 때때로 이 과정을 특징짓기 위해서 '감정 이입(empathy)'이라는 용어를 사용하지만, 행위 주체의 정신 상태를 해석하게 해주는 독특한 능력이 있다고 가정하지는 않는다. 대신에 그것은 행위를 생성**할 수 있는** 가능한 신념, 목적 및 가치를 고려하고, 직접적이고 간접적인 증거를 통해 그 해석이 정확한지 여부를 밝히려고 시도하는 문제이다(Weber, 1978: 8~9 [베버, 1997: 125~126]). **이해**의 방법은 연구자가 행위 주체의 정신 상태에 대해 추측하고, 이 추측을 행위자의 행위와 말에 비추어 검증하려고 하는 가설-형성 과정에 기초한다.

클리퍼드 기어츠는 그의 많은 저작에서 해석적 방법을 서술한다. 『국지적 지식(Local Knowledge)』에서 그는 이렇게 쓴다.

인류학자가 해야 할 일은 두 가지 종류의 묘사, 곧 점증적으로 세밀한 관찰과 ······ 점증적으로 개괄적인 특징화 사이를 지그재그로 나아가는 것이다. ······ 이 둘이 함께 일관되게 결합될 때, 인간 삶의 형식에 대해 믿을 수 있고 풍부한 그림을 제시한다. 여기서 '번역'은 타인들의 표현 방식을 나의 고유한 표현 방식에 따라 단순히 재구성하는 것이 아니라 ······ 그들의 표현 방식의 논리를 우리의 어법으로 보여주는 것이다. 그것은 천문학자가 별을 설명하기 위해 하는 것보다 비평가가 시를 조명하기 위해 하는 것에 더 가까운 구상이다(Geertz, 1983: 10).

베버와 기어츠의 서술의 모호함으로부터 변별적인 해석의 방법이 없다는 결론, 즉 사회적 행동에 대한 묘사에서 해석을 도출할 수 있게 해주는 규칙들의 집합이 없다는 결론을 내리는 것은 타당하다. 대신에 해석적 사회과학자가 직면한 문제는 가설 형성이라는 친숙한 문제이다. 해석적 사회과학자는 알려진 사실들에 비추어 행위를 이해하게 해주는, 행위에 대한 가설에 도달해야 한다. 그리고 다른 과학 영역에서처럼 좋은 가설을 세울 수 있는 비결은 없다.

행위나 관행에 대한 해석, 예를 들어 그 남자와 사다리에 대한 이야기가 제시되었을 때, 우리는 검증의 문제를 고려해야만 한다. 우리는 그 해석이 진실인지 거짓인지 어떻게 판별할 수 있는가? 상충되는 해석들 사이에서 결정하는 데 어떤 적절성 범주를 사용할 수 있는가? 우리가 관찰하는 행위와 관행의 의미를 캐내기 위해 어떤 경험적 도구들을 사용할 수 있는가? 해석적 사회과학자들의 방법 논의에서 가장 두드러진 역할을 하는 범주는 **일관성**(coherence)이다. 그것은 해석의 요소들이 일관된 의미 있는 전체로서 서로 잘 들어맞아야 한다는 요구사항이다. 그러나 이 접근법은 두 가지 문제를 제기한다.

첫째, 어떤 종류의 일관성이 문제인가? 논리적 일관성 개념은 가용하지만, 그 일을 해내기에는 너무 약하다. 왜냐하면 그것은 제공된 해명에 단지 논리적 모순이 없어야 한다는 것만을 요구하기 때문이다. 예를 들어, 그 남자와 사다리에 대한 이야기를 변경해 그 남자가 고등 교육을 받은 엔지니어라고 가정해 보자. 이제 우리의 해석은 다소 일관성이 없어 보인다. 왜냐하면 우리의 해석은 미신적인 믿음을 인과 과정에 대해 합리적이도록 훈련받은 남자의 탓으로 돌리기 때문이다. 그러한 가정에는 논리적으로 모순되는 것은 없다. 그러나 미신과 인과적 합리성은 어울릴 것 같지 않다. 여기서 작동하고 있는 비양립성 관념에 대해 설득력 있게 해명하는 것은 어렵다. 그것은 어떤 상징적 요소들은 잘 어울리는 반면 다른 요소들은 그렇지 않다는 미학적 일관성의 표현과 유사하다. 그러나 이 생각은 너무 주관적이어서 유용한 진리 범주가 될 수 없다.

둘째, 일관성의 요구는 해석에 대한 경험적 판단을 내리기 위한 근거를 제공하지 않기 때문에 너무 약하다. 사건이나 관행에 대한 해석이 제시될 때, 우리는 그것이 일관된 해석이라는 것(즉, 어떤 가능한 세계에서 진실이라는 것) 이상을 알기 원한다. 우리는 그것이 진실이라고(즉, 이 세계에서 진실이라고) 믿을 만한 근거를 원한다. 그리고 이것은 불가피하게 그 해석을 뒷받침하는 경험적 증거를 제공하기를 요구하는 것으로 보인다. 우리는 특정 해석을 뒷받침하고 다른 해석들은 배제하기 위해 참여자들과 그들의 배경 문화에 대해 관찰할 수 있는 어떤 방법이 필요하다.

다행히도 해석에 대해 경험적 뒷받침을 제공하는 것은 가능하다. 이제 우리는 행위 주체 자신의 언명이나 같은 문화의 다른 구성원들의 언명의 증거에 의존할 수 있다. 우리는 앞 사례의 남자에게 왜 나무를 두드렸는지 물어볼 수 있으며, 그는 우리가 내놓은 해석을 강하게 지지하는 방향을 따라 응답할 수 있다. 그러나 그의 증언이 우리의 해석에 대한 신빙성을 떨어뜨릴 수도 있다. 예를 들어, 그는 손에 쥐가 나서 불쾌한 느낌을 떨치기 위해 주먹을 쳤다고 말할 수도 있다. 이 설명은 그가 사다리 아래를 걷는 것과 나무 벤치를 두드리는 것 사이에 아무런 연관성이 없다는 것을 의미하기 때문에 우리의 해석에 대한 신빙성을 떨어뜨린다. 물론 그 행위 주체의 증언이 결정적인 것은 아니다. 우리는 그가 자기기만에 빠져 있다, 자신의 동기를 이해하지 못한다, 미신에 사로잡힌 자신을 인정하기 난처해한다 등으로 판단할 수 있다. 그러나 우리 측에서 그렇게 주장하기 위해서는 우리의 반대 해석을 경험적으로 뒷받침하는 다른 자료들이 필요하다. 우리는 또한 행동의 증거를 고려할 수도 있다. 만약 우리가 유사한 적응적 행동을 가진 다른 그러한 사건들을 관찰했다면, 우리는 관찰 결과인 행동의 규칙성을 이 문화의 구성원들이 미신적이라는 해석이 옳다는 증거로 여길 수 있다.

이제 이 책에서의 중심 관심사에 대해 질문을 제기해 보자. 행위나 관행에 대한 해석은 **설명적**인가? 아니면 다소 독특한 종류의 묘사인가? 우선 행위나 관행에 대한 그럴듯한 해석이 가장 약한 의미에서 설명적이라는 것은 분명하다. 그것은 우리가 이전에는 가지지 못했던 정보를 제공하는데, 그 정보의 맥락에서 행위나 관행을 알 수 있거나 이해할 수 있다. 그 남자가 왜 나무를 두드렸는지 물을 때, 그가 미신을 믿고 있다는 대답은 그의 행위를 이해할 수 있게 해주기 때문에 우리는 만족스럽다. 그러나 설명은 이것 이상을 요청한다고 말하는 것이 타당해 보인다. 서론의 '왜-반드시' 질문에 대한 우리의 논의를 상기해 보자. 거기서 설명은 패러다임적으로 사건의 필연적이거나 개연성 있는 연쇄를 규명하는 것과 관련된다고 주장했다. 이러한 관점에서 우리는 하나의 사건을 필연적이거나 개연적으로 만드는 선행 상황들을 파악했을 때 그 사건을 설명했다. 해석은 이 모델을 따르지 않는다. 대신에 우리는 해석을 사태의 기호학적 상태(문화나 개인이 지닌 의미의 측면에서 사물이 존재하는 방식)에 대한 묘사로 이해하는 것이 더 나을 수도 있다. 그렇다면 여기서 해석을 제공한다는 것은 구체적인 종류의 묘사를 제공하는 것이다. 해석이 묘사하는 것은 문화나 개인 안에서의 의미의 구성(configuration)이다.

또한 해석은 사회 현상에 대한 진정한 설명을 위한 기초를 제공한다
고 주장될 수 있다. 여기서 우리는 도널드 데이비드슨(Donald Davidson)
이 이유를 원인으로 취급하는 자신의 분석에서 추구하는 논의의 줄기를
따를 수 있다(Davidson, 1963: 80). 데이비드슨에 따르면, 한 사람이 X를
하는 이유가 있다는 사실은 그가 실제로 X를 행하는 **원인**으로서 올바르
게 이해된다. 우리는 한 사람이 한 행위를 특정한 방식으로 이해한다는
사실이—예를 들어, 그는 그 행위를 그 상황에 적절한 의례적 수행으로 간주한
다—그의 이후 행위 수행의 **원인**이라고 주장함으로써 이러한 주장을 해
석들로 확대할 수 있다. 따라서 해석은 인과적 조건(행위성의 상태)으로
기능할 수 있는 세계의 상태를 포착하기 때문에 해석은 설명의 기초가
될 수 있다.

사회적 의미의 분석에 따라 달라지는 사회 분석의 사례를 고찰해 보
자. 그것은 식민지 세계에서 천년왕국설 신봉자들이 일으킨 반란에 대
한 마이클 아다스(Michael Adas)의 해명이다(〈사례 3.2〉 참조). 아다스는
천년왕국 운동을 '안으로부터', 즉 이 운동을 특징짓는 종교적 관념과 관
행의 관점에서 이해하려고 시도한다. 그런 다음 그는 비서구 세계의 여
러 지역에서 이러한 상징체계가 등장한 데 대한 인과 분석을 제공하려
고 한다. 그러나 이러한 후자의 노력은 〈사례 3.1〉에서 제시한 발리의
닭싸움에 대한 기어츠의 분석으로부터 한 걸음 물러난 것이다. 왜냐하
면 기어츠는 해석은 사회적 설명의 처음과 끝이며, 인과적 분석은 사회
적 탐구와 어긋난다고 시사하기 때문이다.

천년왕국 반란

19세기와 20세기에 자바, 뉴질랜드, 인도, 동아프리카, 버마 등 비서구 세계의
여러 지역에서 종교적 영감을 받은 반란이 식민지 지배에 저항해 일어났다. 각
각의 경우에 식민지 관료 체제는 세금과 규제를 부과하기 위해 지역 사회에 침
투했고, 각 반란은 변화하는 시대를 예언—천년왕국 이데올로기—하는 혼합 종
교와 카리스마적인 지도자를 중심으로 조직됐다. 마이클 아다스는 이러한 상
황들 사이의 관계를 설명하려고 시도한다.

이 문제는 두 가지 주제로 나뉜다. 왜 식민주의에 대항한 반란이 일어났는가?
그리고 왜 반란은 대개 천년왕국 운동의 형태를 취했는가? 아다스는 첫째 질
문에 대한 대답은 간단하다고 믿는다. 식민지 주민들은 폭력적 저항을 통하지
않고서는 해소할 수 없는 많은 절박하고 정당한 불만을 갖고 있었다. 그러나
둘째 질문에 대한 그의 대답은 더 복잡하다. 이들 사회 중에는 (전부는 아니지
만) 여러 곳에 천년왕국 전통이 있었다. 그러나 추종자들을 동원할 수 있는 일
관된 이데올로기를 형성할 수 있는 예언적 지도자가 있어야 한다는 것이 결정
적이었다(Adas, 1979: 116). 그리고 군사 자원, 과학 지식, 그리고 행정 능력 등
에서 명백히 압도적인 유럽의 식민 열강들의 힘을 고려할 때, 천년왕국의 마법
적 이데올로기는 지역 사회에서 많은 추종자를 끌어모으는 가장 효과적인 방
법이었다. "이러한 예언적인 인물들과 신성한 영감을 받은 그들의 계시를 통
해, 저항의 효능과 고통으로부터 탈출 가능성에 대한 믿음이 박탈당한 식민지
민족들 사이에 태동하고 양성되었다"(Adas, 1979: 121). 천년왕국 운동은 식민
국가들의 물질적 힘에 대한 이해 가능한 이데올로기적 대응이었고, 그것은 식
민 열강들에 저항한 대규모 동원의 기초를 제공했다.

▮ 자료: 아시아, 아프리카, 그리고 태평양에서 천년왕국적 저항 운동을 묘사하는 자료
▮ 설명 모델: 천년왕국 운동을 서구 문화가 경제적·이데올로기적으로 비서구 사회들로
  침입하는 것에 대한 공통의 문화적 반응으로 설명
▮ 출처: Michael Adas, *Prophets of Rebellion: Millenarian Protest Movements Against
  the European Colonial Order* (1979)

사회적 행위

이제 해석 이론의 몇 가지 요소를 좀 더 자세히 살펴보자. 이 접근법의 중심 주제는 사회적 행위가 본질적으로 의미 있는 것이라는 견해이다. 사회적 행위나 관행에 대한 의미-중립적인 묘사를 제공하는 것은 가능하지 않다. 베버는 사회적 행위의 개념에 대해 다음과 같은 용어로 서술한다. "사회학은 사회적 행위를 해석하면서 이해하고, 이를 근거로 사회적 행위의 과정과 그 결과를 인과적으로 설명하려는 학문이다. 우리는 행위자가 자신의 행동을 어떤 주관적인 의미와 결부시킬 경우, 이런 행동을 '행위'라고 부르고자 한다. 이 행동이 외부로 나타나는 행동이든 내면적 행동이든, 단념이든 소극적 묵인이든 여기서는 상관없다. 그런데 행위가 '사회적 행위'가 되기 위해서는 또 하나의 요건이 필요한데, 그 요건이란 행위자가 자신의 행동을 의식적으로 타인들의 행동과 연관 짓고, 이 연관성을 염두에 두고 행동한다는 점이다"(Weber, 1978: 4 [베버, 1997: 118~119]). 이 구절은 두 가지 핵심을 지적한다. 첫째, 정의에 따르면 행위는 행위 주체 쪽의 주관적 의미 또는 의도에 의해 부분적으로 구성된다. 둘째, 사회적 행위는 그 행위의 주관적 의미가 다른 사람들의 행위를 지향한다는 점이다. 내가 도서관 책을 만기일에 반납할 때, 그 행위의 의미는 벌금을 피하기 위한 나의 의도이다. 내가 교통 혼잡을 피해서 일찍 해변으로 차를 몰고 가기 위해 새벽에 일어날 때, 나의 행위는 사회적 행위이다. 왜냐하면 나의 의도가 다른 사람들의 행위에 지향되어 있기 때문이다(이 경우에는 다른 사람들의 행위 결과를 피하는 것이다).

행위가 의미 있다고 말하는 것이 무슨 의미인지는 충분히 명백하다. 이것은 단지 행위의 의도적인 성격, 곧 행위 주체가 목적과 그들의 신체

동작의 의미에 대해 자신의 이해를 갖고 있다는 생각을 반영한다. 그러나 모든 사회 현상이 본질적으로 의미 있다고 말하는 것은 무엇을 뜻하는가? 여기서의 발상은 사회 현상은 자연적 실체들과 달리 객관적이지 않다는 것이다. 대신 사회 현상은 (부분적으로) 그 현상에 참여하는 사람들의 가정, 개념, 의도에 의해 구성된다. 전자기장은 인간이 그것을 인식하는 방식으로부터 독립된 객관적인 특성을 가지고 있다. 반대로 인간 제도와 관행은 본질적으로 참여하는 사람들이 그것들을 인식하는 방식에 의존한다고 보는 것이 타당하다. 적어도 그것은 해석 이론이 취하는 입장이다. 기어츠는 그 점을 이와 같이 지적한다. "해석적 설명은 …… 제도, 행위, 이미지, 발언, 사건, 관습이 …… 제도, 행위, 관습 등을 가진 사람들에게 의미하는 바에 대한 관심을 키운다. 그 결과로 그것은 보일(Boyle)의 것과 같은 법칙이나 볼타(Volta)의 것과 같은 힘이나 다윈의 것과 같은 메커니즘이 아니라 부카르트(Burckhardt)나 베버, 프로이트의 것과 같은 구성이 된다. 즉, 책략가(condottiere), 칼뱅주의자, 또는 편집증 환자들이 살아가는 개념 세계에 대한 체계적인 분석(unpacking)이 된다"(Geertz, 1983: 22).

해석 이론가는 교환 체계, 친족 체계 또는 후원자-고객 관계와 같은 사회적 관계 유형들에 대해 말할 수 있는 의미-중립적인 것들이 있다는 것을 인정하지만, 이렇게 특징짓는 것이 그러한 사회적 관계들이 특정한 문화적 맥락에서 어떻게 작동하는지에 대한 통찰력을 주지는 않는다고 주장한다. 친족 체계의 관념을 고찰해 보자. 우리는 이 개념을 의미-독립적인 용어들로 **특정한 문화에서 혈연관계와 결혼 관계 사이에서 나타나는 사회적 관계의 구조**로 정의하는 예비적인 노력을 할 수 있다. 이 정의는 누에르족(Nuer) 문화, 베르베르족(Berber) 문화, 보스턴 엘리트

(Boston Brahmin) 문화 등 다양한 문화에서 친족 체계를 규명할 수 있게 해준다. 그러나 해석 이론가들은 이 정의가 무의미한 추상이라고 주장한다. 왜냐하면 이 정의는 여러 문화에서 친족 관계가 어떻게 작동하는지─친족 관계가 누에르족, 베르베르족, 그리고 보스턴 엘리트의 남녀에게 어떠한 사회적 중요성이 있는지─이해하는 데 도움이 되지 않기 때문이다. 그리고 이 문제를 해결하기 위해서 우리는 추상적인 수준에서 이러한 다양한 문화의 참여자들 사이에서 발견되는 친족 관계에 대한 구체적인 주관적 이해의 수준으로 내려와야 한다. 예를 들면 어떠한 가치관이 결혼 상대의 선택을 제약하는가, 연장자에게서는 어떠한 의무가 경험되는가, 형제, 자매, 사촌, 그리고 아이들을 향해서는 어떤 형태의 충성심, 애정, 또는 혐오가 경험되는가 등과 같은 수준으로 내려와야 한다. 베르베르족의 남녀에게 친족 관계가 가지는 중요성에 대한 구체적인 해명을 제공할 때에만, 우리는 친족 관계에 대한 이해에 진정한 기여를 하는 것이다. 왜냐하면 친족 체계는 참여자들이 그 체계에 부여하는 특정한 의미를 통해서만 사회적 효과를 가지기 때문이다.

이러한 주장들은 인간 과학이 두 가지 수준에서 해석을 요구한다는 것을 시사한다. 개인의 의미와 행위를 이해하기 위해서는 그 의미와 행위를 해석하는 것이 필수적이며, 사회적 관행을 이해하기 위해서는 참여자들이 그 관행에 부여하는 의미와 가치를 이해하는 것이 필수적이다. 개인 행위의 해석은 목적 지향적 활동 행위 또는 상징적 참여 행위 등 다양한 형식을 취할 수 있다. 사회 현상은 부분적으로 사회의 구성원들이 자신들의 사회 세계를 조직하고 자신들의 행동을 설명하고 다른 사람들의 행위와 제도의 작동을 정당화하거나 비난하기 위해 사용하는 해석 도식에 의해 **구성된다**. 그래서 사회적 관행과 제도를 체현하는 사람들의 행위와 의미가 지닌 중요성을 적절하게 해석하지 않는 한, 사회적 관행과 제도를 제대로 이해하는 것은 불가능하다.

사회적 행위의 모델들

의미 있는 사회적 행위를 해석하기 위해서는 의미 있는 인간 행동 유형의 전형적인 사례가 필요하다. 즉, 의미 있는 사회적 행위가 취하는 다양한 형식에 대한 배경 아이디어가 필요한 것이다. 우리는 이미 그러한 패러다임, 즉 특정한 사회적 관행(발리의 닭싸움)의 의미에 대한 기어츠의 정면 공격을 보았다. 문학 비평가들이 우리가 『카라마조프의 형제들』을 읽어야 하는 맥락에서 문학적 관습을 규명하듯이, 이 사례에서 기어츠는 닭싸움을 틀 짓는 문화적 상징들에 대한 해명을 종합하려고 시도한다. 그러나 해석적 사회과학의 일반적인 관점에 영향을 주는 여러 다른 모델이 있다. 이들 전부를 논의하기는 어렵겠지만 다음에서 의례, 드라마, 규칙 따르기(rule-following), 그리고 관행 등의 몇 가지 모델에 대해서는 논의할 것이다. 사회과학에 대한 기여로서 해석적 접근법이 갖는 유용성은 주로 해석적 사회과학자들이 인간 행동 내의 상징 구조를 규명하는 데 어느 정도 성공하느냐에 달려 있다.

해석적 사회과학에서 하나의 중요한 개념은 **의례** 개념, 곧 종교적 의미에 의해 신성화된 행동의 규칙에 따른 연쇄이다(Geertz, 1971b: 112). 여기서 우리는 반복적인 상징적 행동을 강조하는 사회적 의미 개념을 가지고 있다. 핵심 모델은 목적 지향적 행위가 아니라 극적인 참여이다. 베버의 사회적 행위 개념은 여전히 합리적이다. 그 개념은 우리가 행위 주체의 목적과 의도에 의해서 행위를 이해하도록 권유한다. 그러나 기어츠와 터너 같은 인류학자들은 다른 전형적인 사례들—신중하고 목적 추구적이라기보다는 참여적이고 규칙에 따르는 극적인 행동—에 초점을 둠으로써 의미 있는 행위 개념을 넓혀왔다.

예를 들어, 기어츠의 자바 장례식 묘사를 고찰해 보자. "자바 장례식의 분위기는 흥분상태의 이별이나 자제되지 않은 흐느낌, 또는 고인의 죽음을 애도하는 형식적인 통곡 같은 것이 아니다. 그보다는 조용하고, 감정을 나타내지 않고, 담담하게 진행되는 것이며, 돌이킬 수 없는 관계를 간결하고 의례적으로 포기하는 것이다. 눈물은 용납되지 않으며 장려되는 것은 더욱 아니다. 즉, 일을 잘 마치려는 노력이지, 비판에 잠겨서 질질 끄는 것이 아니다. …… 이 모든 자바의 의례 체계의 전체적 동력은 사람들로 하여금 심한 감정적 혼란 없이 슬픔을 이겨낼 수 있도록 하는 것이다"(Geertz, 1971d: 153 [기어츠, 1998: 187]). 이것은 개인들이 사회적 관습에 의해 규정되고 의미 있는 인간의 필요—이 경우에는 슬픔—에는 조응하지만 신중하거나 목적 지향적이지는 않은 일련의 행위를 수행하는 것을 포함하는 사회적 행위 모델이다. 대신 우리는 참여자들이 생물학적 사건, 즉 죽음에 집합적으로 의미 있는 반응을 구현하는 사회적으로 규제된 공연에 참여하고 있다고 말할 수 있다.

해석적 사회과학에 또 다른 중요한 기여자는 터너이다. 그는 **드라마**라는 조직화 개념(organizing concept)을 사용해 사회적 행위를 해석하는 문제에 접근한다. 그는 등장인물들 사이에 오래 계속되는 상호작용인 드라마 개념을 통해 사회적 행위의 시간 구조와 사회적 행위들이 펼쳐지는 창조적 행위성을 강조한다. "사회적 드라마와 사회적 기획, 종류가 다른 과정 단위는 순서가 있는 사회적 사건으로 구성되는데, 잘 들여다

보면 거기에도 구조가 존재한다. …… 무시간적 구조와 달리, 그 '시간적' 구조는 공간이 아니라 주로 시간 속 관계로 구성된다"(Turner, 1974: 35~36 [터너, 2018: 44]). 그래서 드라마 개념은 시간이 흐르면서 연장되는 의미 있는 인간 활동을 표현하는 장치이다. "사회적 드라마는 …… 어떤 규모와 복잡도를 지닌 사회에서도 독립된 연구 주제로 다룰 수 있겠다"(Turner, 1974: 33 [터너, 2018: 41]). 사회적 드라마는 문화적으로 정의된 세계의 맥락 가운데 많은 연기자가 자신의 이해관계, 관심사, 의도를 공연하는(play out) 구조화되고 시간적으로 확장된 상황이다. 터너는 이렇게 쓴다. "정리하면 사회적 드라마는 갈등 상황에서 생겨나는 무조화적(aharmonic) 혹은 반조화적(disharmonic) 과정의 단위이다. 그것은 전형적으로 관찰 가능한 네 단계의 주요한 행위 국면으로 구성된다. 1. 위반. 이 국면에서는 동일한 사회관계 체계 내의 개인이나 집단 사이에서 정례적·규범적 사회관계의 파기가 일어난다. …… 2. 정례적·규범적 사회관계의 위반 뒤에는 점증하는 **위기**가 따른다. …… 3. 다음으로 세 번째 국면인 **교정** 단계가 뒤따른다. 위기가 확산되는 것을 막기 위해서는 침해당한 사회 체계 내의 지도자나 구조적 권위가 있는 대표들이 나서서 비공식적이거나 공식적인, 제도적이거나 즉흥적인, 교정적인 '메커니즘'을 재빨리 작동시켜야 한다. …… 4. 내가 식별한 사회적 드라마의 마지막 국면은 재통합 단계이다. 여기서는 위기를 겪은 사회집단의 재통합이 일어나거나, 갈등하는 당사자들의 분열이 도저히 회복될 수 없는 것임을 사회적으로 인정하고 합법화한다"(Turner, 1974: 37~41 [터너, 2018: 46~52]).

터너는 사회적 과정에 대한 해석의 패러다임을 제공한다. 사회적 배열이나 결과를 이해하기 위해서 우리는 그 결과가 나오게 되는 과정에 초점을 두어야 하며, 그 과정은 사회적 드라마의 틀 안에서 이해될 수 있다. 그러므로 우리는 사회적 드라마의 틀을 사용해서 다양한 문화에서 매우 다양한 사회 현상을 이해할 수 있다. 그러므로 연구자는 참여자들이 일련의 사건에 부여하는 의미와 장기간에 걸친 그들의 상호작용적 행동, 즉 그들의 행동이 다른 참여자들의 이전 행위로부터 영향을 받는 방식에 초점을 두어야 한다.

반복적인 행동(예를 들어, 의례, 에티켓, 또는 결혼 관행)을 해석하는 틀을 제공하는 또 다른 중요한 이론적 시도는 피에르 부르디외(Pierre Bourdieu)의 『실천 이론 개요(Outline of a Theory of Practice)』(1977)이다. 문법적 발화, 공식적인 사교 행사에서의 예의 바른 행동, 결혼 유형, 종교 의례 등과 같은 인간 행동의 많은 측면이 규칙에 의해 인도되는 듯하다. 인류학자들은 종종 그러한 행동을 규칙 따르기 모델에 의해 이해하려고 시도해 왔다. 그 결과로 특정한 행동은 단지 특정한 상황에서 규칙을 적용한 사례에 불과한 것이 된다. 규칙이 행동을 생성하는 것이다. 그러나 부르디외는 이 모델이 인간 관행(사회적·문화적·물질적 제약의 맥락 안에서 관행적이고 의도적인 인간 행위)에 충분한 우선성을 부여하지 않기 때문에 매우 오도한다고 주장한다. 그는 인간 사회 행동 모델로서 권위적인 규칙 체계라는 관념 대신에 두 지적인 행위자(예를 들어, 상금이 걸린 시합에서 규칙의 맥락 안에서 이익을 놓고 다투는 두 명의 복서) 사이에 연장되는 상호작용이라는 유추를 제공한다. "아이들이나 복서들의 싸움과 같이, 개싸움에서 모든 동작은 반대 동작을 촉발하며, 모든 몸의 자세는 막 시작될 때 상대가 파악해야 하는 의미를 담은 기호가 된다. 즉, 타격이나 사이드스텝이 시작될 때 바로 이어질 동작이 강타인지 위장 공격인지 읽어내는 것이다"(Bourdieu, 1977: 11).

부르디외는 반복적인 행동이 규칙 지배적인 행위 개념에 의해 가장 잘 특징지어질 수 있다는 생각을 고찰하며, 이 틀은 심사숙고와 전략적 사고의 역할을 경시한다고 주장한다. 그는 '아비투스(habitus)'라는 개념을 들여온다. 아비투스는 "지속 가능하게 자리 잡은 규제된 즉흥성의 생성 원칙으로서, 실천을 생산하며, 실천 생성 원칙의 객관적 조건에 내재해 있는 규칙성을 재생산하는 경향이 있다"(Bourdieu, 1977: 78).* 이 개념의 장점 가운데 하나는 습관적 행동을 규칙 지배적이면서 **동시에** 행위 주체 중심적인 것으로 고찰할 수 있게 해준다는 것이다. 그것은 인간 행위 이면의 의미를 이해하는 또 하나의 모델을 제공한다.

부르디외는 친족 체계와 족외혼(남자 혈통 밖의 여자로 제한되는 결혼) 관행에 적용하는 두 가지 패러다임을 고려한다. '법률주의적'(규칙을 따르는) 모델은 친족 규칙의 집합이 친족 행동을 결정한다고 주장하는 반면, 부르디외는 친족과 결혼 행동은 개인과 가족에 의한 많은 독립적인 전략적 선택의 결과라고 주장한다. "따라서 모든 공식적인 친족 집합 가운데서 의무적 배우자를 지정하는 규범에 복종하는 것이 아니라, 결혼의 주선은 실질적인 친족 관계의 상태, 남성이 이용할 수 있는 남성을 통한 관계, 여성이 이용할 수 있는 여성을 통한 관계, 그리고 '가문' 내의 권력 관계, 즉 이전 세대의 결혼에 의해 결합된 가계들 사이의 권력 관

---

* 아비투스는 인간의 실천을 발생시키는 개인의 성향 체계 및 행위 도식을 말한다. 아비투스는 외부의 사회적 요인이 각 개인의 내부에 특정한 방식으로 느끼고 생각하고 인지하고 평가하고 행동하게 하는, 지속적이지만 변환 가능한 성향으로 자리 잡은 것이라는 점에서 외재성의 내면화라고 할 수 있으며, 개인은 이에 따라 외부환경의 제약과 요구에 반응한다는 점에서 내면성의 외재화라고 할 수 있다. 아비투스는 사회 세계의 객관적인 조건을 반영하지만, 객관적인 구조를 재생산하는 경향을 갖는 일련의 실천적 행위를 만들어낸다. _옮긴이

계의 상태에 직접적으로 의존하며, 그것은 양단간의 관계의 장을 구축하도록 허용하고 선호한다"(Bourdieu, 1977: 52).

상징적, 연극적, 그리고 실천-지향적 접근법은 풍부한 연구 프로그램을 낳는다. 왜냐하면 인류학자가 특정한 문화에서 많은 집합적 삶의 이면에 있는 의례, 관습, 그리고 상징적 수행을 규명할 수 있고, 그리하여 이러한 수행의 다양한 요소 사이의 의미 있는 연결 고리들을 한데 묶을 수 있기 때문이다. 이것은 두 가지 수준에서 사회적 행위를 이해할 수 있는 기초를 제공한다. 행위 주체의 행위는 그 행위를 관습적으로 정의된 특정한 상징적 수행 안에 위치시킬 때 이해되며, 그 수행 유형 자체는 더 큰 상징적 활동 체계 안에 놓일 때 이해된다.

다양한 인간 집단의 의미 있는 개념과 자아 정체성에 대한 구체적인 연구를 예증하는 두 사례를 고찰해 보자(〈사례 3.3〉과 〈사례 3.4〉 참조). 각 사례는 역사 현상을 이해하기 위한 해석적 도구의 사용과 관련되어 있다. 〈사례 3.3〉에서 아서 울프(Arthur Wolf)는 중국의 민속 종교에 대한 해석을 제공한다. 이 해명은 종교적 신념과 관행 복합체의 의미와 중국 농촌 사회의 특징인 '사회적 형이상학' 사이의 관계를 확립하는 데 초점을 두고 있다. 〈사례 3.4〉에서 에드워드 팔머 톰슨(E. P. Thompson)은 집단의 구성원들이 자신들 집단과 사회 세계에서 그 집단의 위치에 대한 중요한 상징적 이해를 공유하게 되는 역사적 과정을 고찰한다. 그는 영국 노동계급의 역사적 발전, 즉 역사적으로 구체적인 집단이 한 세기의 대부분에 걸쳐 공유했던 의미, 가치, 그리고 헌신에 대한 상세한 재구성을 제공한다.

중국의 민중 문화

중국의 가난한 농촌 사람들은 신과 귀신, 조상을 향한 의례를 포함하는 종교를 실천했다. 이러한 실천들은 중국의 공식적인 상위 문화 종교와 상당히 달랐다. 아서 울프는 이 믿음과 의례의 의의에 대한 일관된 해석을 제시하려고 시도하면서, 이 의미 체계가 가난한 중국 농촌 사람들이 자신들 주변의 사회 세계를 인식하는 방식과 거의 일치한다는 것을 보여준다.

"이러한 의의는 대개 숭배자들이 자신의 사회 세계에 대해 가지고 있는 인식에 의해 결정된다. 중국 종교에 대해 지적할 가장 중요한 점은 그 종교가 신봉자들의 사회적 경관(social landscape)을 반영한다는 것이다"(Wolf(ed.), 1978: 131). 예를 들어, 울프는 지역 신들이 관료들의 행정 조직과 병행하는 '구역들'에서 체계화되었다는 것을 발견한다. 특정 장소에 대한 공무상의 책임이 있듯이, 유사한 책임을 가진 '토지신(T'u Ti Kung)'이 있었다. 각 토지신은 작은 사당에 있는 점토 상으로 표상된다. 그리고 토지신이 책임을 지는 데 실패할 때, 즉 날씨를 통제할 수 없을 때, 그 신들은 관료들이 벌을 받는 것과 같은 방식으로 벌을 받을 수 있다. 토지신들은 다른 지역으로 추방될 수도 있고, 파괴될 수도 있다.

울프는 한 관찰자를 인용한다. "1년여 전 가뭄 때 난링현(南陵縣)에서 한 신이 직무 태만으로 지방관에 의해 공개적으로 재판을 받고 유죄 판결을 받은 후 뜨거운 태양 아래 남겨져서 뜨거움이 어떤지 느끼는 벌을 받았고, 마침내 모든 종류의 모욕을 견디다 못해 산산조각 부서졌다"(Wolf, 1978: 144). 그는 중국 민중 종교를 중국 농촌 하층 계급의 사회적 세계관의 투사로 해석한다.

▌ 자료: 1960년대 가난한 농촌 대만인과의 인터뷰에서 추출한 문화기술지 자료
▌ 설명 모델: 영적 세계와 중국 제국의 관료 조직 사이에 상응하는 종교적 믿음의 해석과 그 믿음에 대한 설명
▌ 출처: Arthur P. Wolf, "Gods, Ghosts, and Ancestors"(1978)

영국 노동계급

고전 마르크스주의는 계급이 계급의식을 가지는 경향이 있다고 주장한다. 그들은 스스로를 하나의 계급으로 인정하고, 자신들이 공통으로 가지고 있는 물질적 이해관계를 확인하고, 자신들을 집합적 행위 주체로 결정화한다. 에드워드 팔머 톰슨은 계급 형성 과정이 이 설명에서 제시된 방식처럼 기계적이거나 필연적인 것이 아니라고 주장한다. 대신 계급들은 특정한 사회 환경에서 장기간의 역사적 경험을 통해서만 의식적인 계급 정체성의 상태가 된다.

"나는 계급을 하나의 역사적 현상이라 이해하고 있는데, 그것은 생생한 경험 자료상으로나 의식상으로나 서로 분리되어 있고 연결되어 있지 않은 것처럼 보이는 여러 사건을 하나로 통합하는 현상이다"(Thompson, 1963: 9 [톰슨, 2000: 6]). 『영국 노동계급의 형성(The Making of the English Working Class)』에서 그는 18, 19세기에 영국의 노동자들과 장인들이 자신들을 하나의 계급으로 인식하게 한 역사적 경로를 상세히 탐구한다. "계급적 경험은 사람들이 태어나면서부터 맺는, 바꿔 말하면 자기의 의도와는 상관없이 그 속에 들어가게 되는 그러한 생산관계에 의해서 주로 결정된다. 계급의식이란 이러한 경험들이 문화적 맥락에서 조정되는 방식, 즉 전통, 가치 체계, 관념, 그리고 여러 제도적 형태 등으로 구체화되는 방식이다"(Thompson, 1963: 9~10 [톰슨, 2000: 7]).

그는 영국 노동계급을 형성한 변화하는 기술적 환경과 정치적·문화적 경험, 즉 산업혁명, 대중적 정치 운동, 노동자들의 자기-계발 협회, 유니테리언주의(unitarianism), 일부 직종의 소멸과 새로운 노동 범주의 생성 등을 자세히 고찰한다. "노동계급의 형성은 경제사적 사실 못지않게 정치사적·문화사적인 사실이다. 그것은 공장제도의 자동생산물이 아니었다. 우리는 '산업혁명'이라는 어떤 외적인 힘이 특징 없고 미분화된 인류라는 원료에 작용하는 것으로 생각해서는 안 된다. 공장 일꾼이나 양말제조공은 번연(Bunyan)의 후계자였으며 대대로 내려오는 촌락공동체의 여러 권리, 법 앞의 평등이라는 개념, 수공업 전통을 아울러 가지고 있었다"(Thompson, 1963: 194 [톰슨, 2000: 273]).

사회적 가변성과 문화의 우선성

앞의 장들에서 고찰되었던 인과적 접근과 합리적 선택 접근과는 대
조적으로 해석적 틀의 한 가지 독특한 측면은 사회 탐구는 문화적으로
구체적이어야 한다고 주장하는 경향이다. 도구적 합리성이든, 유물론
이든 또는 다른 어떤 것이든 특정 사회에 대한 설명의 열쇠를 제공할 선
행적인 틀은 없다. 오히려 특정한 문화를 구성하는 가치, 의미, 실천 등
은 어떤 종류의 과정이 발견될지에 대한 전제 없이 탐구되어야 한다. 문
화적 구체성에 대한 선호는 이러한 이유로 사회적 의미에 대한 주된 강
조와 연결된다. 사회 현상이 인간 의식의 작용으로 구성되고 인간의 창
조성이 다양하다면, 서로 다른 문화가 유사한 사회 과정과 구조를 만들
어낼 것이라고 가정할 이유가 없다.

따라서 해석적 패러다임은 인간 의미의 근본적인 문화적 가변성을
주장하며, 그 결과로 문화적으로 특수한 것들로부터 추상화하는 틀들은
불가피하게 필수적인 것들을 무시하게 된다. 기어츠는 사회나 개인에
게 문화를 초월한 보편적인 것이 있다 하더라도 극히 소수이기 때문에
지역적 의미의 체계적인 분석(unpacking)이 사회 탐구의 의무라고 주장

한다. 심지어 사람의 개념도 문화적으로 독특하다. 따라서 인간의 열망과 자아-개념의 가장 기본적인 특징에 대해서도 일반화하는 것은 불가능하다. 기어츠는 다음과 같이 쓴다. "그러나 사람에 대한 서구의 개념, 즉 사람을 독특한 전체로 조직되고 다른 전체 사회적·자연적 배경과 대조적으로 설정된, 경계가 있고 독특하고 다소 통합된 동기적·인지적 세계이자, 역동적인 자각·감정·판단·행위의 중심으로 보는 개념은, 우리에게 아무리 뿌리 깊은 것으로 보일지라도, 세계 문화의 맥락 안에서는 다소 독특한 발상이다"(Geertz, 1983: 59). 인류학자는 문화를 가로지르는 이러한 인간 자아감의 극단적인 다양성을 고려해, 지역 사람들로 하여금 스스로를 인식하고 자신들의 사회 세계를 구성하는 가치·개념·믿음 등의 **지역적**(local) 체계를 풀어내는 시도를 하도록 엄격하게 요구된다. 그러나 물질적 환경이나 합리적 자기 이익과 같은 인간 동기 부여의 일부 핵심 특징을 전제로 한 사회과학 탐구는 근본적으로 잘못된 것으로 보인다.

이 관점에서 볼 때, 사회화의 문제는 근본적인 문제이다. 아이들은 어떠한 과정을 통해서 자신들이 태어난 제도에 대한 '올바른' 태도와 이해를 획득하는가? 의미는 주관적이지만 개인주의적이지는 않다는 것이 해석 이론에 본질적이다. 그것들은 사회적으로 공유된 의미이다. 그리고 이것은 사람들이 사회 활동을 지배하는 내재적 규칙―예를 들어, 사회적 에티켓, 운동장 야구, 또는 구혼의식 규칙―의 체계를 내면화하는 과정과 많은 관련이 있다. 비정상적으로 연장자들에 대한 존경을 수치스러운 자아의 상실로 여기는 젊은 베르베르인은 혼자서 노년-청년 관계를 재구성하는 것이 아니다. 대신 그는 베르베르족의 사회적 가치와 이해를 올바르게 흡수하지 못한 사회 부적응자이다. 버거와 루크만(Berger and

Luckmann, 1966: 57~63 [버거·루크만, 2013: 97~105])은『실재의 사회적 구성』에서 이러한 과정을 고찰한다. 그들의 해명은 이런 의미에서 사회관계를 객관적이면서 동시에 주관적인 것으로 정의한다. 사회관계는 아이가 처음으로 경험하는 다소 고정된 관계들과 아이디어들의 세계를 구성한다는 점에서 객관적이며, 사회관계에 참여하는 사람들의 의미 있는 행위와 표상에 의해 구성된다는 점에서 주관적이다.

이제 해석 이론과 밀접하게 연관된 한 입장으로 가보자. 그것은 문화 체계는 사회 구조로부터, 특히 경제와 정치로부터 자율적이며, 더 놀랍게도 경제 구조와 정치 구조가 규명되기 전에 먼저 지역의 문화 형식이 이해되어야 한다는 견해이다. 여기에서 기저에 있는 아이디어는 상징 형식이 사회적 행위의 방식과 특징을 구성한다는 것이다. 그러므로 특정한 문화 내에서 경제적 행동이나 정치적 행동을 적절하게 해석하기 전에 행위의 상징적이고 의미 있는 맥락을 이해하는 것이 필수적이다.

따라서 마셜 살린스(Marshall Sahlins)는 사회 현상을 '실천 이성', 즉 물질적 필요를 만족시키는 것을 목표로 하는 개인 행위가 총화된 결과로 설명하려는 시도를 비판한다. 그는 두 개의 광범위한 사회과학의 부류, 곧 유물론적 과학과 문화 과학 사이를 개략적으로 구분한다. 그는『문화와 실천 이성(Culture and Practical Reason)』(1976)에서 다음과 같이 쓴다.

공리주의와 문화적 해명 사이의 이러한 오래된 갈등을 해결하는 대안들은 크게 다음과 같이 정리할 수 있다. 이 대안은 문화적 질서가 인간의 실제 의도적이고 실용적인 행위의 코드화로 인식될 수 있는지, 또는 거꾸로 세계 안의 인간 행위가 실천적 경험과 관례적 실천, 그리고 이 둘 사이의 관계에 동시에 질서를 부여하는 문화적 설계에 의해 매개되는 것으로 이해될 수 있는지 하는 것이다(Sahlins, 1976: 55).

그래서 살린스는 사회는 가치, 믿음, 상징, 실천 등의 문화적 요소들의 구체적인 내용을 세밀하게 분석함으로써만 이해될 수 있다고 주장한다. 유물론 또는 합리적 선택 틀과 대조적으로, 그는 물질적 환경에 대한 합리적 적응을 기초로 어떤 사회 현상도 설명할 수 있다는 전제를 거부한다. "한 가지 명백한 점은, 이른바 원시 사회만큼이나 부르주아 사회에서도 물질적 측면은 사회적인 것과 실질적으로 분리되어 있지 않다는 것이다. 물질적 측면은 자연을 이용한 필요 충족과 관련이 있고, 사회적인 것은 사람 관계의 문제와 관련이 있는 것처럼 말이다"(Sahlins 1976: 205). 오히려 살린스는 필요와 이해관계는 불가피하게 문화적으로 독특하며, 그 결과로 유물론의 프로그램을 시작하기 전에 해석과 문화 분석이 요구된다고 주장한다. 그래서 살린스는 사회과학은 문화적으로 독특한 실천, 믿음, 가치의 의의에 대한 해석의 핵심 요소를 담고 있어야 한다고 언급한다(살린스의 저작에서 가져온 제6장의 〈사례 6.5〉 참조). 우리는 그 장에서 살린스가 취한 입장의 타당성을 논의할 것인데, 거기서 교차-문화적인 인간적 관심과 신념의 핵심이 있으며, 따라서 지역적인 문화에 대한 구체적인 정보 없이도 유물론적 주장과 합리적 선택 주장을 자극할 수 있다고 주장할 것이다.

문화적 독특성에 대한 주장의 한 이론적 근거는 사회 현상 자체의 정의에서 유래한다. 해석 이론가들은 문화 자체 안에서 발견되는 의미와 이해의 특수한 복합체를 통하지 않고 사회적 실천과 제도를 거론하는 것은 가능하지 않다고 주장한다. 여기에는 근본적으로 사회 존재론의 테제가 있다. 즉, 보편적이거나 교차-문화적인 사회적 실체란 없다. 오히려 (계급, 계약, 국가와 같은) 유망한 실체는 면밀히 분석해 보면 지역적 문화의 구체적인 가치와 의미에 밀접하게 의존적이라는 것이 드러나므로, 이 실천들에 같은 개념을 사용하는 것은 부적절하다.

이제 사회 현상은 그 현상에 참여하는 사람들의 자기 이해에 철저하게 의존한다는 생각을 고찰해 보자. 알래스데어 매킨타이어(Alasdair MacIntyre)는 사회 현상은 참여자들이 그 현상에 부여하는 의미에 의해 구성된다는 생각에 대해 폭넓은 논의를 제공한다. "어떠한 제도나 실천도 누구든지 그것에 대해 생각하거나 느끼는 것과 독립적으로는 존재할수도 역할을 할 수도 없다는 것은 명백한 진리이다. 제도와 실천은 정도는 다를지라도 항상 부분적으로 특정한 사람들이 그것들에 대해 생각하고 느끼는 것에 의해 구성되기 때문이다"(MacIntyre, 1973: 174). 그래서 우리는 참여자들이 정당 제도에 대해 가지는 이해에 의하지 않고서는 그 제도를 적절하게 특징지을 수 없다. 그리고 이 이해는 다른 국가 문화마다 상당히 가변적일 수 있으며, 따라서 여러 문화에 걸쳐 적용할 수 있는 추상적이고 의미 중립적인 '정당' 개념에 도달하는 것은 불가능하다.[2] 이 입장은 설득력이 있는 주장인가? 사회관계는 참여자들이 그 관계에 부여하는 특정한 의미와 태도에 의해서만 묘사될 수 있다고 결론 내리는 것이 타당한가? 그렇지 않다. 오히려 구조들이 지역적 해석에 의존하지만, 이 구조에 대한 추상적이고 교차-문화적인 특징을 제공한다고 인정할 수 있다. 제5장과 제6장의 논의는 참여자들의 이해관계와

---

2 이런 종류의 주장을 하는 다른 사례로는 찰스 테일러(charles Taylor)의 협상에 대한 분석 (Taylor, 1985a: 32~36)과 유럽의 정치적 개념의 총체(국가, 권력, 이점)를 발리에 적용하는 것이 부적절하다는 기어츠의 논의(Greertz, 1980: 121~122)가 있다.

필요에 미치는 두드러진 영향에 따라 제도와 실천을 특징짓는 '엷은' 사회 구조와 과정의 개념을 정식화하는 것이 가능하며 또한 유용하다는 것을 보여주려고 시도할 것이다. 다양한 사회과학 영역에서 교차-문화적으로 적용되는 제도, 구조, 또는 실천 개념의 전형적인 사례들은 다음과 같다.

- 노동 조직의 형태: 가족농(family farming), 임금 노동, 협동 노동
- 잉여 추출 체계와 빈곤: 조세, 이자, 임차료, 강제 노역
- 마을 통치 제도들: 엘리트, 마을 의회
- 상업화: 교환, 시장, 가격, 최저생활과 환금 작물, 교통·통신 시스템
- 조직된 사회적 폭력: 비적, 해적, 지역 민병대
- 초지역적 정치 조직들: 법정, 군대, 조세, 법

이 사례들은 중국, 베트남, 인도네시아, 그리고 중세 프랑스 같은 다양한 사회적 맥락에서 발견될 수 있는 다양한 제도, 실천, 조직, 그리고 사회 형식을 나타낸다. 그것들은 농민들이 자신들의 삶을 살고 자신들의 행동을 적응시키는 맥락 내에서 사회적·물질적 환경의 일부를 구성한다. 그리고 다양한 저자는 지역적 의미와 해석에 대해 더 구체적인 정보가 없더라도 이 모든 농촌 사회의 여러 특징을 설명하는 것이 가능하다는 것을 보여주었다.

이것은 이 설명들이 제도에 대한 '가치-중립적인' 묘사라는 것을 의미하는가? 그렇지 않다. 오히려 제도와 실천은 행위성이라는 핵심 개념의 맥락에서 목적 지향성으로 이해될 수 있다. 이 관점에서 보면, 농민들은 기존의 상업화 환경을 고려하고 그에 따라 전략을 선택하는 것으

로 추정된다. 즉, 그들은 시장, 가격, 현금 수입 등에 적절한 경제적 의의를 부여한다. 마찬가지로 그들은 토지-소작 합의, 신용 거래, 조세 부과 제도의 함의를 인식하고, 자신들의 의무와 리스크를 최소화하는 것을 선호하는 것으로 추정된다. 다시 한번 우리는 그들이 이러한 방식에 대해 합리적인 해석적 입장을 취한다고 가정한다. 즉, 행위성이라는 핵심 관념으로 인해 우리는 물질적·사회적 제도와 실천의 개념을 개진할 수 있으며, 농민들은 그에 따라 이러한 실천을 향해 그들의 행동을 방향 짓는다고 상정하게 한다.

이러한 입장은 농민들이 이러한 실천과 제도에 부여하는 의의의 측면에서 중요한 문화적 세부 사항이 없다는 것을 뜻하는가? 그렇지 않다. 따라서 임대인-임차인 관계는 경제적·정치적 이익의 계산뿐만 아니라 도덕적이거나 종교적인 이해에도 배태되어 있을 수 있다. 그러나 이 견해가 집중하고 있는 것은, 토지-소작 체계의 경제적·정치적 측면은 보편적으로 두드러지기 때문에 농민들의 행동을 설명하는 데 중요한 역할을 하며, 일부 사례에서는 이러한 사회관계의 자기-해석에 대해 더 완전하고 문화적으로 정통한 해석을 할 필요는 없다는 것이다.

결론

사회 현상에 대한 해석적 접근법은 다음의 논지에 해당한다. 모든 인간 행위는 주관적인 사회적 세계관에 의해 매개된다. 개인의 사회 세계를 간파하지 않는 사회과학이란 가능하지 않다. 그래서 모든 사회적 행위는 의미 있는 사회 세계에 의해 틀 지어진다. 인간 행동 유형을 이해하거나 설명하거나 또는 예측하기 위해서, 우리는 먼저 개인의 사회 세계, 곧 그가 (사회적·자연적) 환경에 부여하는 의미, 그가 소유하는 가치와 목적, 그가 인식하는 선택, 그리고 그가 다른 개인들의 사회적 행위를 해석하는 방식을 간파해야 한다. 그래야만 우리는 그의 행동을 분석하고 해석하고 설명할 수 있을 것이다. 그러나 이제 행위는 행위 주체가 자신의 세계를 스스로 이해하는 데 사용하는 의미, 가치, 전제, 그리고 해석 원칙들에 의해 두껍게 묘사된다.

이러한 주장을 강한 의미에서 사회과학을 위한 규범적 규정이라고 간주해 보자. 모든 사회과학은 해석적 접근법을 사용해야 한다고 주장하는 것이 타당한가? 그렇다면 제1장과 제2장에서 논의된 설명 틀, 즉 인과적 설명과 합리적 선택 설명은 거부되어야 한다. 이후의 장에서 우리는 이 쟁점을 더 상세하게 고찰할 것이다. 제5장은 유물론적 설명에 대한 사례를 보여줄 것이고, 제6장은 합리성 개념을 비서구 문화에 적용하는 근거를 검토할 것이다. 그러나 그 장들의 결론을 여기서 짧게 미리 살펴볼 수 있다. 여기서 제공된 사례들은 해석적 틀이 사회과학의 여러 문제에 대한 타당한 접근법이라는 것을 확고히 한다. 그러나 모든 사회 탐구가 이런 방식으로 수행되어야 한다는 제안은 설득력이 없다. 의의와 해석의 문제가 발생하지 않고, 물질적 이해관계, 사회 구조, 강제적 제도들과 같은 객관적 요소가 핵심적인 설명 역할을 하는 사회과학과 설명의 영역은 상당히 많다. 그리고 사회과학에는 해석적 분석이 의무적이지도 않고 통찰력을 주지도 않는 연구 주제들이 많다.

특히 제6장에서는 합리적 자기 이익 개념을 교차-문화적으로 적용하는 것이 타당하며, 사회과학자들이 많은 사회적 역사가 자신의 복지나 가족의 복지에 대한 신중한 고려에 따라 행위하는 개인들의 총화적 결과로서 이해될 수 있다고 상정하는 것도 타당하다는 것을 보여주기 위해 여러 논의가 제공될 것이다. 이 합리적 선택 틀은 확실히 모든 사회 탐구 주제에 들어맞지는 않지만, 기술 변동, 반란, 사회 협력, 그리고 경제적 의사결정 등 많은 사회 조사 문제를 위해서는 정당한 것이라고 인정된다. 이것이 인정되면, 결과적으로 이 사회문제들은 사회과학의 중요한 영역을 구성하며, 거기서는 문화적으로 특정한 의미와 가치를 발견하는 것이 핵심 문제가 아니다. 오히려 핵심은 개인적 활동을 특정 방향으로 제약하고 특정 유형의 사회적 삶을 생산하는 결과를 가져오는 특정한 사회적 배열과 제도를 발견하는 것이다.

또한 순수한 해석적 접근의 사회과학이 어떤 모습일지가 명확하지 않다는 것도 언급될 수 있다. 그러한 접근은 설명, 일반화, 그리고 모델을 제공할 것인가? 아니면 단지 여러 사회에 대한 구체적인 해석적 읽기의 모음에 불과할 것인가? 어떤 법칙이나 규칙성의 개념이 부각될 것인가? 인과성은 그러한 과학에서 자리를 차지하고 있어야 하는가? 해석적 도그마를 엄격하게 고수하는 것은 매우 기술적이고 전혀 설명적이지 않은 사회 분석의 형태로 이어질 것으로 보인다.

그래서 해석 이론의 공격은 합리적 선택 이론과 유물론적 사회과학의 신빙성을 떨어뜨리려는 일반적인 목적 달성에 실패한다. 이론적으로 타당하고 경험적으로 생산적인, 합리성과 삶의 물질적 환경에 대한 정교한 가정의 집합을 전제한 사회과학 영역은 상당히 많다. 그리고 이 틀들은 인간 행위의 유의미한 특성이라는 해석 이론의 기본 진리와 양립할 수 있다. 그 틀들은 사회과학은 선택, 믿음, 추론, 행위 등 인간 행위성에 대한 이해를 관류(貫流)해야 한다는 암묵적 또는 명시적 가정을 공유하고 있다. 이들 프로그램을 구별해 주는 것은 행위성이 아니라 어느 수준에서 행위성을 특징지을 수 있느냐 하는 것이다. 해석적 프로그램은 행위성과 사람됨을 정의하는 문화적으로 중립적이고 중대한 수준은 없다고 암묵적으로 가정한다. 유물론적 프로그램은 이것을 부인한다. 유물론적 프로그램은 종(種)에는 특유하지만 문화적으로는 독특하지 않은 인간 행위성의 중요한 핵심이 있으며 이 묘사의 내용이 많은 사회적 상황에서 사회 유형들에 대해 좋은 사회적 설명을 만들어내기에 충분하다고 주장한다.

이것은 해석적 접근법이 그 자체로 잘못되었다는 의미인가? 의미에 대한 해석적 사회과학, 해석적 사회 탐구, 그리고 문화적 연구는 사회과학을 위해 타당한 프로그램들인가? 확실히 그러하며, 그것들이 다른 접근법들은 할 수 없는 질문들에 대한 답을 제공한다는 것은 명백하다. 이러한 점들은 본질적으로 합리적 선택 이론, 유물론, 그리고 문화 과학이 서로 경쟁하는 연구 프로그램이며, 각각은 인간 행동과 사회의 한 측면에 대한 타당한 통찰에 입각하고 있다는 것을 시사한다. 심사숙고하는 이성과 문화적 의미 모두 행동, 사회적 실천, 그리고 역사에 영향을 준다. 여기서 던질 수 있는 질문은 다음과 같다. 문화적 요소들에 대한 광범위한 해석 없이도 결과를 설명하고 예측할 수 있을 정도로 목적 지향적 합리성의 영향력이 충분히 강한 것은 어느 정도에서 그리고 어떤 상황에서인가? 그리고 합리적 선택 이론과 유물론의 전제는, 특별히 생산의 사회적 배열, 정치적 결과가 중심에 기술된 이해관계에 실질적으로 영향을 미칠 때 사람들의 정치적 행동, 그리고 물질적 삶을 규제하는 경제 구조들을 포함하는 그러한 영역들이 있다는 것이다.

▌더 읽어볼 책들

Berger, Peter L. and Thomas Luckmann. 1966. *The Social Construction of Reality* [피터 버거·토마스 루크만, 『실재의 사회적 구성』(2013)].

Bourdieu, Pierre. 1977. *Outline of a Theory of Practice*.

Davidson, Donald. 1963/1980. "Actions, Reasons, and Causes."

Geertz, Clifford. 1971. *The Interpretation of Cultures* [클리퍼드 기어츠, 『문화의 해석』(1998)].

Outhwaite, William. 1975. *Understanding Social Life: The Method Called Verstehen*.

Sahlins, Marshall. 1976. *Culture and Practical Reason*.

Taylor, Charles. 1985. Philosophy and the Human Sciences: Philosophical Papers 2.

Turner, Victor. 1974. *Dramas, Fields, and Metaphors: Symbolic Action in Human Society*

Von Wright, Georg Henrik. 1971. *Explanation and Understanding*. [빅터 터너, 『인간사회와 상징행위: 사회적 드라마, 구조, 커뮤니타스』(2018)].

Weber, Max. 1949. *The Methodology of the Social Sciences*. New York: Free Press [막스 베버, 『막스 베버 사회과학방법론 선집』(2011)].

제2부

변형과 정교화

우리는 이제까지 사회적 설명의 기초에 대한 몇 가지 근본적인 아이디어를 살펴보았다. 제2부에서 나는 이 모델들을 다양한 방향으로 정교화한 것들로 관심을 돌린다. 기능적·구조적 설명(제4장)은 인과적 설명의 형식을 취한다고 이해될 것이다. 유물론적 설명(제5장)은 제1부에서 예비된 방식을 따라 합리적 선택 설명과 인과적 설명 모두의 요소를 결합한다. 경제 인류학(제6장)은 합리적 선택 이론의 도구들을 사용해 근대 이전 세계에서 사회적 행동의 유형을 설명하려고 시도한다. 그리고 사회 현상의 통계적 설명(제7장)은 사회적 변수들 사이의 공분산 유형에 대한 분석에 기초해 사회적 과정들 사이의 인과 관계를 발견하려고 시도한다. 이러한 논의에서 나오는 결과는 합리적 개인들이 맞닥뜨리는 선택 상황들의 분석에 기반한 인과적 설명이 이 설명 유형들 각각에서 핵심적인 역할을 한다는 것이다. 따라서 여기서 고찰되는 설명의 형식들은 제1부에서 서술된 토대를 기반으로 하고 있다.

제4장

기능적·구조적 설명

우리는 제1장에서 인과적 설명모델이 사회과학에서 핵심적인 역할을 한다는 것을 보았다. 그러나 일부 사회과학자들은 인과적 설명과 구별되고 특별히 사회 현상에 적합한 여러 설명 양식이 있다고 주장한다. 그 첫 번째는 기능적 설명으로서, **기능적 설명**은 어떤 사회의 특징을 그것이 더 큰 사회 체계에 미치는 유익한 결과라는 측면에서 설명하려고 한다. 왜 수렵 채집인들은 장기간 수유를 하는가? 왜냐하면 이것은 출산율을 감소시켜서 지속 가능한 인구 성장 수준을 유지시키기 때문이다. 이것이 기능적 설명이다. 장기간의 수유 관행은 지속하는 수렵 채집 사회의 중요한 필요(낮은 인구 밀도의 유지)에 대한 기여의 측면에서 설명된다.

두 번째 일반적인 사회적 설명모델은 **구조적 설명**이다. 이 모델은 어떤 사회의 특징을 사회의 특정한 구조적 특징의 예측 가능한 결과로 설명하려고 한다. 19세기 쌀 가격이 베이징과 상하이에서는 상관관계가 있는데, 상하이와 시안(西安)에서는 상관관계가 없었던 이유는 무엇인가? 그것은 전통 중국의 시장 체계가 베이징과 상하이 사이에서는 직접적이고 저렴한 교통망을 구현했으나, 상하이와 시안 사이에서는 그러지 못했기 때문이다. 이것이 구조적 설명이다. 가격 상관관계 자료는 전통 중국의 시장과 운송 체계의 구조에 따른 결과로 설명된다.

그러나 이 장에서 우리는 이 두 가지 설명 형식이 인과적 설명과 근본적으로 구별되지 않는다는 것을 발견하게 될 것이다. 기능적 설명은 기본적으로 상정된 기능적 관계를 확립하는 인과적 설명의 가용성에 의존한다는 것이 드러날 것이다. 그러한 해명이 부재한 기능적 설명은 결함을 가지고 있다. 그리고 구조적 설명은 타당하지만 단지 인과적 설명의 하위 범주라는 것이 밝혀질 것이다. 구조적 설명은 인과적 힘을 사회의 구조적 특징들에 귀속시키는 인과적 설명이다.

기능주의

어떤 현상에 대한 기능적 설명은 피설명항을 통제된 변화 또는 역동적 균형의 과정에 있는 상호작용 체계 안에 위치시키는 것이다. 그것은 그 특징의 존재를 체계에 대한 유익한 효과에 의해서 설명한다. 기능적 설명의 사례는 다음과 같다.

1. 새들은 비행을 용이하게 하기 위해 속이 빈 뼈를 가지고 있다.
2. 물레방아는 에너지의 흐름을 원활하게 하기 위해 속도 조절 바퀴를 가지고 있다.
3. 렐레(Lele)족의 신부 가격을 정하는 관습은 여러 세대에 거쳐 사회적 상호 의존성을 강화하는 역할을 한다(Douglas, 1958/1967).
4. 안다만 제도 주민들(Andaman Islanders) 사이의 종교적 관행은 사

회적 결속을 지키기 위해 존재했다(Radcliffe-Brown, 1922/1964).

설명항은 더 큰 체계 내에서 피설명항의 기능과 그 특징이 이 체계의 원활한 작동에 제공하는 유익을 명시한다. 즉, 피설명항은 그것이 전체로서의 체계에 주는 유익한 결과의 관점에서 설명되어야 한다. (그러한 설명은 결과 설명으로 묘사될 수 있다. 즉, 피설명항의 존재를 피설명항의 결과에 의해서 설명하는 것이다.)

이러한 서술은 곧바로 (하나의 상황을 그 상황의 미래 효과로 설명하는) 목적론(teleology)의 문제를 제기한다. 원인은 그 원인의 결과보다 시간상 나중에 일어날 수 없다. 그러나, 예를 들어, 시간 t에서 물고기가 등지느러미를 가지고 있는 것은 나중 시간 t^*에 물고기의 지느러미가 주는 안정성에 의해 설명된다. 따라서 현재 상태와 미래 상태 사이의 목적론적 관계를 상정하는 것을 피하기 위해서는, 그 특성을 지속하게 하는 체계의 **현재** 특징을 발견하는 것이 필수적이다. 이 문제를 해결하는 직접적인 한 가지 방법은 미래의 최종 상태 자체보다는 어떤 결과 상태를 산출하는 특성의 **현재** 성향적 속성을 고려하는 것이다. 그래서 우리는 물고기가 등지느러미를 갖는 것은 그 지느러미가 현재 환경에서 갖는 현재 성향적 속성이 물속에서 안정성을 낳기 때문이라고 주장할 수 있다. 그러나 이 사례에서 우리는 어떻게 해서 이 성향적 속성이 인과적으로 현재 환경과 상호작용해 그 특성이 지속적으로 이어지는지 명시할 수 있어야 한다. 자연 선택은 근시안적이다. 자연 선택은 어떤 특성이 그 특성을 지닌 유기체에 부여하는 직접적인 이점에 기초해서만 그 특성을 선택할 수 있다.

사회적 특성의 성향적 속성은 어떻게 그것들의 선택으로 이어질 수 있는가? 간단한 사례를 고찰해 보자. '생산 연속성(production contiguity)'을 순차적인 생산 과정이 공장에서 인접한 부분에 위치하는 상황을 나타내는 산업 조직의 특성이라고 부르기로 하자. 원재료는 공장의 한쪽 끝으로 전달되고, 부분적으로 완성된 생산물은 건물을 통과해, 마지막으로 하역장으로 출고된다. 현대 공장에서 이러한 특성의 존재는 대안적인 배열보다 더 효율적인 생산 과정을 낳는다는 사실로 설명된다고 주장하는 것은 솔깃한 일이다. 그러나 이러한 특성의 등장과 유지는 어떻게 해명할 수 있을까? 초기 공장들은 각기 다른 생산 단계가 공장 전체에 걸쳐 무작위로 배치되어 있어서, 생산 연속성이 부족했을 수 있다. 산업 설계자들이 다소 손쉽게 대안적인 배열을 만들어내고 그 배열을 산업 효율성에 따라 평가한다고 가정한다면, 아마도 그 방향으로 이루어지는 일련의 작은 변화를 통해 생산 연속성은 곧 발전할 것이다. 왜냐하면 그 설계자가 더 큰 효율성을 낳는 이 배열의 성향을 인식하고 있을 것이기 때문이다. 따라서 미래 효과를 낳는 이 배열의 현재 성향적 속성 자체가 그 배열이 선택되는 원인이다.[1]

기능적 설명은 '유사-목적론(quasi-teleology)'—환경의 무작위적 변동에 대해 체계로 하여금 일정한 균형 상태를 보존하게 하는 자기 규제 또는 자기 교정의 경향—을 확립하는 체계에 가장 적절하다. 그 체계는 어떤 선호된 균형 상태를 가진다고 상정되고, 그 체계 내부의 다양한 구조는 이 상태를 유지하는 데 기여하는 것으로 해석된다. 사회과학에서 그러한 상태는 사회 질서, 경제적 효율성, 또는 가치 체계의 동질성일 수 있다.

---

[1] 욘 엘스터는 『기술 변동의 설명(Explaining Technical Change)』(1983)에서 이러한 논의의 줄기를 따라 조선술(造船術)에서의 기술 변동에 대해 흥미로운 논의를 제공한다.

유사-목적론을 구현하는 단순한 체계는 음성 되먹임 고리(feedback loop)이다(예를 들어, 보일러를 통제하는 단순한 온도 조절 장치). 체계가 자신의 목표 조건으로부터 멀어질 때, 음성 되먹임 고리가 그 체계를 균형으로 유도하기 위해 작동한다. 경쟁적 경제 내부의 가격 메커니즘을 고찰해 보자. 생산이 쉽게 확대되거나 축소될 수 있는 환경에서 경쟁적인 구매와 판매는, 상품의 가격이 변동하는 공급과 수요로부터 상대적으로 독립적인 상태를 초래한다. 재화에 대한 수요가 많아지면 가격도 상승하는 경향이 있다. 상승하는 가격은 다른 생산자들은 시장으로 유인시키고 현재의 생산자들은 생산을 확대하게 한다. 그러면 그 재화의 공급이 증가되어 가격은 다시 하락하기 시작한다. 그 과정은 가격과 수요가 떨어지는 상황에서는 역순의 방식으로 작동한다.[2]

기능적 설명은 인공물 및 인공 체계와 관련해 가장 명확하게 적용된다. 그 이유는 인공물은 의도적인 디자인의 결과이며, 그 디자인은 고안자가 특성을 선택해 시스템 전체에 걸쳐 특정 효과를 달성하는 과정이기 때문이다. 전원 버튼의 기능은 기계를 켜고 끄는 것이다. 이 주장의 진실은 기계의 설계자가 전원을 통제하기 위해 이 특정한 배열을 선택했다는 사실에 있다. 그리고 우리가 그 설계 과정의 세부 사항들을 알지 못하더라도, 기계 설계의 특정한 요소들이 어떤 의도된 목적을 달성하기 위해 선택되었다는 가정 위에서 작업하는 것은 타당하다. 게다가 특정 기능이 특정한 유익한 결과를 가져올 수 있게 의도되었는지 의심할

---

2   그러한 체계의 여러 사례는 Schelling(1978)[셸링, 2009]을 참조. 그리고 허버트 사이먼 (Herbert Simon)은 『인공의 과학(The Sciences of the Artificial)』(1969/1981)에서 자연적인 자기 규제 체계와 인공적인 자기 규제 체계 사이의 많은 유사점을 비교한다.

만한 이유가 있다면, 그 특성의 기능이 이 결과를 갖기 위한 것이라는 의심을 가질 만한 동일한 이유가 있다.

과학에서 기능적 설명의 주요 사례는 생물학적 체계들과의 관계에서 발견된다. 유기체의 생리적 또는 행동적 특성은 그 특성이 유기체에 부여하는 생식적 이점으로 설명된다. 조지 윌리엄스(George Williams)는, 예를 들어 사슴과 토끼에게 두드러진 도피 메커니즘의 기능에 대해 논의한다. "어떤 토끼나 사슴은 도망을 칠 때 일부러 꼬리를 들어 눈에 잘 띄는 무늬를 과시한다. 이처럼 꼬리를 드는 행동이나 시선을 끄는 무늬는 부분적으로는 어린 새끼들에게 위험이 닥쳤음을 경고하며, 주로 포식자의 주의를 끌기 위한 것이다"(Williams, 1966: 206 [윌리엄스, 2013: 217]). 윌리엄스에 따르면, 이러한 특성들의 총체가 가지는 기능은 어린 새끼의 생존 가능성을 높이는 것이다. 이런 종류의 기능적 설명 각각에 대해, 특성과 생식 적합성 사이의 기능적 상관관계에 대한 비목적론적 인과적 설명을 제공할 수 있다. 그 특징은 자연 선택의 과정을 통해 기능적으로 적응적인 특성을 가지게 되었다. 위 사례에서, 진화 심리학자의 과제는 이러한 특징을 소유한 개인들이 그러한 특징이 부족한 경쟁자들보다 어떻게 더 재생산을 잘하는지 보여주는 것이다. 즉, 우리는 그 특징의 성향적 속성이 인과적으로 그 특성의 발생에 관련되어 있다는 것을 보여줄 수 있다.[3]

---

[3] 리처드 도킨스는 『이기적인 유전자(The Selfish Gene)』(1976[2018])에서 이러한 논의의 줄기를 따라 이해하기 쉬운 여러 사례를 제공한다.

사회과학에서의 기능적 설명

사회과학에서 기능적 설명은 전체로서의 사회 체계 또는 어떤 중요한 하위 체계에 미치는 유익한 결과라는 측면에서 사회 제도나 실천을 설명한다. 목적은 그 요인이 "사회 체계 또는 문화 체계에 하는 역할"을 명시하는 것이다(Merton, 1967: 76). 사회 체계는 그 부분들이 기능적 역할을 하는 역동적인 체계로 이해되며, 기능적 분석의 목적은 특정한 제도나 실천이 하는 역할을 규명하는 것이다. 래드클리프-브라운(A. R. Radcliffe-Brown)은 안다만 제도의 주민들에 대한 연구에서 이 접근법을 보여준다. "살아있는 신체의 모든 장기가 그 유기체의 전반적인 삶에서 어떠한 역할을 하듯이, 원시 사회의 모든 관습과 믿음은 그 공동체의 사회생활에서 어떠한 결정적인 역할을 한다"(Radcliffe-Brown, 1922/1964: 230). 안다만 제도 주민들 사이의 의례적 관습에 대한 그의 설명을 고찰해 보자(〈사례 4.1〉 참조). 래드클리프-브라운에 따르면, 의례적 관습은 안다만 사회의 문화 정체성을 유지하고 전수하는 데 중요한 역할을 수행한다. 이 관습들이 사라진다면, 안다만의 사회적 배열도 흔들릴 것이다. 그리고 이 관습들은 이 역할을 수행하기 때문에 존속한다.

더 큰 사회 체계 S 내에서 유익 B를 가진 사회 제도나 관행 P에 대한 기능적 설명은 이러한 구조를 가지고 있다. 특정한 관행 P는 자신이 사회 S에 기여하는 유익 B(사회 결속, 안정성, 경제적 효용성, 반사회적 행동으로의 배출 등) 때문에 그 사회 안에 존속한다. 이것을 좀 덜 도식적으로 표현해 보자. 우리는 관행 P를 포함하고 있는 사회 S에 관심이 있고, P가 S에서 유익 B를 제공하는 기능을 한다는 주장을 통해 P를 설명한다고 가정해 보자. [자바의 촌락 사회 [S]는 농업의 내향적 정교화(agricultural

안다만 제도 주민들

많은 문화는 대학 졸업식 연습, 의례적 난절(亂切, ritual scarification, 의례적 행사에서 신체에 상처를 만들어 신체를 영구적으로 변형시키는 것 _옮긴이), 여왕의 건강을 위한 건배 등 사회적으로 무의미해 보이는 의례적 관행들을 가지고 있다. 안다만 제도 주민들에 대한 연구에서, 래드클리프-브라운은 애도 의례, 결혼식, 정화 의식과 같은 관행을 가리키기 위해 '의식적 관습(ceremonial custom)'이라는 용어를 사용한다. 그러한 의례들은 '도덕적 관습'(사람들 사이의 적절한 관계를 결정하는 관습), '기술적 관습'(즉각적인 공리적 목적에 봉사하는 관습)과는 구별된다. 참여하는 사람들에게 직접적인 효용이 있는 것으로 보이는 도덕적 관습과 기술적 관습과는 달리, 의례적 관습은 무의미해 보인다. 안다만 사회에서의 의례적 관습의 통용과 지속을 설명할 수 있을까?

래드클리프-브라운은 그러한 관습들은 내부에서 사회적 기능을 하며, 중요한 문화 가치와 정서, 믿음의 의식적인 동일시를 보존하기 때문에 지속된다고 믿는다. "안다만 제도 주민들의 의례적 관습은 밀접하게 연결된 체계를 형성하고 있다. 만약 그 관습들을 개별적으로만 고찰한다면 그 의미를 이해할 수 없으며, 해석에 이르기 위해서는 전체 체계를 연구해야 한다. …… 나는 의례적 관습들이 사회가 개인 구성원들에게 작용해 그들의 마음 안에 특정한 정서 체계가 살아있게 하는 수단이라는 것을 보여주려고 했다. 의례적인 것 없이는 그 정서들이 존재할 수 없으며, 그 정서들 없이는 실제 형식 안에 있는 사회 조직도 존재할 수 없을 것이다"(Radcliffe-Brown, 1922/1964: 324).

▌ 자료: 안다만 제도에서의 현지 조사에 기반한 문화기술지 자료
▌ 설명 모델: 사회 체계의 작동 안에서 그 관행의 기능 또는 목적을 규명하기 위한 문화적 관행의 설명
▌ 출처: A. R. Radcliffe-Brown, *The Andaman Islanders*(1922/1964)

involution) [P]를 가지고 있고, 농업의 내향적 정교화의 기능은 모든 마을 사람에게 경제적 틈새시장을 제공하는 것이다[B](Geertz, 1963).] 이 주장은 특징의 존속에 대한 주장, P의 인과적 힘에 대한 주장, 그리고 B의 인과적 역사에 대한 주장, 이 세 개의 하위 주장으로 나누어질 수 있다.

1. P는 S에서 존속한다.
2. P는 환경 S에서 A를 생산하는 성향을 가지고 있다.
3. P는 B를 생산하는 성향을 가지고 있기 때문에 S에서 존속한다.

첫 번째 요건은 (인과적 설명이 없는 특징들은 무작위적인 사회 발전 과정을 통해 사라지는 경향이 있을 것이라는 배경 전제와 함께) P가 S 내에서 지속적인 유형 또는 특징이라는 것을 표현한다. 두 번째 요건은 P는 특정한 인과적 힘―특별히 특정한 결과를 산출하는 성향적 속성―을 가지고 있다는 생각을 담고 있다. 그리고 세 번째 요건은 P의 지속에 대한 진정한 인과적 설명과 관련된 가설을 제시한다. 즉, 나중에 B를 산출하는 P의 성향이 현재 P의 지속을 설명한다는 것이다. 우리의 사례에 따르면, 농업의 내향적 정교화는 자바에서 지속되고, 농업의 내향적 정교화는 마을 사람들에게 틈새시장을 보장해 주는 성향을 가지고 있으며, 내향적 정교화의 지속은 이 성향에 기인한다.

인과적 역사 요건은 기능적 설명의 내용 가운데 가장 중요한 부분이기 때문에 좀 더 상세하게 검토해 보자. 이 요건은 B가 사회 S 내에서 P의 기능이라면, 그것은 다음과 같아야 한다고 주장한다.

B를 산출하는 P의 성향은

S 내에 P의 지속을
초래한다(cause).

이 점은 또한 반사실적으로 표현될 수도 있다. P가 B를 산출하는 성향을 잃으면, 사회적 삶의 무작위적 변동은 점점 P의 관행을 약화시킬 것이고, P는 S 내에서 사라질 것이다[이 점을 더 발전시킨 Miller(1987: 121)를 보라]. 이 인과적 조건이 충족되지 않으면, 우리는 타당한 설명을 하지 못하게 된다. 그 조건이 충족된다는 것을 보여줄 수 없다면, 우리는 타당한 설명적 관계를 갖고 있는지 여부를 알지 못한다. 학교 버스는 밝은 노란색이어서 하늘에서 쉽게 식별할 수 있다. 그러나 노란 버스가 하늘에서 쉽게 감지된다는 사실이 그 색이 선택된 이유의 일부가 아니기 때문에 노란색의 기능은 버스를 쉽게 눈에 띄게 하는 것이라고 말하는 것은 부정확하다.

수렵 채집 사회들에서는 장기간 수유가 출생률과 인구 성장을 억제하는 기능을 한다는 마빈 해리스(Marvin Harris)의 가설을 고려해 보자(〈사례 4.2〉 참조). 이 가설은 몇 가지 중요한 문제에 대한 탐구를 촉구한다. 첫째, 우리는 수렵 채집 사회가 실제로 다른 형태의 인간 사회보다 더 긴 수유 기간으로 특징지어진다는 것을 확고히 할 필요가 있다. 만약 수렵 채집 사회가 이 점에서 다른 사회 형태들과 다르지 않다면, 기능적 주장은 무의미하기 때문이다. [즉, 우리는 위의 조건 1(P는 S에서 존속한다)이 충족됨을 보여주어야 한다.]

둘째, 해리스의 설명은 장기간의 수유가 출생을 억제하는 성향을 가지고 있다는 주장을 포함하고 있다. 우리는 위의 조건 2(P는 환경 S에서 A를 생산하는 성향을 가지고 있다)가 충족된다는 것을 보여주어야 한다.

길어진 수유 기간과 인구 밀도

수렵 채집 문화들은 일 년 내내 집단을 유지하기 위해 충분한 양식을 생산하는 데 성공했다. 그러나 이 풍요는 인구 밀도를 낮게 유지하는 데 달려 있었다. 예를 들어, 순록에 의존하는 에스키모인들은 평방마일당 .3명의 인구 밀도를 유지한다(Harris, 1978: 18 [해리스, 2019: 45]). 이 수준을 넘어서는 인구 성장은 그 집단이 걸치고 있는 영토의 양식 생산 능력에 지속 불가능한 압박을 가할 것이다.

수렵 채집 문화는 어떻게 출생을 조절할 수 있었을까? 마빈 해리스(Marvin Harris)는 아마도 여러 메커니즘이 있었으나 이 문화들에서 가장 효과적인 출생률 억제책은 장기간의 수유(어머니가 아이에게 젖을 먹이는 시간을 연장하는 것)였다고 주장한다. 일반적으로 새로운 산모는 그녀의 몸이 지방 비율 한계점(몸무게의 20~25%)에 도달해야 배란을 다시 시작하며, 수유 때문에 빠져나간 열량은 이 수준에 도달하는 것을 지연시키고, 따라서 미래의 임신을 늦추게 된다. "부시먼족 여자들은 아기에게 수유하는 기간을 늘려 임신을 4년 이상 늦추는 것 같다"(Harris 1978: 23 [해리스, 2019: 52]). 그는 장기간의 수유가 수렵 채집 집단들 사이에는 널리 퍼진 관행이었고, 이 관행은 이 집단들 내에 출생과 인구 성장을 억제하는 기능을 했다고 주장한다.

▎ 자료: 현재와 과거의 여러 수렵 채집 집단의 경제와 문화에 대한 자료
▎ 설명 모델: 인간 문화 관행들을 사회 집단의 물질적 필요에 연관시키는 기능적 설명
▎ 출처: Marvin Harris, *Cannibals and Kings: The Origins of Cultures* (1978) [마빈 해리스, 『식인문화의 수수께끼』(2019)]

그 주장을 지지하기 위해서 우리는 장기간의 수유가 실제로 이러한 효과를 가지고 있다는 것을 입증할 필요가 있다. 이 질문은 재생산 체계의 생명 작용과 수유, 지방 수준, 호르몬 균형 등의 관계와 관련되어 있다. 수유가 배란을 늦추는 효과가 있다는 확실한 증거가 드러나면, 다음의 규칙성이 확립된다. 장기간의 수유를 하는 여성들 가운데 평균 임신 간격은 수유가 짧은 여성들의 약 두 배이다. (개별 여성에게 이것은 새로운 임신의 확률이 장기간의 수유 때문에 줄어든다는 것을 뜻한다.)

마지막으로 우리는 장기간 수유하는 사회적 관행이 출생률을 감소시키는 성향에 의해 유지된다는 것을 입증해야 한다(앞에서 언급한 인과적 역사의 요건). 장기간 수유에 따른 출생률 효과는 단지 부수적인 결과일 뿐이며, 이에 반해 장기간의 수유 관행은 서로 연관되지 않은 요소들— 예를 들어, 다른 형태의 유아식과 비교할 때 수유의 상대적인 비용—에 의해 유지될 수도 있다. 예를 들어, 수렵 채집민 어머니들은 모유 수유가 시간이 덜 걸리기 때문에 자신의 자녀가 네 살이 될 때까지 양식을 채집하기보다는 모유를 먹일 수 있다. 그리고 만약 그렇다면 다시 한번 출생률 저하의 기능을 장기간의 수유로 돌리는 것은 명백히 잘못된 것이다. 우리의 사례에 따르면, 주장은 장기간의 수유(P)는 수렵 채집 사회들(S)에서 출생률을 줄이는(B) 기능을 가지고 있다는 것이다. 이 주장을 뒷받침하기 위해서는 장기간의 수유가 S에서 출생률을 줄이는 성향을 가지고 있으며, 이 사실이 장기간 수유의 지속을 설명해 준다는 것을 보여줄 필요가 있다.

중요하게, 해리스의 해명은 첫 번째 조건과 두 번째 조건은 언급하지만 세 번째 조건(P는 B를 생산하는 성향을 가지고 있기 때문에 S에서 존속한다)은 언급하지 않는다. 그는 장기간의 수유가 출생률을 줄이기 때문에 존속한다는 판단을 지지할 수 있는 증거를 제공하지 못하며, 이 관계를 매개할 수 있는 인과 메커니즘에 대한 해명도 제공하지 않는다. 그러므로 그의 기능적 설명은 결함이 있으며, 우리는 장기간의 수유가 출생률을 감소시켜야 하는 수렵 채집민들의 필요에 의해 설명된다는 그의 주장을 받아들일 이유가 없다.

기능적 설명의 사례들

기능적 설명은 사회과학의 많은 영역에서 찾아볼 수 있다. 몇 가지 사례를 고찰해 보자. 〈사례 4.3〉에서 존 포스터(John Foster)의 설명은 1840년대의 정치 개혁이 부르주아지 이해관계에 대한 위협에 기능적으로 적응한 것이었음을 보여주려는 시도이다. 그러나 이 설명은 위협받은 부르주아지의 이해관계가 정치 개혁으로 이어지는 메커니즘을 보여주지 못하기 때문에 결함이 있다. 포스터는 정치 위기 수준을 줄이기 위해 참여자들의 등 뒤에서 작동하는 사회적 조정 과정을 전제하는 듯 보인다.

지지 메커니즘에 대해 더 적절하게 해명하는 기능적 설명의 또 다른 사례는 G. 윌리엄 스키너(G. William Skinner)의 중심지 이론(central place theory)을 적용한 것이다(〈사례 4.4〉참조). 이것 역시 기능적 주장이다. 공간적 배열의 특징은 그 배열이 경제의 작동에 미치는 기여에 기초해서 설명된다. 그러나 이 기능을 지지하는 메커니즘은 눈에 띄게 개인주의적이다. 이 메커니즘은 개인적으로 최적의 결과에 이르기 위해 자기 행동을 제약하는 소비자, 관리, 그리고 판매자의 결정을 통해 작동한다. 이 사례에서 우리는 기능적 적응을 확립하고 재생산하는 지역 수준의 과정에 대한 해명에 의해 적절하게 뒷받침되는 기능적 주장을 가지게 된다.

정치 개혁과 경제 위기

19세기 중반 영국 사회에서는 노동자들에 대한 투표권 확대, 합법적인 노동조합 창설, 그리고 대중 정치 정당의 창당 등 중요한 정치 변동이 있었다. 이러한 변화들은 '자유화'의 과정으로 서술될 수 있다. 왜 이러한 과정이 일어났는가?

존 포스터는 이 변화들이 더 효과적이고 조직적인 노동계급의 요구에 대한 자본주의 사회 내부의 기능적 적응이었다고 주장한다. 그 변화들은 노동계급의 호전성의 압력 아래에서 지배 계급의 이익을 보전하는 방식에 해당한다. 포스터는 "자유화는 사실상 위기에 처한 사회 체계에 대한 **지배 계급**의 집합적인 반응이었으며, 이전 시기의 노동계급의식에 필수불가결하게 관련되어 있었다"라고 쓴다(Foster, 1974: 3). 그는 영국 자본주의를 자본가의 이익을 증진시키기 위해 조직된 복잡한 경제·정치 체계로 이해하며, 이 체계 내의 변화를 새로운 제약과 변화에 대한 기능적 적응으로 설명하려고 시도한다. 직물 부문 노동계급의 호전성은 프랑스 혁명에 뒤이어 성장하기 시작했으며, 이 과정은 1840년대까지 효과적인 집단행동(노동자들에 의한 파업과 정치 활동)으로 이어졌다. 이러한 행동주의는 사회에 정치적 위기를 초래했고 부르주아 계급에 위기의식을 부여했다. 1840년대 후반에 정당 정치는 노동자들이 토리당과 자유당 양당으로 이동하면서 노동계급의 단합을 저해하기 시작했다(Foster, 1974: 209). 그 정당들은 노동계급 급진주의의 많은 레토릭을 받아들였으며, 노동자 계급의 단결을 더욱 약화시켰다. 노동계급 운동의 이러한 분열 과정으로 인한 최종 결과는 정치적 위기의 감소와 자본가 이익에 대한 위험의 약화였다. "적어도 올덤(Oldham)에서, 자유화와 관련된 변화들(투표의 확대, 대중 정당의 발전, 노동조합의 법적 인정)은 구체적으로 자본주의 권위가 다시 부여되고 노동계급의 전위부대가 고립되는 과정의 일부였음이 명백하다"(Foster, 1974: 251). 따라서 그는 이러한 변화를 정치적 위기를 줄이고 부르주아지의 이익을 안정시키기 위한 사회적·정치적 시스템 내의 기능적 조정으로 설명한다.

▮ 자료: 19세기 산업화된 영국의 3개 도시에 대한 역사적 연구
▮ 설명 모델: 자본주의 체제의 안정성에 입각한 이익에 기초한 정치적 사실의 기능적 설명
▮ 출처: John Foster, *Class Struggle and the Industrial Revolution*(1974)

제국 후기 중국의 시장 시스템

도시와 마을은 순전히 역사적인 우연에 따라 자리를 잡은 것인가? 아니면 전형적인 경관 안에 정착지가 배치되는 근원적인 질서가 있는가? 윌리엄 스키너 (G. William Skinner)는 농촌 쓰촨(四川)의 중심지를 분석해 두 가지 형태의 규칙성을 찾아낸다.

첫째, 아주 작은 마을(hamlets)부터 마을, 기층 시진(市鎭, 농가에서 필요한 모든 필수품을 접할 수 있는 농촌 시장체계의 전문 시장 _옮긴이), 중간 시진, 상위 지역들까지 질서정연한 장소의 서열이 있다. 이 위계는 그 위계 내의 장소에서 제공되는 시장의 기능에 의해 결정된다. 상위 지역은 하위 지역에서는 이용 불가능한 서비스를 제공한다. (이 위계는 또한 지역 시장의 주기성, 즉 다양한 장소에서 일별 및 주별 시장 일정을 설명할 수 있는 근거를 제공한다.)

둘째, 이 위계는 공간적으로도 조직되어 있다. 상위 지역은 하위 지역의 육각형 고리에 의해 둘러싸여 있으며, 이것은 농촌 지역을 포함하는 육각형 네트워크로 이어진다. 따라서 농촌 쓰촨은 중심지 이론에 의해 예측된 위상 배치 (topology)와 일치하며, 스키너는 이러한 배열이 시장 활동을 최적화한다는 근거 위에 이 사실을 설명한다. 그 배열은 시장 시스템 내의 운송 비용을 최소화한다(Skinner, 1964/1965). 그는 이어 중국의 농촌 사회생활은 마을이 아닌 시장 체계에 의해 구조화되어 있으며, 시장 위계에 의해 확립된 경로를 따라 아이디어가 전달되고 사회적 상호작용이 일어난다고 주장한다.

▍자료: 쓰촨의 수백 개의 마을과 도시들이 제공하는 시장 기능에 대한 자료. 중심지들의 위치와 그 중심지들을 연결하는 도로를 보여주는 지도들
▍설명 모델: 마을과 도시의 배열은 운송 비용을 최소화하는 육각형 고리들의 최적의 위상 배치와 일치하며, 이 배열은 경제적으로 합리적인 행위 주체들이 거주지와 시장 활동 장소에 대해 신중한 결정을 내린다는 사실의 결과라는 설명
▍출처: G. William Skinner, "Marketing and Social Structure in Rural China"(1964/1965)

가능한 메커니즘들

흔히 기능적 설명을 옹호하는 데서는 앞에서 언급한 인과적 역사의 요건을 충족시키기가 가장 어려운데, 이는 특정한 사회적 특징의 **어떤** 유익한 결과를 도출하는 것이 거의 항상 가능하기 때문이다. 그러므로 그 특성이 유익한 결과 **때문에** 존재한다는 주장을 정당화하기 위해, 우리는 체계 전체의 필요가 제도의 발전에 어떻게 영향을 미치는지 보여주는 방식으로 그 특성을 창출하고 재생산하는 메커니즘들을 설명해야 한다. 따라서 기능적 관계를 설명적인 것으로 간주하려면, 기능적 관계를 확립하고 보존하는 인과적 메커니즘에 대한 어떤 구상을 가질 필요가 있다.[4]

기능적 설명의 한 가지 중요한 예를 들어보자. 특정한 규범 체계가 특정한 사회 환경에서 통용되는 것은 그 체계가 인구 밀도를 낮추거나 협력을 이끌어내거나 또는 모든 집단 구성원의 기본 필요 충족을 보장하기 위해 수입을 배분하는 것과 같은 집단의 중요한 필요를 충족시키기 **때문**이다(제6장의 〈사례 6.4〉, 〈사례 6.5〉, 〈사례 6.6〉은 이런 종류의 주장을 잘 설명하고 있다). 특정한 규범 체계가 집단에 대해 유익한 효과를 가지고 있으며, 개별 행동을 적절히 구속함으로써 이러한 효과를 달성한다고 가정해 보자. (예를 들어, 이웃 간의 호혜성을 요구하는 규범은, 만약 누군가가 그 규범을 어길 때 마을의 다른 사람들이 표현하는 경멸, 분노, 조롱의 가

---

4   마르크스주의 내에서 기능주의에 대한 욘 엘스터의 비판은 이 입장을 엄밀하게 발전시키고 있다. 이러한 주장은 「마르크스주의, 기능주의, 그리고 게임 이론(Marxism, Functionalism, and Game Theory)」(1982)에 포함되어 있다.

능성에 의해 시행될 수 있다.)

이 시나리오와 관련해 두 가지 질문이 제기되어야 한다. 애초에 어떤 사회적 요인이 이런 유익한 규범을 사회 집단 안에 존재하게 했는가? 그리고 시간의 경과에 따라 이러한 규범을 재생산하기 위해서는 개별 활동의 수준에서 어떤 사회적 과정이 작용하는가? 핵심은 규범 체계가 집단 전체에 최선이 된다는 사실만으로 규범 체계의 존재와 재생산을 설명하기에는 충분하지 않다는 것이다. 왜냐하면 집단 이익은 그러한 이익을 창출할 사회적 배열을 자동적으로 이끌어내지 못하기 때문이다. 그렇지 않다고 가정하는 것은 우리가 낙관적인(Panglossian) 기능주의의 원리라고 부를 수 있는 것, 즉 낙관적인 기능주의의 원리는 그러한 사회적 배열이 영향을 받는 집단의 필요를 가장 잘 충족시키는 특정한 사회적 환경 내에서 나타날 것이라는 기대를 암묵적으로 가정하는 것이다.

이러한 고려 사항은 기능적 설명에 까다로운 제약을 가한다. 한 현상을 설명하기 위해서는 그 현상이 경제나 특정 계급의 이익에 유익한 결과를 가지고 있다는 것을 증명하는 것만으로는 충분하지 않다. 오히려 경제의 필요나 유력한 계급의 이익이 다른 사회 현상에 부과되어 유익한 결과를 도출하는 미시적 경로에 대한 해명을 제공할 필요가 있다. 따라서 기능적 설명은 설명되어야 할 유형을 발생시키는 메커니즘을 드러내는 개별 활동 수준의 분석, 곧 미시적 분석을 동반하지 않는 한 불충분하다. (우리는 제8장에서 사회적 설명을 위한 미시적 기초의 문제에 대해 논의하면서 이 주제로 돌아갈 것이다.)

생물학에서 기능적 설명은 잘 이해된 단일한 인과적 메커니즘, 곧 자연 선택의 과정에 의해 보증된다. 어떤 전형적인 유기체의 생존력을 높이는 특징들은 자연 선택의 작동을 통해 덜 유익한 특징들을 대체하는 경향이 있을 것이다. 그러나 사회 체계가 유익을 주는 특성을 구현하게 하는 메커니즘을 식별하는 것은 더 문제가 된다. 이 점에서 논란의 여지가 없는 두 가지 메커니즘이 있는데, 둘 다 개인의 의도적인 선택을 중심으로 한다. 첫째, 사회적 특징에 의해 창출되는 이익은 그 특징을 낳는 행동을 하는 사람들이 기대하고 추구하는 것일 수 있다. 따라서 수렵-채집 사회의 산모들은 수유와 임신의 관계를 인식하고, 임신의 빈도를 줄이기 위해 장기간의 수유를 선택할 수 있다. 또는 둘째로, 산모들은 유익한 효과를 의도하지 않을 수도 있지만, 그 관행은 그 관행과 유익 사이의 인과 관계를 이해하고 그 관행을 장려함으로써 이익을 창출하려는 다른 강력한 개인들에 의해 장려될 수도 있다. 예를 들어, 그 사회의 마법 전문가들은 수유가 임신을 지연시킨다는 것을 알고 다른 이유로—예를 들어, 신들이 이 체계를 선호한다는 이유로—수유를 연장하도록 장려할 수 있다. 이것은 실행하는 사람들의 등 뒤에서 작동하는 관행의 한 예가 될 수 있지만 그럼에도 영향력 있는 사회 공학자의 의도적인 결과로 나타나는 것이다.

두 경우 모두 우리는 앞에서 언급한 인과적 역사 요건에 의해 제기된 문제에 대해 만족스러운 답을 가지고 있다. 관행이 도입되고 지속되는 것은 그 관행이 이익을 창출한다는 사실 때문이며, 이익을 창출하려는 관행의 성향은 의도적인 행위자에 의한 선택으로 이어진다. 따라서 이익을 창출하는 관행의 성향은 행위 주체들이 관행을 채택하도록 유도하기 때문에 그 관행이 존속된다. 더 어렵고 흥미로운 경우는 모든 참여자가 그 관행과 관련된 이익을 알 수도 없고 의도하지도 않은 경우이다. 만약 산모와 전문가 모두 수유와 임신 사이의 인과 관계를 이해하지 못했다면, 수렵 채집자의 예에서 이것은 참일 것이다. 그렇다면 우리의 연구자가 어느 참여자도 그 관행의 유익한 결과를 의도하지 않으며, 사실 각각은 임신의 인과 조건에 대해 상당히 무지하다는 결론을 내린다고 가정해 보자. 이 경우, 우리는 그 관행이 통용되는 것을 참여자들의 의도적인 선택의 결과로 설명할 수 없다. 어떤 종류의 메커니즘이 관행과 결과 사이의 의도하지 않은 기능적 관계를 확립하는 데 기여할 수 있는가? 다양한 사회과학자들이 추구해 온 몇 가지 가능한 방법이 있다.

첫째, 우리는 사회 조직과 관련된 자연 선택과 유사한 것이 있다는 생각을 탐구할 수 있다. 사회가 작은 집단과 공동체로 이루어져 있으며, 각 사회는 고유한 관행과 가치의 총체로 특징지어진다고 가정해 보자. 이러한 관행 중 일부는 집단의 복지에 평균 이상의 영향을 미치는 반면, 다른 일부는 평균 이하의 영향을 미친다. 이제 집단의 구성원들이 더 높게 예측된 복지에 대한 선호도에 따라 한 집단에서 다른 집단으로 자유롭게 이동할 수 있으며, (가치와 관행과 더불어) 한 집단은 한계 규모(threshold size) 아래도 떨어질 때 소멸된다고 가정하자. (예를 들어, 집단들 사이에 관행의 초기 분포에 관한) 적절한 형식적 가정 아래, 우리는 특정한 기술 수준에서 집단의 복지에 대한 필요에 적합한 혼합 관행을 지향하는 경향이 있을 것이라고 결론 내릴 수 있다. 그러나 이러한 가정들은 매우 비현실적이다(예를 들어, 집단으로 쉽게 들어가고 나온다는 가정은 근대 이전 사회들에 대한 대부분의 문화기술지 연구 앞에서 사라진다.) 그래서 '사회적 선택' 원칙은 유망해 보이지 않는다.

두 번째 가능성도 선택이라는 개념을 사용하는데, 이번에는 사회 집단이 아니라 사회적 특성의 수준에서 사용된다. 여기서 길잡이가 되는 직관은 사회적 기능에 부정적인 결과를 가지는 관행들, 예를 들어 역기능적인 경제 제도나 불필요한 사회 갈등을 유발하는 경향이 있는 사회적 관행은 시간이 지남에 따라 소멸되고 더 적절한 관행에 의해 대체되는 경향이 있으리라는 것이다. 예를 들어, 공유지가 주기적으로 재분배되는 산악 농민 공동체를 생각해 보자. 비옥한 골짜기 땅부터 바위산 비탈까지 토질이 다양하며, 현재의 관행은 마을 의회가 토질과 크기가 균형을 이루는 구획으로 나누어 각 가정이 동등한 가치를 가진 구획의 땅을 받게 하려고 시도하는 것이다. 각 가정은 질투심에서 자기 구획을 이웃들의 구획과 비교하기 때문에, 그러한 제도는 적용할 때마다 분명 가족들 사이에 갈등을 유발할 것이다. 따라서 우리는 이 제도가 개별 가족에게 각 토질마다 동일한 양의 땅을 주는 제도로 대체될 것이라고 예측할 수 있다. 이렇게 하는 방법 가운데 하나는 산중턱으로 올라가면서 수직적 줄기의 형태로 토지를 배분하는 것이다. 새로운 제도는 주기적인 재분할에 의해 야기되는 사회적 갈등을 감소시키지만, 어떤 가족도 효과적으로 상당량의 계곡 땅을 이용할 수 없기 때문에 농업 효율도 감소시킨다. 따라서 각 분할 체계는 몇 가지 유익한 특성을 가지고 있으며, 한 제도가 다른 제도보다 인과적으로 더 관련이 있다는 판단을 정당화하기는 어렵다. 그러므로 이러한 '특성 선택' 접근도 설득력이 없어 보인다.

우리는 다른 쪽 끝에서 그 문제와 씨름해서 한 사회에 특정 유형의 기능적 특성이 **부족**할 때 어떤 결과가 발생할지 고려할 수 있다. 그래서 만약 수렵-채집 사회에 출생을 억제하는 모든 문화적 관행이 부족했다면, 더 이상 수렵-채집 경제가 불가능할 정도까지 빠르게 인구가 증가했을 것이라고 주장할 수도 있다. 이 반사실적인 것이 참인 것으로 보일 수 있다. 그러나 지금 우리가 당면한 문제에 대한 해답에 더 가까워지는 것은 아니다. 사회가 장기적인 필요를 충족시키는 관행을 만들어낸다는 것을 입증하는 메타사회적 기능성의 원칙은 없다.

의도하지 않은 기능적 관계에 대한 이러한 각각의 접근이 가지는 문제는, 그 접근들은 사회가 더 기능적인 특성으로 진화하는 경향이 있다는 지나치게 낙관적인 메타이론—앞에서 낙관적인 기능주의라고 불렀던 것—을 전제로 한다는 것이다. 그러나 이 이론은 근거가 없다. 기본적인 장기적 필요들(실행 가능한 경제, 적절한 사회적 응집의 수준, 지속 가능한 인구증가 등)을 보장하는 관행을 구현하지 못하는 사회는 단순히 이러한 욕구를 더 잘 충족시킬 수 있는 사회적 형태로 대체될 것이다. 로마의 노예제도가 가정 노예의 낮은 출생률을 보완하기 위해 정복을 통한 노예의 정기적인 보충을 필요로 했다는 사실이 이러한 필요가 충족될 것이라고 보장하지는 않았다. 대신, 그것은 노예제도의 해체와 결국 봉건제도의 출현으로 이어졌다.

이러한 종류의 고려는 회의적인 결론으로 이어진다. 기능적 설명은 사회과학에서 의심받고 있으며, (생물학에서는 아니지만) 사회과학에서는 최상의 경우 본질적으로 불완전하다. 특히 기능적 설명은 사회·경제 체계의 필요들이 다른 사회적 과정에 영향을 미쳐서 그러한 필요들을 만족시키는 반응을 이끌어내는 사회적 과정에 대한 상세한 해명에 의해 보완되어야 한다.

구조주의

이제 사회과학에서 또 하나의 독특한 형태의 설명인 구조적 설명으로 가보자. 이 접근은 두 개의 서로 구별되는 설명 패러다임으로 나뉜다. 첫째는 사회 현상의 중요한 원인으로서 사회 구조에 초점을 두는 일

종의 인과적 설명이다. 둘째는 설명이 인과 관계를 요구한다는 생각을
아예 거부하고, 대신에 사회 현상이 추상적인 기저 구조에 어떻게 들어
맞는지를 보여줌으로써 사회 현상의 다양한 측면을 설명하려고 시도한
다. 여기서 설명의 패러다임은 언어 이론에서 파생된다. 인간의 언어는
당혹스러울 만큼 다양한 구두 수행(verbal performances)으로 구성되지
만, 생성(generative) 언어학자들(예를 들어, Chomsky, 1965)은 모든 문법
적 발화를 생성하는 단순하고 추상적인 변형 규칙의 집합이 있다는 것
을 보여준다. 따라서 언어 행동 영역은 문장을 생성하는 기저 문법에 의
해 설명된다고 할 수 있다. 마찬가지로, 구조주의 사회 분석가는 사회
현상 이면의 질서를 구성한다고 말할 수 있는 사회 현상의 근본적인 문
법을 찾으려고 시도한다.

인과적인 구조적 설명

인과 구조주의는 첫째, 사회는, 예를 들어 국가 형태, 경제 체계, 또는
교통 네트워크와 같이 무한히 다양한 사회 구조를 구현하는 복잡한 체
계라고 주장한다. 둘째, 인과 구조주의는 사회의 많은 중요한 특징, 곧
안정적인 조직의 유형뿐만 아니라 변화의 과정이 이러한 구조의 특정
세부 사항의 인과적 결과로 설명될 수 있다고 주장한다. 그리고 제1장
의 결론과 같은 맥락에서, 사회 구조의 인과적 힘은 개인 행위에 의해
매개되는 특정한 인과적 메커니즘에 구현된다. 따라서 자본주의의 위
기 경향, 프랑스 혁명의 발생, 그리고 로마 제국의 기술적 정체는 모두
자본주의적 구조적 특성, 구체제 프랑스, 그리고 고대 노예제의 결과로
설명되었다. 이 설명 모델을 평가하기 위해서, 우리는 '사회 구조'가 무

엇인지에 대한 명확한 이해에 도달해야 하며, 그러한 사회구조가 어떻게 자신들이 가지고 있다고 생각되는 인과적 특성을 가질 수 있는지에 대한 해명을 제공할 필요가 있다. 그렇다면 사회 구조는 무엇인가? 몇 가지 예를 고려해 보자.

- 초기 근대 프랑스에서 발견된 토지 소유와 소작 시스템
- 중일전쟁 동안 중국 공산당의 정치 조직
- 남중국의 지역 시장 시스템
- 농민 농업 시스템
- 근대 기업의 내부 조직
- 산업 자본주의의 임금 노동 시스템

무엇이 사회 구조를 구성하는가? 사회과학자가 한 사회 단위 내의 구조를 확인한다고 주장할 때, 주장되는 것은 무엇인가? 첫째, 시간적 연속성에 대한 주장이 있다. 구조는 장기간에 걸쳐 지속되는 사회 체계 특성이다. 둘째, 구조의 속성들은 구조 내에서 역할을 차지하는 특정 개인들과는 어느 정도 중요한 정도로 독립되어 있다고 생각된다. 예를 들어, 관료제의 인과적 속성은 개별 공직자들의 구체적인 특징이 아니라, 관청에 구현된 조직의 특징과 지휘 계통에 의존한다. 셋째, 구조는 관련된 사람들의 행위에 제약을 가하는 것으로 가정된다. 그래서 관료제는 많은 사람과 일련의 규칙을 포함하는 복잡한 조직이다. 그 규칙들은 관료제 내의 권한 계통과 여러 직에 있는 사람들의 행동을 지배하기 위해 의도된 행동 규칙을 결정한다. 이러한 점들은 다음과 같은 공식으로 요약할 수 있다. 사회 구조는 개인 행위를 인도하고 제한하며 영감을 주는

기회와 제약을 규정하는 지속적인 규제 체계이다.

중국, 프랑스, 러시아에서 일어난 혁명의 원인에 대한 스코치폴의 비교 분석은 이러한 사회적 설명 모델을 보여준다(제1장의 〈사례 1.5〉 참조). 스코치폴은 국가를 접합된(articulated) 사회 구조로 특징짓는다. "잘 생각하면 국가는 단지 사회경제적 투쟁을 위한 투기장만은 아니다. 국가는 집행당국에 의해 지휘되고 어느 정도 조정되는 행정적·정책수립적·군사적 조직체이다. 어떤 국가든지 가장 중요한 일은 사회로부터 자원을 추출해 강제적·행정적인 조직을 확립하고 유지해 나가는 것이다"(Skocpol, 1979: 29 [스코치폴, 1981: 43]). 여기서 그녀는 국가는 제도 안에 있는 특정 개인의 임기를 넘어 장기간의 특성을 가지는 시간적으로 확장된 제도들의 집합이라고 주장한다. 이러한 특성은 국가 형태마다 가변적이다. 또한 스코치폴은 농업 사회에서 반란이 일어날지 여부를 결정하는 결정적인 요인은 국가의 구조와 지역 생활을 지배하는 사회적·정치적 배치라고 주장한다. 달리 말하면, 반체제적 저항의 결과에 인과적으로 영향을 미치는 것은 농경 사회의 구체적인 정치 구조라는 것이다.

사회 구조는 사회에서 어떻게 실체화되는가? 특정한 시간과 장소에서 토지 임대 체계의 사례를 고찰해 보자. 이 제도는 임대료 지불, 노동 서비스 제공 등 토지에 대한 접근권을 획득하고 유지하기 위해 임차인들이 충족시켜야 하는 조건들에 의해 구성된다. 그러나 무엇이 이 구조를 안정시키는가? 법 제도는 그 해답의 일부분이다. 법적 권리가 침해된 참가자들은 법 당국에 보상을 호소할 수 있다. 지역의 권력 배치는 토지 임대 제도 안정의 두 번째 버팀목이다. 세입자들이 임대료를 내지 않는 경우 집주인들은 종종 보상을 받기 위해 무력을 사용할 수 있는 위치에 있다. 따라서 사회 구조는 사회 체계 내의 다양한 행위 주체에게 부여된 일단의 집행력과 보복력을 통해 실체화된다.

이제 사회 구조가 어떻게 인과적 힘을 얻는가에 대한 질문으로 가보자. 사회 구조는 어떤 종류의 메커니즘을 통해 사회 과정에 영향력을 행사하는가? 전형적으로 사회 구조는 사회적 설명들 내에서 영속적인 인과 조건의 역할을 한다. 예를 들어, 특정한 토지 임대 제도는 사회 불안이 발생하는 데 대한 인과 조건으로 확인될 수 있으며, 또한 군사 통치 체계는 성공적인 농민 반란의 원인으로 규명될 수 있다. 여기서 현재의 주제와 제1장과 제2장에서 제기된 주장 사이에는 밀접한 관계가 있다. 구조는 사회 체계 내의 다양한 행위 주체에게 유인과 금지의 환경을 제공함으로써 인과적 힘을 발휘한다. 행위 주체들은 그에 따라 자신의 행동을 수정하며, 여기에는 구체적인 사회적 결과가 뒤따른다. 왜 영국 농업은 자본주의적 농업을 향한 구조적 변혁을 겪었던 반면에 프랑스 농업은 정체되어 있었는지를 이해하는 데 관심이 있다고 가정하자(제5장의 〈사례 5.6〉 참조). 로버트 브레너(Robert Brenner)는 주요 인과 변수가 두 나라의 사회-재산 제도의 차이라고 주장한다. 영국의 경우는 지주들에게 농업을 현대화할 수 있는 힘과 유인을 부여하는 토지 소유 제도를 구현한 반면, 프랑스의 제도는 농민들에게 현대화에 효과적으로 저항할 수 있는 힘을 주었다. 이 경우, 서로 다른 역사적 유형은 상이한 재산 소유 구조의 맥락 안에서 다수 농촌 사람들의 목표지향적인 활동에 의해 야기된다.

인과 구조주의자들은 구조 자체가 결정적인 인과 변수라는 것을 근거로 개인 수준의 활동(행위성)의 중요성을 경시하는 경향이 있다. 스코치폴의 국가 구조에 대한 관심과 국가의 제약이 사회적 행위로 옮겨지는 국지적 과정에 대한 그녀의 무관심이 대표적이다. 그러나 테일러(Taylor, 1988)가 보여주듯이, 구조와 행위 사이의 이러한 갈등은 불필요하며 바람직하지도 않다. 제8장에서 더 길게 논의하겠지만, 사회 변동의 미시 메커니즘을 해명하는 것은 언제나 바람직하다. 그러므로 특정한 사회 구조가 특유의 형태로 특정한 결과를 결정한다는 것이 참일지라도, 그 구조가 그 결과를 가져오기 위해 개인의 행동에 어떤 영향을 미치는지 아는 것은 여전히 바람직하다. 그러나 더 일반적인 경우에, 구조는 타당성 있게 결과를 결정하지 못하며, 오히려 어떤 결과를 다른 결과보다 더 가능성 있게 만든다. 그리고 이러한 상황에서 우리가 왜 다른 결과 대신에 이 결과가 발생했는지 말하고자 한다면, 지역적 수준, 곧 개인 행위와 선택의 수준에서 작동하는 과정들에 대해 더 많은 지식을 갖는 것이 필수적이다.

구조적 원인을 전달하기 위해서는 지역적 수준에서 어떤 종류의 메커니즘이 관련되는가? 앞에서 지적한 바와 같이, 사회 구조는 개인들에게 유인과 제약을 가함으로써 그 영향력을 행사한다. 행위 주체들은 특정한 사회적·정치적 배치 안에서 자신들의 목표를 추구하며, 이러한 배치는 그들의 선택을 제한하고 행위의 기회를 제공한다. 개인들이 특정한 제도적 선택 환경에서 어떻게 행동할 것인지 알고자 한다면, 우리는 그들의 신념과 목표가 무엇인지, 그리고 그들이 자신들의 목표를 추구하려면 어떤 선택이 그들에게 가능한지 알 필요가 있다. 사회 구조에 의해 부과되는 유인과 제약은 개인들이 취하는 선택에 예측 가능한 결과를 가져올 것이다. 그렇다면 이런 관점에서, 합리적 선택 이론과 구조적 인과 관계 사이에는 모순이 없다. 대신에 전자는 사회 구조의 인과적 힘이 전달되는 중요한 메커니즘의 한 부류에 대해 서술한다.[5]

국내외 정치의 구조적 특징은 전쟁 및 평화의 발생과 관련된 인과적 속성을 갖고 있다고 한다. 〈사례 4.5〉와 〈사례 4.6〉에서 우리는 그러한 해명의 사례를 찾을 수 있다. 새뮤얼 윌리엄슨 주니어(Samuel Williamson Jr.)는 동맹 구조가 제1차 세계대전의 유일한 원인이라거나 심지어 지극히 중요한 것이라고는 제시하고 있지 않다. 오히려 그는 1912년부터 1914년까지 작동했던 대규모 역사적 세력이 다양한 대안적 결과를 가져올 수 있었고, 동맹 구조가 전면전을 더 가능성 있게 만들었다고 보고 있다.

이제 두 번째 사례를 들어보자. 이것은 20세기 초 중국의 농민 반란에 관한 것이다. 이 경우에 윈스턴 셰이(Winston Hsieh)는 광둥(廣東)에서 나타난 유통 유형의 특징은 거기에 구현된 시장 구조가 지닌 특징의 결과라고 설명한다.

〈사례 4.5〉와 〈사례 4.6〉 모두에서, 사회적 환경에 구현된 구조―〈사례 4.5〉의 동맹과 〈사례 4.6〉의 시장 위계―는 대규모 사회 현상에 인과적 결과를 초래한다. 이것은 그 구조가 참여자들에게 다른 유인을 제공함으로써, 또는 얻을 수 없는 기회와 전략을 마련해 줌으로써 참여자들을 위한 선택 환경을 변화시키기 때문이다.

특정한 사회 구조가 지닌 상세한 특성에 대한 인과적 설명을 제공할 수도 있다. 이 경우 구조는 원인이라기보다는 결과이다. 〈사례 4.7〉에서 린다 아리고(Linda Arrigo)는 토지의 가용 능력에 기초해 전통 중국의 토지 임대 방식의 구조를 설명하려고 시도한다. 고수입 토지는 소작권을 뒷받침하는 반면, 저수입 토지는 가난한 농민의 소유로 이어진다. 이

---

5   이 줄기를 따라 추가적인 논의를 위해서는 Michael Taylor, "Rationality and Revolutionary Collective Action"(1988)을 참고할 수 있다.

동맹 구조와 전쟁의 발발

새뮤얼 윌리엄슨 주니어는 제1차 세계대전의 원인에 대한 최근 의견을 검토하면서, 전통적으로 전쟁의 원인으로 지목되어 온 장기간의 조건과 점점 더 주목을 받았던 1912년과 전쟁 발발 사이의 유럽의 단기적인 정치적 상황을 구별한다. "최근의 연구들은 …… 1911년 이후 동맹과 협약, 군사 계획, 제국주의적 태도, 민족주의, 그리고 정부 시스템의 미래에 대한 자신감에 기인한 관계들에서 일어난 극적인 변화를 명확히 밝히고 있다"(Williamson, 1989: 227). 이러한 단기간의 조건 가운데 특별히 중요한 것은 러시아, 프랑스, 독일, 영국, 오스트리아-헝가리, 세르비아 등 주요 참가국들의 행동을 제약하는 동맹과 협약이다. 이것들은 제1차 세계대전 발발 이전 10년 동안 국제 정치 시스템의 구조적인 특징이었고, 윌리엄슨은 그것이 결국 전쟁이 발발할 때 중요한 인과 요인이었다고 주장한다.

왜냐하면 그 요인들이 여러 정부를 자신들의 이해관계에 반하는 행위 방향으로 고정시켰기 때문이다. "동맹국들은 또한 한 국가가 단순히 동맹을 위해 행동을 취하도록 강요할 수 있다. 강력하고 긴밀한 동맹은 사실 참여자들이 행동을 취하기 전에 그들끼리 협상해야 하는 느슨하고 모호한 동맹보다 평화에 더 위험할 수 있다"(Williamson, 1989: 247). 이 설명에서, 동맹 구조는 1914년 중부 유럽의 특별한 상황에서 전쟁이 발발하게 한 필요조건이었다. 윌리엄슨은 여러 정부가 긴밀한 동맹에 구속되지 않았더라면, 그들은 전쟁을 불가피하게 만든 행동을 취하지 않았을 것이라고 시사한다.

- 자료: 강대국들의 의사결정에 관한 아카이브 자료, 전쟁으로 이어졌던 사건들과 결정들의 연대기
- 설명 모델: 역사적 사건(제1차 세계대전의 발발)의 중요한 필요조건을 규명하는 인과 분석
- 출처: Samuel R. Williamson, Jr., "The Origins of World War I"(1989)

| 사례 4.6 |

시장 위계와 반란의 유형

1911년 농촌 사람들의 대규모 자발적 군대가 반란을 꾀하며 광둥성에 집결했다. 그러나 이 군대는 주위 시골 지역에서 일률적으로 동원된 것은 아니었다. 어떤 마을은 반란군에 아주 많이 참여했고, 다른 마을은 전혀 그렇지 않았다. 윈스턴 셰이는 이 사건에서 농민 동원의 유형을 설명하기 위해서 윌리엄 스키너의 시장 위계 분석을 사용한다. "최근에 발견된 대규모 지역의 지도와 연결된 봉기 일지를 사용해, 나는 지역 봉기에서 시진(市鎭)의 중심적 역할을 증명하고 혁명 봉기의 유형을 묘사할 수 있었다. …… 지역의 시장 체계를 나타낸 지도에서 반란군들의 움직임을 추적한 것은 이 무리들이 갈등의 중심으로 끌려 들어가게 된 경로와 다양한 수준의 시장 위계에서 동원의 유형을 밝혀내는 데 도움이 되었다"(Hsieh, 1978: 80).

셰이는 동원이 어떤 시진에서는 매우 성공적이었고 다른 도시에서는 성공적이지 못했다는 것을 찾아내고, 이것이 다른 시진들을 능가했던 도시화 과정의 차이에서 기인한다고 주장한다. 가장 많이 동원된 지역은 가장 빠른 상업화와 도시화를 거친 지역이었다(Hsieh, 1978: 89). 이들 지역은 20세기 첫 10년 동안 일어난 지역 시장 경제의 변동에 가장 취약했다. "두 집단의 반체제 세력은 상당한 기간 번영을 누렸으나 최근 급격한 경제적 좌절을 겪은 시장 공동체들에서만 생겨났다. …… 둘째, 1911년의 지역 봉기는 자연적인 시장 시스템의 중요성과 그 시스템의 공식적인 행정 경계의 독립성을 명확하게 반영했다"(Hsieh, 1978: 98~99).

▮ 자료: 지역 관보와 지도에서 도출된 1911년부터 1911년까지의 반란 집단 이동에 관한 자료와 과거 수십 년 동안의 경제 변화와 도시화에 관한 자료
▮ 설명 모델: 동원 유형은 시장 위계에 의해 만들어진 사회적 인접성의 유형에서 비롯되며, 시진들 사이의 차이는 각각의 상이한 경제 상황을 반영한다는 연구 결과
▮ 출처: Winston Hsieh, "Peasant Insurrection and the Marketing Hierarchy in the Canton Delta, 1911~1912"(1978)

토지 임대 제도와 토지 수확

혁명 이전 농업국가인 중국에는 토지 임대 형태에서 독특한 지역적 유형이 있었다. 남부에서는 소작농이 지주로부터 토지를 임대하는 소작지의 비율이 높았으나, 북중국에서는 말 그대로 소농의 토지 소유가 전형적이었다. 무엇이 이러한 유형을 설명하는가?

린다 아리고는 이러한 결과를 주어진 경작 환경에서 나타난 토지의 수확량 차이에서 기인한 결과라고 설명한다. 남중국은 1에이커당 수확량이 높은 풍요로운 논이었던 반면, 북중국은 1에이커당 수확량이 낮은 마른 밀과 수수 경작지였다. 1에이커 토지의 수확량이 경작자의 최저 생활 필요량보다 약간만 많은 지역에서는 임대차 관계가 불가능하다. 토지의 수확량이 경작자의 필요량을 크게 초과하는 지역에서는 임대료를 뽑아내는 것이 가능하다. 따라서 상당한 잉여를 가진 토지는 강력한 지방 행위 주체들에게 소유권을 획득하고 임대료를 받아낼 동기를 부여한다.

아리고는 실현 가능한 잉여의 규모가 경작자의 최저 생활 필요량 이상으로 상당한 임대료를 징수할 수 있는지 여부를 결정함으로써 임대 계약을 성립시킨다고 주장한다. 남중국에서는 이것이 가능했으나, 북중국에서는 일반적으로 그렇지 않았다. 아리고는 "요컨대 이 글은 중국의 지역 비교를 통해 토지 생산성과 토지 소유자가 다른 사람의 노동력을 착취한 토지의 비율 사이의 관계를 확립하는 제한된 목적을 추구한다"라고 쓰고 있다(Arrigo, 1986: 268).

▮ 자료: 농경 중국의 토지 임대 자료
▮ 설명 모델: 특정 기술 양식에서 실행 가능한 잉여 규모의 결과로 사회 계급 관계를 설명
▮ 출처: Linda Arrigo, "Landownership Concentration in China: The Buck Survey Revisited"(1986)

것은 특정한 구조가 여러 맥락이 아니라 하나의 맥락을 갖게 된다는 사실을 설명하려는 노력이다.

비인과적인 구조적 설명

지금까지의 구조주의적 설명은 단순히 인과적 설명의 변종인 것으로 보인다. 그러나 이러한 사고의 노선을 전면적으로 거부하는 또 다른 형태의 구조주의적 설명이 있다. 클로드 레비스트로스(Claude Lévi-Strauss)의 친족 구조에 대한 논의를 고찰해 보자(〈사례 4.8〉 참조). 레비스트로스의 설명은 전통적인 사회과학 못지않게 언어학에도 기원을 두는 구조주의의 한 형태를 보여준다. 이 접근방식의 기본 아이디어는 설명의 목적이 뒤죽박죽인 경험적 체험에서 기저에 있는 질서를 규명한다는 것이다. 따라서 이 접근방식은 비인과적인 설명 개념을 대표한다. 이 접근방식은 '해독'될 수 있는 언어의 구문과 유사한 추상적인 질서를 가진 기저의 구조가 있다고 주장한다. 그러한 해독은 묘사된 그 현상을 설명하는 것이다. 앤서니 기든스(Anthony Giddens)는 이 접근방식을 이와 같이 묘사한다. "구조주의 언어학은 …… 사회가 언어와 마찬가지로 반복적인 속성을 가진 '실제적인 체계'로 간주되어야 한다고 제안한다"(Giddens, 1979: 47). 유추에 따라, 사회는 추상적인 구문을 가지고 있으며, 사회적 탐구의 목적은 이 구문을 지배하는 규칙을 발견하는 것이다.

비인과적 구조적 설명의 몇 가지 사례를 살펴보자. 니코스 풀란차스(Nicos Poulantzas)는 마르크스의 역사 유물론 이론을 재구성해서 제시한다(〈사례 4.9〉 참조). 여기서 풀란차스는 정치적인 것은 사회 구성체의 구조 안에 위치해야 한다는 반역사주의적인 마르크스주의 개념을 주장한

추상적 구조로서의 친족

클로드 레비스트로스는 여러 문화에서 친족 관계 체계에 대한 추상적 공식화를 제공한다. 그런 다음 그는 이 체계의 구조가 이들 문화의 다른 체계들과 중요한 추상적 관계를 맺고 있다는 것을 보여주려고 한다.

그의 관점에서 특히 중요한 것은 친족과 언어의 관계이다. "'친족 체계'는 '음소 체계(phonemic systems)'처럼 무의식적인 사고의 수준 위에서 정신에 의해 구축된다. 마지막으로, 흩어져 있는 지구상의 지역들과 근본적으로 서로 다른 사회들에서 친족 유형, 결혼 규칙, 특정 형태의 친족들 간의 유사한 규정된 태도 등이 반복된다는 사실로 말미암아 우리는 언어학뿐만 아니라 친족의 경우에서도 관찰 가능한 현상이 일반적이지만 암묵적인 법칙들의 작용에서 비롯된다고 믿게 된다. ······비록 그것들은 **다른 실재의 질서**에 속하지만, 친족 현상은 언어 현상과 **같은 유형**이다(Lévi-Strauss, 1963: 34). 이와 같이 레비스트로스는 기저의 문법, 곧 다양한 친족 유형을 생성하는 추상적인 규칙의 집합을 이해함으로써 많은 상이한 문화에서 친족 관계와 관련된 다양한 행동과 어휘를 **설명**하고자 한다.

▮ 자료: 다양한 문화의 친족 체계와 어휘들에 대한 연구
▮ 설명 모델: 구조의 요소들과 그 요소들의 추상적인 변형을 규명하기 위한 사회구조의 설명
▮ 출처: Claude Lévi-Strauss, *Structural Anthropology*(1963)

다(Poulantzas, 1973: 30). 근본적인 전제는, 자본주의 국가에 대한 적절한 과학적 이해는 자본주의 생산 양식을 구성하는 경제적·정치적 구조들의 접합 이론의 형태를 취하며 이 접합은 자체의 추상적 논리를 가진다는 것이다. 인과적 연쇄에 대한 질문(풀란차스가 일컫는 대로 널리 통용되는 질

문)은 불필요하다. 마르크스주의 내에서 구조주의적 설명의 극단적인 형태는 배리 힌데스(Barry Hindess)와 폴 허스트(Paul Hirst)의 저술에서 찾을 수 있다(〈사례 4.10〉 참조). 〈사례 4.10〉에서 힌데스와 허스트가 기술한 연구는 고대 노예제나 중세 봉건제의 실제 역사적 성격을 조사하지 않고 완전히 이론적 차원에서 수행될 수 있다. 사실 힌데스와 허스트는 이런 노력을 할 사람들의 무비판적인 경험주의에 비난을 퍼붓는다.

비인과적 구조주의는 과연 사회적 설명의 한 형태인가? 이것은 논쟁적인 질문이며, 나는 논쟁적인 답변을 제시하겠다. 그것은 사회적 설명이 아니다. 비인과적 구조주의는 기껏해야 다양한 현상 사이에서 예측하지 못한 이면의 규칙성을 발견하려는 노력을 나타낸다. 최악의 경우, 그것은 사회 현상에 대한 선험적인 개념적 재구성을 제공하려는 노력을 나타낸다. 전자는 사회과학의 정당한 연구 목적이지만 설명적이지는 않다. 반면 후자는 사회과학이라기보다는 사변철학을 시도하는 것이다. 나는 이 각각의 판단을 차례대로 변호할 것이다.

우리가 미국에서 종교적인 관행을 연구하고 있으며, 이러한 관행이 행동의 문법에 부합한다는 것을 발견했다고 가정하자. 일련의 규칙이 있으며, 그 규칙들은 자신들의 범위 안에 있는 모든 종교 활동을 이해할 수 있게 해준다. 더 나아가, 우리가 이 문법이 월스트리트에서 거래자들의 행동 이면에 있는 것과 형식적으로 동일하다는 놀라운 발견을 한다고 가정해 보자. 신자들은 성직자들과 교류하고, 무역업자들은 투자 전문가들과 교류하며, 신자들은 자신들의 교회에 기부하고, 무역업자들은 상품선물(商品先物)을 구입하는 식이다. 이 일련의 발견을 설명해 줄 수 있는 것은 무엇인가? 종교적 행동은 그 행동이 종교적 관행 이면의 형식적인 규칙에 부합한다고 지적함으로써 설명되는 것이 아니다. 또한 영

생산 양식 I

니코스 풀란차스는 정치 구조를 마르크스의 생산 양식 개념 안에 위치시키는, 정치에 대한 구조주의적 설명을 제공한다. 그는 생산 양식을 이와 같이 정의한다. "**생산 양식**이라고 할 때 우리는, 일반적으로 경제적인 것으로서 부각되는 어떤 것이 아니라, 결합하여 여러 층위나 수준으로 나타나는, 즉 그 양식의 여러 지역적 구조로서 나타나는 다양한 구조의 독특한 결합을 지칭하고자 한다. …… 생산 양식을 특징짓는 통일성의 유형은 최종적 수준에서는 경제적인 것에 의해 지배되는 **복합적 전체**의 유형이다"(Poulantzas, 1973: 13~14).

그는 순수하게 추상적인 이론적 개념인 생산 양식과 구체적인 사회 구성체, 즉 실제로 존재하는 사회를 구분한다. 그리고 그는 생산 양식 이론이 자본주의 사회를 사회적·정치적 구조의 총체로 설명할 수 있는 근거를 제공한다는 것을 보여주려고 한다. "이제 우리는 두 개의 결론에 도달하게 된다. 1) 한 사회 구성체 안의 응집 요인으로 국가의 총괄적 역할은 사회 구성체의 상이한 수준과 관련된 특정한 양상으로 구별될 수 있다. 2) 국가의 다양한 특수한 기능은, 심지어 엄격한 의미에서의 정치적 수준(즉, 정치적 계급 갈등)과 직접적 관련이 없는 기능도 그 기능들의 상호관계 속에서만 이론적으로 파악될 수 있다"(Poulantzas, 1973: 54). 그렇다면 국가의 특징은 질서 지어진 정치 구조들의 집합으로서의 국가 일반 이론에 어떻게 부합하는가를 보여줌으로써 설명할 수 있다.

▎자료: 마르크스주의 이론, 특정 자본주의 사회에서 발견된 정치적 배열에 대한 몇몇 역사적 자료
▎설명 모델: 생산 양식, 상부구조 등에 대한 일반적인 이론 내에서 그 특징들이 구조, 접합 및 상호관계와 어떻게 일치하는지 보여주는 사회의 특정한 역사적 특징에 대한 설명
▎출처: Nicos Poulantzas, *Political Power and Social Classes*(1973)

| 사례 4.10 |

생산 양식 II

힌데스와 허스트는 루이 알튀세르 철학 사상의 일부를 확장하면서 생산 양식
의 구조, 예를 들어 봉건주의는 이 양식을 구현하는 사회 체계의 다양한 속성
을 결정한다고 주장한다. 그들은 생산 양식을 "생산 관계의 지배에 의해 구조
화된 생산 관계와 생산력의 접합된 결합"으로 특징짓는다(Hindess and Hirst,
1975: 9). 그들은 자본주의 이전의 생산 양식의 대안적 구조에 대한 접합 이론
을 공식화하고(그들은 유한하지만 많은 대안이 있다고 믿는다), 그런 다음 이러한
대안들의 체계적인 역학을 이해하려고 시도한다. 그들은 다음과 같이 쓴다.
"자본주의 이전의 각 생산 양식에 대해 …… 우리는 다음과 같은 질문을 던질
수 있다. 그 생산 양식의 엄밀한 개념을 생산력과 생산 관계의 뚜렷하고 확정
적인 접합된 결합으로서 구성할 수 있는가?"(Hindess and Hirst, 1975: 18). 그
리고 설명은 생산 양식의 일반 이론의 견지에서 자본주의 이전 생산 양식이 지
닌 특정한 유형의 특징으로부터 도출된다. 예를 들어, 힌데스와 허스트는 미국
의 노예제도 내에서 지력이 소모되는 경향은 노예 생산 양식의 본질적인 특성
에서가 아니라, 그 시스템에서 발견된 자본주의 경제 조직의 요소에서 기인한
다고 설명한다. "이러한 지력이 소모되고 확대되는 경향을 낳은 것은 토지의
독점적 소유가 부재한 상태에서의 상품 생산과 자본주의적 계산의 구체적인
조건이지, 노예제가 아니다"(Hindess and Hirst, 1975: 170).

▮ 자료: 노예 및 봉건 사회·경제 체계에 관한 몇몇 역사적 자료, 마르크스주의 이론
▮ 설명 모델: 추상적인 생산 양식 이론으로부터 다양한 경제질서의 구조적 특징 도출
▮ 출처: Barry Hindess and Paul Q. Hirst, *Pre-capitalist Modes of Production*(1975)

어에서 말하는 사람의 발화의 총체는 그 발화들이 영어 구문 규칙에 부합한다는 것을 보여줌으로써 설명되는 것도 아니다. 그리고 종교적 관행의 총체나 거래 관행의 총체 또한 하나가 다른 것과 형식적으로 비슷하다는 것을 발견함으로써 설명되지도 않는다.

대신에, 우리는 **이제** 설명을 요구하는 일단의 복잡한 경험적 규칙성에 도달한 것뿐이다. 어떻게 종교적인 관행들의 이면에 있는 규칙이 특정한 실행자들 안에 체화되는가? 이 규칙의 영속성은 무엇으로 설명되는가? 그 규칙들은 어떻게 한 세대에서 다른 세대로 전달되는가? 이 질문들에 대한 해답은 만들어질 수 있으나, 여기서 핵심적인 것은 이러한 새로운 해답이 진정으로 설명적일 것이라는 점이다. 그리고 그 해답은 인과적일 것이다. 그 해답은 규칙의 체계들이 구체화되고 전승되며 개인이 이러한 규칙을 내면화하게 되는 사회적 배열을 상술하는 형식을 취할 것이다. 여기서 언어학과의 유추가 드러나고 있다. 발화 행동은 단지 언어의 추상 구문 규칙을 상술하는 것만으로 설명되는 것이 아니다. 오히려 우리가 언어 능력에 대한 설명을 찾고자 한다면, 심리언어학 이론, 즉 전형적인 화자들이 영어 규칙에 대한 지식을 어떻게 획득하고 사용하는지를 설명하는 인과 이론이 필요하다.

사회 구조는 사회 이론가에 의해 해명될 수 있는 추상적인 논리를 가지고 있다는 주장으로 눈을 돌려보자. 여기서 힌데스와 허스트의 저작은 앞에서 논의한 사례들 가운데 가장 두드러진 것이다. 이러한 접근은 사회 현상의 본질적인 우연성을 부정하기 때문에 대단히 반과학적이다. 사회 현상의 이면에는 분명 규칙성이 있지만, 이것들은 경험 조사를 통해 발견되어야 하는 우연적인 규칙성이다. 사회 구성체, 예를 들어 자본주의가 생산 양식 개념의 기저 논리에 따라 전개될 것이라고 예상할 수 있다는 생각은 터무니없다. 물론 이론은 사회적 설명의 필수적인 부분이다. 그러나 이론은 사회 현상의 복잡성과 과소 결정을 냉철하게 고려해서 구성되고 평가되어야 한다.[6]

이러한 관찰은 구조적 설명에 관한 한 쌍의 결론으로 우리를 이끈다. 인과적 구조주의는 나무랄 데 없다. 하지만 그것은 인과적 설명의 한 종류이다. 여기서 중요한 주의사항은 기능적 설명에 대한 논의에서도 확인된 것이다. 그것은 구조적 인과 이면에 있는 미시 과정들에 대해 주의를 기울여야 한다는 필요성이다. (이 점은 제8장에서 더욱 발전될 것이다.) 이와 대조적으로 비인과적 구조주의는 전혀 사회적 설명의 모델이 아니다. 비인과적 구조주의는 인과적 설명이 필요한 복잡한 경험적 규칙성을 발견하기 위한 방법이거나 아니면 우리를 경험적 사회과학으로부터 완전히 멀어지게 하는 유사-철학적인 방법이다.

결론

이러한 주장을 통해 한 가지 결론을 도출할 수 있다. 기능적이고 구조적인 설명은 독특한 형태의 사회적 설명이 아니라는 것이다. 기능적 설명은 한 항목의 미래 결과를 위한 현재의 성향적 속성이 그 항목의 행동에 인과적으로 영향을 미치는, 복잡한 형식의 인과적 설명으로 가장 잘 이해된다. 구조적인 설명은 두 가지 범주로 나뉘는 것으로 이해될 수 있

---

6   톰슨(E. P. Thompson)은 『이론의 빈곤(The Poverty of Theory)』(1978)에서 이런 형식의 구조주의를 통렬한 비판의 대상으로 삼고 있다.

다. 첫째, 진정으로 설명적이지만, 더 큰 인과적 설명의 범주에 속하는 것들이 있다. 이 경우 구조적 설명은 사회 구조의 단위들을 다른 사회 현상의 원인으로 식별한다. 그러한 설명을 고려할 때 언급되어야 할 주요 문제는 다음과 같은 미시 기초적 질문이다. 사회 구조는 어떠한 개인 수준의 과정을 통해 그 영향력을 전달하는가? 구조적 설명의 다른 사례는 허위이다. 일단의 사회 현상에 대한 구조주의적 해석은 단지 복잡한 경험적 규칙성을 코드화하거나, 사회적 사실들을 선험적 이론으로부터 도출하려는 노력이다. 따라서 인간 행위성으로부터 유래하는 규칙성에 기반한 인과적 설명은 기능적 설명과 구조적 설명 모두의 기초가 된다.

▌더 읽어볼 책들

Cohen, G. A. 1982. "Functional Explanation, Consequence Explanation, and Marxism."

Elster, Jon. 1983. *Explaining Technical Change.*

Giddens, Anthony. 1979. *Central Problems in Social Theory: Action, Structure and Contradiction in Social Analysis.*

Lévi-Strauss, Claude. 1963. *Structural Anthropology.*

Merton, Robert K. 1967. *On Theoretical Sociology.*

Simon, Herbert. 1969/1981. *The Sciences of the Artificial.*

Skocpol, Theda. 1979. *States and Social Revolutions.*

Tilly, Charles. 1984. *Big Structures, Large Processes, Huge Comparisons.*

제5장

유물론

유물론은 특정한 시기에 존재하는 생산을 지배하는 기술과 사회적 배열의 형태를 분석함으로써 사회생활의 중요한 특징을 설명할 수 있다고 주장한다. 우리는 이러한 사회적·기술적 요소들의 총체를 '물질문화'나 '경제적 기반', 또는 '생산 양식'이라고 부를 수 있다. 유물론에 따르면, 인간이 생산적인 사회적 노동을 통해 자신들의 물질적 필요를 충족시킨다는 사실은 다양한 사회 현상, 예를 들어 정치 제도의 성격, 사회 갈등의 발생, 규범과 가치 체계 또는 법체계의 내용에 강하게 영향을 미치는 근본적인 제약과 명령을 만들어낸다.

이전 장들에서 우리는 많은 사회과학자가 여러 사회나 문화에 걸쳐 존재하는 사회적 일반화를 발견하려고 시도한다는 것을 보았다. 유물론이 지닌 매력의 일부는 그러한 일반화에 도달하기 위한 약속이다. 한 문명의 '물질문화'와 그것의 가치, 사회 제도 및 정치적 배열 사이에 중요한 설명적 관계가 있다면, 유사한 물질문화를 가진 문명은 유사한 정치적·사회적 특성을 가질 것이라고 가정하는 것이 가능하다. 그리고 사실 다양한 사회과학자는 대중적 사회 갈등, 사회적 의식의 형태, 법체계, 그리고 전쟁과 혁명의 발생과 같은 다양한 현상을 설명하기 위해 유물론적 주장을 사용해 왔다.

특히 중요한 유물론적 사회과학의 한 가닥은 고전 마르크스주의에서 비롯된다. 그러나 유물론적 주장은 사회과학의 **비**마르크스주의 영역에서도 찾아볼 수 있다. 사회적·역사적 발전에 대한 유물론적 설명의 몇 가지 사례를 고찰해 보자.

- 8세기에 금속 등자(말 안장 아래에 있는 발 받침대 _옮긴이)가 서유럽으로 확산되면서 봉건제가 등장했다(White, 1962).
- 음식 금기는 생태적 압력과 위기의 결과이다(Harris, 1978).
- 누에르족의 단순한 물질문화는 '용기, 관대함, 인내, 자부심, 충성심, 고집, 그리고 독립성이 누에르족이 스스로 추앙하는 덕목들'이라는 독특한 형태의 사회심리를 만들어낸다(Evans-Pritchard, 1940: 89~90).
- 중세의 바퀴 달린 쟁기의 기술적 필요조건은 북부 프랑스의 특징적인 길고 좁은 밭의 형태를 해명해 준다(Bloch, 1966).
- 유럽 노동자들 사이에서 나타나는 정치적 태도의 차이는 서로 다른 산업 체계와 직업의 기술적 특성에서 기인한다(Sabel, 1982).
- 농민들은 소규모 전통 농업과 연관된 물질적 삶의 상황에 의해 결정되는 독특한 정의감을 가지고 있다(Scott, 1976).
- 자본주의 사회의 이데올로기는 원자화된 개인주의를 강조하는데, 이것은 사회생활에 대한 이러한 개념이 자본주의 경제 제도의 필요에 가장 부합하기 때문이다(Marx, 1848/1974).

(일반적으로 역사적 유물론이라고 일컬어지는) 마르크스 유물론을 다른

종류들로부터 구별시켜 주는 것은, 경제 조직과 연관된 사회 구조에 대한 더욱 정교화된 이론, 이러한 구조가 다른 사회 구조에 어떻게 영향을 미치는가에 대한 발전된 가설, 그리고 사회 변동의 메커니즘으로서의 계급 정치에 대한 마르크스의 강조이다. 사회의 경제적 기반에 대한 사실들은 사회 내에서 계급을 결정하며, 이어서 계급은 정치·이데올로기적 제도를 변형시킨다.

역사적 유물론의 고전적 적용은 봉건제의 구조, 봉건제에서 자본주의로의 이행, 그리고 자본주의 사회의 조직 등 유럽 역사에 초점을 맞춰 왔다. 그러나 이 모델은 또한 비서구 사회들에도 적용될 수 있다. 예를 들어, 아시아 농업 사회는 통용되는 토지 및 물 관리 형태, 이용 가능한 종자 및 비료 기술, 그리고 재배, 식품 가공 및 보관을 위해 가용한 도구들의 형태에 의해서 특정지어질 수 있다. 농업사회에서 사회적인 생산 관계는 통용되는 토지 임대 형태, 사회적으로 강제되는 노동 조직(예를 들어, 임금 노동 또는 부역 노동), 1차 경작자로부터 잉여를 추출하는 사회적 배열(임대, 이자, 이익, 세금, 강도 약탈) 등을 포함한다. 역사적 유물론은 많은 농민 사회가 이러한 특징과 관련해서 상당히 유사하며, 이 사회들에서 유사한 사회적 과정은 이러한 기술적·사회적 배열 체계에서 비롯된다고 주장한다. 그러므로 임대료 거부 운동, 세금 반란, 쌀 폭동은 여기서 묘사된 사회 구조로부터 나오는 집합 행위의 형태들이다.[1]

---

1 농민 사회 연구에 대한 중요한 공헌은 Migdal(1974), Shanin(1985), Wolf(1996), Scott(1976), 그리고 Tilly(1964)에서 찾을 수 있다.

길잡이

유물론은 모든 사회가 인구의 기본적인 생존 필요를 충족시키는 제도를 가져야 한다는 관찰에서 시작된다. 기술과 노동은 음식, 옷, 주거 등을 산출하기 위해 조직되어야 하고, 제도들은 개인들에게 재화를 분배하기 위해 존재해야 하며, 이러한 제도들은 상위 제도들(예를 들어, 법체계)에 의해 안정화되어야 한다. 게다가 경제활동은 전형적으로 인구의 최저 생활이 요구하는 것 이상의 잉여를 생산하며, 경쟁하는 집단들은 이 잉여에 대한 통제력을 장악하려고 시도할 것으로 예상된다. (이것이 "모든 역사는 계급투쟁의 역사이다"라는 마르크스 견해의 핵심 요지이다.) 그런 다음 유물론은 더 논쟁적인 두 번째 견해로 옮겨간다. 즉, 주어진 사회의 다양한 특징, 예를 들어 국가의 조직과 행동은 생산 체계의 작동에 대한 적합성의 측면에서 이해될 수 있다는 것이다. 따라서 유물론은 기본적인 인간의 필요와 그러한 욕구가 충족되는 생산 체계를 분석함으로써 정치와 문화가 지닌 특징들을 설명하는데, 이러한 설명은 잠재적으로 비교문화적 일반화의 기초를 제공한다.

『정치경제학 비판(Contribution to a Critique of Political Economy)』(1859)에서 도식적으로 제기되었고, 『독일 이데올로기(German Ideology)』(1846/1970)에서 더 완전하게 발전된 마르크스의 역사적 유물론 이론은 경제 구조의 사회적·경제적 속성이 비경제적 속성, 즉 정치 제도, 법, 종교, 이데올로기 등(마르크스는 때로 이 후자를 사회의 '상부 구조'라고 일컫는다)을 '결정한다'고 주장한다. 여기서 '결정한다'는 것이 문제적이라는 것을 시사하기 위해 따옴표 안에 넣었다. 그 용어는 **특유하게 결정한다**는 뜻이 **아니라** '제약한다' 또는 '영향을 준다'는 뜻이다.

표 5-1 **유물론의 핵심 개념**

기술	경제 구조	정치	문화
생산력	생산 관계	상부 구조	
도구	재산 소유	국가	친족
농업 형태	임금 노동	법 체계	종교
제조 형태	시장 체계	경찰	이데올로기
급수 체계	노예제	정당	가족
원자재	농노 제도		예술
자연 환경			
노동 기술			

　역사적 유물론은 사회 과정 내의 두 가지 요소를 강조하는데, 바로 특정한 문화 내에서 사용되고 있는 특정 형태의 **기술**의 중요성과 경제활동이 조직되는 **권력과 권위의 사회적인 관계**(마르크스주의 용어로 사회적 생산 관계)이다. 후자는 토지, 자본, 투자자금, 원자재 등 생산력의 사용과 방향을 지배하는 소유관계를 말한다. 〈표 5.1〉은 이들 개념의 주요 특징 가운데 일부를 식별한다. 역사적 유물론은 일반적으로 이 도표에서 왼쪽에 있는 요소들이 오른쪽에 있는 요소들에 대해 설명적 우선권을 행사한다고 주장한다.

　유물론적 설명의 고전적인 사례인 근대 초기 영국에서의 인클로저 과정에 대한 마르크스의 설명을 고찰해 보자(〈사례 5.1〉 참조). 여기서 우리는 유물론적 설명의 많은 주요 요소를 발견한다. 마르크스는 법체계의 변화와 농촌의 소유 제도의 조직을 신흥 자본주의 생산 양식의 필요에 대한 대응이라고 설명한다. 이 사례는 또한 이 설명의 틀과 관련된 몇 가지 주요 문제를 제기한다. 핵심적인 문제는 이 설명의 암묵적인 기능주의, 즉 사회관계는 신흥 생산 양식(자본주의)의 필요를 충족시키기

영국의 농업 인구에 대한 수탈

16세기 영국의 농업은 주로 소규모 자영 농민들에 의해 지배되었다. 17세기에는 토지에 대한 농민 권리를 제한하고 결국에는 폐지하는(인클로저 법령) 일련의 법률 제정이 이루어졌고, 이는 자본주의 농장의 조성으로 이어졌다. 이 과정은 다음 세기에 소규모 자영 농민들에 대한 대규모 수탈로 이어져, 농업 경제에서 대다수를 몰아냈고 토지 없는 노동자들은 도시로 유입되었다. 왜 이런 변화가 일어났을까?

마르크스는 자본주의 발전의 전제조건이 자본가들에 의해 고용될 수 있는 노동자를 풍부하게 공급하는 것이라고 주장한다. 대다수의 보통 사람이 토지에 쉽게 접근할 수 있는 사회 체계에서는 그들이 자본가를 위해 돈을 받고 일을 해줄 유인이 거의 없다. 따라서 자본주의 발전은 소규모 자작 농업 경제에 의해 막혀 있었다. 그래서 마르크스는 인클로저 과정을 자본주의 발전을 위한 적절한 노동력 공급을 창출하기 위해 영국의 사회적 배열이 변화된 과정으로 해석한다.

"무자비한 폭력 아래에서 수행된 공유지의 절도, 봉건적 및 씨족적 소유의 강탈과 그것의 근대적 사적 소유로의 전환, 이 모든 것은 그저 원시 축적을 위한 목가적 방법이었다. 이것은 자본주의적 농업을 위한 무대를 마련했고, 토지를 자본에 결합시켰으며, 도시의 산업을 위해 그에 필요한 무일푼의 자유로운 프롤레타리아를 공급하게 되었다"(Marx, 1867/1977).

ㅣ 자료: 영국의 농업 경제에 대한 역사 자료
ㅣ 설명 모델: 신흥 생산 양식의 필요에 대한 반응으로서 사회 변동을 해석하는 유물론적 설명
ㅣ 출처: Karl Marx, *Capital*, vol. 1(1867/1977)

위해 적응할 것이라는 전제이다. 제4장에서 보았던 대로, 생산 양식의 필요가 사회 체계 안에서 필수적인 적응을 자극하는 메커니즘에 대한 설명을 제공할 수 없다면 이 전제는 유지될 수 없다. 예를 들어, 그러한 메커니즘들에 대한 해명, 즉 생산 양식의 필요와 사회 내의 특정 계급에 할당된 조응하는 이익 사이의 관계에 대한 해명을 제공하는 것이 불가능하지는 않지만, 그러한 해명이 없다면 설명은 결함이 있다.

기술과 문화

역사적 유물론은 사회의 '물질적 기반'의 특성이 사회의 다른 비물질적 측면에 강한 인과적 영향을 미친다고 주장한다. 이러한 주장은 제1장에서 핵심적으로 보였던 질문을 제기한다. 특정한 형태의 사회적 인과 관계가 전달되는 메커니즘은 무엇인가? 우선 특정한 인과적 주장, 즉 특정한 형태의 물질문화가 그 문화의 특징인 사회의식의 형태에 뚜렷한 영향을 미친다는 개념의 측면에서 이 질문을 생각해 보자. 기술과 생산의 물질적 환경은 다양한 방식으로 사회의식을 제약하거나 사회의식에 영향을 미친다고 말해왔다. 첫째, 때때로 일상생활과 작업장에서 나타나는 지배적 기술에 대한 개인의 경험이 그(또는 그녀)의 의식에 직접적인 영향을 미친다고 주장된다. 개인들은 자신들의 삶의 경험에서 인성, 가치, 목적, 혐오, 그리고 사회적 행동 패러다임의 특성을 획득하고, 서로 다른 기술과 경제 환경은 특징적인 사회 심리 유형을 만들어낸다. 생계형 농민은 위험을 회피하는 가치 체계를 갖게 되고(Scott, 1976), 수렵 채집민들은 협동을 강조하는 도덕적 비전을 발전시킨다(Sahlins, 1972).

공장 노동자 또는 기계공은 사회적 소외와 소비주의를 두드러지게 특징으로 하는 의식 형태를 획득한다(Braverman, 1974). 프랑스 농민에 대한 마르크스 자신의 논의도 같은 종류의 주장을 예증하고 있다. 그는 농민 경작의 물질적 환경이 사회적 보수주의로 직결된다고 주장했다.

여기서의 아이디어는 대안적인 기술이 노동자들에게 매우 다른 삶의 유형을 강요하고, 이러한 차이들이 다른 형태의 인성으로 이어진다는 것이다. 〈사례 5.2〉와 〈사례 5.3〉을 고려해 보자. 허버트 거트먼(Herbert Gutman)과 찰스 세이블(Charles Sabel)은 가치, 동기, 정치적 가치와 같은 사회의식의 일부 특성을 사람들이 처해 있는 노동 환경의 측면에서 설명한다. 마찬가지로, 다양한 저자는 소규모 전통 농업의 기술적 특성에서 비롯되는 '농민 사고방식'의 특징적인 형태가 있다고 주장해 왔다. 그래서 페이 샤오 퉁(Fei Hsiao Tung)은 중국 농민들에 대해 이렇게 쓴다. "소작농은 …… 삶의 방식이며, 단순한 도구와 인간 노동력으로 토지를 경작할 목적으로 밀접하게 결합된 공식 조직, 개인 행동, 사회적 태도의 복합체이다"(Fei, 1987: 57). 소농 경작은 전통적인 도구와 기술을 이용한 집약적인 노동력과 관련된다. 소농 경작은 소작 농민을 날씨와 해충의 변덕에 지배당하게 하고, 소집단 협력을 중요시한다. 그리고 페이에 따르면, 소농 경작은 가족을 강조하고 또한 외부인에 대한 불신을 강조하는 특별한 사회 심리를 생산한다. 테오도르 샤닌(Teodor Shanin)은 러시아 농민들에 대해 유사한 설명을 제공한다. "러시아 농민 공동체들은 다른 농민 특성의 결과이자 결정 요인인 뚜렷한 **문화적 인식 유형**을 보여주었다. 이러한 정치경제와 의식이 구체적으로 연계되고 상호 강화한다는 의미에서, 농민됨을 '삶의 방식'으로 묘사하는 것은 상당히 일리가 있다"(Shanin, 1985: 84). 그는 전통주의, 순응주의, 평등주의와 같은 요소를

공장과 사회 심리

농업 노동자의 세계는 공장 노동자의 세계와는 확연히 달랐다. 이러한 노동 환경의 변화는 산업혁명 초기 노동자에게 어떤 영향을 미쳤는가? 허버트 거트먼은 장인 생산에서 공장 생산으로 이행하면서 함께 발전한 사회 심리의 변화를 연대기적으로 서술한다. 예를 들어, 시간 경험은 두 체계에서 극심하게 달랐다. 공장 노동자는 공업 생산의 정규 시간에 맞추도록 강제되는 반면, 장인은 매일 그리고 계절적으로도 자기 고유의 속도로 일할 수 있었다. 산업가의 주요 과제는 노동자들의 활동을 규칙화하는 것이자, 공장의 일상적이고 과업 지향적인 공장 노동에 준비시키는 새로운 사회적 통제와 규율 체계를 만드는 것이었다. 거트먼은 그 결과가 산업 생산의 조건에 조응하는 새로운 형태의 사회 심리였다고 믿는다.

▮ 자료: 영국과 미국의 산업혁명 초기 노동 환경에 대한 역사적 자료
▮ 설명 모델: 노동 환경이 새로운 사회 심리를 형성한다는 설명
▮ 출처: Herbert Gutman, *Work, Culture, and Society in Industrializing America: Essays in American Working-class and Social History*(1976)

러시아 농민의 사고방식으로 파악한다(Shanin, 1985: 84). 그리고 이러한 일반적인 사회 심리에 대한 그의 설명은 그러한 사회 심리가 러시아 농민 생활의 사회적·기술적 특징의 인과적 결과로 나타난다는 것이다.

  기술 자체에 관한 이 점과 밀접하게 관련되는 것은 그 과정의 기술 조직에 관한 유사한 주장이다. 작업장의 일부 형태는 다른 형태들과는 달리 노동자의 의식에 극적으로 다른 효과를 낳는다. 따라서 광부와 같은 특정 직업 집단은 위험, 동료 노동자에 대한 의존, 폐쇄적인 노동 조건

| 사례 5.3 |

노동계급의 사회적 태도

노동계급의 특징적인 사회 심리가 있는가? 노동계급 사람들은 공통의 정치적 태도를 가지고 있는가? 찰스 세이블은 노동력의 사회적 기원 및 열망과 결합한 산업적 노동 환경의 조건들이 특징적인 '세계관'을 만들어낸다고 주장하지만, 이러한 세계관은 작업장과 노동자의 사회적 기원의 차이에 따라 확연히 달라진다. 그러므로 노동자의 정치적·사회적 관념에 대해 일반적인 주장을 하는 것은 불가능하다. 대신에 노동자들이 처한 특정한 상황을 더 상세히 고려할 필요가 있다. 세이블은 숙련된 장인, 공장 특유의 기술력을 갖춘 노동자, 미숙련 노동자, 농민 노동자, 빈민가 노동자들을 구별한다. 그는 각각의 범주가 상당히 다른 에토스와 세계관을 가지고 있다고 주장한다.

게다가 이러한 차이점은 다양한 노동자 집단의 정치적 행동에 상당한 중요성을 가진다. "'같은' 상황에 대한 세계관의 차이는 하찮은 것이 아니다. 그 차이는 미래에 일어날 사건들의 중요성에 대한 상이한 예측으로 이어진다. …… 우리는 과학적 이론이 자연의 특정한 사실들의 연장에 불과한 것이 아니듯이 한 세계관도 그 세계관이 준거하는 사회 부분의 기술에 의해 독자적으로 결정된다고 말할 수 없다"(Sabel, 1982: 13). 그는 이어 "많은 산업 갈등은 정당함과 정의에 대한 노동자들의 기대를 경영진이 저버림으로써 발생한다"라고 덧붙인다(Sabel, 1982: 15). 숙련된 장인들은 왜 화이트칼라나 관리직으로의 출세를 자제하는가? 왜냐하면 장인의 에토스와 창조적인 기예의 수행이 제공하는 만족은 경영 역할에서는 성취될 수 없기 때문이다(Sabel, 1982: 86~89).

▮ 자료: 서유럽과 미국 산업 노동계급의 사회학
▮ 설명 모델: 노동계급 집단들의 에토스와 세계관에 대한 가설에 기반해 그들의 정치적·경제적 행동을 설명
▮ 출처: Charles Sabel, *Work and Politics*(1982)

이라는 공통된 특징 때문에 다른 직업군보다 집단 연대와 전투성이 더 높은 경우가 종종 있다. 해리 브레이버먼(Harry Braverman, 1974)은 자본주의 노동 과정에 대한 자신의 논의에서 유물론적 설명의 이러한 측면이 가지는 함의를 일부 탐구하며, 세이블과 조너선 자이틀린(Jonathan Zeitlin)은 이와 관련해 장인 생산 대 공장 생산의 차이를 고찰한다(Sabel and Zeitlin, 1985)(〈사례 5.8〉 참조).

방데의 농작물 유형과 정치적 태도(1790년대 프랑스 농촌의 반혁명)에 대한 틸리의 논의(Tilly, 1964: 113~145)는 이런 형태의 유물론이 지닌 양면을 잘 보여준다(〈사례 5.4〉 참조). 이런 줄기의 유물론적 설명은 기술의 특정 수준과 특성에 의해 생성된 사회적·경제적 환경과 그 환경 내의 사람들 속에서 양성되는 사회 심리 및 정치적 행동의 형태 사이에 인과 관계가 있다는 가설을 세운다. 이 가설은 귀납적 일반화―대안적 경제 환경에서는 사람들의 사회 심리에 적어도 몇 가지 중요한 차이를 구별할 수 있다―와 사회 심리에 기초한 이론적 논쟁 모두에 의존한다. 후자의 주장은 다소 선험적인 형태로 제기되지만, 주장의 핵심은 인간의 본성은 생물학에 의해 고정되어 있지 않으며, 인성과 행동의 심리적 특성은 개인이 삶에서 겪은 경험의 요소들, 즉 가족, 일, 스포츠, 일상 정치에 의해 영향을 받는다는 것이다. 이 이론에 유물론이 보태는 것은, 일 경험에 관한 사실들이 특히 개인의 심리 발달에 중심이 된다는 생각인데, 그 결과 우리는 개인의 심리에 미치는 생산 양식의 중요한 인과적 결과를 예상해야 한다.

방데의 정치적 태도

찰스 틸리는 방데(Vendée)의 농민들이 살고 있는 물질문화를 분석함으로써 그들의 정치적 태도를 설명한다. 그는 "전통적인 재배업자의 일과 포도주용 포도 재배업자의 일의 차이는 그 자체로 중요하다. …… 포도주용 포도 재배자는 필요와 성향에 따른 상인이다. 그는 비용, 가격, 그리고 원거리 결정의 가능한 영향을 계산해야 한다. 그는 불가피하게 상업에 영향을 미치는 정부 정책에 민감하다. …… 그는 자신의 생산물을 소비하거나 운송하는 도시들과 계속 소통한다"(Tilly, 1964: 114~116).

반면 모쥬(Mauges)의 생계형 소작농들은 고립적이고 지역적이며, 이윤 창출보다는 생계 필요를 충족시키는 데 관심이 있었다. 따라서 한 집단은 지역 또는 전국 시장을 지향했고, 다른 집단은 시장 참여를 회피하려고 시도했다. 그리고 틸리는 이러한 차이들이 정치적 행동에도 현저한 차이를 가져온다고 주장한다. 포도주용 포도 재배자들은 더 코스모폴리탄적이고 혁명을 지지하는 경향이 있었던 반면, 생계형 농민들은 반혁명을 지지하는 경향이 있었다.

▎자료: 18세기 프랑스 서부의 경제에 관한 역사적 자료, 방데의 여러 지역의 정치 활동에 관한 자료
▎설명 모델: 정치적 태도와 행동에 강하게 영향을 주는 물질문화에 대한 설명
▎출처: Charles Tilly, *The Vendée*(1964)

계급과 소유관계

방금 기술한 유물론적 설명의 형식은 사회생활의 중요한 특징들이 지배적인 기술과 그 기술을 사용하는 조직의 형태에 의해 영향을 받거

나 제약되는 방식에 특히 주의를 기울인다. 그러나 적어도 중요한 것은, 경제는 한 집단이 다른 집단들로부터 경제적 잉여를 추출하는 일련의 강압적인 제도를 구현한다는 생각이다. 이러한 제도들은 구별되고 적대하는 물질적 이해관계를 가지는 일련의 계급들을 정의하는 소유관계이다. 역사적 유물론은 소유관계의 구조가 상위 사회 제도에 지대한 영향을 미친다고 주장한다. 이 접근에서 사회적 생산 관계, 즉 계급과 소유관계는 사회 변동 과정 내에서 결정적인 요소들이다. 따라서 역사적 유물론은 생산 과정이 조직되고 통제되는 사회적 생산 관계와 그로 인해 발생하는 계급에 우선성을 두며, 특정 사회에서 가동되는 **잉여 추출** 시스템의 중심성을 강조한다.

고전적인 마르크스주의 관점에서 사회적 생산 관계는 생산 과정을 조직하기도 **하고** 동시에 잉여 생산물에 대한 접근권에 의해 규정되는 사회의 분할을 확립하기도 한다. 즉, 소유관계는 계급을 규정한다. 유물론의 이러한 측면을 특징짓는 또 다른 방법은 사회적 사회관계는 특정 사회에서 사용 중인 잉여 추출 시스템과 그 시스템에 의해 규정된 추출자와 생산자로의 분리에 특별한 주의를 기울인다고 말하는 것이다. 역사적 유물론에 따르면, 잉여 추출 시스템에 의해 야기된 계급 갈등에 따르는 경제적·정치적 변화는 특정 사회 내에서 역사적 변동의 과정에서 중심적인 역할을 한다.[2] 특히 역사적 유물론은 계급 사회를 착취 체계—

---

2   마르크스의 역사적 유물론 이론의 주요 출처는 『독일 이데올로기(The German Ideology)』, 「정치경제학 비판 서문(Preface to a Contribution to a Critique of Political Economy)」, 『자본론(Capital)』 곳곳에 흩어져 있는 언급들이다. 마르크스의 역사적 유물론에 대해 핵심적인 현대적 설명으로는 G. A. Cohen(1978)이 있다. 이 주제에 대해 발전된 광범위한 문헌은 Little(1986) 제2장에 포함되어 있다.

엘리트 계급에 의해 생산자로부터 강압적으로 강제된 잉여 추출—로 간주한다. 소유관계는 착취 체계를 사법적으로 구현한 것이다. 그것은 한 집단이 다른 집단의 잉여를 수용하는 배열을 확립한다. 그러므로 봉건제 안에서 농노의 담보 노동(bonded labor)에 대한 영주의 권리는 착취 메커니즘이었다. 자본주의 체제에서 임금 노동자들이 생산 수단에 접근할 수 없다는 사실은 노동에 의해 생산물에 부가되는 가치보다 적은 임금을 위해 노동력을 자본가들에게 팔도록 강요한다. 노동자는 잉여를 창출하는 임금 노동 체계를 통해 자본가들에 의해 착취되는데, 그 잉여는 자본가들에 의해 이익, 이자, 임대 등의 형태로 수용된다.

고전적인 유물론에 따르면, 계급 제도를 포함한 생산 제도를 규정하는 상황은 사회생활의 다른 측면에 발전의 원동력을 불어넣는다. 마르크스는 생산력과 생산 관계가 사회생활의 나머지 부분에 발전의 유형을 부과한다고 주장한다. 특히 마르크스는 정치 제도와 일부 문화 현상, 그리고 다양한 의식 형성의 제도가 경제 구조와 소유관계의 '필요'에 의해 강하게 영향을 받는다고 말한다. 따라서 그는 특정 사회 질서에서 현재 존재하는 이데올로기의 형태가 기존의 소유관계의 안정성과 기능적 관계를 맺고 있다고 주장한다. 이러한 서술이 가리키듯이, 이 설명 모델에는 강력한 기능주의적 사고의 줄기가 있다. 사실 제럴드 코헨(Gerald Cohen)은 마르크스주의가 그러한 '상부 구조적' 제도들과 경제 구조 사이의 기능적 관계를 상정하고 있다고 장황하게 주장한다(Cohen, 1978: 160~171 [코헨, 2011: 290~305]).

유물론적 접근의 주요 요소는 다음과 같은 아이디어로 요약된다. (1) 사회 구조와 이데올로기의 다양한 요소는 경제 구조와 소유 제도의 필요에 대한 기능적 적응으로 이해될 수 있다. (2) 계급의 구성원들은 자신들의 공통적인 물질적 이익을 인식하는 경향이 있고, 따라서 계급 소속은 정치적 행동을 설명하는 중요한 근거가 된다. (3) 소유관계 내의 한 계급의 정치권력과 그 계급의 권리 사이에 일치가 있으며, 그 역할과 생산력의 확장 사이에 관계가 있다. (4) 기술적 발전, 사회적 생산 제도, 정치적, 문화적 또는 이데올로기적 제도의 발전 사이에서 작동하는 대규모 인과적 규칙성이 있다. 이러한 종류의 가설은 사회과학자들을 위한 연구 프로그램을 구성한다. 그러한 가설은 연구자가 특정한 사회의 물질적 제도에 대한 질문을 정식화하고, 지역 계급 관계의 세부 사항에 주의를 기울이고, 그리고 이러한 물질적 요인들과 다른 사회 발전 사이의 인과 관계를 탐구하도록 이끈다.

유물론적 설명의 적절성에 결정적으로 중요한 것은 경제 구조와 다양한 상부 구조적 요소, 예를 들어 정치적 형태들 사이의 연관성을 확립하는 메커니즘이 무엇인가 하는 질문에 대한 대답이다. (이 질문은 제1장과 제4장의 핵심적인 결론, 즉 사회과학에서 인과적 주장 및 기능적 주장을 뒷받침하는 인과적 메커니즘을 해명할 필요성을 반영한다.) 가장 설득력 있는 대답은 몇 가지 가능한 사회 과정을 포함한다. 소유관계에 의해 정의되는 엘리트 계급의 구성원들은 자신들의 이해관계와 구조의 안정성 사이의 연관성을 인식할 수 있으며, 그들은 전형적으로 자신들의 이해관계를 방어하는 데 사용할 상당한 정치적 자원을 가지고 있다. 그리고 더 익명으로 진행되는 과정도 있다. 경제 체계의 필요에 부응하지 못하는 정치 제도는 단지 엘리트 계급뿐만이 아니라 사회의 많은 부분 또는 모든 부분에서도 바라지 않는 역효과를 낳는 경향이 있을 것이다(Przeworski, 1985a). 따라서 부유층보다 빈곤층을 우대하는 세금 개혁안은 투자에 대한 강한 거부감을 불러일으키고, 그 개혁안은 형편없는 경제성과로, 그리고 나아가 개혁안의 수정에 대한 광범위한 지지로 이어질 수도 있다.

랠프 밀리밴드(Ralph Miliband)는 자본주의 국가에 적용할 수 있는 유물론적 프로그램을 정교하게 발전시켜 제공한다(〈사례 5.5〉 참조). 중요한 사회 현상에 대한 계급 기반 설명의 또 다른 중요한 사례는 영국의 농업 혁명에 대한 브레너의 논의이다(〈사례 5.6〉 참조). 브레너의 해명은 〈사례 5.1〉에서 마르크스가 고찰했던 동일한 사회 과정에 대한 대안적인 유물론적 설명을 대표한다. 그러나 브레너의 논의는 마르크스의 설명을 위협하는 것으로 보이는 의사(擬似) 기능주의 문제를 제기하지 않는다. 그 논의는 자본주의 등장의 필연성을 전제로 하지 않는다. 반대로 자본주의 농업이 영국에서는 빠르게 발전한 반면, 프랑스에서 오랫동안 지연되었다는 인식에서 시작한다. 게다가 브레너의 설명은 진보적이다. 그는 자본주의 농업의 등장에 도움이 되었던 초기 근대 영국의 사회 생활의 특징을 규명하며, 프랑스의 경우 그에 상응하는 특징이 존재하지 않았다는 점에 주목한다. 이 설명은 영국의 사회 재산 제도에 대한 기술에서부터 그 제도가 이후 발전에 미친 결과에 대한 분석에 이르기까지 직접적인 인과적 주장을 제시한다. 동시에, 그 주장은 사회적 생산 조직인 사회 재산 제도의 구조를 설명의 중심에 두고, 계급 이익과 권력을 결정적인 인과 요인으로 식별하기 때문에 유물론적이다.[3]

---

3   그러나 브레너의 해명은 그 자체로 논란의 여지가 있다. 그러나 경제사가들은 이제 영국과 프랑스의 경제 발전의 대조가 브레너가 주장하는 것처럼 뚜렷했는지 의심하고 있다(O'Brien and Keyder, 1978).

자본주의 국가

자본주의 국가의 정책을 추진하는 요인은 무엇인가? 랠프 밀리밴드는 마르크스주의 관점에서 이 문제에 대한 정교한 이론적 논의를 제공한다. 그의 중심 논지는 자본주의 사회에서(영국, 미국 또는 프랑스 등) 국가의 행동은 자본주의에 구현된 계급 제도의 특징에 의해 추진되고 제약된다는 것이다. 주요 계급은 생산 수단의 소유자인 부르주아지와 임금 노동자들인 프롤레타리아이다. 국가가 지배 계급의 도구일 뿐이라고 주장하는 조악한 유물론을 거부하는 밀리밴드는, 그럼에도 불구하고 계급 이익이 정치권력을 창출하는 직간접적 메커니즘의 일부를 규명하려고 시도한다. 그는 국가 정책이 경제 구조로부터 어느 정도 자율적이라는 개념을 받아들인다. 즉, 국가 활동의 모든 부분이 부르주아 계급의 어떤 이익에 기원을 두고 있는 것은 아니다.

그러나 그는 지배 계급의 이익과 대체로 일치하도록 강요하는 국가 정책에는 제한이 있다고 주장한다. 직접적인 메커니즘은 자본주의 세계의 국가 엘리트들이 종종 바로 경제 엘리트 출신이기 때문에 그들의 세계관과 정치적 태도는 지배 계급의 이익을 반영할 가능성이 높고(Miliband, 1969: 56 ff.), 자본주의 세계의 정당들이 불균형적으로 경제 엘리트들로부터 흘러나오는 선거 자금에 크게 의존하고 있다는 사실을 포함한다. 간접적인 메커니즘은 근본적으로 경제 엘리트들이 받아들일 수 없는 정책들을 채택할 경우 너무나 가능한 결과인 경제 위기를 피해야 하는 모든 정부의 필요성을 포함한다(Miliband, 1969: 96). '자본 파업'(불만에 찬 경제 엘리트들이 투자를 회수하고 자본을 도피시키는 정책)의 가능성은 사회민주주의 정권에서도 채택된 반자본주의 정책에 대한 고도의 억제력이다.

┃ 자료: 20세기 자본주의적 민주주의 국가들의 국가 정책과 조직에 관한 정치 자료
┃ 설명 모델: 계급의 원칙은 자본가 계급의 이익에 봉사하는 방식으로 국가 정책을 형성한다는 설명
┃ 출처: Ralph Miliband, *The State in Capitalist Society*(1969)

| 사례 5.6 |

영국의 농업 혁명

16세기와 17세기 영국은 토지 보유, 농장 생산 조직, 농업에 적용된 기술, 그리고 농업의 생산성에서 거대한 변화를 수반하는 농업 혁명을 목격했다. 이와는 대조적으로 프랑스 농업은 다소 비슷한 거시 경제 환경에서 농민 경작의 위축과 한 세기 동안의 침체를 경험했다. 로버트 브레너는 이러한 매우 다른 결과를 초래한 요인은 유럽의 여러 지역에서 사회적 소유관계의 특별한 특성(특히 토지 보유의 조건들), 이러한 관계가 다양한 행위자에게 부과하는 이익과 유인, 그리고 특정 지역들에서 그러한 관계에 의해 정의되는 계급들의 상대적인 힘이라고 주장한다. 이러한 발전에 대한 브레너의 설명은 유럽의 특정 지역의 농업 관계에 대한 '미시계급 분석'에 기반하고 있다.

농업 근대화의 과정은 불가피하게 일부 계급의 이익에는 유리했고, 다른 계급에는 해를 끼쳤다. 자본주의 농업은 더 많은 생산 단위(농장들), 농업에 더 많은 양의 자본재의 적용, 더 높은 수준의 교육과 과학적 지식 등을 필요로 했다. 이모든 것은 소규모 자작농들의 수탈과 농업 관계의 전통적인 공동체적 형태의 파괴를 필요로 했다. 브레너는 농민 사회들이 유리한 임대료 수준, 토지의 공동 통제, 소규모 농지 소유 유형 등 전통적인 방식을 가장 잘 방어할 수 있었던 유럽의 지역들에서 그러한 방식이 수세기 동안 지속되었다고 주장한다.

자본주의 농업은 농민들이 전통과 조직, 그리고 저항의 힘을 실질적으로 박탈당했던 지역에서 (계몽된 젠트리와 싹트기 시작한 부르주아지를 통해) 수익성 있고 과학적이고 이성적인 (자본주의적인) 농업의 방향으로 농경 관계를 재구성할 수 있었다. 영국은 이러한 조건을 만족시켰던 반면, 프랑스는 강하고 전투적인 농민을 가지고 있었다. 프랑스의 경우, 당시 소유관계와 근대화를 둘러싼 투쟁은 근대화하는 경영농보다는 농민 경작자에게 유리하게 해결되었으며, 이는 농업 침체로 이어졌다.

▮ 자료: 프랑스와 영국의 농촌 경제의 조직에 대한 비교 자료

▮ 설명 모델: 경제 변화의 유형을 여러 미시 계급에 이용 가능한 권력과 자원에 의해 결정
　되는 지역적인 계급투쟁의 결과로 설명
▮ 출처: Robert Brenner, "Agrarian Class Structure and Economic Development in
　Pre-industrial Europe"(1976); "The Agrarian Roots of European Capitalism"(1982);
　Aston and Philpin(eds.), *The Brenner Debate*(1985).

이데올로기와 계급

유물론적 사회과학의 중요한 요소는 이데올로기와 사회의식의 이론
이다. 마르크스의 이데올로기 이론의 핵심 주장은 다음과 같이 서술할
수 있다. 계급 사회 내의 사람들은 전형적으로 자신들 및 자신들이 살고
있는 사회에 대해 거짓되고 왜곡된 믿음을 가지고 있으며, 기존 지배 계
급의 이익을 체계적으로 강화하는 이러한 믿음은 의식이 형성되는 제도
들의 작동 결과로 인과적으로 설명될 수 있다. 이데올로기 이론은 마르
크스의 체계에서 핵심 역할을 하는데, 그 이론은 마르크스의 이론과 역
사적 증거 사이의 모순으로 보이는 것을 해결해 준다. 마르크스는 '역사
는 계급투쟁의 역사', 즉 직접 생산자에 대한 지배 계급의 착취와 지배에
기초한 사회 체계들의 연속이라고 주장한다. 동시에 우리는 사회 집단
들 사이의 저항과 명백한 폭력적 갈등이 상례가 아닌 드문 예외라는 것
을 알고 있다. 그러나 착취와 계급 적대가 어디에나 존재한다면, 우리는
일반적인 사회적 평온을 어떻게 해명할 수 있을까? 특정 사회 제도의 집
합이 착취적이라면, 착취된 집단이 저항할 힘이 있는데도 그 조건을 고
의로 받아들이는 것은 비합리적이다.

이것은 착취적인 사회가 오직 두 조건 가운데 하나 위에서만 안정적으로 유지될 수 있다는 뜻이다. 계급 사회는 직접 생산자들이 자신들의 억압자들에게 대항해 행동을 취하지 못하도록 위협하는 실질적인 억압 제도를 전형적으로 포함한다. 즉, 억압적인 수단을 통해 사회적 안정을 확보할 수 있다. 우리는 대체로 억압적인 수단을 통해 자신들의 지위를 보존하는 정권들과 계급들의 사례를 많이 가지고 있다(엘살바도르, 루마니아, 한국 등).

그러나 전체적으로 볼 때, 20세기의 산업 민주주의 국가들은 지나치게 억압적인 제도보다는 이데올로기적 통제 체계를 사회 통제의 주요 도구로 채택해 왔다. 이러한 사회들은 억압받는 사람들을 구슬리고 신비화하여 결국에는 그들로 하여금 자신들이 착취당하지 않는다고 믿게 만드는 광범위한 이데올로기적 제도들을 특징으로 한다. 이러한 수단을 통해 착취당하는 자들은 현재의 조건을 인식하지 못하게 유도될 수 있다. 사회적 착취와 통제의 현실은 기존 사회 제도가 정의롭고 공정하며 신성하게 제정되거나 또는 불가피하다는 믿음에 의해 가려지거나 신비화될 수 있다. 착취의 현실을 감안할 때, 이러한 믿음들은 일종의 허위의식이며, 마르크스에 따르면 그 믿음들은 계급 사회에서 사회적 조화를 보존하는 중심 수단 가운데 하나이다. 따라서 효과적인 이데올로기는 계급-기반의 정권을 뒷받침하는 폭력적으로 억압적인 조치들에 대한 가능한 대안을 나타낸다.

그러므로 이데올로기는 참가자들에게 계급 사회의 외양과 실재 사이의 체계적인 분열을 표현한다. 의식을 형성하는 제도들에 의해 창조된 외양은 공정성과 상호성의 모습을 띠지만, 실재는 착취적이고 권위적인 사회관계의 현실이다. 그러므로 이데올로기 이론은 계급 사회 내에서

의식의 형성과 기능에 대한 경험적 이론이다. 이 이론의 핵심은 다음과 같은 세 가지 요소로 이루어져 있다.

1. 신념과 태도는 사회 체계 내의 인과적 요인이다. 그것들은 사회의 안정성과 변화를 지향하는 사회의 성향에 영향을 미친다. 또한 신념과 태도의 특성은 계급 편향적이다. 어느 한 신념과 태도의 결합체는 특정 계급의 이익을 선호할 수 있으며, 다른 결합체는 다른 계급의 이익을 선호할 수 있다. 한 가지 관련된 사례를 들면, 사유재산의 합법성에 대한 폭넓은 믿음은 자본주의 질서를 선호하는 반면, 피에르 조제프 프루동(Pierre Joseph Proudhon)의 격언("소유는 도둑질이다!")을 널리 고수하는 것은 그 질서의 안정을 위협한다. 그러므로 첫 번째 신념은 재산 소유 계급의 이익을 선호하고, 두 번째 신념은 그들을 해한다.

2. 신념과 태도는 대체로 지속적인 사회 제도를 통해 형성되거나, 주입되거나, 소멸된다. 이 제도들은 공식적인 것(학교, 교회, 군사 조직, 정당 조직)에서부터 비공식적인 것(대중 매체, 민속 문학 및 노래, 가족생활의 전통, 스포츠와 놀이의 전통 등)에 이르기까지 다양하다. 계급 사회는 기본적인 사회관계의 착취적 성격을 감추는 기능이 있는 광범위한 제도들을 포함한다.

3. 이러한 제도들은 계급 사회 내의 계급 이익에서 비롯되는 압력과 유인에 예속된다. 이러한 영향력의 경로는 간략하게 예시될 수 있다. 소유관계에 기여하는 제도는 일반적으로 그러한 관계를 전복시키는 제도보다 더 원활하게 작동할 것이다. 지배 계급은 유해한 제도에 저항하거나 파괴하는 데 필요한 조직 자원, 정보 자원, 재정 자원을 가

지고 있다. 그리고 그러한 제도는 보통 지배 계급이나 그들의 예속자로부터 인력을 뽑는다.

착취당한 사람들이 자신들의 지배적인 제도에 대해 명확한 인식을 가지고 있다면 제기했을 안정성에 대한 위협을 고려할 때, 우리는 계급사회가 그 사회가 지닌 기본적인 사회관계의 착취적 성격을 감추기 위해 고안한 광범위한 제도를 통합할 것으로 예측할 수 있다. 그리고 사실 우리는 다른 무엇보다도 이데올로기의 보급을 그 기능으로 하는 사회 제도들의 명확한 사례를 확인할 수 있다. 교육 제도, 교회, 가족, 미디어, 정치적 과정 모두 이데올로기적인 약속을 전파한다. (그것들이 다른 많은 기능도 제공한다는 것은 말할 나위도 없다.) 그것들은 기존의 권력과 소유관계를 지지하는 대부분의 사람에게 세계관과 도덕성을 효과적으로 전달한다. [20세기 이탈리아 마르크스주의자인 안토니오 그람시(Antonio Gramsci)는 이러한 현상을 묘사하기 위해 헤게모니 사상을 도입했다. 지배 계급은 사회관계가 이해되는 관점인 사상과 가치의 체계를 성공적으로 지배함으로써 종속 계급에 대한 지배권을 유지한다(Gramsci, 1971).]

이데올로기 이론은 두 가지 점에서 유물론적 설명의 명백한 사례임을 보여준다. 첫째, 이데올로기 이론은 많은 유물론적 설명이 가지는 기능주의적 성격을 보여준다. 착취에 기반한 경제 체계는 참여자들로부터 착취를 은폐하기 위해 공통된 신념을 창조하는 일련의 의식 형성의 제도를 **필요로 하며**, 이데올로기 체계는 이러한 필요를 충족시킨다. 그 주장은 계급 사회를 안정시키기 **위해** 이데올로기가 존재한다는 것이다. 둘째, (우리가 제4장에서 필요하다고 발견한 바와 같이) 이 기능주의적 설명을 뒷받침할 수 있는 유망한 인과 메커니즘이 있다. 이들 가운데 핵심적인 것은 계급 정치 이론, 즉 지배 계급의 구성원들은 경제 체계가 필요로 하는 방향으로 사회적 의식을 편향시킬 관심과 기회를 모두 갖고 있다는 생각이다. 이 과정은 경제 체계와 이념 사이에 기능적 관계를 확립시키는 개인 수준의 메커니즘을 제공한다.

유물론과 합리적 선택 이론

유물론적 설명의 핵심적인 도전은 의사(擬似) 기능주의를 피해야 한다는 것이다. 우리는 역사적 유물론과 합리적 선택 이론 사이의 관계를 강조함으로써 이 도전에 답하는 데 상당한 진전을 이룰 수 있을 것이다. 왜냐하면 이 이론의 도구들이 사회 조직의 수준들 간 기능적 관계의 기초가 되는 일부 메커니즘에 대한 해명을 제공하기 때문이다. 소유관계와 기술에 대한 유물론적 분석은 다양한 행위 주체들의 이익, 기회, 한계를 특징짓는 틀을 제공한다. 이러한 관점에서 볼 때, 유물론은 합리적 선택 이론의 핵심 요소들을 포섭한다. 유물론은 개인들이 자신들의 물질적 이익을 위해 행동할 것이라고 가정하며, 사회 환경의 두드러진 특징들을 묘사하는 데 상당한 노력을 기울인다. 토지가 없는 노동자가 자신의 물질적 이익을 추구하는 방식은 소지주는 말할 것도 없고 가난한 농민이 선택한 방식과도 매우 다르다. 따라서 사회 환경에 대한 확장된 설명을 제공함으로써 이 환경 내의 참여자들로부터 기대할 수 있는 정치적·경제적 행동의 형태에 대해 예측할 수 있다. 이 분석을 사용해, 유물론은 참여자들의 계급 이익과 지위에 대한 정보를 이용함으로써 특정한 정치적 사건의 세부 사실에 대한 설명을 구성할 수 있다고 가정한다.

이러한 연관성을 명확히 하는 사례인, 스티븐 블라스토스(Stephen Vlastos)의 일본 농민 정치에 대한 분석을 고찰해 보자(〈사례 5.7〉 참조). 일본 농민 정치에 대한 블라스토스의 설명은 오늘날의 유물론적 설명의 두드러진 특징인 유물론적 설명과 합리적 선택 분석 사이의 밀접한 관계를 잘 보여준다. 블라스토스는 계급 정체성이 정치적 행동에 강한 영향을 미친다는 유물론적 사고를 분명히 하고 있지만, 그는 계급 이익을 도쿠가와 농민 경제의 특정한 사회적·경제적 배치에서 농민들에게 부여된 구체적인 물질적 이익으로 파악하고, 그들의 행동을 그들이 처한 정치 제도 안에서 이익을 추구하고 보호하려는 합리적인 노력으로 설명한다. 그렇다면 이러한 설명에서 정치적 행동은 계급에 영향받은 동시에 개인적으로 합리적이다.

분석 마르크스주의는 마르크스주의 사상의 중요한 새로운 발전으로 이러한 접근을 특히 진지하게 받아들인다. 그것은 고전 마르크스주의의 몇 가지 근본적인 생각을 합리적 선택 이론의 방법 및 도구와 결합시킨 것이다.[4] 우리가 본 바와 같이, 마르크스주의는 자본주의의 발전 논리, 봉건제에서 자본주의로의 이행, 절대 국가의 진화 또는 농민 반란의 발생 같은 다양한 대규모 경제 및 정치 변동의 과정을 설명하는 데 관심을 두고 있다. 분석 마르크스주의자들은 이러한 변동의 과정을 뒷받침하는 메커니즘은 개인들의 선택 환경이 되는 정치적·경제적 제도들과

---

4 분석 마르크스주의 내의 주요 저술로는 G. A. Cohen, *Karl Marx's Theory of History: A Defence*(1978); John Roemer, *Analytical Foundations of Marxism*(1981); Jon Elster, *Making Sense of Marx*(1985); 그리고 Adam Przeworski, *Capitalism and Social Democracy* (1985a)가 있다. 유용한 모음집으로는 Roemer(eds.), *Analytical Marxism*(1986); 그리고 Ware and Nielsen(eds.), *Analyzing Marxism*(1989)이 있다.

도쿠가와 시대 일본의 농민 봉기

도쿠가와 시대 일본은 국가가 저항자들에게 취한 극단적인 조치에도 불구하고 상당한 농민 시위와 반란의 무대가 되었다. 어떻게 일본 농민들은 지속적인 집합 행위를 해낼 수 있었는가? 스티븐 블라스토스는 이 현상을 몇 가지 요인의 결과로 설명하는데, 바로 개별 농민들의 합리적인 의사결정 계산, 농민 사회 전반에 걸쳐 있는 깊고 중요한 공유된 물질적 이익의 존재, 그리고 유대가 긴밀한 공동체들이 저항을 지지하는 우호적인 사회 맥락이다.

블라스토스는 "도쿠가와 시대 농민들의 정치적 행동에 대해 가장 먼저 물어봐야 할 질문은 집합적으로 행동할 수 있다는 것을 보여준 그들의 능력을 어떻게 설명할 것인가이다. 여기서 구조적인 특징이 가장 중요했다. 농민 계급의 내부 조직과 도쿠가와 국가 조직 내부에서 그 계급의 지위는 집합 행위에 크게 기여했다"(Vlastos, 1986:11). 블라스토스는 도쿠가와 시대 농민들이 집합 행위를 해내는 데 어떤 상당한 이점을 가지고 있었다는 것을 발견한다. 그들은 "각 가족의 노동력이 지닌 스타일 면에서, 용도 면에서, 그리고 조직 면에서 극히 중요한 유사성"을 가진 진정한 계급이었다. 가족적 및 촌락적 유대가 촌락 내부의 결속을 도모했고, 영주-농민 관계는 특별히 가시적이고 착취적이었다. 그것은 단선 관계였다. 게다가 개인이 아니라 촌락이 세금 단위였다(Vlastos, 1986: 11~13). "마지막으로 …… 일본 농민들은 인종적으로, 종족적으로, 그리고 언어적으로 동질적인 인구로 구성되어 있었다"(Vlastos, 1986: 14). 그는 이러한 우연적인 사회적 환경이 일본 농민들이 공유하는 실질적인 물질적 이익과 결합되었을 때, 지속적인 농촌 저항과 봉기로 이어졌음을 시사한다. 그래서 그는 일본의 농민 집합 행위를 합리적이고 목적 지향적이고 이익 주도적인 과정으로 그려낸다. 농민들은 특정한 목적과 이해관계를 가지고 있었고, 전통적으로 이용할 수 있는 일련의 저항 수단을 가지고 있었으며, 그들은 주어진 환경에서 주어진 목적을 달성하기 위해 적절한 도구를 선택했다.

그들의 객관적 물질적 이해관계를 고려할 때 그들의 합리적 행위에 의존한다고 주장해 왔다. 따라서 이 접근은 개인들이 경제적·정치적 행동에서 계산된 선택을 한다는 가정, 즉 개인의 동기 부여와 합리성 이론, 조직과 리더십 이론, 집합 행위의 논리 이론에 기반한 몇몇 분석적 도구에 의존한다. 엘스터는 게임 이론이 마르크스주의에 적절하다고 강조하지만(Elster, 1982), 집합 행위 이론, 사회적 선택 이론, 그리고 일반 균형 이론도 동등하게 중요해 보인다.

예를 들어, 마르크스의 해명 가운데 기술적 변동의 이면에 있는 사회적 과정에 대한 코헨의 설명을 고찰해 보자. 코헨에 따르면, 마르크스는 한 문화에서 가용한 물질적인 힘은 시간이 지남에 따라 확대되는 내생적 경향이 있다고 믿는다. 그리고 코헨의 설명에서, 이러한 예측의 근거는 다음과 같은 주장에 달려 있다.

인간은 특정한 측면에서는 어느 정도 합리적이다.

인간이 역사적으로 처해온 상황은 결핍의 상황이다.

인간은 자신들의 상황을 개선할 수 있는 정도와 종류의 지식을 가지고 있다(Cohen, 1978: 152 [코헨, 2011: 279]).

본질적으로 이 주장은 기회주의적 합리성의 개념을 구현하고 있다. 코헨과 마르크스는 다음과 같이 가정한다. 인간은 시간이 지남에 따라 기존 기술을 개선할 기회에 주목할 것이다. 그리고 인간은 기술 혁신을 실행하는 데 관심이 있는데 그것은 결과로 초래된 생산력이 인간의 필요를 더 완전하게 충족시킬 것이기 때문이다. 결과적으로 우리는 기술 발전 경향을 예상해야 한다.

현재 많은 논평가는 마르크스의 경제학이 근본적으로 경제적 합리성 가정을 전제로 한다는 데 동의한다. 자본주의의 운동 법칙은 합리적인 자본가들의 의사결정의 총화적 결과들이다. 그러나 마르크스주의는 단지 경제적 행동에만 관심 있는 것이 아니다. 그것은 또한 계급 정치, 즉 노동계급의 조직적 노력의 성공 또는 실패, 계급 이익을 옹호하는 집합 행위의 발생, 노동계급 선거 정치의 논리, 그리고 혁명의 발생에도 관심이 있다. 계급 정치에 대한 고전적인 마르크스주의 분석의 기초가 되는 가정은 무엇인가? 합리적 선택 모델은 마르크스의 경제 **외적** 설명에, 특히 정치 행동에 대한 그의 설명에 어느 정도까지 이어지는가?

먼저 합리적 선택 모델을 정치 행동 이론까지 확장하는 것은 어렵지 않다는 점에 주목해야 한다. 이것은 오늘날 정치학에서 많이 채용되는 모델로 (제6장에서 이 주제를 살펴볼 것이다) '공공 선택 이론'이라는 우산 아래 기술되어 있다. 그러한 접근은 개인의 정치 행동이 소득, 안전, 위신, 직위 등 개인의 특정한 이익을 증진시키기 위한 계산된 시도라고 가정한다. 그러한 접근은 시장사회의 특징인 물질적 이기주의에 의존하는, 불가피하게 부르주아적이라고 추정할 수 있다. 그러나 마르크스 스스로 물질적 이해관계에 기반한 계급 갈등을 강조한 것은 정치 행동에 대한 합리적 선택 모델을 시사한다. 계급은 서로 적대하는 객관적인 물질적 이해관계를 가지며, 계급의 구성원들은 그러한 이해관계를 옹호하고 확대하기 위해 행동하는 경향이 있다. 그리고 사실 아담 쉐보르스키(Adam Przeworski)의 저작에서 합리적 선택 모델은 마르크스주의적 관점에서 정치 행동에 효과적으로 적용되었다. 그는 노동자들의 정치 행동을 다음과 같이 분석한다. "그러므로 나는 자본주의하에서 노동자는 자신의 물질적 조건을 개선하는 데 이해관계를 갖고 있다고 가정한다. 문제는 이러한, 오직 이러한 이익의 추구가 노동자로 하여금 그러한 물질적 필요를 만족시키는 데 우월한 체제로서 사회주의를 선택하도록 하는지의 여부인 것이다"(Przeworski, 1985a: 164 [쉐보르스키, 1995: 226]).

나는 마르크스의 정치 행동 이론이 그의 자본가 행동 이론과 마찬가지로 궁극적으로는 개인의 합리성 이론에 근거하고 있다고 주장한다. 그러나 이 이론은 집단이 행위의 원자화와 개별화를 극복하는 데 필요한 자원을 기술한다는 점에서 공공 선택 이론보다 다소 포괄적이다. 이 이론의 내용은 대략 다음과 같다.

- 계급 구성원으로서 행위 주체들은 자신들의 인식된 물질적 이익을 증진시키기 위해 계산된 방식으로 행동한다.
- 이러한 이익은 계급 이익, 즉 계급의 다른 구성원들과 공유된 이익으로 인식된다.
- 계급 조직과 계급의식의 특징은 계급이 개인 이익과 계급 이익 사이의 내재적 갈등을 극복할 수 있게 한다.

이 모델은 일단의 공유된 물질적 이해관계를 향상시키기 위한 개인들의 의도적이고 계산된 노력을 분석함으로써 정치 현상에 적용된다.

이 분석은 공공 선택 이론과 상당히 양립할 수 있는 마르크스주의 정치 이론을 나타내는데, 이는 신고전주의 경제 이론과 종종 보수적인 정치적 관점에 대한 그 패러다임의 근접성을 감안할 때 다소 놀라운 발견이다. 그러나 마르크스의 정치 행동 이론은 자기 이익에 대한 편협한 계산 이상의 동기 부여 자원을 포함하기 때문에 공공 선택 패러다임보다 훨씬 풍부하다. 마르크스는 물질적 계급 이익 외에도 정치적 동기의 추가적인 두 요소인 이데올로기와 계급의식을 언급한다. 이데올로기는 합리적인 집합 행위를 달성하는 데 명백히 실패한 것을 설명하기 위해 사용되며, 계급의식은 사적 이익과 집단 이익 사이의 갈등이 어떻게 극복되는지를 설명한다. 이데올로기는 때때로 개인들을 그들의 객관적 이익에 반하는 방식으로 행동하도록 이끈다. 반면 계급의식은 개인들을 그들의 개인적 이익을 가능한 희생하면서 공유된 집단 이익에 부합하는 방식으로 행동하도록 이끈다.

우선 이데올로기 개념을 고려해 보자. 이데올로기 이론은 의식과 정치 동기에 대한 마르크스주의 이론에 어떻게 기여하는가? '허위의식'이라는 연관된 관념에서 실마리를 찾을 수 있을 것이다. 이데올로기는 노동자에게 그릇된 **신념**과 자멸적 **가치**를 심어줌으로써 노동자의 정치 행동에 영향을 미친다. 이데올로기는 개인의 객관적인 물질적 이익에 반하는 방식으로 개인 행동을 추동하는 일련의 가치관이나 선호를 주입할 수 있다. 따라서 독일과 프랑스의 노동자들은 공유된 객관적인 계급 이익과는 반대로 제1차 세계대전에서 자국 정부를 지지하는 애국주의와 국가 정체성에 대한 호소에 의해 설득되었다.[5] 그러한 정치 행동은 다음과 같이 분석될 수 있다. 프랑스 노동자는 프랑스의 국익에 높은 가치를 두고 있으며, 그는 독일이 프랑스에 대해 공격적인 전쟁을 벌이고 있다고 믿으며, 그리고 그는 독일을 상대로 한 프랑스의 군사적 노력을 지지하기 위해 행동한다. 이러한 행동은 노동자의 계급적 이익에 객관적으로 반하는 오도된 목적을 추구하는 합리적 행위의 한 사례일 수도 있다.

이데올로기는 또한 사회 세계의 인과적 속성과 기존의 배열이 개인의 객관적 이익에 어떻게 영향을 미치는가에 대해 일련의 잘못된 믿음을 심어줌으로써 합리적인 개인 행위를 수정할 수도 있다. 예를 들어, 자본주의가 교육과 개인 주도권을 통해 진보의 기회를 제공한다는 믿음은 노동자들로 하여금 집합 행위라는 전략보다 개개인이 더 노력하는 전략이 자신들의 물질적 이익에 더 도움이 된다고 믿게 만들 수도 있다. 1980년 미국의 불평등이 1940년에 비해 덜 광범위하다는 믿음은 노동자들로 하여금 자본주의 내의 변동 방향이 자신들의 이익에 유리하다고 가정하게 할 수도 있다. 그리고 자본주의 국가의 경찰력이 압도적으로 유능하다는 믿음은 노동자들로 하여금 집합 행위는 위험하고 실효성이 없다고 가정하게 만들 수도 있다. 이러한 각각의 신념은 노동자들이 처한 상황에서 합리적인 의사결정 과정에 고려될 때, 전투적인 집합 행위를 억제한다.

그렇다면 이데올로기 이론은 상당히 직접적인 방식으로 정치 행위의 합리적 선택 모델에 동화될 수 있다. 이데올로기는 선택의 환경에 대해 그릇된 신념을 심어주고 노동자의 가치 체계를 그들의 객관적인 물질적 이익에서 벗어나도록 수정함으로써 계급 사회 내 개인들의 정치 행동을 수정한다. 이데올로기의 지배하에서 움직이는 합리적인 개인들은 그들

---

5   유럽의 노동자들이 자신들 국가 정부의 전쟁 정책을 지지하도록 동기화하는 데서 애국주의가 미치는 역할에 대한 분석으로 Marc Ferro, *The Great War 1914~1918*(1973) 참조.

의 객관적인 물질적 이익에는 반하지만, 그들이 살고 있는 사회 세계에 대한 그릇된 믿음 및 그들의 실제 이익과 가치에 대한 그릇된 가정을 고려하자면 충분히 합리적인 행위를 취할 것이다. 이데올로기는 계급 체계 내에서 정치 행동을 형성하는 데 효과적인 수단이다. 이데올로기는 피착취 계급의 구성원들이 계급 체계를 타도하는 정치 행동을 자제하도록 유도한다. 이것이 실제로 마르크스가 그 개념을 사용한 방식이다. 이데올로기는 지배 계급이 종속 계급의 정치 행동을 조종하는 것을 허용하면서, 계급 갈등의 도구로서 기능한다.

계급의식 개념은 마르크스의 저작들에서 다소 다르게 기능한다. 이 용어는 특정 계급(농민, 프롤레타리아, 프티부르주아)에게 구체적이고 특유한 동기, 신념, 가치관 등의 집합을 가리킨다. 마르크스는 이러한 동기 부여 요인들이 한 계급의 구성원들을 결속시키고, 그들의 집단행동을 촉진한다고 주장한다. 계급의식은 계급의 다른 구성원들에 대한 충성심, 정치적 투쟁에서 협력자들과의 연대, 계급의 이익이 더 잘 구현되는 미래 사회 질서에 대한 헌신과 같은 동기들로 표현될 수 있다.[6] 따라서 계급은 계급으로서 자체의 의식적 정체성을 발전시켜야 한다. 구조적으로 정의된 계급을 구성하는 사람들의 집단이 그러한 태도를 획득하지 못한다면, 마르크스는 그 집단이 완전한 의미에서 계급이라고(즉자

---

6   『루이 보나파르트의 브뤼메르 18일(The Eighteenth Brumaire of Louis Bonaparte)』에서 마르크스는 그러한 심리적 속성과 그것의 사회적 토대의 복합체를 기술하고 있다. "상이한 소유 형태, 사회적 존재 조건의 기반 위에 특유한 형태를 띤 상이한 감정, 환상, 사유 방식, 인생관 등의 상부 구조 전체가 세워진다. 계급 전체는 이 상부 구조를 자기 계급의 물질적 토대와 이에 조응하는 사회관계들로부터 만들어내 형태를 만든다. 이러한 상부 구조를 전통과 교육을 통해 받아들이는 개개인은 그러한 상부 구조가 자기 행위의 진정한 동기이자 출발점이라고 잘못된 상상을 할 여지가 있다"(Marx, 1852/1974: 173~174).

적 계급뿐 아니라 대자적 계급이라고도) 인정하지 않는다. 그래서 마르크스는 농민들을 '감자 한 자루'로 보는 자신의 유명한 견해에서 다음과 같이 쓰고 있다. "수백만 명의 가족이 자신들의 생활 방식, 자신들의 이해, 자신들의 교양을 다른 계급의 그것들과 분리시키고 적대적으로 대립하게 만드는 경제적 생존 조건 밑에서 생활하는 한, 그들은 하나의 계급을 이루고 있다. 분할지 농민들 사이에 단순한 지역적 연계밖에 존재하지 않고 그들이 가진 이해의 동일성이 그들 사이에 어떠한 공통성, 어떠한 국민적 결합, 어떠한 정치 조직도 만들어내지 못하는 한, 그들은 계급을 이루고 있지 않다"(Marx, 1852/1974: 239). 여기서 마르크스의 요점은 농민들이 객관적 의미에서의 계급, 즉 소유와 생산 관계 안에서 뚜렷한 위치를 공유하는 사람들의 집단을 구성하지 못한다는 것이 아니라, 오히려 농민 존재를 특징짓는 삶의 조건들이 집합 행위와 정치적 의식의 출현을 체계적으로 저해한다는 것이다. 다시 말해, 농민들은 계급의식 상태에 도달하는 데 실패한다.[7]

마르크스는 자본주의 내에서조차 계급의식이 출현하는 과정에 대해 광범위하게 분석하지 않지만, 역사적인 계급투쟁의 과정을 통해 계급의식이 형성된다고 시사한다. 노동자나 농민들이 자신들의 공동의 이익을 확인하고, 이러한 이익을 지키기 위해 함께 일하는 경험을 얻으면서, 미래의 집합 행위에 동기를 부여하는 자원을 제공하는 그들의 정치 집단 내에서 구체적인 유대관계를 발전시킨다. 따라서 마르크스는 『공산

---

7   마이클 테일러는 이러한 농민 정치 개념은 심하게 표적을 빗나간 것이라고 주장한다. "모든 [농민 사회]에서는 농민들의 삶을 지배하는 농사일에서 그들 사이의 협력과 보통 공동 토지 사용에 대한 공동의 규제가 있었다"(Taylor, 1986: 7). 그는 우리에게 역사적으로 농민들이 노동자들보다 반란에서 집합 행위를 할 수 있는 능력이 더 많았다는 것을 상기시킨다.

당 선언(Communist Manifesto)』에서 "프롤레타리아들의 계급에로의, 또 따라서 정당에로의 이 조직화는 노동자 자신들 사이의 경쟁에 의해서 매번 다시 파괴된다. 그러나 이 조직화는 매번 다시 더 강하게 더 견고 하게 더 힘 있게 떠오른다"라고 적고 있다(Marx and Engels, 1848/1974: 76). 마지막으로 하나의 계급이 자신의 물질적 이해관계를 정확하게 인 식하는 것은 중요한 역사적 발전, 즉 이러한 이해관계를 규정하는 경제 구조의 보다 완전한 발전과 낡은 생산체제의 잔재물의 소멸에 달려 있 다. 따라서 마르크스는 『프랑스에서의 계급투쟁(The Class Struggles in France)』에서 1848년 파리의 프롤레타리아를 미성숙하고 자신들의 물 질적 이익에 대해 기만당한 것으로 진단한다(Marx, 1850/1974: 45 ff.).

계급의식에 대한 이러한 분석은 합리적 선택 이론과 연관된 좁은 자 기 이익 이론보다 다소 풍부한 정치적 동기 모델을 제시한다. 이러한 관 점에서 개인들은 계급의식으로부터 유래하는 일련의 헌신에 의해 자신 들의 정치적 선택에 어느 정도 영향을 받는다. 그러나 제2장에서 보았 듯이, 이제 합리적인 선택 모델에서 그러한 헌신에 대한 여지를 만들기 위해서는 합리적 선택 이론 자체 내에 인식된 필요성이 존재한다. 따라 서 계급의식 개념은 더 적절한 정치적 합리성 개념을 제공하는 센의 헌 신 개념 및 그 외 다른 노력들과 친화성을 갖고 있다. 우리는 제6장에서 이 문제를 다룰 것이다.

그렇다면 이데올로기도 계급의식도 마르크스의 중심적 설명 패러다 임에 대한 합리적 선택 분석을 포기할 것을 요구하지 않는다. 이 패러다 임은 물론 개인 행동의 이상화(idealization)를 나타내지만, 그 이상화의 조건 아래 개인 자본가들은 자본주의 경제의 맥락 안에서 합리적으로 행동한다. 그리고 계급의 구성원들은 두 가지 조건을 가지고 자신들의 물질적 이익을 옹호하기 위해 합리적으로 행동한다. 지배적인 이데올로기는 그들의 객관적 이익과 그들이 거주하는 사회 체계의 인과적 속성 모두에 대해 잘못된 믿음을 줄 수도 있고, 일련의 계급의식은 개인 이익과 집단 이익 사이의 암묵적 갈등을 초월하는 데 필요한 동기적 자원을 줄 수도 있다.

마르크스주의와 대규모 예측

앞의 절에서 제시된 합리적 선택 용어로 이루어진 유물론 해석은 매우 국지적이다. 그것은 획기적인 역사적 과정의 수준에서 일어나는 사회 변동을 해석하는 일반적인 처방전을 제공한다고 가정하지 않는다. 오히려 그것은 문제시되는 독특한 발전의 연쇄를 더 잘 이해할 수 있으려면 그 연쇄의 기저를 이루는 계급 이익과 행위의 합류를 분석해야 한다고 주장한다. 고전 마르크스주의는 또한 생산 양식 전체의 발전(자본주의의 운동 법칙, 봉건제의 쇠퇴)과 이러한 생산 양식들의 '필연적인' 순서에 대해 대규모 예측을 한다. 그러한 예측은 문제를 안고 있는 다양한 사회에 대한 고도로 추상적인 모델과 함께 앞에서 묘사된 계급 분석의 틀로부터 느슨하게 도출된다. 그러나 실제 사회들은 너무나 다양하고 너무나 많은 상반되는 경향과 과정을 구현하고 있어서 우리는 이러한 거시적 예측들 가운데 어느 것에도 전적으로 큰 비중을 둘 수는 없다. 어떤 복잡한 체계—사회적으로든 자연적으로든—라 하더라도 우리는 각각의 인과 요인을 분리해 이해할 수 있다. 그러나 복잡한 상호작용과 인과적 상호작용이 시시각각 세부 사항에 미치는 결과의 민감성 때문에,

체계의 최종 상태에 대한 어떠한 예측을 도출하는 것이 전혀 불가능할 수도 있다. 그러나 우리는 여전히 다양한 요인에 의존하는 체계의 진화 내에서 일어나는 다양한 전환을 설명할 수 있을 것이다. (우리는 제8장에서 사회적 설명을 위한 '미시적 기초'의 필요성에 대해 논의할 때, 이 주제를 다룰 것이다.)

〈사례 5.8〉은 유물론적 설명의 맥락 안에서 역사적 대안에 민감하게 반응할 수 있음을 보여준다. 이 사례에서 세이블과 자이틀린은 공장 생산은 기술 변화의 필연적인 결과가 아니라 오히려 자본가들이 노동력을 통제하기 위해 선택한 전략에서 비롯되었다는 것을 보여준다. 〈사례 5.8〉의 핵심 가설은 고도로 숙련되고 기술적으로 유연한 장인들을 포함하는 생산 체계가 근대적인 경제 환경 내에서 비교할 만하거나 심지어 우월한 수준의 효율성을 가질 수 있다는 것이다. 이러한 관점에서 보면, 장인 생산보다 공장 생산을 선택한 것은 자본 소유주들이 노동자들과의 투쟁에서 선택한 전략의 결과였다. 노동자들과 자본가들이 다른 전략을 선택했다면, 이 투쟁은 다른 결과를 가져올 수 있었을 것이다. 그렇다면 공장 체계의 등장은 경제 결정론의 과정을 반영하는 것이 아니라 역사적으로 우연한 자본가와 노동자의 선택을 반영한다.

따라서 자본주의 발전 자체가 마르크스 자신의 모델이 인정한 것보다 실질적으로 더 많은 역사적 우연성을 포함하고 있다는 것은 타당한 듯하며, 결과적으로 자본주의 발전의 유형은 마르크스가 예측한 것과 매우 달랐을 수도 있다. 그리고 오늘날 더 많은 회의론은 생산 양식에 필연적인 순서가 있다거나 심지어 가능한 개별 생산 양식의 목록이 몇개 안 된다는 가정을 받아들일 수도 있다. 이런 형태의 회의론은 아마도 모두 정당화되겠지만, 이것이 사회 발전의 특정 과정에 대한 설명에서

| 사례 5.8 |

왜 공장인가?

유럽 산업혁명이 가져온 변화의 두드러진 특징은 공장 체계의 출현이었다. 광범위한 분업, 전문화된 기계, 미숙련 노동을 활용하는 대규모 생산은 소규모 작업장, 숙련 노동, 그리고 다목적 기술을 채용하는 장인 생산을 대체했다. 이러한 전환에 대한 마르크스의 설명은 본질적으로 우월한 공장 생산의 효율성에 의존한다.

그러나 세이블과 자이틀린(Sabel and Zeitlin, 1985)은 공장 생산이 장인 생산보다 본질적으로 더 효율적인 것은 아니며, 숙련된 장인의 작업장 내에서 새로운 형태의 동력을 적용하는 등의 기술 혁신을 흡수하는 것이 가능했다고 주장한다. 그들은 공장 생산의 출현에 대한 진정한 설명은 오히려 이 체계가 노동자보다 자본의 소유주에게 부여하는 우월한 힘에 의존한다고 주장한다. 노동자들을 탈숙련화시키고 값비싼 숙련된 장인들에 대한 의존도를 줄임으로써, 자본가들은 최대의 이익을 실현할 수 있는 더 나은 위치에 있었다. 따라서 자본가들은 (개별적으로) 장인 조직보다 공장 조직을 선택했다. 그 결과는 장인 조직보다 공장에 유리한 압도적인 균형이었다. 저자들은 후자를 '유연한 전문화'라고 부른다(Sabel and Zeitlin, 1985: 142). 이 형식이 우세하지 않았다면, 그 이유는 형식의 효율성 수준보다는 계급 간의 정치적 관계에서 찾아야 한다. 공장 생산이 기술적으로 요구되었다는 지배적인 해석에 반해, 세이블과 자이틀린은 다음과 같이 묻는다. "아니면 대량 생산을 위한 돌파구는 기술적으로 실행 가능한 다른 형식들보다 이러한 형식의 기계화를 선호하도록 수많은 작은 갈등의 모호함 속에 도달한 어떤 암묵적인 집합적 선택의 결과였을까? 그럴 경우 기술 자체가 아닌 사회적 투쟁이 미래 산업 조직의 문제를 결정할 것이다"(Sabel and Zeitlin, 1985: 134).

▌자료: 서유럽과 미국의 기술의 역사에 대한 상세한 연구
▌설명 모델: 참여자들의 물질적 이해관계와 전략적 행동이 가능한 다수의 기술 조직 노선 가운데 어느 쪽이 우세할지를 결정한다는 설명
▌출처: Charles F. Sabel and Jonathan Zeitlin, "Historical Alternatives to Mass Production: Politics, Markets and Technology in 19th Century Industrialization"(1985)

계급, 기술, 잉여 통제의 인과적 중요성에 대한 분석으로서의 유물론을 무효화하지는 않는다.

우리가 이러한 관점을 취한다면, 유물론의 의의는 생산 양식, 혁명적 전환, 또는 생산 양식의 순서에 대한 대규모 집합적 예측의 근거를 제공한다는 주장에 있지 않다. 오히려 유물론은 국지적 수준에서 그 영향을 파악할 수 있고 전체로서의 체계의 진화에 중요하지만 예측할 수 없는 방식으로 기여하는 일단의 중요한 인과적 요인을 위한 분석의 기초이다.

▌더 읽어볼 책들

Cohen, G. A. 1978. *Karl Marx's Theory of History: A Defence* [제럴드 앨런 코헨, 『카를 마르크스의 역사이론: 역사유물론 옹호』(2011)].
Elster, Jon. 1985. *Making Sense of Marx* [욘 엘스터, 『마르크스 이해하기』(2015)].
Harris, Marvin. 1980. *Cultural Materialism: The Struggle for a Science of Culture*.
Little, Daniel. 1986. *The Scientific Marx*.
McMurtry, John. 1977. *The Structure of Marx's World-view*.
Miliband, Ralph. 1977. *Marxism and Politics*.
Roemer, John. 1988. *Free to Lose: An Introduction to Marxist Economic Philosophy*.
Sabel, Charles F. 1982. *Work and Politics*.
Ste. G. E. M. de Croix. 1981. *The Class Struggle in the Ancient Greek World from the Archaic Age to the Arab Conquests*.
Thompson, E. P. 1963. *The Making of the English Working Class* [E. P. 톰슨, 『영국 노동계급의 형성』(2000)].

제6장

경제 인류학

이 장에서 나는 응용 사회과학에서의 합리적 선택 이론 도구들의 역할과 효용에 대한 문제로 되돌아간다. 이러한 도구들은 비서구 사회에 어느 정도까지 적용 가능한가? 합리적 선택 패러다임은 세계 각지에서 사회적·정치적 행동에 대한 설명에 도달하기 위해 노력하는 많은 사회과학자에게 매력적이었다. 그리고 이 설명 모델은 간단하지만 강력하다. 우리는 사회적 행동의 유형이나 지속적인 사회적 배열을 다수의 합리적 행위 주체의 목적 지향적 선택의 총화적 결과로 설명하려고 한다. 왜 염군의 반란이 일어났는가? 그것은 북중국 농민들의 개인 수준의 생존 전략이 낳은 결과였다(〈사례 1.4〉 참조). 제국 말기 쓰촨(四川)의 중심지는 왜 중심지 이론에 의해 예측된 육각형 배열과 일치하는가? 소비자, 상인, 관리 등의 참여자들이 운송비를 고려해 합리적인 결정을 내렸기 때문이다(〈사례 4.4〉 참조). 왜 근대 초기 프랑스 농업은 정체되었는가? 농업 체계 내의 어떤 행위자도 농업 혁신에 대한 유인과 투자역량을 모두 가지고 있지 않았기 때문이다(〈사례 5.6〉 참조).

또 다른 사례인 베트남 전통 마을 사회의 집합 행위에 대한 새뮤얼 팝킨(Samuel Popkin)의 분석으로 시작해 보자(〈사례 6.1〉 참조). 팝킨의 분석은 인류학자들이 보통 비서구 문화에 대한 설명에서 중심적으로 삼았던 많은 요소, 즉 종교적인 믿음의 세부 사항(불교, 가톨릭), 친족 관계의 복잡성, 문화적으로 특정한 가치와 신념의 작동(예를 들면, 마술적인 믿음이나 도덕적인 제약), 그리고 개인 행위 이면에 있는 철저히 비서구적인 세계관의 가능성으로부터 함축적으로 추상화한다. 이것이 베트남 전통 마을 사회의 맥락에서 사회적 설명의 정당한 근거인가?

이 문제는 개인의 합리성 개념 자체의 적절성에 의문을 제기하는 최근의 주장들에 의해 복잡해진다. 우리가 제2장에서 보았던 것처럼, 좁은 경제적 합리성 개념은 경험적 뒷받침이 없으며, 합리적 존재의 실제 행동에 대해 추론을 하려면 보다 복잡한 실천 이성 이론이 필요하다는 주장도 제기되어 왔다. 우리는 또한 제2장에서 이 주제에 대해 [센(Sen), 하사니(Harsanyi), 네이글(Nagel), 파피트(Parfit), 리건(Regan)을 포함해] 최근의 경제학자들과 철학자들이 제시한 몇 가지 제안을 검토했다. 이 저작은 전통 사회들에 대한 합리적 선택 접근에 중요한 결과를 가져온다. 예를 들어, 사적 이익과 집합적 복지(조건부 이타주의) 모두에 무게를 두는 실천적 추론 모델을 가정한다면 올슨의 집합 행위의 정리는 더 이상 이끌어낼 수 없다.

합리적 선택 접근은 범위와 간결성(parsimony)* 측면에서 추천할 점이 많다. 그것은 매우 다양한 문화적 맥락에서 사회적 설명을 위한 기초를 제공하며, 의미 있는 비교문화적 일반화를 뒷받침할 수 있다. 게

---

* 간결하면서도 설명력이 좋다는 것을 의미한다. _옮긴이

| 사례 6.1 |

집합 행위와 전통 마을

전통 사회에서 집단들에게 혜택을 줄 수 있는 많은 집합적 관행은 채택되지 않는다. 마을 사회에서는 집합재가 쉽게 달성되지 않는다. 새뮤얼 팝킨은 전통적인 베트남의 마을들이 진정한 그리고 인정되는 공동의 이익(예를 들어, 대규모 물 관리 프로젝트, 호랑이의 습격 저지하기 등)이 있었을 때도, 두드러지게 공동의 이익을 위한 집합 행위를 확보할 수 없었다고 주장한다. "치안, 소방, 습격하는 호랑이 죽이기 같은 많은 집합적 프로젝트는 한 개인이 기여하든 기여하지 않든 그에게 이익이 된다. 나는 그 개인이 이 공공재의 공급에 대한 참여 여부를 놓고 자신의 결정을 저울질한다고 생각한다"(Popkin, 1979: 24). 그리고 전통 마을은 무임승차 문제, 집합적 자원의 절도 문제, 그리고 상호불신 문제 때문에 효과적인 생계 보호 수단과 복지 제도를 만들 수 없었다.

팝킨은 맨커 올슨의 집합 행위 분석을 기초로 전통적인 베트남의 마을 사회에서 집합재를 위한 협력 행위가 상대적으로 낮은 수준이었다는 것을 설명한다. 이를 기반으로 마을 사람들은 무임승차 옵션을 선택하고, 집합적 프로젝트는 실패한다. 이 분석은 개별 마을 주민들이 사적 이익을 바탕으로 계산적인 결정을 내린다고 전제하며, 그것은 집합 행위가 이뤄지기 어려울 것이라는 예측으로 이어진다.

▎ 자료: 베트남의 마을 생활에 관한 역사 및 사회학적 자료
▎ 설명 모델: 합리적인 사적 이익은 마을 사회 구성원들의 행동의 기초가 된다는 분석
▎ 출처: Samuel Popkin, *The Rational Peasant*(1979)

다가 지역 연구에서 가치 있는 최근의 많은 연구들은 이 패러다임을 반영하고 있다. 그러나 합리적 선택 모델은 몇 가지 이유로 일부 사회과학자들의 거센 반대에 부딪혔다. 다양한 저자들은 비서구 문화에 대한

합리적 선택 접근이 근본적으로 결함이 있다는 것을 보여주기 위한 논 거들을 제시해 왔다. 사회과학 문헌에서 이 주제에 관한 두 가지 주요한 입장, 즉 **형식주의**(formalism)와 **실질주의**(substantivism)가 대두되었다.[1] 이 입장은 시장, 한계 효용, 이익 등 합리적인 선택 이론의 도구를 전근대 사회들에 적용하는 것의 정당성에 대해 중심적으로 동의하지 않는다. 형식주의자들은 어떤 역사적 상황에서든 합리적인 자기-이익적 행동 가정이 모든 사회 집단을 이해하는 데 결정적이며 농민 문화의 경제와 사회는 합리적 선택 이론의 익숙한 개념들로 분석될 수 있다고 믿는다. 실질주의자들은 사적인 자기-이익의 개념이 문화적으로 특수하며 인간 사회생활의 많은 역사에 적용할 수 없다고 주장해 왔다. 대신, 그들은 각 전통 사회에 대해 문화적으로 특수한 규범, 가치, 세계관, 동기 부여의 형태가 연구되어야 한다고 주장한다. 그렇다면 두 입장 사이의 대조는 사회 현상에 대한 설명을 제공하기 위해 어떤 종류의 지식이 필요한가에 대한 의견 불일치를 수반한다. 형식주의자들은 행위 주체들의 심리 상태에 대한 최소한의 정보만 필요하며 관심과 신념에 대한 엷은 기술만으로도 행동을 설명하기에 충분하다고 주장한다. 반면에 실질주의자들은 사회적 행동이 설명되기 전에 규범, 가치, 세계관에

---

1   이 부적절한 용어들은 분명히 막스 베버로부터 온 것이다. '형식주의'는 참여자들의 선택의 상황에 대한 추상적(형식적) 묘사에 기초해 설명이 진행될 수 있다는 생각을 지칭하며, '실질주의'는 참여자들의 규범과 가치에 대한 구체적(실제적) 지식이 그들이 처한 선택의 상황보다 훨씬 위에 있어야 한다는 생각을 가리킨다. 『경제와 사회(Economy and Society)』(1978: 85)에서의 베버의 논의를 보라. 형식주의자에는 새뮤얼 팝킨, 매닝 내시(Manning Nash), 시어도어 슐츠(Theodore Schultz), 라몬 마이어스(Ramon Myers), 캉 차오(Kang Chao)가 포함된다. 실질주의자에는 제임스 스콧(James Scott), 칼 폴라니(Karl Polanyi), 조지 돌턴(George Dalton), 마셜 살린스, 클리퍼드 기어츠가 포함된다.

대해 훨씬 더 광범위한 정보가 필요하다고 주장한다. 훨씬 더 급진적으로 일부 실질주의자들은 수단-목적 합리성의 개념 자체가 문화적으로 특수하다고 주장한다. 사회적 행동의 동인은 항상 문화적으로 독특하며, 개인적 합리성 개념은 인간 사회생활의 많은 역사에 적용될 수 없다. (제3장에서 논의된 이 견해와 해석적 사회과학 사이의 유사성에 주목하라.)

이 장에서 나는 형식주의와 실질주의의 개념을 좀 더 상세히 설명한 후 합리적 선택 틀에 대한 여러 구체적인 도전을 고려할 것이다. 어떤 이들은 '이해관계' 개념이 문화 중립적인 방식으로 정의될 수 없다고 주장해 왔다. 다른 이들은 합리적 선택 설명의 특정한 사례들이 지나치게 도식화된 이해관계 개념과 선택의 사회적 맥락에 놓여 있다고 비판해 왔다. 또 어떤 이들은 규범과 가치가 사회적 행위의 중심이며, 따라서 목적 지향적 합리성을 극대화한다는 개념은 오도하는 것이라고 주장해 왔다. 마지막으로 그리고 가장 근본적으로, 어떤 이들은 개인의 합리성 개념은 필연적으로 자민족 중심적이며, 사회적 행위에 대한 해석은 불가피하게 지역적인 행위 주체에 대한 개념의 재구성을 요구해야 한다고 주장해 왔다. 이러한 비판들 각각은 어느 정도 설득력이 있다. 그러나 나는 누구도 합리적 선택 접근을 근본적으로 부정하지는 않는다고 주장할 것이다. 대신에 그들은 합리적인 선택 패러다임에 매우 유익한 개선책을 도입한다. 그러나 먼저 형식주의 틀과 실질주의 틀을 좀 더 명확하게 정의할 필요가 있다.

형식주의 틀

형식주의적인 접근은 때때로 **공공 선택 이론**으로 묘사된다. 데니스 뮬러(Dennis Mueller)는 공공 선택 이론을 다음과 같이 설명한다. "공공 선택은 비시장 의사결정에 대한 경제적 연구 또는 단순히 경제학을 정치학에 적용한 것으로 정의될 수 있다. 경제학적으로 말하자면, 공공 선택의 기본적인 행동적 전제는 인간은 이기적이고 합리적이며 효용을 극대화하는 존재라는 것이다"(Mueller, 1976: 395). 그래서 공공 선택 이론은 행위 주체에게 자기 이익에 대한 좁은 계산이 있다고 여긴다. 팝킨의 중요한 저작『합리적 농민(The Rational Peasant)』(1979)은 이러한 관점에서 이루어진 베트남 농촌 사회에 대한 주의 깊은 연구에 해당한다. 그는 자신의 접근을 이렇게 묘사한다. "(거칠게 말해서 정치경제학 접근과 같은) 경제학 이론은 분석의 한 방법이다. '사람들이 자신들의 목적을 합리적으로 추구한다는 가정 위에' 특정한 목적을 가진 다수의 행위자를 상정하고, 특정한 대안들이 존재하는 상황에서 그들이 어떻게 행위할지를 알아내기 위한 연역적 시도를 하는 것이다"(Popkin, 1979: 30~31). 그리고 그는 다음과 같은 용어로 합리성을 정의한다. "합리성이란 개인들이 선택과 관련된 가능한 결과를 그들의 선호와 가치에 따라 평가한다는 것을 의미한다. …… 나는 사람들이 좁은 의미의 자기-이익을 따른다는 것을 가장 단호하게 부정한다. …… 그러나 나는 농민이 주로 자신과 가족의 복지와 안전에 관심을 가지고 있다고 생각한다"(Popkin, 1979: 31). 그는 전통적인 마을 생활에서 가장 중요한 많은 측면이 집합 행위의 실패, 마을 조세 정책, 외부자들과 내부자들 사이의 동맹의 유형, 마을에 새로 온 사람들을 위한 정책, 농작 유형, 그리고 반란 조직을 지원할 각오를 바탕으로 설명될 수 있다고 주장한다. 팝킨의 분석 기조는 엘리트 정치 행동에 대한 그의 관찰에서 포착된다. "코친차이나와 안남(安南)의 마을 엘리트들은 지역의 경제적 유인이 달랐기 때문에 프랑스의 정책에 상당히 다르게 반응했다. 프랑스인들은 새로운 기회와 선택과 제도들을 만들었다. 그러나 농촌 생활의 많은 변화는 단지 마을 엘리트들이 자신들의 오랜 지역적 권력 투쟁에 이러한 새로운 가능성을 기꺼이 이용하려 했기 때문에 일어났다"(Popkin, 1979: 139~140).

매닝 내시(Manning Nash)는 형식주의 접근의 또 다른 중요한 주창자이다. 그는 다음과 같은 용어로 경제적 합리성 개념을 설명한다. "경제화는 일종의 전략이다. 전략은 다음과 같은 요소를 필요로 한다. (1) 여러 가지 용도를 가질 수 있는 재화와 용역, (2) 재화와 용역을 생산하는 인간들에게 드는 비용과 그들이 실행할 수 있는 많은 다양한 목적의 측면에서 재화와 용역의 희소성, 그리고 (3) 균등한 수준인 것이 아니라 중요성과 가치가 서로 다른, 행위자가 얻으려고 노력하는 목적 또는 목표"(Nash, 1966: 4)가 그것이다. 그리고 내시는 이것이 매우 다양한 원시 경제와 농민 경제에 대한 설명을 가능하게 하는 사회생활의 특징이라고 주장한다.

따라서 형식주의는 단순한 설명 전략에 의존한다. 그것이 제2장에서 기술된 총화적 설명 모델이다. 사회적 유형을 설명하기 위해서 우리는 그것이 자신들의 이해관계와 신념에 따라 행위를 선택하는 수많은 목표지향적인 행위자들의 총화적인 결과라는 것을 보여줘야 한다. 합리적 선택 이론의 도구들이 전통적인 사회생활에 적용되면 매우 구체적이고 놀라운 결과들이 나타난다. 공공 선택 이론 분야는 이러한 구체적인 결과들을 도출하는 것에 관심이 있으며, 이 분야에서는 경험적 사회

정정표

289쪽 넷째 줄

화살의 역설(Arrow paradox) → 애로의 역설(Arrow's paradox)

역주 수정:

1972년에 존 힉스(John R. Hicks)와 함께 노벨 경제학상을 수상한 이론 경제학자 케네스 애로(Kenneth J. Arrow)가 제시한 것으로, 그의 이름을 따서 애로의 역설이라고 부르며, 애로의 불가능성 정리(Arrow's Impossibility Theorem)라고도 한다. 애로는 이상적인 투표제도가 가져야 할 만장일치의 원칙, 이행성(transitivity)의 원칙, 무관한 대안으로부터의 독립의 원칙, 비독재의 원칙 등을 제시했는데, 어떠한 투표제도도 이 원칙들을 모두 만족시킬 수 없다는 것을 수학적으로 증명했다. 각 투표자에게 적어도 세 개 이상의 서로 다른 대안이 제시될 경우 어떤 투표제도를 통해서도 개인들의 선호를 통합해 공동체의 일관된 선호순위를 찾을 수 없다는 주장으로, 다수결에 의한 민주주의가 기능하지 않을 수도 있다는 역설이다._옮긴이

과학과 관련 있어 보이는 집단 합리성의 역설들이 많이 개발되어 있다. 이러한 결과에는 올슨의 집합 행위의 정리, 형식적인 게임 이론의 죄수의 딜레마, 시장 거래에서 비대칭 정보 비용에 의해 창출되는 준최적성 (suboptimalities)(다음 사례에서 논의되는 레몬 시장*), 화살의 역설(Arrow paradox)** 등 많은 것이 포함된다. 이러한 형식적인 결과들 가운데 다수는 사적 합리성에 따른 행위가 집합적 합리성의 역설로 이어지거나 사적 합리성이 항상 집합적으로 합리적인 결과로 집적되는 것은 아니라는 것을 보여준다. 한 가지 예로, 팝킨의 동남아시아의 쌀과 고무 시장 구조 분석을 고찰해 보자(〈사례 6.2〉 참조).

이 분석에서 팝킨은 동남아시아 사회에서 관찰된 유형(쌀과 고무가 판매되는 방식의 차이)을 파악하고, 이 유형을 설명하기 위해 신고전주의 경제학으로부터 하나의 분석을 사용한다. 이것은 이러한 전제들에 근거한 연역적 설명이다. 구매자와 판매자는 합리적으로 이윤을 극대화하는 사람들이며, 다량의 쌀의 질은 쉽게 확인되며, 다량의 고무의 질은

---

* 정보의 비대칭성 때문에, 즉 구매자가 재화나 서비스의 품질에 대한 정보를 갖고 있지 않기 때문에 저품질의 재화나 서비스가 거래되는 시장 상황을 말한다. 독일 폭스바겐의 비틀(Beetle) 차량 가운데 1965년에 생산된 레몬색 차량에서 고장이 많아 중고차 시장으로 많이 유입되었는데, 이때부터 '레몬'은 결함이 있는 중고차를 지칭하는 말로 쓰이게 되었고, 구매해서 사용하기 전에는 진짜 품질을 알 수 없는 재화가 거래되는 시장 상황을 레몬 시장이라고 한다. _옮긴이

** 화살의 역설은 이른바 제논의 역설 가운데 하나이다. 제논의 역설은 BC 5세기경 그리스 철학자 제논(Zenon of Elea)이 자신의 스승 파르메니데스(Parmenides)를 반대자들의 공격으로부터 방어하기 위해 사용했던 논증 방법이다. 운동이 실재한다면 물체는 한 지점에서 다른 지점으로 이동해야 한다. 화살이 날아가고 있다면 시간이 지남에 따라 화살은 어느 점을 지날 것이다. 즉, 날아가는 화살은 찰나의 순간에 보면 특정 지점에 멈추어 있는 것이 되고, 그다음 순간에도 화살은 어느 점에 머물러 있는 것이 된다. 이렇게 화살은 항상 머물러 있으므로 움직이는 화살은 실제로는 정지하고 있다는 것이다. _옮긴이

| 사례 6.2 |

레몬, 쌀, 그리고 고무

동남아시아에서는 쌀과 고무 시장이 크게 다르다. 쌀은 대규모 중간 상인들이 경매를 통해 익명의 생산자들로부터 구입하는데, 고무는 중간 상인들이 지속적인 관계를 맺고 있는 잘 알고 있는 판매자들로부터 구입한다. 이 차이를 설명하는 것은 무엇인가? 새뮤얼 팝킨은 이 두 시장의 구조를 설명하기 위해 조지 애컬로프의 '레몬 시장' 분석을 이용한다.

애컬로프는 구매자와 판매자 사이의 정보 비대칭성이 강한 중고차 시장을 분석한다. 판매자는 차량에 숨겨진 결함을 알고 있으며 구매자는 값비싼 조사를 통해서만 결함을 발견할 수 있다. 따라서 구매자는 일반적인 결함의 수를 가진 그 해의 '평균적인' 자동차에 근거한 가격을 제시한다. 이것은 레몬[불량품 _옮긴이] 소유자에게는 자신들 차의 진정한 가치보다 더 많이 제공되고, '복숭아'[아주 좋은 제품 _옮긴이]의 소유자에게는 자신들 차의 진정한 가치보다 덜 제공된다는 것을 뜻한다. 복숭아 주인은 이 제안을 받아들이지 않고, 중고차들의 평균 가치는 더 떨어진다.

고무와 쌀은 한 가지 중요한 점에서 크게 다르다. 다량의 쌀의 질은 쉽고 저렴하게 판단할 수 있지만, 고무는 그렇게 하기가 쉽지 않다. 따라서 고무는 구매자와 판매자 사이의 비대칭 정보를 초래한다. "고품질 고무를 생산하는 소자작농은 …… '불량한' 고무가 아닌 '아주 좋은' 고무를 생산하는 사람으로 명성을 가꿈으로써 고무의 질로 인한 '좋은' 보너스를 받을 수 있다"(Popkin, 1981: 72). 레몬 시장의 모델은 이와 같이 쌀과 고무 시장의 구조 차이를 설명한다.

▎자료: 동남아시아의 쌀과 고무의 소규모 생산자를 위한 마케팅 제도에 대한 묘사
▎설명 모델: 미시 경제학적 분석을 사용해서 동남아시아에서의 기존의 사회적 배치를 설명
▎출처: Samuel L. Popkin, "Public Choice and Rural Development: Free Riders, Lemons, and Institutional Design"(1981)

쉽게 확인되지 않는다. 이러한 전제들은 이제 정보 비대칭성을 지닌 시장에 대한 조지 애컬로프(George Akerlof)의 일반적인 분석에 들어맞을 수 있다. 고무 시장은 '레몬 시장'의 특성을 가져야 하지만, 쌀 시장은 그렇지 않아야 한다. 그리고 이것이 정확하게 설명되었어야 할 결과이다.

형식주의자들은 이러한 경제적 합리성의 '정리'를 자신들의 다양한 학문 분야에서 설명 도구로 사용해 다른 방법으로는 설명하기 어려운 사회 현상을 설명했다. 1930년대 대만 시골 지역의 가족 구조의 변화에 대한 버턴 패스터낙(Burton Pasternak)의 설명(〈사례 6.3〉 참조)과 도쿠가와 시대 일본의 가족 행동에 대한 수전 핸리(Susan Hanley)의 해석〈사례 6.4〉 참조), 두 사례를 고찰해 보자.

이 두 사례는 모두 아시아 사회의 중요한 문화적 특성을 특정한 생태학적·제도적 환경 내에서 개인과 가족의 이익을 보호하기 위해 개인 차원에서 노력한 결과로 설명하려는 시도를 나타낸다. 패스터낙의 분석은 가족 유형의 변화에 대한 상당히 직접적인 인과적 설명을 나타낸다(〈사례 6.3〉 참조). 1930년대에 일본이 대규모 관개 사업을 수립하면서 공동가족 제도는 쇠퇴하게 되었다. 그러나 이러한 인과 관계를 매개하는 메커니즘은 상당수의 대만 쌀 경작자들에 의한 합리적 의사결정의 과정이었다. 대규모 관개에 의해 이용 가능해진 새로운 기회는 개인들에 의해 이루어지는 선택의 변화를 유도했고, 이러한 새로운 형태의 행동들은 총화적으로 공동가족 제도의 쇠퇴로 이어졌다. 이러한 해명은 (제2장에서 기술된) 총화적 설명의 명확한 사례이다.

일본의 인구학적 동태에 대한 핸리의 설명은 다소 더 복잡하다(〈사례 6.4〉 참조). 그녀는 그 과정의 핵심 변수가 가족의 이익에 대한 계산적 평가에 따라 선택지들 중에서 선택하는 합리적인 의사결정자라는 패스

가족 구조와 가계 경제

1930년 이전의 대만 농촌 사회는 부모와 결혼한 아들이 둘 이상의 핵가족으로 나뉘기보다는 계속 함께 살면서 자신들의 소유지를 함께 경작하는 '공동가족(joint family)' 제도를 특징으로 했다. 그러나 1930년대 이후부터 가족 분리 경향이 시작되어 현재까지 계속되고 있다. 왜 이런 가족 구조의 변화가 일어났을까? 종종 가족 구조는 매우 고유한 문화의 특징이라고 여겨진다. 그러나 버턴 패스터낙은 대만의 쌀 경제 내의 공동가족 제도가 강수량의 불확실성을 감안할 때 농장 노동의 조직을 위한 신중한 배열이라는 것을 보여주려고 시도한다. 패스터낙은 이러한 국내 경제 모델을 제공한다. 쌀은 20일 이내에 이식해야 하며, 물이 충분해야 이식할 수 있다.

모델 가족에는 결혼한 두 형제(A와 B)와 A의 아들이 있다. 그 가족은 2헥타르(5에이커)의 토지와 물소 2마리를 소유하고 있다. 공동가족으로서 그 가족은 19일에서 22일 사이에 경작지 준비와 이식을 해낼 수 있다. 분리된 가족으로서, A와 그의 아들은 17일에서 20일 사이에 1헥타르를 감당할 수 있지만, B는 22일에서 25일이 필요하다. 이것은 그의 쌀수확이 자주 실패하리라는 것을 의미한다. 비가 열흘 이하로 오면 두 가족 모두 농작물을 잃게 된다. 비가 보름 이하로 오면 A는 생존할 것이고 B는 그렇지 못할 것이다. 물난리를 겪을 때, 공동가족은 위기 작물(고구마)을 심을 만큼 노동력이 충분하지만, 분리된 가족들은 그렇지 않다. 그러므로 경작이 강수량에 의존한다면, 공동가족은 훨씬 더 안정적이다.

1930년대 일본인들이 대규모 관개시설을 만들어 이런 불확실성을 없앤 뒤에는 공동가족 관행이 사라지기 시작했다. 관개를 통해 물 공급은 훨씬 더 안정적이 되었고, 따라서 위기가 발생할 가능성은 적어졌다. 이러한 상황에서는 가족을 분리하는 유인은 있지만 그렇게 하지 않을 경제적 이유는 적다. 일단 불충분한 노동력 공급으로 인한 재앙적인 흉작으로부터 보호해야 할 필요성이 줄어들자, 사회생활의 정상적인 마찰(예를 들면, 시누이 간 마찰)은 가족들의 분리를 초래했다. 그러므로 패스터낙은 가족 구조의 변화를 농촌 경제의 상황 변화, 즉 신뢰할 수 있는 관개수 이용의 효과라고 설명한다.

┊ ▎자료: 농업 체계와 가족 구조에 대한 상세한 정보를 제공하는 대만의 두 마을에서의 현
┊ 지 조사
┊ ▎설명 모델: 가족 구조는 농업의 상황을 고려할 때 가정 경제의 필요에 대한 신중한 적응
┊ 이며, 농업 상황이 급격하게 바뀌면 가족 구조도 변한다는 설명
┊ ▎출처: Burton Pasternak, "The Sociology of Irrigation: Two Taiwanese Villages"(1978)

터낙의 전제를 공유한다. 이 설명에서 도쿠가와 시대 일본에서 특징적인 인구통계학적 유형은 가족의 규모와 구성에 관한 개인 차원의 선택의 표현이다. 그러나 핸리는 새로운 변수, 즉 무임승차 행동(예를 들어, 보편화되면 마을 경제가 지탱할 수 있는 것보다 더 많은 아이를 갖는 것을 선택하는 가족들)을 상쇄하는 데 작용한 인구학적 행동에 관한 강력한 문화 규범의 작동을 추가한다. 그리고 그녀는 이러한 규범 자체가 경제적 이익—이 경우에는 개별 가족의 이익과 반대되는 집단의 이익—에 의해 통제된다는 것을 시사하지만, 광범위하게 탐구하지는 않는다. (이 후자의 시사점은 그 제안이 기능주의적 가정에 의존한다는 비판에 취약하다는 것이다. 우리가 제4장에서 보았듯이, 우리는 개인들의 이익보다는 집단의 필요에 맞게 조정된 일단의 규범을 확립하고 재생산하기 위해 개인 수준의 과정들이 어떻게 작용하는지에 대해 해명해야 한다.) 그렇다면 핸리의 설명에서 도쿠가와 시대 일본의 인구학적 유형은 제한된 선택의 맥락 안에서 이루어진 합리적인 개별 행동의 결과이며, 개인의 선택에 대한 제약에는 이용 가능한 전략과 사회적으로 강제된 규범의 작동에 미치는 제약 모두가 포함된다.

도쿠가와 시대 일본의 가족과 출생

특정 문화에 대한 주요 인구통계학적 변수들(결혼 연령, 결혼 출생률, 절대 출생률)의 동태를 결정하는 것은 무엇인가? 이 변수들에 잠재적으로 영향을 미치는 주요한 문화적 변수는 결혼 관습, 낙태와 영아살해를 지배하는 규범, 그리고 빈곤이 유아와 아동 사망률에 미치는 영향이다. 이러한 규범들은 가족에 미치는 경제적 압력의 결과로서 어느 정도까지 설명될 수 있는가? 수전 핸리는 이 문제를 도쿠가와 시대 일본의 시골의 맥락에서 다룬다. 그녀는 일본 가족들이 자녀 양육 여부를 결정하는 데서 자신들의 경제적 필요에 매우 민감했다고 주장한다. "한편으로, 사람들은 자신들의 농장에 노동력을 공급하기 위해, 노년에 자신들을 돌보기 위해, 자신들의 혈통을 이어나가기 위해 아이들을 낳아야 했다. 다른 한편으로, 그들은 가족을 가족의 자원에 맞도록 만들어야 했다"(Hanley, 1985: 197). 나아가 핸리는 가족 구조에 관한 경제적으로 합리적인 의사결정이 강력한 지역 규범에 의해 강하게 강화되었다고 주장한다. 마지막으로 이러한 가족 관행의 규범은 다양한 경제 상황에 민감하게 반응했다. "모든 증거는 일본인들이 출생아 수를 제한할 뿐만 아니라 가족의 구성을 줄기형으로 제한하는 방법을 사용함으로써, 의식적인 인구통제를 통해 비교적 낮은 출생률을 이루었다는 것을 시사한다"(Hanley, 1985: 212~213). 이 설명은 가족 의사 결정자의 합리적 의사결정**과** 가용한 경제적 자원을 고려할 때 인구증가를 지속 가능한 수준으로 유지하기 위해 '고안된' 강력한 문화 규범, **모두에** 의존한다. "가족들은 자신들의 경제 상황과 목표에 반응했을 뿐만 아니라 공동체와 지역의 경제적 조건에 대해서도 극도로 민감하게 반응했다"(Hanley, 1985: 227). "가족의 의사 결정자는 마을 사람들의 강력하고 일치된 압력에 의해 자신의 가족이 전부인 것처럼 행동할 수 없었다"(Hanley, 1985: 228).

▮ 자료: 도쿠가와 시대 일본의 4개 마을의 인구 동태 통계
▮ 설명 모델: 도쿠가와 시대 일본의 경제 상황에 매우 민감했던 가족의 성장을 지배하는 가족 관행과 사회 규범에 대한 설명
▮ 출처: Susan B. Hanley, "Family and Fertility in Four Tokugawa Villages"(1985)

실질주의 패러다임

이제 실질주의적 접근으로 가보자. 실질주의자들은 전통과 규범이 근본적인 사회적 요인이며, 개인 행동은 거의 항상 강력하고 전통적이며 동기 부여적인 제약을 통해 변형된다고 주장한다. 그러므로 이해관계와 믿음에 대한 얇은 기술로만 표현되는 개인 행동에 대한 설명을 찾는 것은 부질없는 일이다. 오히려 우리는 개인들을 위한 행위의 무대를 정의하고 구조화하는 규범, 가치, 그리고 세계관에 대해 좀 더 광범위하고 문화적으로 특정한 묘사를 제공해야 한다. 전통 사회는 **공동체**, 즉 안정적이고 지속적인 상호 간의 관계 속에서 일단의 독특한 가치들을 공유하는 긴밀하게 통합된 사람들의 집단이다(M. Taylor, 1982: 25 ff.). 과도하거나 과소한 강우, 도적들의 공격, 중앙정부의 약탈적 세금 정책 등과 같이 안전과 복지에 미치는 핵심적인 위협은 그러한 집단들에게 잘 알려져 있다. 그리고 마을 사회들은 가장 극단적인 상황을 제외하고는, 모든 상황에서 모든 마을 사람들의 최저 생계 필요를 적절히 보호하는 방식으로 이러한 위험과 복지의 문제를 다루는 데 잘 적응된 **공유된 가치 체계**와 **협력적 관행과 제도**를 발전시켜 왔다. 이러한 규범에 의한 행동 조절이 가져오는 한 가지 결과는 많은 사회가 집단의 이익과 개인의 이익 사이에 뚜렷한 구별을 보이지 않는다는 것이다. 제임스 스콧은 이 입장에 대해 논한다. "[엄격한 유물론적인 견해는] 농민을 순전히 개인적 목적에 도달하기 위해서 환경을 비도덕적으로 약탈하는 일종의 장터 개인주의자(market individualist)로 취급하는 위험을 안고 있다. …… 이러한 관점에서는 개인과 사회가 구별되고 사회는 개인이 행동해야 하는 환경에 불과하다. …… 거기에서 멈춘다면 농민 행동이 지닌 중대한 사회적 맥락을 놓친다. 이것은 농민이 사회와 문화―자신에게 많은 도덕적 가치, 일련의 구체적인 사회적 관계들, 다른 사람들의 행동에 대한 기대 유형, 그리고 자신의 문화에 속한 사람들이 과거에 유사한 목적을 어떻게 진행해 왔는가에 대한 의식 등을 제공하는―속에 태어난다는 중요한 사실을 놓치는 것이다. …… 그래서 우리는 모든 농민의 사회적 행위에서 문화적 가치와 형태에 직면하게 된다"(Scott, 1976: 166 [스콧, 2004: 224~225]).

칼 폴라니(Karl Polanyi)의『거대한 전환(The Great Transformation)』은 실질주의적 패러다임의 한 형태에 대한 고전적인 진술이다. 폴라니는 경제적 합리성, 이익 극대화, 교환 관계 등의 개념을 전(前) 시장 사회에 적용하는 것의 타당성에 반대하는 주장을 편다. "최근의 역사적·인류학적 연구에서 나온 두드러진 발견은, 인간의 경제는 일반적으로 인간의 사회관계 속에 깊숙이 잠겨 있다는 것이다. 인간은 물질적 재화의 소유라는 개인적 이해를 지켜내기 위해 행동하는 것이 아니다. 그가 행동해 지키려는 것은 자신의 사회적 지위, 사회적 권리, 사회적 자산이다. 인간이 물질적 재화에 가치를 부여하는 것은 오로지 이러한 목적들에 도움이 되는 만큼으로 한정된다"(Polanyi, 1957: 46 [폴라니, 2009: 184~185]). 폴라니는 경제적 계산 대신에 호혜성과 재분배, 공유된 가치, 전통, 그리고 공동체와 정치의 결정적인 역할에 일차적인 관심을 기울여야 한다고 주장한다. 따라서 폴라니는 경제적 합리성 개념이 근대 초기에 서유럽에 나타난 시장 사회의 형태에 적용되는 매우 특수한 역사적 구성물이라고 주장한다. 시장 행동은 이 시기에 유럽 사회 내에서 다른 형태의 동기 부여를 대체하기 위해 나타났고, 개인들은 점점 더 자기 이익의 계산에 기초해 행동하게 되었다. 그러나 폴라니는 이러한 형식의 행동이 그것을 출현시킨 시장의 경제 제도들과 마찬가지로 특정한 시기와 장소에 매우 특유한 것이라고 주장한다. 이 행위 모델을 마치 그것이 보편적인 특징이자 인간 행동의 결정요인인 것처럼 사용하는 것은 중세 기사도를 모든 시대와 장소에 확대하는 것만큼이나 정당하지 않다.

따라서 폴라니는 그것이 인간에게 '자연스러운' 자기 이익 추구적인 행동이라기보다는 사회적으로 동기 부여된 행동, 즉 가족, 씨족, 또는 마을의 이익을 위해 동기 부여된 행동이라고 주장한다. 그 대신 합리적인 자기 이해는 매우 특수한 사회, 즉 시장 사회의 특징이다. 전(前) 시장 경제의 조직을 위한 기초를 제공하는 경제적 합리성과 시장 메커니즘 대신에, 폴라니는 조직의 공동체주의적 유형이 발견된다고 주장한다. "남에게 크게 베풀 줄 안다는 덕목에 대해서는 사회적 명예라는 차원에서 측정했을 때 대단히 큰 보상이 따르도록 하여 성원들로 하여금 자기 이익을 완전히 망각하고 행동하는 쪽이 그렇게 하지 않는 쪽보다 더 수지맞게끔 한다"(Polanyi, 1957: 46~47 [폴라니, 2009: 187]).

전통적인 사회에 대한 실질주의적 분석의 더 최근 주창자는 클리퍼드 기어츠이다. 그는 '형식주의'와 동일한 접근을 포착하는 용어로서 자신이 '경제주의'라고 부르는 것에 대한 신랄한 비판을 내놓는다. "경제주의는 개인 행동(과 따라서 사회에서 개인의 행동의 또는 그 행동의 일부 계층적 배열의 총합으로 간주되는 행동)의 원동력은 물질적 가능성과 규범적 제약의 맥락 안에서 이익을 위해 움직이는 필요주도형 효용 추구자의 원동력이라는 견해를 지니고 있다"(Geertz, 1984: 516). 그러한 접근에 반해, 기어츠는 그 사회의 독특한 문화적 특징, 즉 그 사회의 종교적 관점, 도덕적이고 규범적인 맥락, 그리고 사회 구성원들의 세계관의 범주에 완전히 주의를 집중하는 분석의 틀 안에서만 특정한 사회를 이해할 수 있다고 주장한다.

구체적으로 실행되는 자바와 인도네시아의 삶 속에서 자바와 인도네시아의 경제적 과정의 재맥락화, 문화의 탈외재화만이 아무리 경미하다 할지라도 이러한 비결정성을 감소시킬 수 있으며, 그다지 대단하지는 않더라도 우리가 어느 정도 믿음을 가질 수 있는 해답을 줄 수 있다. 문제는 정량화가 아니듯이 경제적 분석 그 자체도 아니다. 문제는 경제주의, 즉 결정적인 사회 변동의 그림이 그 변동을 유발하고 형성하는 열정과 상상력에 대한 이해가 부재한 상태에서 획득될 수 있다는 …… 개념이다. 그러한 이해는 불가피하게 제한적이다. …… 그러나 그러한 이해 없이는 비정형적인 광대함에 대한 격론이고, 도식화이며, 끝없는 측정일 뿐이다. 즉, 그것은 기질 없는 역사학이며, 색조 없는 사회학이다(Geertz, 1984: 523)

실질주의자들은 전근대 사회들이 확실히 경제를 소유하고 있다는 것은 인정하지만, 전통적인 경제는 생산과 교환의 과정을 형성하는 실질적이고 문화적으로 특정한 사회 규범에 의해 결정된다고 주장한다. 따라서 조지 돌턴(George Dalton)은 전근대 시장경제에 대한 묘사와 분석에서 기술적 경제 개념의 적절성에는 심각한 한계가 있으며, 생산, 소비, 유통 등이 일어나는 맥락 안에서 주로 사회적·문화적 관계들을 고려할 필요가 있다고 주장한다. 그러나 이러한 관계들은 연구되고 있는 사회에 매우 특유한 것이다. 돌턴은 "전통적인 원시 경제들과 변화와 성장과 발전을 겪고 있는 원시적인 농민 경제들의 조직에 대해 흥미로운 질문을 던지기 위해서는 전통적인 경제에서 사용되는 개념적 범주와는 다른 개념적 범주가 필요하다"(Dalton, 1969: 68)라고 쓰고 있다. 그리고 일단 우리가 전통 경제들의 특별한 속성에 관심을 돌리면, 돌턴은 우리가 자기 이익의 계산 대신에 작동하는 사회적 응집력과 집단지향적 행동의 특성을 발견할 것이라고 믿는다. "작은 규모와 상대적 고립이 결합된 낮은 수준의 테크놀로지는 많은 관계를 공유하는 사람들 사이에 뿌리 깊은 상호 의존을 초래한다. 경제적으로 관련된 사람들은 이웃, 종교, 친족, 정치 등을 통해 관련된 사람들과 같다"(Dalton, 1969: 72~73). 돌턴은 경제적 합리성의 가정에 반해, 전근대 사회들은 근본적으로 공유된 가치의 집합과 사회의식의 형태에 의해 규제된다고 주장한다.

마셜 살린스는 수렵 채집 사회에 대한 연구인『석기시대 경제학(Stone Age Economics)』에서 실질주의적 접근을 추구한다(〈사례 6.5〉 참조). 살린스의 핵심적인 방법론적 요점은 특정 문화를 구성하는 가치, 전제, 그리고 사회적 관계의 촘촘한 망에서 경제 활동을 분리하는 것은 불가능하다는 것이다. "일반적으로 물질적 거래는 연속적인 사회관계 내에서 어떤 일화적인 사건에 불과하다"(Sahlins, 1972: 185~186 [살린스, 2014: 267]). 그래서 형식주의적 접근은 가장 기본적인 가정에 결함이 있다.

전통 경제에 대한 실질주의적 접근의 두 번째 중요한 사례는 기어츠의 영향력 있는 개념인 농업의 내향적 정교화(involution)이다(〈사례 6.6〉 참조). 여기서 우리는 개인 행동을 결속시키는 일단의 규범과 기대의 능력을 강조하는 특정 농업 경제의 구조를 규정하는 사회적·경제적 제도의 분석을 다시 발견하게 된다. 팝킨은 베트남의 사회적 배열을 다수의 베트남 마을 사람들과 농부들의 신중한 전략의 총화적 결과로 설명하는 반면, 기어츠는 개인 행위를 효과적으로 제약하고 자바 사회에 독특한 사회 조직 유형을 부과하는 사회적 인과 수준, 즉 공유된 호혜성 규범의 집합을 전제로 한다. 앞에서 언급한 〈사례 6.4〉에서의 핸리의 분석과 마찬가지로, 기어츠의 설명은 허위 기능주의라는 혐의를 피하기 위해서라면 더 정교한 설명이 필요하다. 우리는 이러한 규범 체계를 선택하고 강제

| 사례 6.5 |

석기 시대 경제학

신석기 시대 수렵 채집인들의 일상생활은 어땠을까? 마셜 살린스는 한계주의 경제 이론의 추상적인 개념에 근거하는 것이 아니라 이들 사회의 특정한 문화적 세계관, 즉 호혜성, 친족, 위신, 그리고 소유와 노동에 대한 두꺼운 개념에 근거해 수렵-채집 집단들의 '가족제(domestic) 생산 양식'을 재구성하려고 시도한다. "이 책은 실질주의적 관점에 입각해 있다. 따라서 실질주의의 전통적 범주들이 제공하는 것과 같은 친숙한 구조를 취한다. ...... '경제'는 행동의 범주라기보다 문화의 한 범주, 즉 합리성이나 분별성이라기보다 정치 및 종교와 동일한 차원인 것이고, 개인의 필요 충족 활동이 아니라 한 사회의 물질적 생활 과정으로 간주된다"(Sahlins, 1972: xii [살린스, 2014: 18]).

그는 수렵 채집 사회가 원초적 '풍요사회'였다는 것을 발견한다(Sahlins, 1972: 1 [살린스, 2014: 25]). 왜냐하면 수렵 채집 집단들은 하루에 단 몇 시간 만에 생계의 필요를 충족시킬 수 있었기 때문이다(Sahlins, 1972: 21 [살린스, 2014: 54]). 그는 수렵 채집 경제가 가족 집단과 친족 관계를 중심으로 조직되어 있고, '저생산'의 구조, 즉 자원과 노동력의 지속적인 저활용을 체현하고 있으며, 온 가족들에게 걸쳐 자원을 효과적으로 분배하는 복잡한 교환과 선물 관계(호혜성)가 존재한다고 주장한다. 그러한 제도들은 집단이 장기적으로 생존 능력을 저해할 개인 활동을 규제하는 데 성공한다.

▮ 자료: 문화기술지 문헌에 기술된 다양한 수렵-채집 사회로부터 도출한 노동 사용, 칼로리 소비, 가족 구조 등을 묘사한 자료
▮ 설명 모델: 친족과 가족 구조, 노동 시간의 사용, 영양 수준, 경제적 강도 등 사회 변수들 사이의 다면적인 인과 관계의 조사
▮ 출처: Marshall Sahlins, *Stone Age Economics*(1972) [마셜 살린스, 『석기시대 경제학』 (2014)]

농업의 내향적 정교화

클리퍼드 기어츠는 전통적인 자바의 농업 및 생태학적 기반과 식민지 농업(커피와 설탕)이 자바 사회에 미치는 결과를 면밀하게 조사한다. 그는 네덜란드의 식민주의와 자본주의 시장에 의해 만들어진 생계 압력에 대한 자바의 사회적 배열의 대응을 고려하며, 그 대응은 '농업의 내향적 정교화(Agricultural involution)'—모든 마을 사람들이 불안정한 생활 기반을 계속 유지할 수 있도록 마을 경제 내의 경제적 지위를 세분화(subdivision)하고 세련화(refinement)하는 것—의 과정이었다고 결론 내린다. 기어츠의 설명은 마을의 평등화 및 생계 보험 제도를 강조한다(Geertz, 1963: 99 [기어츠, 2012: 131]). 게다가 그는 이 과정이 실행 가능한 경제적 적소(適所)에 대한 각 마을 사람들의 권리를 강조하는 일련의 규범에 의해 추동되었다고 언급한다. 기어츠는 다음과 같이 쓴다. "자바 농업에서 생산 과정의 내향적 정교화는 농촌 가족생활, 사회계층, 정치 조직, 종교 관행, 그리고 '민속문화적' 가치 체계에서 이루어진 이와 유사한 내향적 정교화와 함께 진행되고 뒷받침되었으며, 이를 통해 생산 과정의 내향적 정교화는 규범적으로 통제되고 윤리적으로 정당화되었다"(Geertz, 1963: 101~102 [기어츠, 2012: 133~134]).

따라서 기어츠의 설명에서, 농업의 내향적 정교화는 인구 압박과 자원 부족에 대한 사회적 반응이다. 농촌 인구의 일부를 '잉여'라고 선언하는 대신에, 각 마을 주민이 지역 경제 내에서 지속적인 위치를 유지할 수 있도록 노동 역할과 자격이 재정의된다. 내향적 정교화는 "기존 유형의 증가하는 완강함, 내향적 정교화와 현란함, 기술적으로 보았을 때 별로 중요하지 않고 눈에 띄지 않는 사소한 차이를 과도하게 찾으려는 움직임, 끊임없는 기교"의 복합적인 결과이다. "토지 소유 체계는 더욱 복잡해졌고, 소작관계는 더욱 뒤얽혀 갔으며, 협동 노동 규정은 더욱 복합적으로 변했다. 이 모두는 전체 체계 내에서 아무리 적을지라도 약간의 적소를 모든 사람에게 제공하기 위한 노력이었다"(Geertz, 1963: 82 [기어츠, 2012: 113]). "매우 정교하게 엮인 노동에 대한 권리와 책임의 촘촘한 연결망으로 발전한 탈전통 마을의 생산체계는 손등의 그물 모양 정맥

하고 재생산하는 개인 활동의 수준에서, 지역 사회에서 작동하는 사회적 메커니즘에 대한 어떤 아이디어가 필요하다. 이 질문에 대한 대답이 없다면, 우리는 사회적 배열이 집단의 필요를 충족시키기 위해 등장할 것이라고 근거 없이 전제해야 한다. 우리는 제8장에서 이 주제를 다룰 것이다. 거기서 나는 사회적 설명은 상정된 사회적 인과 관계가 발생하는 개별적 수준의 메커니즘에 대한 해명인 **미시적 기초**(microfoundations)를 필요로 한다고 주장할 것이다.

합리적 선택 접근에 대한 비판들

이제 실질주의적이고 해석적인 사회과학에서 영감을 받은 합리적 선택 접근에 대한 비판들을 평가해 보자.

"이해관계와 신념은 문화적으로 다양하다"

우리는 합리적 선택 접근에 대한 한 가지 기본적인 반론으로부터 시작할 수 있다. 그것은 개인은 증진하려고 애쓰는 이해관계를 가지고 있다는 이 접근의 핵심 전제가 그러한 이해관계의 세부 사항에 대한 상세한 문화기술지적 정보 없이는 채택될 수 없다는 관점이다. 합리적 선택 접근은 우리가 물질적 이익과 인과적 믿음에 의해서 논란의 여지없이 목표와 믿음을 재구성할 수 있다고 암묵적으로 가정한다. 그러나 비판가들은 문화마다 목표와 믿음의 정의에서 극단적인 다양성을 지니고 있다고 주장한다. 예를 들어, 기어츠는 필요 개념 자체가 문화적으로 특유하다고 주장한다. 이론적으로 사람들이 충족시키려고 추구하는 필요를 특징짓는 문화 독립적인 방법은 없다. 이 주장은 다음과 같은 용어들로 표현될 수 있다. 필요와 이해관계는 항상 문화적으로 정의되어 있기 때문에, 합리적 선택 틀을 특정 사회에 적용하기 위해서는 지역적인 필요의 기준이 무엇인지 발견하기 위해 해석적 연구과제에 참여해야 한다. 행위 주체의 **목적**은 핵심적으로 물질적 복지를 포함하며 그의 **신념**은 사실-과학적 조사 절차에 근거한다는 두 가지 공통된 전제는 특히 의심스럽다. 첫 번째 전제에 반대해서 때때로 주장되는 바는 행위 주체의 목적이 문화적으로 독특한 가치의 집합에 의존한다는 것이다. 두 번째 전제에 반대해서 주장되는 바는 마법적인 '비합리적' 신념이 행위를 결정하는 데 중요한 역할을 한다는 것이다. (이 점은 제9장에서 더 다룰 것이다.) 그러므로 우리는 중국 농민들의 세계관, 즉 중국 농민들의 문화적으로 특유한 가치와 신념이 무엇인지에 대한 상세한 문화기술지적 조사를 수행하지 않는 한 중국 농민 반란에 대해 합리적 선택 모델을 적용할 수 없다. 이것은 또한 그러한 설명의 중요한 요소가 문화마다 근본적으로 다르기 때문에, 합리적인 정치 행동의 가정에 기반해 반란에 대한 교차-문화적 이론을 만들 수 없다는 것을 의미한다. 따라서 이러한 입장은 추상적인 수단-목적 합리성 이론과 목표와 신념에 대한 추상적이고 물질적인 해명에 기초해 사회 현상을 설명하는 프로젝트에 대한 근본적인 회의를 표현한다.

이러한 반론은 얼마나 설득력이 있는가? 이 반론을 지지하는 측면에서 보면, 목적과 신념 모두에 교차-문화적 편차가 있다는 것이 분명하다는 것만큼은 말할 수 있다. 그러나 문제는 편차가 통례인지 아니면 반대로 많은 행동의 기초를 이루는 **인간**의 이해관계와 신념의 핵심 집합—이를 중심으로 문화적 편차가 순환한다—인지 여부이다. 그리고 사실 교차-문화적인 의미에서 목적에 대한 유물론적 가정에 동기 부여하는 것은 가능하다. 이 입장은 다음과 같은 지점들로 구성된다. 모든 사람은 자신의 물질적 환경에 대한 참된 신념을 습득할 수 있는 인지 능력이 있고, 일련의 객관적인 물질적 필요(생계와 안전)를 가지고 있으며, 그러한 필요를 충족시키기 위해 자신들의 물질적·사회적 환경과 관련해 의도적으로 행동한다. 이러한 신념과 이해관계가 핵심을 이루며, 다양한 환경에서 문화, 의미, 가치, 종교적 경험 등이 부가된다. 마지막으로 문화와 의의가 그 핵심에 상호작용적 효과를 미친다고 명시된다. 우리는 '복지'라는 용어를 음식, 의류, 주거, 교육, 건강관리 등 기본적인 생활과 소비 필요를 충족시키는 개인들의 수단과 그러한 필요를 지속적으로 충족시키는 그들의 능력에 의존할 수 있게 해주는 안전 조건들을 지칭하기 위해 사용할 수 있다.

왜 우리는 모든 문화에서 행동의 이면에 그러한 인지 능력과 목적이 존재한다고 가정해야 하는가? 인과적 신념부터 시작해 보자. 농업 기법과 지역의 생태적 변이 사이에 미세 조정된 관계를 관찰해 본 사람이라면 농민들과 목축민들이 그들의 자연환경을 관찰하고 다양한 식물과 비료, 수자원의 성질을 알아내는 능력에 감명을 받지 않을 수 없다. 마찬가지로, 보통의 농촌 사람들이 그들의 사회적·경제적 환경(세금, 지대, 강제 노역 제도)에서 추출 메커니즘의 맹점을 식별하고 이용할 수 있는 인상적인 능력은 사회 환경의 작동을 학습할 수 있는 능력이 동등하게 잘 발달되어 있음을 시사한다. (종의 진화의 역사에 의해 형성된) 인간 본성의 한 가지 불가피한 속성은 사람들은 자신의 환경에 대해 배울 수 있고, 그 환경이 허용하는 기회를 이용할 수 있다는 것이다. 현대의 과학적 추론은 이러한 능력을 매우 정교한 수준으로 발전시키지만, 환경의 평범한 요소들의 인과적 속성을 발견하는 것은 문화와 역사적 시기에 걸쳐서 나타나는 인간 생활의 공통적인 특징이다.

이제 일상생활의 물질적 필요조건들, 짧게 말해서 **필요**가 상당한 교차-문화적 관련성을 가진 일련의 목적을 규정한다는 개념을 생각해 보자. 모든 인간은 음식, 주거, 의복을 필요로 한다. 그러므로 그들은 그러한 재화를 획득할 수 있는 사회적 도구—그 도구가 어떤 것이든—에 대한 접근을 필요로 한다. 우리는 이 목록을 꽤 빨리 확대할 수 있다. 건강관리, 교육, 노년 보장 등은 모든 인간이 관심을 가질 만한 재화이다. 이러한 관심사들은 문화적으로 특유한 것은 아니다(그 재화들을 추구하는 방식은 문화적으로 특유하지만 말이다). 오히려 그 재화들은 **종** 특유의 것이다. 인간 유기체의 자연적 특성과 우리의 진화 역사를 통해 획득해 온 인지적·동기적 자원을 감안할 때, 인간은 기본적인 인간의 필요에 의해 규정되는 목적을 추구함으로써 동기 부여되고 있음을 유추할 수 있을 것이다. 요컨대 아리스토텔레스와 마르크스가 옳았다. 인간은 자신의 목적에 물질적 필요의 충족을 포함하는 합리적이고 목표지향적 존재이다.

많은 사회적 맥락에서 이러한 기본적인 물질적 필요는 수입, 정치권력, 토지에의 접근, 후원자-고객 관계 등 적은 수의 수단을 통해서만 추구될 수 있다. 이러한 상황을 통해 우리는 개인들이 소득, 권력, 그리고 안전을 추구하기 위해 행동할 것이라는 가설을 세울 수 있다. 그렇다면 다음은 인간의 동기에 대해 수용할 만한 일반화이다. 사람들은 자신의 물질적 복지에 관심을 두고 있고, 자신의 복지에 영향을 미치는 사회적·자연적 환경의 요인들을 인식하고 있으며, 그리고 자신들의 복지를 보호하고 가능하다면 미래에 이를 증진하는 방식으로 행동하려고 한다. 이 논지에 대한 몇 가지 의견이 차례로 나올 것이다. 그 논지는 최소한의 유물론과 신념 합리성에 대한 전제를 모두 포괄한다는 점에 유의하라. 유물론의 요소는 최소한의 복지 필요를 충족시키려는 목적이 모든 인간 사회 환경에서 중심적이라고 가정한다. 합리적인 신념의 전제는 사람들이 자신들이 점유하는 자연적·사회적 환경의 인과적 특성에 대해 합리적으로 정확한 믿음을 형성할 수 있다는 것이다. 마지막으로 유의할 것은 이 논지가 행위는 항상 복지 **극대화**를 지향하거나 복지 문제에 의해 전적으로 동기 부여된다고 가정하지 않는다는 점이다. 따라서 위험을 회피하는 행동은 근본적인 관심사로서 복지에 대한 이러한 가정과 전적으로 양립할 수 있다. 마찬가지로 충족시키는 행동은 합리적인 것으로 간주된다. 그 가설은 복지 문제가 동기적으로 중요하다고 가정할 뿐이다.

만약 이렇게 상당히 안전한 가정이 받아들여진다면, 모든 문화에서 사회생활의 중요한 측면들에 합리적 선택 분석을 적용할 수 있는 이론적 정당성이 충분하다. 특히 전통 농업과 농촌 정치, 농민들의 물질적 욕구를 규정하는 제도들 사이의 긴밀한 연관성을 감안할 때, 이 논지는 농민들이 그러한 제도들의 맥락에서 계산적이고 합리적인 방식으로 행동할 것이라는 기대를 갖게 할 것이다. 마찬가지로, 잉여 추출 체계(세금, 신용, 지대, 강제 노역)와 농민들의 물질적 필요의 근접성을 고려할 때, 이 가설을 통해 우리는 이러한 제도들과 관련된 농민들의 행동이 계산적이고 신중해질 것이라고 예상하게 될 것이다.

이러한 점들은 개인의 합리성 개념을 교차-문화적으로 적용하는 것이 타당하며, 사회과학자들이 많은 사회 현상을 자신의 복지나 가족의 복지를 신중하게 고려해 행동하는 개인들의 총화적 결과로 이해할 수 있다고 가정하는 것이 합리적이라는 것을 시사한다. 합리적 선택 틀이 모든 사회적 탐구 주제에 적절한 것은 아니지만, 기술 변동, 반란, 사회적 협력, 경제적 의사결정 등과 같은 사회 조사 연구의 많은 문제에 대해 합리적 선택 틀은 옹호할 만한 틀이다. 만약 이것이 인정된다면, 이러한 주제들이 사회과학의 중요한 영역을 이룬다는 결론이 나온다. 그 영역들에서 핵심 문제는 문화적으로 특정한 의미와 가치를 발견하는 것이 아니라, 개인의 활동을 특정 경로로 제약하고 합쳐서 특정한 사회생활의 유형을 생산하는, 구체적인 사회적 배열과 제도를 규명하는 것이다.

"합리적 선택 접근은 지나치게 도식적이다"

다른 비판가들은 합리적 선택 접근은 그것을 구체적으로 적용할 때 행위성과 구조에 대해 과도한 추상적 특성화를 제공하는 경향에 의해 결함을 지닌다고 믿는다. 인간이 목표지향적이라는 생각이 이러한 비판가들에게 받아들여질 수 있지만, 그들은 행위가 항상 구체적인 사회적·규범적·정치적 환경에서 일어나며, 그 환경은 행동에 차이를 만든다는 점에 주목한다. 그들의 반론은 두 부분으로 나뉜다. 개인 행위성의 수준에서, 그들은 행동의 적절한 분석이 작용하고 있는 다양한 동기 부여의 원천에 대해 더 자세한 정보를 제공해야 한다고 주장한다. 개인들이 자기 이익의 계산에 기초해 행동한다는 가정은 동기의 다른 중요한 특성인 사랑, 우정, 충성심, 습관, 분노로부터 추상화하기 때문에 이에 근거해 이루어진 예측은 신뢰하기 어렵다. 이 관점에서 자기 이익에 기반한 계산은 설명의 일부이지만, 그것은 단지 일부일 뿐이다. 따라서 이러한 행동의 특성만을 나타내는 이론은 사회적 행위를 오해하게 될 것이다. 그리고 사회 구조의 수준에서, 그들은 합리적 선택 이론가들이 행위의 서술에서 사회적 선택 환경의 너무 많은 것으로부터 추상화하는 경향이 있다고 주장한다. 이러한 결함의 한 가지 형태는 제도적 배열에 대해 더 상세하게 기술하는 대신 경쟁적 시장 개념을 사용하는 것이다. [경제적 분석을 가족관계로 확대하려는 게리 베커(Gary Becker)의 노력은 이러한 경향의 극단적인 예를 보여준다(Becker, 1976).]

이것이 합리적 선택 접근 자체에 대한 반론이 아니라 합리적인 선택 분석이 제공하는 세부 사항의 수준에 대한 반론이라는 점에 유의해야 한다. 명나라 농민 반란의 합리적 근거에 대한 제임스 통의 분석을 상기해 보자(〈사례 1.2〉 참조). 통은 이 시기에 걸친 반란과 도적의 발생은 생계 곤란의 심각성과 무법자로서의 생존 가능성이라는 두 가지 변수의 변화를 고려함으로써 설명할 수 있다고 주장한다. 농민들은 생계 곤란의 심각성이 체포와 처벌의 가능성보다 클 때 도적질로 눈을 돌린다. 이 해명은 매우 높은 수준의 추상화를 포함하고 있으며, 이 시기에 걸쳐 중국 각지에서 발견된 사회적·정치적 배열에 대한 보다 구체적인 세부 사항을 포함함으로써 이 해명의 타당성이 훨씬 향상될 수 있다고 주장할 수 있다. 예를 들어, 효과적인 재분배 메커니즘이 존재했던 지역에서는,

동일한 수준의 식품 가용성으로 인해 기아 수준이 상당히 낮아져 잠재적 불법에 직면하는 비용과 편익을 근본적으로 바꿀 수 있다. 그리고 도적의 전통과 조직이 잘 발달되어 있었던 지역에서는, (페리가 〈사례 1.4〉에서 19세기 염군의 난을 다루면서 제시한 바와 같이) 상당히 낮은 수준의 박탈감이 주변적인 농촌 사람들을 반란과 도적으로 몰아넣기에 충분할 것이다.

이런 비판의 노선은 상당한 장점을 갖고 있다. 합리적 선택 분석은 종종 행위성과 구조에 관한 도식주의(schematism)라는 잘못을 범한다. 좁은 경제적 합리성 패러다임은 특히 이 비판에 취약하다. 그러나 이것이 합리적 선택 틀을 피해야 한다는 것을 의미하지는 않는다. 대신에 이 틀을 사용하는 연구자들이 선택이 이루어지는 제도적 배경에 더 많은 관심을 기울여야 한다는 것을 시사한다. 제도적인 선택의 환경에는 한 문화 내에서나 여러 문화에 걸쳐서 상당한 편차가 있으며, 이러한 편차는 개인이 이용할 수 있는 최선의 선택에 상당한 영향을 미친다. 그러나 이러한 비판은 합리적 선택 접근과 완벽하게 양립할 수 있다. 이 비판은 단지 특정한 의사결정자를 위한 최적의 전략을 수립하기 전에 제도적 행위 맥락에 대한 추가 세부 사항이 필요할 수 있음을 시사할 뿐이다. 그리고 사실 이러한 주의점을 만족시키는 합리적 선택 접근의 사례는 수없이 많다. 한 예로, 약탈 전략(도적과 반란)으로 이어진 북중국 농촌 지역의 선택 맥락에 대한 페리의 분석을 들 수 있다. 게다가 합리적 선택 분석과 분석 마르크스주의 사이의 친화성은 이러한 차원에서 합리적 선택 틀의 적합성을 증가시켜 왔다. 왜냐하면 마르크스주의는 행위가 일어나는 특정한 제도적 배열에 대한 분석에 높은 비중을 부여하기 때문이다.

이런 맥락에서 참여자들이 사용하는 상식의 범주와 사회과학적 범주 사이에 어떤 관계가 존재하는지 질문하는 것이 타당하다. 사회과학의 이론적 개념들은 참여자들의 상식적인 행위 범주와 사회 조직에 부합되어야 하는가? 즉, 사회과학자들은 한 사회 구성원들의 '민속 심리학(folk psychology)'과 '민속 사회학(folk sociology)'의 측면에서 자신들의 이론을 말해야 하는가?[2]

계급의 개념을 고려해 보자. 계급은 특정한 경제의 소유관계 내에서 개인의 지위에 근거한 사회과학 개념이다. 계급은 특정 사회에서 개인들을 집단으로 분류하는 도식을 낳는다. 그러나 우리는 또한 그 사회의 구성원들이 자신들을 어떻게 분류하는지, 즉 그들이 일상적인 담화와 판단에서 어떤 구분을 하는지 질문할 수 있다. 그리고 경제적 계급 이론에 의해 제공되는 분류와 그 문화에서 사용되고 있는 분류 사이에는 밀접한 유사성이 없다는 것이 드러날 수도 있다. 따라서 중국 농민들은 '토지 없는 노동자', '소작농', 또는 '지주'라는 계급 범주를 구분하는 집단들을 생성하면서도, 친족과 지위의 측면에서 자신들의 지역 사회를 분류할 수 있다. 그런 발견의 의의는 무엇인가? 이론적인 계급 개념에 결함이 있음을 나타내는 것인가?

일부 사회과학자들이 과학적 개념보다 상식 개념의 우선성을 주장하는 이유는 사회 현상의 본질적 의미에 대한 해석적 원칙에서 비롯된다. 만약 우리가 사회 현상이 참여자들의 마음속에 내재된 이해에 의해 구성된다고 주장한다면, 사회 현상 역시 그러한 측면에서도 특징지어져야

---

2   과학적 심리학 이론 내에서의 민속 심리학의 역할에 대한 논의는 Stich(1983) 참조.

하는 것은 불가피해 보인다. 북중국 마을의 사회적 관계가 참여자들에게 계급보다는 친족이라는 관점에서 인식된다면, 사회과학자가 마을의 사건을 설명하는 데 친족보다 계급을 이용하는 것이 어떻게 정당할 수 있겠는가?

그러나 이러한 주장은 처음에 보이는 것보다 설득력이 떨어진다. 심지어 그 자체로도 그러하다. 그 자체로는 믿음의 대상이 되지 않으면서 개인의 행위와 믿음에 영향을 미치는 사회적 환경이 있다는 것을 생각해 보면 분명하다. 리가 첸에게 지주라는 사실은 당연히 지주와 소작인의 관계로 특징지어지는 양 당사자에게 일련의 이해관계를 부과한다. 그리고 리와 첸 둘 다 비록 자신들의 관계를 공식적으로 이러한 방식으로 인식하지 않더라도, 이 관계에 부합하는 방식으로 행동하도록 상황에 의해 유도될 수 있다. 그러므로 사회과학자가 비록 이것이 마을 사회생활의 상식 개념에서 두드러지게 나타나는 관계는 아니지만 지주-소작인 관계가 마을에서의 행동을 구조화한다고 주장하는 것은 정당하며 설명적이다.

"합리적 선택 접근은 규범과 가치를 무시한다"

합리적 선택 틀에 대한 하나의 뚜렷한 비판은 행위에서 규범이 수행하는 역할과 관련된다. 여기서 반론은 규범적 틀이 대부분의 전통적인 맥락에서 행동의 이면에 있는 강력한 요인임에도 불구하고, 합리적 선택 접근은 오로지 자기 이익의 계산에만 주의를 기울임으로써 규범적 틀의 작동에는 눈을 감고 있다는 것이다. 이 반론은 어느 정도 타당성이 있지만, 아마도 행위에 미치는 규범적 제약의 중요성을 과장한 것 같다.

도덕 경제학파가 전통 사회들 내에서 재분배 규범의 효과성을 과장한다는 문헌은 상당히 많다(Popkin, 1979: 1~31). 경험적 사실로 보면, 농민 러시아나 전통 중국, 또는 영국의 노동계급 공동체들에서 일어난 공동체주의적 재분배의 수준을 의심할 만한 강력한 이유가 있는 것으로 보인다. 따라서 팝킨은 도덕 경제학 전통이 전통 마을 제도들에 역사적 기록이 뒷받침하지 못하는 평등주의와 공동체주의의 의미를 부여하면서, 전통 마을 제도들을 낭만화하고 있다고 비난한다(Popkin, 1979: 6~8).

더욱이 규범적 체계들이 개인의 사익 추구를 극심하게 그리고 영구히 방해할 수 있다는 것을 의심할 만한 이론적 이유가 있다. 규범적 체계는 본질적으로 모호하며 시간이 지남에 따라 수정될 수 있다. 결과적으로 우리는 기회주의적인 행위 주체들이 특정한 사회 규범을 자기 이익 추구에 더 편안하게 적응시킬 수 있는 방법을 찾으리라고 예측해야 한다. 기근일 때 엘리트들이 가난한 사람들의 생계 필요를 충족시켜야 한다는 요건을 생각해 보자. 예를 들어, 사회적 안정을 도모하고 상호 의존적 사회의 다른 구성원들과 호혜의 유대를 확립함으로써 그러한 요건이 엘리트들의 장기적인 이익을 위한다고 가정할 수 있는 몇 가지 근거가 있다. 그러나 우월한 경제적 지위를 가지고 이미 정치적·사회적 권력도 행사할 수 있는 엘리트들이 그러한 규범이 자신들의 행동에 미치는 영향을 제한하는 방법을 찾을 것이라고 기대하는 것은 타당해 보인다.

이러한 점들에도 불구하고 행동에서 규범의 역할을 바탕으로 합리적 선택 패러다임에 대해 비판하는 신뢰할 만한 노선이 남아 있다. 분명히 개인은 합리적인 숙고의 과정에서 규범적 제약에 어느 정도 주의를 기울인다. 목적 지향성을 단순 극대화한 모델은 지나치게 추상적이다. 대신에 우리는 목적과 목표뿐만 아니라 규범적 요건에 대한 고려를 포함할 수 있는 합리적 행위 개념이 필요하다. 합리적 선택 패러다임에 관해 쓴 다수의 저자가 이 점을 심각하게 받아들이고 있다. 이들 중에서 특히 중요한 인물은 (제2장에서 논의된) 센이다. 그들의 주장은 효과적이다. 좁은 경제적 합리성 모델은 합리적인 행동에서의 규범의 역할을 지나치게 제한적으로 가정한다. 인간 행동은 자기 이익과 이타주의 같은 여러 가지 다른 형태의 동기와, 극대화 및 측면 제약 시험(side-constraint testing)과 같은 여러 가지 다른 유형의 의사결정 과정의 결과물이다. 그러므로 확대된 실천적 합리성 모델은 목적 지향적 계산뿐만 아니라 도덕적 제약과 헌신의 작동을 나타내는 결정 규칙을 통합할 필요가 있다. 그러나 좁은 경제적 합리성의 패러다임에서 주요 장점 중 하나는 사고 간결성(parsimony), 즉 합리적 선택을 단일한 숙고의 차원으로 환원시킨다는 사실이기 때문에, 이것은 작은 문제가 아니다. 일단 우리가 합리적 선택이 이해관계뿐만 아니라 규범적 제약과 헌신을 고려하도록 요구한다면, 형식적인 합리적 선택 모델을 제공하기가 훨씬 더 어렵다. [이러한 대비의 일부를 공식화하기 위한 시도는 하워드 마골리스(Howard Margolis, 1982)를 참조하라.]

"합리적 선택 접근은 자민족 중심적인 합리성 개념을 강요한다"

마지막으로 전통 사회들의 합리적 선택 분석에 대한 가장 급진적인 도전, 즉 자기 이익의 계산에 의해 추동되는 행동 모델은 그 자체가 문화적으로 특정한 행동 양식이며 이 모델은 어떤 문화(예를 들어, 우리 문화)에는 존재하고 다른 문화에는 존재하지 않는다는 주장으로 가보자. 개인의 합리성은 문화적 구성물이며, 이성적 선택 분석은 불가피하게 자민족 중심적이다. 이 관점에 따르면, 수단-목적 합리성과 근본적으로, 그리고 철저하게 구별되는 대안적 행위 양식이 있다. 이것은 합리적 선택 틀에 대한 가장 기본적인 비판인데, 이 비판은 수단-목적 행위성 모델에 전적으로 의문을 제기하고 다른 문화들에 근본적으로 구별되는 형태의 행위성이 있다고 주장하기 때문이다.

이 비판은 제3장에서 논의된 해석적 사회과학 패러다임과 연관되어 있다. 행위나 실천에 대해 해석한다는 것은 그(또는 그녀)의 행위가 우리에게 이해될 수 있는 방식으로 그 행위 주체의 문화적 맥락과 정신 상태를 묘사하는 것이다. 이러한 접근에서 사회적 탐구는 문화적으로 구체적일 수밖에 없다. 기계적 합리성, 유물론, 또는 그 밖의 어떤 것이든 간에 특정한 사회에 설명적 열쇠를 제공하는 선행 틀은 없다. 오히려 특정한 문화를 구성하는 가치, 의미, 실천, 행동 양식은 어떤 종류의 과정이 발견될지에 대한 전제 없이 탐구되어야 한다. 문화적 특수성에 대한 이러한 선호는 다음과 같은 이유로 사회적 의미를 주로 강조하는 것과 관련이 있다. 만약 사회 현상이 인간 의식의 작용에 의해 구성된다면, 그리고 인간의 창조성이 다양하다면, 다른 문화들이 유사한 사회적 과정과 구조를 만들어낼 것이라고 가정할 이유는 없다.

사회 현상에 대한 해석적 접근은 모든 사회적 행위가 의미 있는 사회세계에 의해 틀 지어진다는 일반적인 주장과 마찬가지이다. 인간 행동의 유형을 이해, 설명, 또는 예측하기 위해서, 우리는 먼저 개인들의 사회 세계, 즉 개인이 자신의 (사회적 및 자연적) 환경에 부여하는 의미, 개인이 가지고 있는 가치와 목적, 개인이 인식하는 선택, 그리고 개인이 다른 개인들의 사회적 행위를 해석하는 방식에 침투해야 한다. 그래야만 우리는 그들의 행동을 분석하고 해석하고 설명할 수 있을 것이다. 그러나 이제 개인의 행위는 그들의 세계를 자신들이 이해하는 데 사용하는 의미, 가치, 전제, 해석 원리의 측면에서 두껍게 기술된다.

나는 사회적 행위에 대한 이러한 관점이 정당하기는 하지만, 일부 사람들이 그 관점의 탓으로 여기는 급진적인 결론이 그 관점에 담겨 있지는 않다고 주장한다. 해석적 접근은 사회 현상을 분석하고 설명할 때 인간 행위성의 특성을 고려할 것을 요구한다. 그러나 합리적 선택 설명 패러다임은 인간 행위성의 중요성과 가변성을 부정하지는 않는다. 대신에, 합리적 선택 설명은 행위성, 즉 신념, 규범, 동기, 그리고 목적에 대해 문화기술지 학자들이 제공하는 것보다 더 추상적인 묘사에 기반을 둔 설명을 제공하며, 이러한 더 추상적인 묘사를 바탕으로 광범위한 인간의 사회적 행동을 설명할 수 있다고 가정한다.

이 입장은 적어도 두 가지 방식으로 옹호될 수 있다. 첫째, 도구적 합리성은 인간의 공통된 행동 양식이고, 목적과 신념은 물질적 필요와 인과적 신념의 측면에서 추상적으로 특징지어질 수 있다고 가정할 만한 타당한 이론적 근거가 있다. 이러한 주장은 앞의 절들에 서술되어 있다. 둘째, 우리는 과학연구 프로그램의 타당성에 대한 가장 기본적인 시금석으로, 즉 다양한 경험적 문제에 적용될 때의 그 관점의 풍부한 결실로 돌아갈 수 있다. 그리고 여기서 지역 연구에서 나온 증거는 꽤 명확하다. 아시아 연구에는 합리적인 선택 틀의 핵심 가정에 기초해 진행되는 통찰력 있는 연구가 점점 더 많이 충실하게 이루어지고 있다. 그러므로 해석적 도전자는 호박벌이 날 수 있다는 것을 부정하는 회의론자와 유사한 입장에 있다. 그 증거는 합리적 선택 패러다임이 아시아인의 사회적·정치적 행동에 대한 많은 설득력 있는 설명을 생산해 냈다는 것이다. 그리고 이것은 (적절하게 발전된 합리적 개념, 예를 들어 확장된 실천적 합리성에 근거해서) 아시아 사회들의 참여자들이 합리적 행위 주체라는 생각을 강하게 뒷받침한다.

게다가 해석적 패러다임은 사회적 일반화와 설명의 범위를 엄청나게 축소시킨다는 점에 주목해야 한다. 만약 각각의 사회 현상이 그 자체로 고유하다면, 즉 각 사회가 그 사회에 고유한 힘에 따라 작동한다면, 사회과학에서는 일반화가 불가능하다. 그러나 만약 앞에서 언급한 해석적인 방법론적 원칙이 받아들여진다면, 그 결과로서 모든 사회적 관계와 행동이 문화적으로 특정한 정신 상태에 기초해 설명되어야 한다면, 사회과학은 구체적인 현상에 대해 순전히 서술적인 연대기적 기록만 해야 하는 운명에 처하게 된다. 반면에, 합리적 선택 접근이 정당하다면 적절하게 유사한 선택의 환경에서 일반적인 인간 합리성의 특징으로부터 기인하는 사회적 행동의 유형이 있을 것이기 때문에, 우리는 교차-문화적인 일반화를 위한 기초를 가지게 된다. 그러므로 무임승차 현상, 죄수의 딜레마, 그리고 권력자 집단들 사이에서의 협력의 불안정성은 여러 문화에서 발견될 수 있는 현상이자, 참여자들이 무엇을 원하는지에 기초해 그리고 그들 앞의 선택에 대해 어떻게 숙고하는지에 대한 상당히 엷은 가정에 기초해 설명될 수 있는 현상이다. 그리고 합리적 선택 틀은 설명이 이런 종류의 일반화를 요구한다고 주장한다. 만약 일반화를 얻을 수 없다면 설명은 불가능하다. 결과적으로 그렇게 될 수도 있겠지만, 여러 문화에 걸친 합리성의 가정이 합리적 선택 틀을 실행 가능한 연구 프로그램으로 만들어준다는 충분히 명백한 증거가 있다.

따라서 합리적 선택 틀에 대한 급진적인 해석적 도전은 실패한다. 분명 해석 이론이 권고하는 일종의 해석적이고 문화적으로 특수한 조사를 요구하는 연구 주제들이 있다. 그러나 이러한 수준의 세부 사항을 요구하지 않는 다른 연구 주제도 많다. 그리고 타산적인 합리성 개념을 사용함으로써 우리는 다양한 비서구 문화에서 매우 폭넓고 다양한 사회 현상—예를 들어, 농민 반란의 유형, 전통적인 농업의 침체, 후견-피후견 관계의 안정성, 공간을 가로지르는 관료적 자원의 분배 유형, 또는 식민지 농촌 베트남에서의 가톨릭의 매력—에 대한 간결한 설명을 구성할 수 있다.

결론

이 장에서는 표준적인 경제 합리성 개념에 대한 몇 가지 중요한 비판이 등장한다. 그 표준 개념은 역사적으로 이기적인 자기 이익의 가정에 경도되어 있었다. 사실 죄수의 딜레마, 게임 이론적 추론 등은 이 가정에 의존한다. 그러나 의사결정자들이 (할인 함수가 있든 없든) 다른 사람들의 이익이나 복지를 고려한다는 가정을 도입하면서 얇은 합리성 이론의 주요 윤곽을 보존할 수 있다. 보다 근본적으로, 우리는 좁은 경제적 합리성의 극대화 구조에 대한 강력한 반론이 제기되어 왔다는 것을 알게 되었다. 철학자들과 경제학자들 모두 완전한 합리성 이론은 의사결정 과정에서 도덕적 원칙의 작동을 고려할 필요가 있다고 주장해 왔다.

이 장에서 제기된 또 다른 중요한 의제는 가정컨대 행위 주체가 심사숙고하는 선택의 환경을 정의하는 것과 관련된다. 이 환경은 다소 두껍게 기술될 수 있다. 좁은 경제적 합리성 패러다임에서 환경은 다양한 대안과 관련된 가격과 소득의 관점에서 추상적으로 정의된다. 이 접근은 구체적인 사회적 배열을 시장 개념의 측면에서 추상적으로 기술한다. 그러나 다시 한번, 앞의 절의 주장은 우리가 행위의 맥락에 대한 더 두꺼운 기술을 제공한다면 더 그럴듯한 합리적 선택 틀의 해석이 나온다는 것을 보여준다. 최소한 우리는 단지 가격과 이익뿐만 아니라 심사숙고가 일어나는 자연적·사회적 환경도 고려해야 한다. 환경은 개인들이 자신의 이익을 추구할 수 있는 기회와 자신의 목적을 추구하는 다양한 행위 주체에게 부과되는 제약과 권력을 정의한다. 특히 사회 환경은 개인의 선택을 제약하고 동기를 부여하는 다양한 정치, 경제 및 사회 제도의 집합으로 구성되어 있다. 그러한 제도들은 사회 내에서 다양한 행위자들을 인도하는 이해관계와 심사숙고에 영향을 미치는 금지와 유인을 규정한다. 그러므로 제도는 개인들이 행위하는 고도로 구조화된 체계를 나타내며, 전체 사회에 발전과 조직의 유형을 강요한다. 예를 들어, 공용-임차 토지 임대 제도는 경작자에게 고정-지대 임대 제도와는 다른 일련의 유인을 부과한다. 그러므로 우리는 두 개의 다른 임대 제도에 놓여 있는 합리적 행위자들로부터 서로 다른 행동 유형이 나타날 것으로 예상해야 한다. 따라서 행위 주체가 심사숙고하는 맥락 안에서 자연적이고 사회적인 선택의 환경에 대한 구체적인 정보를 제공해야 한다고 결론내리는 것이 타당하다.

세 번째 관심 주제는 개인의 행동을 형성하는 데서 규범과 가치가 수행하는 역할이다. 좁은 경제적 합리성 패러다임은 한 사람의 규범 체계가 그(또는 그녀)의 이해관계의 변화에 대응해 매우 유연하다고—그래서 단지 이차적인 변수가 된다고—가정하거나 또는 규범이 선호로 표현될 수 있다고 가정함으로써 규범과 가치의 역할을 최소화한다. 합리적 선택 이론가들은 얇은 개인 합리성 이론을 고집함으로써 규범과 가치가 전통적인 사회에서 의사결정에 큰 영향을 미칠 수 없다고 결론짓는 경향이 있다. 그러나 이 결론은 지나치게 강하다. 제2장에서 보았듯이, 센, 네이글, 롤스 등은 좁은 경제 합리성의 개념이 실천적 합리성 이론으로서 성공적으로 역할을 하려면 그 개념이 넓어져야 한다고 설득력 있는 주장을 제기했다. 합리적 선택 이론은 규범, 헌신, 그리고 도덕적 제약에 어느 정도 자리를 내주어야 한다. 이러한 고려들은 합리 외적인 것이 아니다. 대신에 그것들은 개인이 선택을 계산하기 위해 고려하는 요인에 포함된다. 많은 저자는 선호와 규범을 모두 고려한 합리적 의사결정 개념을 공식화하려고 노력해 왔다.[3] 그러한 접근방식으로 합리적인 의사결정자는 다양한 대안의 비용과 편익, 그리고 이용 가능한 선택들에 대해 수용된 규범들이 가지는 가능한 관련성에 주목해 선택지들을 조사한다. 그(또는 그녀)는 그런 다음 남아 있는 가장 높은 순위의 선택지를 선택한다. (예를 들어, 동료와의 연대의 규범을 존중하는 의사결정자는 배신을 수반하는 고효용 선택지들을 배제할 것이다.)

마지막으로, 합리적 선택 접근은 여러 가지 관점 가운데 하나의 관점으로 이해되어야 하며, 그것은 광범위하지만 완전하지는 않은 사회적 행동의 형식에 해당한다는 것을 이해해야 한다. 이 접근이 매우 적합한 연구과제와 그렇지 않은 연구과제가 있다. 형식주의, 실질주의, 그리고 해석적 사회과학은 각기 사회 세계의 진정하고 양립 가능한 특징을 규명하는, 상호보완적인 사회적 설명의 접근이다. 따라서 이 틀들은 논리적으로 반대가 되는 것이 아니라 특정한 연구 질문들에 더 적절하거나 덜 적절한 대안적인 관점이다. 따라서 연구자들은 이 접근을 추구할 것인지 다른 접근을 추구할 것인지의 여부를 최종적으로 결정하도록 강요받지 않는다. 대신에, 연구자들은 다양한 사회 연구 영역을 연구할 때

---

3   아마르티아 센, 존 하사니(John Harsanyi), 하워드 마골리스, 도널드 리건(Donald Regan)을 포함해, 최근 경제학자들과 철학자들은 이 주제에 대해 많은 제안을 제시해 왔다.

이러한 접근 각각을 정당하게 사용할 수 있다.

이러한 자격요건들에 주목할 때, 이 장의 주장들은 합리적 선택 틀의 핵심 전제가 타당하다는 것을 나타낸다. 인간은 목적 지향적이고, 개인과 가족의 복지에 관심을 갖고 있으며, 자연적·사회적 환경에 대해 충분히 근거 있는 믿음을 획득할 수 있고, 다양한 가능한 행위의 비용과 편익을 비교할 수 있다. 이러한 전제가 받아들여진다면, 지역 연구에 합리적 선택 틀을 적용할 수 있는 광범위한 잠재성이 있다. 다양한 사회적 환경에서 사회적 행동과 사회적 배열의 유형을 설명하기 위해 미시 경제학, 게임 이론, 집합 행위 이론, 마르크스주의 사회 분석 등의 모델과 분석 기술들을 채택하는 것이 가능하다.

또 다른 흥미로운 가능성도 있다. 두 패러다임 사이의 거리는 보이는 것만큼 크지 않을 수 있다. 실질주의적 접근은 전통 사회에서 수단-목적 합리성의 작동을 부정할 필요가 없다. 개인의 행위를 구속하고 추동하는 데서 규범, 가치, 그리고 세계관이 갖는 본질적인 중요성을 주장하는 것으로 충분하다. 이러한 관점에서 볼 때, 실질주의는 개별 행위성에 대한 더 풍부하고 문화적으로 상세한 개념, 즉 엷은 것이 아니라 두꺼운 행위성 이론을 필요로 한다. 하지만 이러한 묘사는 우리가 선택에 영향을 미치는 신념과 가치를 고려할 때 발리 마을 생활에서 개인의 행동이 합리적일 수 있다는 가능성과 양립할 수 있다. 게다가 발리의 삶의 영역에는 농장 관리와 같이 문화적으로 특유한 가치와 믿음이 작용하지 않는 부분이 있을 수 있다. 그래서 우리는 발리 농부들의 선택을 미시경제적인 이익 극대화 이론에 근거해 설명할 수 있다. 이것은 실질주의가 형식주의의 많은 분석적 통찰력을 흡수할 수 있다는 것을 시사하는 동시에, 중요한 발리의 사회 현상에 대한 의미 있는 설명은 형식주의가 간과

하는 문화적으로 특정한 규범, 가치 및 세계관에 대한 상세한 기술을 필요로 할 것이라는 단서를 제시한다.

▌더 읽어볼 책들

Dalton, George. 1971. *Economic Anthropology and Development*.

Hardin, Russell. 1982. *Collective Action* [러셀 하딘, 『집합행동』(1995)].

Little, Daniel. 1989. *Understanding Peasant China: Case Studies in the Philosophy of Social Science*.

Nash, Manning. 1966. *Primitive and Peasant Economic Systems*.

Polanyi, Karl. 1957. *The Great Transformation* [칼 폴라니, 『거대한 전환』(2009)].

Popkin, Samuel L. 1979. *The Rational Peasant*.

Russell, Cliffofd S. and Norman K. Nicholson(eds.). 1981. *Public Choice and Rural Development*.

Sahlins, Marshall. 1972. *Stone Age Economics* [마셜 살린스, 『석기시대 경제학: 인간의 경제를 향한 인류학적 상상력』(2014)].

Scott, James C. 1976. *The Moral Economy of the Peasant* [제임스 스콧, 『농민의 도덕경제: 동남아시아의 반란과 생계』(2004)].

Shanin, Teodor. 1985. *Russia as a 'Developing Society'*.

Taylor, Michael. 1982. *Community, Anarchy and Liberty*.

제7장

통계 분석

사회과학에서 일반적인 설명 방식은 **통계적**인데, 여기서 과학자는 하나의 현상을 다른 변수들과의 상관관계에 따라 설명한다. 1965년 이후 한국의 경제 성장은 왜 그렇게 두드러졌는가? 왜냐하면 한국은 저개발 국가들의 경제 성장과 긍정적인 상관관계를 가지고 있는 변수들인 안정적인 정치 환경, 비교적 평등한 자산 분배, 교육받은 노동력 등을 가지고 있었기 때문이다. 하지만 이것은 어떤 종류의 설명인가? 이 장에서는 이 질문에 대해 보다 완전하게 답변하려고 시도하겠지만, 간단한 답을 미리 제공할 수 있다. 통계적 상관관계는 분석되는 변수들 이면에 있는 신뢰할 만한 인과 과정의 증거를 제공하는 범위 내에서 설명적이다. 즉, 통계적 설명은 분석이 조금이라도 설명적이려고 한다면 관찰된 상관관계가 전개되는 메커니즘을 나타내는 인과 이야기를 수반해야 한다. (그 인과 이야기는 다소 상세하게 제시될 수 있다.)

앞 문단에서 한국의 경제 성장에 대한 설명은 종속변수(성장)와 여러 독립변수(정치적 안정, 평등, 그리고 교육 수준)의 상관관계에 따라 표현되고 있지만, 이 주장은 후자의 요인들과 경제 성장 사이에 **인과** 관계가 있음을 보여주기 위한 것이다. 이 경우에 인과 이야기는 구성하기 어렵지 않다. 성장에는 투자가 필요하고 투자자들은 기존 제도가 지속될 것이라고 확신하면 투자할 가능성이 높기 때문에 정치적 안정은 성장과 인과 관계가 있다. 평등은 (상품에 대한 강한 소비자 수요를 창출함으로써) 원활한 구조적 변화를 자극하기 때문에 성장과 인과적으로 관련이 있다. 그리고 교육 수준은 사회가 이용할 수 있는 인적 자본의 척도이기 때문에 성장과 인과적으로 관련이 있다.[1] 여기서 확인된 상관관계는 신뢰할 만한 인과 메커니즘을 통해 경제 성장의 속도에 영향을 미치는 인과 요인들을 규명하기 때문에 설명적이다.

따라서 통계적 설명은 인과적 설명의 한 형태이며, 인과적 설명이 이면에 있는 인과적 메커니즘에 대한 가설을 필요로 한다는 제1장의 결론은 여기서도 마찬가지로 타당하다. 한 쌍의 변수 사이의 통계적 상관관계에 대한 단순한 증거만으로는 어느 한 변수의 작용에 대한 설명이 되지는 않는다. 대신에 우리는 변수들 사이의 인과 관계를 신뢰할 만한 방식으로 확립했을 때만 우리의 설명적인 탐구를 마땅히 멈출 수 있다.

사회과학에서 다음과 같은 연구 주제를 생각해 보자.

- 저개발 국가에서 급속한 경제 성장을 촉진하는 요인은 무엇인가?
- 미국 경제의 소득 분배는 어떻게 설명되는가?
- 인구의 종교적 정체성은 민주적인 제도의 유무와 관련이 있는가?

---

1   이러한 설명을 따라 한국의 발전에 대해 논의하기 위해서는 Mason et al. (1980)을 참조.

각 주제는 둘 이상의 변수들 사이의 연관성에 대한 탐색과 관련된다. 첫 번째 사례에서는, 연구자는 급속한 경제 성장과 긍정적으로 연관된 하나 이상의 요인(사회적, 정치적, 또는 경제적 요인)을 발견하는 것을 목표로 한다. 두 번째 사례에서는, 연구자는 젠더, 기술 수준, 인종, 또는 교육 수준 등 소득의 변동과 긍정적으로 상관관계가 있는 개인의 특성을 발견하고자 한다. 그리고 세 번째 사례에서는, 연구자는 종교적 정체성(가톨릭, 개신교, 이슬람교)이 민주적인 정치 제도의 발전과 안정에 인과적 변수라고 하는 정권 유형에 대한 단순한 인과적 가설을 평가하는 것을 목표로 한다.

통계적 설명은 이 책의 관심사와 관련된 두 종류의 문제를 제기한다. 첫째, 우리는 그러한 설명이 의존하는 통계 개념들, 예를 들어 상관관계, 회귀, 연관성 및 조건부 확률에 대한 적어도 기초적인 이해를 가지고 있어야 한다. 그러나 둘째로 우리는 더 철학적인 질문들을 던져야 한다. 몇 가지 변수 사이의 통계적 관계를 밝혀냈을 때 우리는 무엇을 알게 되었는가? 이 발견 자체가 설명적인가, 아니면 이론적인 설명(인과적 관계에 대한 가설 형성)을 요구하는 경험적 상황인가? 통계적 발견이 인과적 추론을 어떻게 뒷받침하는가? 그리고 사회과학에서 통계 분석의 한계는 무엇인가?

통계 분석을 이면의 인과 메커니즘에 대한 가설과 결합한 인과적 주장의 매력적인 사례는 영국의 인구학적 역사에 대한 최근의 연구이다(〈사례 7.1〉 참조). 앤서니 리글리(E. Anthony Wrigley)와 로저 스코필드(Roger S. Schofield)의 주장은 인구학적 변수들과 생활수준 사이의 시간 경과에 따른 통계적 상관관계를 바탕으로 경제적·인구학적 변화에 대한 인과적 가설을 뒷받침한다. 실질임금의 증가는 높은 출생률과 낮은 사망률 모

| 사례 7.1 |

역사 인구학

인구학적 변화에 영향을 미치는 요인은 무엇인가? 출생률, 결혼 연령, 인구 변동률인가? 또는 인구의 연령 구조인가? 이러한 질문들에 답하기 위한 주요한 노력은 앤서니 리글리와 로저 스코필드, 그리고 인구와 사회 구조의 역사를 위한 케임브리지 그룹(Cambridge Group for the History of Population and Social Structure)이 진행한 영국 인구(1541~1871)에 대한 최근의 연구이다. 이 연구는 침례(출생), 매장(죽음), 그리고 결혼을 기록한 수백 개의 성공회 교구 등록부에서 추출한 자료를 바탕으로, 300년에 걸친 영국 인구의 연도별 상태를 자세히 기술한다.

저자들은 이 자료의 통계적 요약을 사용해, 유럽의 인구가 경제적 변화(실질 소득의 상승과 하락)에 매우 쉽게 반응한다는 맬서스의 가설을 경험적으로 평가하려고 시도한다. "그러므로 우리가 선호했던 것은 예방적 메커니즘과 관련된 경제적 기회에 대한 폭넓은 견해를 취하는 데서 맬서스를 따르는 것이었고, 또한 결혼은 오로지 틈새(niche, 산업혁명 이전 유럽의 일부 사회에서 결혼은 토지자산과 같이 상대적으로 고정된 수의 물리적 자본 단위에 대한 접근권에 의존했다. '틈새'라는 것은 리글리와 스코필드가 '생태학적 틈새'라고 불렀던 인구 조절 메커니즘인데, 이 틈새에 접근할 수 있는 사람만 결혼해서 가족을 꾸릴 수 있었다. 잠재적 가구주의 수가 생존 가능한 자산의 수보다 많으면 일정한 수의 사람은 결혼을 할 수 없었고, 그 결과 전체 출생률이 떨어졌다. _옮긴이)에 대한 접근에 의해서만 결정되기보다는 실질 소득 수준에 반응하는 것으로 고려하는 것이었다"(Schofield, 1986: 15). 이 가설을 평가하기 위해 리글리와 스코필드는 1500~1912년 기간의 실질임금 수준에 대한 시계열 분석을 제공하고, 그 결과를 같은 기간 동안 인구학적 변수들의 변동 유형과 비교한다. 그들의 분석은 출생률이 장기간에 걸쳐 상당히 변화했으며, 인구 변동에서 출생률 변동이 사망률의 변동보다 거의 두 배 더 중요하다는 것을 보여준다(Schofield, 1986: 27). 또한 그들의 분석은 실질임금의 움직임에 의존하는 예방적 메커니즘(출생률에 미치는 행동적 제약)이 영국의 인구증가를 통제하는 데서 일차적으로 중요했다는 맬서스의 일반적인 가설을 확증한다.

I 자료: 1541~1871년 사이 성공회 교구 등록부의 인구 자료(출생, 사망, 그리고 결혼)
I 설명 모델: 인구학 자료에 대한 대규모 양적 분석에 기초해 인구 변동에 대한 인과적 가설 평가
I 출처: E. Anthony Wrigley and Roger S. Schofield, *The Population History of England, 1541~1871: A Reconstruction* (1981); Roger S. Schofield, "Through a Glass Darkly: The Population History of England as an Experiment in History"(1981); Robert I. Rotberg and Theodore K. Rabb(eds.), *Population and Economy Population and History from the Traditional to the Modern World*(1986)

두를 통해 인구증가율의 증가를 가져올 것이고, 실질임금의 하락 추세는 인구증가율의 둔화를 가져올 것이라는 가설이다. 이 가설을 경험적으로 평가하는 데 가장 큰 어려움은 실질 소득과 출생률 및 사망률에 대한 상세한 시계열 자료가 필요하다는 것이다. 교구 등록부를 통해 수집된 대규모 데이터 세트는 그러한 평가를 가능하게 한다. 시간 경과에 따른 실질임금과 인구증가율을 그래프로 표시하면, 그 결과는 〈그림 7-1〉과 유사하며, 두 변수 사이의 상관관계는 명백하다. 실질임금은 1577년과 1617년 사이에 하락한다. 짧은 지체가 있고 나서 인구증가율은 1670년대 후반에 하락하기 시작한다. 실질임금은 1630년대에 다시 오르기 시작하고, 30년에서 40년 정도의 시간 지체와 함께 인구증가율도 오르기 시작한다.

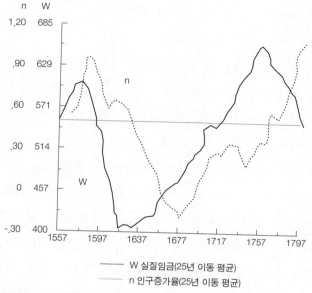

그림 7-1 **실질임금과 인구증가율**

W 실질임금(25년 이동 평균)
.... n 인구증가율(25년 이동 평균)

출처: Lee(1986: 89)를 토대로 수정.

사회 분석에서의 양적 추론

이 절에서 나는 사회과학에서의 통계적 추론에 대한 추상적인 설명을 제공할 것이다. 이 논의는 그 주제에 대한 상세한 수학적 연구를 대체하기 위한 것은 아니지만, 이 맥락에서 통계적 추론의 요소들을 충분히 제시함으로써 이 영역의 사회적 설명의 일부 문제를 규명할 수는 있다. **데이터 세트**는 다음과 같은 구조를 포함한다.

• 항목, 사건, 또는 개인(사람, 국가, 폭동, 범죄, 자살)의 영역

- 연구자의 관심 대상인 항목의 속성의 집합(변수들)
- 각 속성과 관련된 항목별 상태의 세부 사항

  우리는 데이터 세트를 행에는 개인들을 나열하고 열에는 속성들을 나열하는 표로 생각할 수 있다. 〈표 7-1〉는 22개 저개발 국가의 경제 및 사회적 자료의 데이터 세트를 보기로 든 것이다. 이 표는 연구 대상 국가들의 10개 변수에 대한 정보를 제공한다.

  경험적 연구에는 암묵적인 시간 구조가 있다. 데이터는 시간에 따른 변화를 포착하거나 특정한 시간에 개인들의 상태를 특징짓기 위해 수집될 수 있다. 〈표 7-1〉에 제공된 데이터는 속성들에 관해 시간의 한 시점에서 항목들의 상태에 대한 '스냅샷'을 제공하는 **횡단면** 데이터 세트이다. **시계열** 데이터 세트는 시간 순서에 따라 구성된 연구로, 시간의 연속적인 순간에 한 항목에 대한 데이터 점들(data points)을 포함한다. 한 항목 집합에 대한 조정된 시계열 연구로 구성된 횡단면적이고 시간적 차원을 모두 포함하는 연구를 설계할 수 있다.

  사회과학자들은 어떻게 데이터를 수집하는가? 많은 양의 통계 데이터는 국가 정부와 정부 기관들에 의해 수집되며, 이 데이터는 사회과학자들의 분석을 위해 유효하다. 예를 들어, 〈표 7-1〉의 많은 데이터는 세계은행(World Bank)이 수집한 것이다. 그러나 많은 사회과학 연구 주제는 조사자로 하여금 이전에 공식적인 기관들에 의해 수집되지 않은 데이터를 수집하도록 요구한다. **설문조사**(survey)는 특정 가설을 염두에 두고 항목들의 모집단(또는 항목들의 표본) 내에 있는 속성에 관한 정보를 도출하기 위해 설계된 연구이다. 설계자는 관심 있는 현상의 발생과 잠재적으로 관련이 있는 요인, 즉 다양한 인과 요인에 대해 어느 정도

표 7-1 제3세계 국가 데이터 세트

국가	1인당 국민 총생산* (달러)	1인당 에너지 사용*	농업 노동력* (%)	출생 시 기대 수명* (년)	성인 식자율* (%)	1인당 국민 총생산 성장률* (%)	지니 계수*	소득 하위 40%에 대한 상위 20%의 비율*(%)	PQLI** (물질적 삶의 질)	11000 정상 출생당 유아 사망률**
에티오피아	120	19	80	43	15	0.50			20	181
방글라데시	130	36	74	50	26	0.50	0.389	2.74	35	132
말리	160	22	73	45	10	1.20			15	188
탄자니아	240	38	83	51	79	0.90	0.42	3.15	31	162
인도	260	182	71	55	36	1.50	0.407	3.05	43	122
중국	300	455	74	67	66	4.40			69	78
가나	310	111	53	59		-2.10			35	156
스리랑카	330	143	54	69	85	2.90	0.345	2.26	82	45
케냐	340	109	78	57	47	2.30	0.55	6.79	39	119
파키스탄	390	197	57	50	24	2.50			38	121
세네갈	440	151	77	46	10	-0.50			25	159
볼리비아	510	292	50	51	63	0.60			43	108
인도네시아	560	204	58	54	62	5.00	0.43	3.43	48	137
이집트	700	532	50	58	44	4.20	0.403	2.91	43	116
필리핀	760	252	46	64	75	2.90	0.459	3.80	71	74
나이지리아	770	150	54	49	34	3.20			25	180
과테말라	1120	178	55	60		2.10			54	80
콜롬비아	1430	786	26	64	81	3.20	0.53	6.32	71	97
말레이시아	1860	702	50	67	60	4.50	0.5	5.01	66	75
브라질	1880	745	30	64	76	5.00	0.605	9.51	68	82
대한민국	2010	1168	34	67	93	6.70	0.378	2.68	82	47
멕시코	2240	1332	36	66	83	3.20	0.52	5.83	73	66

자료: * Gillis et al.(1987: 9, 10, 76)을 토대로 수정.
　　 ** Morris(1979: 138~144).

알고 있어야 한다. 연구의 목적은 요인들 사이의 상관관계의 강도(또는 부재)를 나타내는 데이터를 수집하는 것이다.

경험 연구를 설계할 때 핵심 문제는 **표본 추출**이다. 많은 사회적 특성은 전체 모집단의 부분 집합(표본)을 추출한 다음, 모집단의 속성에 대한 추론을 도출하는 연구를 통해서만 밝혀질 수 있다. 표본 추출에는 두 가지 문제가 발생한다. 그것은 크기와 무작위성이다. 표본이 너무 작으면 표본의 특성이 모집단의 특성과 일치한다고 기대할 근거가 없게 된다. 예를 들어, 만약 우리가 펜실베이니아에서 철강 노동자들의 가입 정당에 관심이 있는데 20명의 노동자만 인터뷰했다면, 우리의 연구에서 통계적으로 중요한 추론을 이끌어낼 수 없을 것이다.

표본 편향(sample bias)은 또 다른 종류의 문제이다. 표본이 전체 모집단의 좋은 지표가 되려면, 선택된 개인들이 모집단에서 무작위로 추출되어야 한다. 전체 모집단을 대표하지 않는 특성을 공유할 가능성이 있는 기준에 따라 조사 대상자들이 선택된다면 설문조사는 편향된 표본에 의존하게 된다. 나이, 젠더, 거주지, 사회 계급, 고용 유형, 또는 민족 정체성은 모두 편향된 표본으로 이어질 수 있다. 편향의 문제는 종종 연구자가 한 가설을 다른 가설보다 선호하기 때문이 아니라 정보를 수집하는 것이 어렵고 비용이 많이 들기 때문에 발생한다. 따라서 때로는 편리하게 사용할 수 있는 하위 집단으로부터 데이터를 수집할 수도 있을 것이다. 그러나 이 하위 집단은 전체 모집단에서 무작위로 추출된 것이 아니다. 이러한 가능성의 사례는 1930년대에 존 로싱 벅(John Lossing Buck)에 의해 수행된 중국의 중요한 토지 조사에서 발견된다. 벅은 중국 조사관들을 토지 소유에 관해 완료해야 할 상세한 설문지와 함께 중국의 여러 다른 지역으로 보냈다. 그러나 조사관들은 부재 지주들, 즉 마을에 토지를 소유하고는 있지만 다른 곳에 살고 있는 지주들에게 쉽게 접근할 수 없었다. 그래서 설문조사에서 이들은 배제되었다. 그러나 부재 지주들은 평균 이상의 토지를 소유하고 있었고, 그들의 배제는 평균적인 토지 소유 크기의 추정치에 하향 편향을 가져왔다(Esherick, 1981).

데이터 세트에 수집된 정보를 정의하는 변수들은 불연속적이거나 또는 연속적일 수 있다. 불연속 변수에는 종교, 결혼 여부 및 계급 소속이 포함된다. 연속 변수로는 소득, 인구 규모, 그리고 실업률 등이 있다. (후자의 예에서 연속 변수는 정수 값만 가능한 양을 포함할 수 있다는 것을 분명히 보여준다.) 두 경우에 데이터 분석 기법이 다르기 때문에, 이러한 구분은 중요하다. 연속 변수들은 회귀 기법을 사용해 분석할 수 있지만, 불연속 변수들 사이의 연관성은 다른 도구들을 필요로 한다.

일단 데이터 세트가 확보되면 데이터를 종합할 수 있는 어떤 방법이 필요하다. 여기서 불연속 변수와 연속 변수 사이의 구분은 특히 중요한데, 그 이유는 불연속 데이터를 종합하고 분석하는 데 사용할 수 있는 기법이 연속 데이터에 사용할 수 있는 기법과 다르기 때문이다. 불연속 데이터는 주로 (제1장에서 논의된) 확률 도구의 사용과 관련된다. 우리는 특정 소유나 일단의 속성을 가진 사람들을 셀 수 있고, 우리는 그 정보를 발생률(예를 들어, 개신교 과부들 사이의 자살률)을 도출하는 데 사용할 수 있다. 조건부 확률 개념은 이러한 유형의 사례에 핵심적인 도구이다. 반면에 연속 변수는 특히 (아래에서 논의되는) 변수들 사이의 기능적 관계를 확인하려는 시도를 포함해 더 광범위한 형태의 수학적 분석을 가능하게 한다. 여러 유형의 **기술 통계**(descriptive statistics)는 그러한 데이터 세트를 특징짓는 데 특히 유용하다. 우리는 특정한 속성과 관련해 개인들 집합의 평균값을 계산할 수 있다. 예를 들어, 〈표 7-1〉의 평균 기대수명은 57년이다. 또한 각 변수의 분산값, 즉 모집단에서 그 변수가 변화하는 양에 대한 측정치를 제공하는 것이 유용하다. (한 집합의 값의 분산은 모든 값의 평균을 중심으로 개별 값의 편차의 제곱의 평균이며, 표준 편차는 분산의 제곱근이다.)

일단 데이터 세트를 확보하면[2] 우리는 데이터 세트로부터 어떤 질서를 추출하려고 노력해야 한다. 이 시점에서 우리의 관심사는 명백하게 **설명적이다.** 데이터가 유형화되어 있는지 여부와 변수들 사이에 예기치 않은 확률 분포, 상관관계, 또는 함수관계가 있는지 여부를 확인하고자 한다. 과학에서 일반적인 효용의 도구는 **영(零)가설**, 즉 둘 이상의 변수 사이에 관계가 없다는 가설이다. 예를 들어, 흡연과 암과 관련된 영가설은 흡연이 암의 생성에 인과적으로 관련되지 않는다는 것이다. 경제 성장과 정치적 안정에 관한 영가설은 경제 성장의 과정이 정치적 안정에 긍정적이든 부정적이든 영향을 미치지 않는다는 것이다. 영가설은 오히려 서로 관련된 변수들의 행동에서 무작위성의 기대로부터 파생되는 다양한 수학적 기대치로 직접 변환된다. 확률의 경우, 그것은 특정된 조건이 존재할 때 한 사건의 조건부 확률은 그 사건의 절대 확률과 동일할 것이라는 의미이다. 연속 변수의 경우, 그것은 두 변수의 **상관 계수**(correlation coefficient)가 0이 된다는 것, 즉 두 변수의 값에는 관찰 가능한 유형이 없을 것이라는 의미이다. (상관관계는 다음 절의 주제이다.)

영가설이 입증되지 않는다는 것, 즉 둘 이상의 변수 사이에 0이 아닌 상관관계가 있거나 특정한 조건에서 한 사건의 조건부 확률이 그 사건의 절대적 확률과 다르다는 것을 발견하면, 우리는 변수들의 행동 이면

---

2   이것은 데이터가 이론화되기 이전에 나온다는 것을 의미하는 것은 아니다. 왜냐하면 연구자가 연구하는 적절한 특징들을 확인하기 위해 그가 작업하고 있는 영역의 인과 구조에 관한 일단의 가설을 채택했어야 한다는 것이 명백하기 때문이다.

에 인과적 과정이 있는지 여부를 고려할 수 있다. 그 관계는 직접적인 인과 관계의 사례일 수 있다. 흡연은 암을 유발하고, 1인당 국민총생산의 증가는 유아 사망률의 감소를 야기한다. 또는 그 관계는 간접적일 수 있다. 변수들이 인과적으로 상호작용하지 않고, 공통 요인들의 집합이 관찰 중인 변수들의 행동에 영향을 주는 것일 수 있다. 이러한 가능성의 사례는 1인당 에너지 사용이 유아 사망률과 부정적인 상관관계가 있다는 사실에서 나타난다. 이 사실에 대한 최선의 설명은 더 많은 에너지 사용이 유아 건강에 좋다는 것이 아니라, 한 사회에서 1인당 소득이 증가하면 에너지 사용 증가와 유아 사망률 감소 **둘 다** 야기되어, 후자의 변수들 사이의 상관관계를 유발한다는 것이다.

상관관계와 회귀

통계학적 설명의 기초가 되는 핵심 아이디어는 둘 이상의 변수들 사이의 **상관관계** 개념이다. 이 개념은 변수 간의 공분산을 기술한다. 문제의 변수들은 상황에 따라 다른 값을 취하며, 변수들이 함께 변화하는 경향이 있다. 양(陽)의 상관관계는 한 변수의 증가가 다른 변수의 증가와 관련이 있음을 의미하며, 음(陰)의 상관관계는 한 변수의 증가가 다른 변수의 감소와 관련이 있음을 의미한다. 특정 변수들이 상관관계가 있는지 여부를 고려할 때는 다음 두 가지 핵심 질문을 제기해야 한다. 변수들 사이의 함수관계는 무엇인가? 이들 사이의 상관관계는 얼마나 강한가, 즉 데이터 세트에 얼마나 많은 분산이 있는가? 첫 번째 질문은 독립변수(들)의 변화와 관련해 종속변수가 어떻게 작용하는지를 묻는 것이고, 두 번째 질문은 변수들 사이의 엄격한 상관관계를 가정할 때 종속 변수가 우리가 기대하는 것으로부터 얼마나 벗어나는지를 묻는 것이다.

〈표 7-1〉의 국가 데이터 세트로 다시 한번 가보자. 1인당 에너지 사용을 기술하는 변수는 국가별 1인당 국민소득과 긍정적인 상관관계가 있다. 즉, 한 국가의 1인당 국민소득이 높을수록 1인당 에너지 사용량도 증가한다. (반대로 1인당 에너지 사용량이 많을수록 그 국가의 1인당 국민소득은 증가할 가능성이 높다.) 부정적인 상관관계의 예는 유아 사망률과 1인당 소득 사이의 관계에서 발견된다. 1인당 소득이 높은 국가는 일반적으로 유아 사망률이 낮다.

연속 변수들 사이의 상관관계에 대한 간단한 검증이 있다. 우리는 데이터의 **산포도**(scatterplot), 즉 축을 따라 각 변수를 나타내고 각 데이터 점을 해당 점에 대한 변수의 값으로 표시하는 그래프를 구성할 수 있다. (이 작업은 두 개 이상의 변수에 대해 수행될 수 있지만, 가장 일반적으로 적용되는 것은 변수가 두 개인 경우이다.) 그런 다음 우리는 데이터 점들 사이의 순차적 진행을 위해 결과 도표를 점검할 수 있다. 그 점들이 도표 면에 무작위로 흩어져 있으면 우리는 변수들 사이에 상관관계가 없다고 결론 내릴 수 있으며, 점들이 **추세선**(trend-line)을 따라 있으면 상관관계가 존재한다고 결론 내릴 수 있다.

회귀 분석 통계 기법은 두 개 이상의 변수 사이의 공분산을 분석하는 정량적 방법을 제공한다. 사회과학에서 많은 양적 추론의 기초가 되는 회귀 분석은 두 개의 연속 변수 x와 y가 상관되어 있다는 주장을 평가하기 위해 고안된 수학적 기법이다. 이것은 독립변수 각각의 변이는 종속변수의 규칙적인 변화를 초래한다는 것을 의미한다. 그렇다면 이들 변수 사이에는 함수관계가 있다.

$$y_i = f(x_i) + e_i$$

여기서 우리는 종속변수 y의 작용을 함수 성분 $f(x_i)$와 오류 성분 e_i로 나누었다. 원칙적으로, 그 함수는 어떤 형태든 취할 수 있지만, 자체로 시사하는 몇 가지 간단한 함수가 있다. 함수는 변수들 사이의 직선 관계를 나타내는 **선형**(線形)일 수 있다. 또는 **곡선**—예를 들어, 로그, 지수, 또는 2차 방정식—일 수도 있다. 선형 및 로그 함수는 사회 변수들 사이의 관계를 나타내는 가장 일반적인 형식이다. 선형 함수는 독립변수와 관련해 일정한 비율로 상승 또는 하강하는 종속변수를 나타내며, 로그 함수는 독립변수가 증가할 때 감소하는 변화율을 나타낸다. 선형 함수는 'y = a+bx' 형태를 가지지만, 로그 함수는 'y = a+b * log(x)' 형식을 갖는다.

두 값에 대한 선형 회귀는 가장 단순한 회귀 분석 형식이다. 이 기법은 데이터 세트를 가로지르는 직선형 함수를 찾으며, 그 선 주위의 분산을 최소화한다.[3] 즉, 회귀 분석은 데이터 점들을 가로지르는 '최적합' 곡선(이 경우에는 직선)을 제공한다. (회귀 곡선은 '최소 제곱' 규칙에 따라 구성된다. 회귀 곡선은 모든 점의 추세선에서 벗어난 거리의 제곱의 합을 최소화하는 함수이다.) 〈그림 7-2〉는 국가 연구에서 도출된 여섯 쌍의 변수에 대

---

3   세 개 이상의 변수에 대한 회귀 분석을 실행하는 것도 가능하다. 그 작업은 계산적으로 더 까다롭지만 원칙적으로 동일하다. n개 변수에 대한 다변량 회귀 분석은 데이터의 n차원 산포도에 가장 적합한 (두 개 변수인 경우 2차원 선에 해당하는) n차원 평면을 구성하는 것과 관련된다. 또한 두 개 이상의 변수에 대해 비선형 회귀 분석을 실행하는 것도 가능하다. 비선형 회귀 분석에서는 (함수 주위의 분산을 최소화함으로써 다시 한번) 데이터 세트에 가장 적합한 (예를 들어, 지수, 2차 방정식, 또는 로그) 특정한 형태의 곡선 함수를 찾는다.

한 선형 및 로그 회귀 분석을 제공한다. 각 패널은 각 데이터 세트에 대한 회귀선과 함께 데이터의 산포도를 나타낸다. 그리고 각 패널은 이 회귀선에 대한 데이터의 상관관계의 강도를 측정하는 (다음에서 설명되는) 계산된 상관 계수 r을 제공한다.

일단 우리의 데이터에 대한 회귀 분석을 실행하고 나면, 우리는 앞에서 제기된 질문들 가운데 하나, 즉 변수들 사이의 함수관계는 무엇인가라는 질문에 답한 것이다. 그러나 우리는 두 번째 질문, 이 함수관계가 데이터 세트를 얼마나 잘 특징짓는가, 즉 회귀선 주위의 데이터에 얼마나 많은 산포가 있는가에 대해서는 다루지 않았다. 여기서는 데이터 세트와 회귀 방정식 사이의 적합 근접성을 나타내는 지표, 즉 함수 주위의 데이터 분산 정도의 측정치가 필요하다. 이 분산에는 몇 가지 통계적 측정치가 있지만 가장 단순한 것은 변동 계수 R^2이다. R^2은 다음과 같이 정의된다.

$$R^2 = 1 - \Sigma e_i{}^2 / \Sigma v_i{}^2$$

여기서 e_i는 각 데이터 점에 대한 오차항들(회귀 방정식에 의해 예측된 값으로부터의 편차)이고 v_i는 y의 평균값 주위에 있는 각 데이터 점의 변이들이다(〈그림 7-3〉 참조). R^2은 **오차의 비례 감소**(proportional reduction of error) 통계량이다. 그것은 회귀 함수로 설명될 수 있는 종속변수의 변동 비율을 측정한다. R^2과 관련된 것은 상관 계수 r, 즉 결정 계수의 제곱근이다. 상관 계수는 두 변수 사이의 관계의 방향과 강도를 나타내며 1과 -1 사이에서 변화한다. 값 1은 종속변수가 항상 회귀선에 떨어지는 경우에 해당한다. 값 0은 종속변수가 회귀선 주위에 랜덤하게 흩어져

그림 7-2 **국가 연구에서 선택된 변수들의 회귀선**

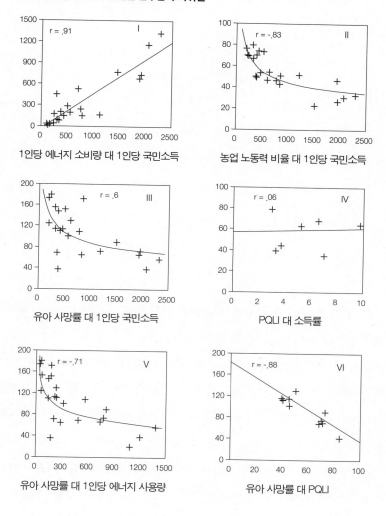

1인당 에너지 소비량 대 1인당 국민소득

농업 노동력 비율 대 1인당 국민소득

유아 사망률 대 1인당 국민소득

PQLI 대 소득률

유아 사망률 대 1인당 에너지 사용량

유아 사망률 대 PQLI

있는 경우에 해당한다. 그리고 음수 값은 회귀선이 음의 경사를 가지고 있음을 나타낸다(달리 말하면 두 변수 사이에 음의 상관관계가 있다).

그림 7-3 **선형 회귀에 대한 R²의 계산**

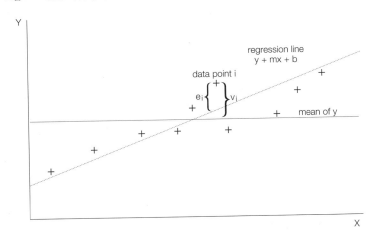

〈그림 7-2〉는 국가 연구에서 다양한 변수 쌍 사이에 유의미한 상관관계가 있음을 보여준다. 이 상관관계들 가운데 어느 것이 두 변수 사이의 설명적 관계에 대한 기초를 제공하는가? 패널 I은 1인당 국민총생산과 에너지 소비 사이에 양의 선형 관계가 있음을 보여준다. 즉, 1인당 국민총생산이 높은 경제는 1인당 더 많은 에너지를 소비하는 경향이 강하다. 회귀 분석에 따르면 이 변수들 사이의 관계는 선형이며 상관관계가 높다 (r =.91). (달리 말하면, 1인당 에너지 소비량의 변이 가운데 83%는 1인당 국민총생산에 기초해 해명될 수 있다.) 하지만 우리는 이 상관관계를 어떻게 설명해야 할까? 국민총생산의 성장은 (명백하게 사치품 소비의 성장을 야기하는 방식으로) 에너지 소비의 성장을 야기하는가? 이 경우의 인과 이야기는 더 복잡하다. 국민총생산의 성장은 불가피하게 산업화를 수반하며, 산업화는 에너지 집약적이다. 따라서 1인당 에너지 소비 증가는 1인당

소득 증가를 위한 필수 조건이다. 따라서 패널 I이 확인하는 것은 복잡한 경제 성장의 인과 과정 내에서 두 변수의 작동인데, 둘 중 어느 것도 다른 변수의 원인이 아니다. 패널 II에 대해서도 거의 같은 말을 할 수 있다. 이 경우 우리는 국민총생산과 농업노동력 비율 사이에 음의 로그 상관관계를 발견한다. 여기서 다시 변수 간의 상관관계는 높다($r = -.83$). 곡선이 그 데이터에 잘 들어맞는다. 그리고 이 변수들 사이의 관계는 설명적인데, 경제 성장은 농업에서 벗어나 산업 팽창을 향하는 경제의 구조적 변동을 수반한다는 일반화를 반영한다. 그러나 다시 한번 이 상관관계를 복잡한 경제 성장 과정 내의 부수적인 효과들 사이의 상관관계로 해석하는 것이 가장 그럴듯할 것이다. 산업화는 1인당 국민총생산의 증가 및 농업 경제에서 점점 더 산업 경제로의 구조적 변화로 이끈다. 각각의 경우에, 우리가 발견했던 상관관계는 복잡한 인과 관계 내에서 부수적인 효과들 사이의 상관관계로 가장 잘 이해된다.

대조적으로 패널 III과 IV는 변수 쌍들 사이의 직접적인 인과 관계를 평가하려고 시도한다. 패널 III에서 우리는 1인당 국민총생산과 유아 사망률 사이에 중간 정도의 상관 계수가 있는 음의 로그 관계가 있다는 것을 발견한다($r = -.6$). 고소득 국가는 일반적으로 유아 사망률이 낮다. 그리고 단순한 인과 가설은 이러한 상관관계를 해명할 수 있다. 가계 및 공공 의료 지출 모두 소득이 증가함에 따라 빠르게 증가하고, 의료 지출 증가는 낮은 소득 수준에서 유아 사망률에 큰 영향을 미친다. (이 영향은 의료 지출이 증가하면서 떨어진다. 건강 상태에 대한 의료 비용의 한계 효과가 떨어지는 것이다.) 이 분석을 통해 우리는 소득 수준의 증가가 유아 사망 수준의 하락을 초래한다고 주장할 수 있다. (그러나 유아 사망률 변동의 36%만이 이에 근거해 설명될 수 있으므로, 역시 영향을 미치는 분산의 다른 원인들이 있어야 한다.) 그러나 패널 IV는 불평등과 물질적 삶의 질 사이의 관계에 관한 인과 가설을 반박하는 것으로 해석될 수 있다. 이 패널에 사용된 불평등 척도는 소득 상위 20%와 소득 하위 40%의 비율이다. 여기서 물질적 삶의 질은 유아 사망률, 한 살 때의 기대수명, 그리고 읽고 쓰는 능력에 대한 데이터를 통합한 지수인 PQLI에 의해 측정된다 (Morris, 1979). 더 큰 불평등이 더 큰 빈곤을 의미하고 결국 더 낮은 평균 삶의 질을 의미한다고 추론할 수 있다. 따라서 다음과 같은 가설을 생각해 낼 수 있다. 더 큰 불평등은 더 낮은 PQLI를 야기할 것이다. 그러나 패널 IV는 이 변수들 사이에 유의미한 관계가 거의 없음을 보여준다. 상관 계수는 낮고(.17), 가설에 의해 예측된 것과 반대 방향의 추세이다. 따라서 더 큰 불평등은 더 높은 물질적 삶의 질과 연관되어 있다. (아마 둘 다 1인당 국민총생산과 상관관계가 있기 때문일 것이다).

마지막으로 패널 V와 VI을 고려해 보자. 이 패널들은 두 가지 강한 상관관계를 보인다. 첫째는 유아 사망률과 1인당 에너지 사용량 사이이고, 둘째는 유아 사망률과 PQLI 사이이다. 각 사례에서 우리는 변수들 사이에 높은 정도의 상관관계를 발견한다. 그러나 이것은 의사 상관관계이다. 패널 V는 유아 사망률이 1인당 에너지 사용량 증가에 따라 감소하지만, 이 상관관계는 이 요인들과 1인당 국민총생산 증가 사이의 공통 상관관계에 의해 유발된다는 것을 보여준다. 사실 이 변수들 사이에는 직접적인 인과 관계가 전혀 없다. 그리고 PQLI와 유아 사망률 사이의 상관관계는 순전히 인위적이다. PQLI 지수는 (다른 두 요인과 함께) 유아 사망률 수준에 의해서 정의된다. 따라서 이 두 요소가 상관관계가 있다는 것은 우연적인 연관성이라기보다는 정의의 문제이다.

앞에서 몇 가지 맥락에서 논의되었던 사례 가운데 하나인 명나라의

도적들에 대한 제임스 통의 분석으로 가보자(〈사례 1.2〉 참조). 통은 자신의 데이터 세트가 반란 발생이 다양한 장소와 시간에서 발견되는 위험 상황과 상호 관련된다는 가설을 뒷받침한다고 믿는다. 그의 고유한 분석은 〈표 1-2〉에 보고된 도적 발생률이 합리적 선택 모델에 의해 예측된 방향으로 변화한다는 관찰에 기초한다. 그러나 이 장에서 우리는 통이 제기하지 않는 두 가지 종류의 질문을 하는 것이 바람직하다는 것을 알게 되었다. 위험과 반란 사이의 함수관계는 무엇인가? 그리고 도적의 발생률과 두 변수 사이의 상관관계는 얼마나 높은가? 첫 번째 질문은 위험 수준의 변화에 대응해 반란 발생이 어떻게 변화할 것으로 예측되어야 하는지를 결정하는 문제와 같다. 후자는 종속변수(도적 발생)의 변화 가운데 어느 정도가 두 독립변수에 의해 설명될 수 있는지 결정하는 것과 관련된다.

우리는 이 분석에서 상관관계의 정도를 평가하기 위해 다중 회귀 분석 기법을 사용할 수 있다. 통의 원래 표를 고찰해 보자(〈표 1-2〉 참조). 여기 두 개의 독립변수(고난의 생존과 불법적 생존)와 하나의 연속적인 종속변수(100현년당 비적 발생)가 있다. 종속변수는 조사에 의해 포함된 630건의 사례와 30만 3869현년의 관찰에 기초하고 있다. 생존 수준은 개별적으로 측정된 연속 변수로 해석하는 것이 타당하다. 그러면 최대 생존에 대해 3의 값, 중간 생존에 대해 2의 값, 최소 생존에 대해 1의 값을 부여하고, 그렇게 만들어진 데이터 세트에 대해 다중 회귀 분석을 실행해 보자. 이는 위험 변수들(PEASANT와 BANDIT)과 비적의 발생(INCID) 사이에 다음과 같은 함수관계를 산출한다.

INCID = -.48 PEASANT + .39 BANDIT + .86

이 방정식은 농민으로서의 생존 전망이 낮아지고 비적으로서의 생존 전망이 증가함에 따라 반란 발생률이 증가함을 나타낸다. 게다가 이 함수는 종속변수의 변이 가운데 높은 비율을 설명하는 데 성공한다. 비적의 발생률과 두 위험 변수 사이에는 높은 다중 상관관계가 있다(multiple R = .93). (Multiple R은 앞에서 논의된 상관 계수 r과 같은 다변량 계수이다.) 이 분석은 통 자신이 제공하는 분석보다 그의 데이터가 비적과 반란에 대한 합리적 선택 가설을 뒷받침하는 정도를 측정하는 더 적절한 방법을 우리에게 제공한다. 이는 그의 데이터가 독립변수들과 비적의 발생 사이에 0.90보다 큰 상관 계수를 가진다는 것을 의미하며, 그 데이터에서 분산의 80% 이상을 설명한다는 것을 보여준다.

복잡한 사회 현상에 대한 통계 분석의 많은 특징을 보여주는 한 사례를 고찰해 보자. 그것은 저개발 국가에서 경제 성장에 영향을 미치는 요인에 대한 어마 아델만(Irma Adelman)과 신시아 모리스(Cynthia T. Morris)의 분석이다(〈사례 7.2〉 참조). 아델만과 모리스의 이 연구는 주요 통계작업으로서 잠재적으로 관련된 많은 변수의 확인, 방대한 양의 데이터 수집 및 데이터 세트 내의 변이의 원천을 구분하기 위한 강력한 계산 방법의 적용을 포함한다. 그들은 많은 변수와 경제 성장 사이에 일련의 통계적으로 유의미한 상관관계에 도달한다. 그러나 이러한 노력의 중요성은 정확히 무엇인가? 조사 대상 국가마다 엄청난 변이가 있다는 점에 유의해야 한다. 이 주장을 이해하려면, 우리는 경제 성장이 다양한 사회적·정치적·경제적 요인에 반응하는 구조화된 과정이라고 상정해야 한다. 그리고 여기서 우리는 아델만과 모리스의 연구가 지닌 심각한 단점을 마주하게 된다. 그들의 분석은 다양한 요인이 성장률에 영향을 미치는 메커니즘의 이론을 사용하지 않고 인과적으로 관련이 있는 변수들을 확인하

경제 성장의 원천

저개발 지역인 다양한 국가의 경제 성장률에 영향을 미치는 요인은 무엇인가? 아델만과 모리스는 경제 성장과 잠재적으로 관련이 있는 41개의 사회 및 경제 조직의 특징 목록을 고찰한다. 그리고 그들은 이 특징들에 관해 74개국에 대한 대규모 연구를 구성한다. 데이터가 수집되면, 그들은 (1) 국가 간 이 변수들 사이의 상관관계 및 (2) 이 변수(요인)들 사이의 상관관계와 연구 대상 국가들의 경제 성장률을 결정하기 위해 고안된 회귀 분석(요인 분석)과 유사한 통계 기법을 사용한다. 아델만과 모리스는 경제 및 사회 변수의 두 군집, 즉 태도와 제도의 변화 과정을 반영하는 변수와 정치 체제 유형에 해당하는 변수가 이 경제 성장과 유의미하게 상관되어 있다고 결론짓는다(Adelman and Morris 1967: 153, 155). 이 분석은 왜 한국은 매우 빠른 성장률을 보이고 인도는 중간 성장률을 보였는지, 그리고 케냐는 왜 느린 성장세를 보였는지를 설명하는 근거를 제공한다.

▮ 자료: 48개의 사회경제적·정치적·경제적 변수를 포함하는 74개국의 데이터 세트
▮ 설명 모델: 74개국의 데이터를 기반으로 경제 성장에 인과적으로 관련된 많은 변수에 대한 통계 분석
▮ 출처: Irma Adelman and Cynthia Taft Morris, *Society, Politics, and Economic Development: A Quantitative Approach* (1967)

려고 시도한다.

    이제 통계적 주장이 의존하는 데이터의 질과 비교 가능성이라는 보다 만연한 문제로 넘어가 보자. 아델만과 모리스의 연구는 이런 점에서 몇 가지 문제를 제기한다. 첫째, 어떤 사례에서는 그들이 수집하려고 시

도하는 측정에 개념적인 문제가 있다. (그들은 활동하고 있는 정당들의 유형과 다양성에 기초해 정치 체제를 분류하려고 하지만 이것이 유용한 비교 틀인지는 확실하지 않다.) 둘째로, 어떤 척도들은 개념적으로는 명확하지만 수집하기 어려우며, 그 결과로서 그 척도와 모집단 내 변수의 실제 값 사이는 거의 일치되지 않는다. (예를 들어, 유아 사망률 수치는 빈곤 국가들에서는 잘 수집되지 않으며, 이 수치들은 유아 사망의 정도를 과소평가할 수 있음을 의미한다.) 마지막으로, 국가 정부들에 의해 모니터링되는 일부 중요한 경제 변수들(예를 들어, 저축률)은 서로 다른 국가 통계 기관에 의해 상이하게 정의되어 의미 없는 국가 간 비교를 낳을 수 있다.

따라서 이 연구는 사회적 원인에 대한 순전히 귀납적인 접근의 강점과 일부 단점을 모두 예시한다. 설명되어야 할 현상에 영향을 미치는 일부 인과 요인을 식별하는 데는 성공하지만, 동시에 실제 상관관계 데이터와 의사 상관관계 데이터를 구별하기 위해서는 추가적인 인과 분석이 필요하다. 우리는 다양한 요인들 사이에서 작동하고 있는 인과 메커니즘을 규명해야 한다.

통계적 설명의 철학적 근거

앞의 논의는 사회과학에서 사회 현상을 분석하고 설명하기 위해 사용되는 일부 통계 개념에 대한 기본적인 지식을 제공한다. 우리는 근본적인 질문을 함으로써 통계 논리에 대한 더 철학적인 토론을 시작할 수 있다. 사회과학에서 통계적 주장의 역할은 무엇인가? 이 질문에는 몇 가지 일반적인 대답이 있다. 첫째로는, 통계적 도구들은 인과 가설을 경험적으로 평가하기 위해 사용될 수 있다. 즉, 통계 분석은 **가설 검증**의 한 방법일 수 있다. 우리가 이론적인 근거 위에서 급격한 사회 변동이 제3세계의 사회 불안의 원인이라고 주장한다고 가정해 보자. 만약 이 가설이 사실이라면, 급속한 사회 변동과 사회 불안 사이에 상관관계가 있어야 한다. 표본 국가들에 대한 통계 연구는 이러한 이론적 기대가 실증되는지 여부를 검증하는 특히 직접적인 방법이다.

그러나 급속한 사회 변동과 사회 불안은 직접적으로 관찰할 수 없기 때문에, 그러한 연구를 수행하기 위해서는 이러한 개념들에 상응하는 관찰 가능한 변수들이 필요하다. 즉, 우리는 관찰 가능한 변수들에 의해 이론적 가설을 **조작화할** 필요가 있다. 관찰 가능한 변수 A* 및 B*로 A 와 B를 조작화하는 연구를 통해 A가 B의 원인이라는 가설을 경험적으로 평가한 다음, B*가 A*와 상관관계가 있는지 결정한다. 그다음 우리는 '농촌에서 도시 거주지로의 인구 이동률'을 사회 변동의 급속함의 척도로서, 그리고 '5명 이상의 참여자가 관련된 폭력적 사건'을 사회 불안의 척도로서 간주한다고 가정해 보자. 우리가 변수들 사이에 상관관계가 있다는 것을 발견하면, 그리고 만약 우리가 이것이 문제의 인과 요인에 대한 타당한 척도라고 판단한다면, 우리는 인과 가설을 어느 정도 확증할 수 있다. (그러나 두 변수 모두 어떤 제3의 인과 요인의 부수적인 영향일 수 있기 때문에, 그러한 발견이 인과 가설의 진실을 규명하지는 못한다는 점에 유의하라.)

그러나 우리가 A*와 B*가 상관관계가 없다는 것을 발견한다고 가정해 보자. A*에 대해 더 높은 값을 가진 사회가 B*에 대해서도 더 높은 값을 가지고 있다는 것은 사실이 아니다. 이것은 A가 B의 원인이라는 주장을 반박하는 것인가? 이 부정적인 발견에 대해 몇 가지 다른 가능한 설명이 있기 때문에 그렇지 않다. 그것은 우리가 인과 변수들에 대한 적절한 척도를 선택하지 않은 것일 수 있다. A*와 B*는 A와 B의 좋은 대리변수가 아닐 수 있다. 또는 A와 B 사이에 인과 관계가 있을 수 있지만, 그것은 매우 맥락 의존적인 관계이다. 존재한다면 A에서 B로의 인과 과정을 수월하게 하고, 부재하다면 이 인과 과정을 방해할 세 번째 요인 C가 있다. 이제 C가 연구 대상 사례들의 약 절반에 존재한다고 가정해 보자. 만약 이것이 사실이라면, 우리는 A*에 대해 높은 값을 가진 나라가 B*에 대해 높은 값을 갖는 경향이 있다는 것을 발견하지 못할 것이다. A*와 B* 사이에는 낮은 상관관계가 있을 것이다. 이러한 가정에 근거해, C를 포함한 새로운 연구는 C가 존재하는 경우 A가 B와 높은 상관관계를 가지며, C가 없는 경우에는 그렇지 않다는 것을 보여준다. 그러나 우리가 C를 인과적으로 관련된 변수로 확인하지 못한다면, 우리의 통계 분석은 A와 B 사이에 인과 관계가 없다는 허위 추론을 산출할 것이다.

이 예제의 교훈은 중요한 것이다. 통계적 연구는 인과 가설을 받아들이거나 거부하는 경험적 근거를 제공할 수 있지만, 통계적 발견 자체가 최종적이거나 결정적인 것은 아니다. 요인들 사이의 공분산 연구는 인과 가설을 조사하는 데 유용한 도구이지만, 상응하는 통계적 검증이 부정적이더라도 인과 가설은 항상 참일 수 있다.

일반적으로 통계 분석을 사용하는 두 번째 방식을 고찰해 보자. 그것은 통계 분석을 복잡한 범위의 사회 현상에서 이면의 규칙성을 찾아내는 예비적인 방법으로 사용하는 것이다. 아델만과 모리스의 연구는 통계 분석의 이러한 사용에 대한 좋은 예시를 보여준다(〈사례 7.2〉 참조). 그들은 잠재적으로 관련 있는 광범위한 사회적·경제적·정치적 변수들 위에 넓은 그물을 던진 다음, 이들 가운데 어느 것이 조사 대상 종속변수(국가당 경제 성장률)와 유의미하게 상관관계가 있는지 확인하려고 시도한다.

소수의 특징이 경제 성장과 높은 상관관계를 가지고 있다는 그들의 발견은 어디에서 추가적인 이론적 분석이 수행되어야 하는지를 가리킨다. 다음 과제는 이러한 사회적 변수들이 경제 성장률에 영향을 미치는 인과 과정에 대한 이론을 정식화하는 것이다. 이 접근에서 통계적 연구는 경험적 현상에 존재하는 유형들을 밝혀내는 것을 목표로 하는 설명적 작업으로 보일 수 있다. 그 결과 유형들은 이면의 인과 과정에 대한 가설 형성의 기초가 될 수 있다.

통계 분석과 비교 연구

우리는 지금 다양한 구체성의 수준에서 인과 관계를 조사해 왔다. 제1장에서 우리는 사례 연구 방법과 비교 방법을 검토했다. 사례 연구 방법에서 연구자는 중국 혁명의 발생과 같은 특정한 사건이나 과정을 고려하고, 이 사건의 역사를 자세히 조사해서, 사건의 발생과 특수성을 야기한 인과적으로 중요한 요인들을 확인하려고 한다. 비교 방법은 사회 과학자들이 사회적 원인을 확인하려고 시도하는 일반적이고 강력한 기법이라는 것을 우리는 알게 되었다. 이 방법은 중국, 러시아 및 독일의 혁명 운동과 같은 소수의 사례를 분리한 다음, 이 사례들에서 상이한 결과를 이끌어내는 인과 과정을 파악하려고 한다. 대조적으로, 통계 방법은 많은 수의 사례(아마도 100개국)와 다양한 사례의 매우 다양한 상황에 걸쳐 적용되도록 고안된 추상적인 변수의 집합과 관련된다. 사례 연구,

비교 연구, 그리고 통계 연구의 관계는 무엇인가?

　앞으로 계속 강조될 방법론적 다원주의와 함께 내가 여기서 채택하는 일반적인 관점은, 각각의 접근은 나름의 강점과 약점을 가지고 있고, 각 접근은 다른 접근의 자원에 의해 강화되며, 각 접근은 그 접근에 가장 적합한 다양한 연구 주제를 가지고 있다는 것이다. 동시에 나는 비교 방법이 사례 연구나 통계 방법보다 한 가지 면에서 더 기본적이라고 주장할 것이다. 이를 통해 조사자는 사례 연구 또는 통계 연구에 대한 불가피한 언급 없이 설명에서의 기본적인 인과 과정들을 확인할 수 있다. 반면에 사례 연구는, 비교 연구나 통계 연구를 의미하는 많은 상이한 사회적 상황에 대한 지식을 통해서만 얻을 수 있는 배경적인 이론적 믿음을 요구한다. 그리고 통계 연구는 통계 분석에 의해 발견된 규칙성의 이면에 있는, 현재 작동 중인 인과 메커니즘을 확인하기 위해 특정한 사례들에 대한 지식을 요구한다. 따라서 명시적으로든 암묵적으로든, 통계 연구는 사례 연구 또는 비교 연구에서만 나올 수 있는 인과 메커니즘에 대한 가설에 의해 보완되어야 한다.

　우리는 각각의 사례를 고려함으로써 통계 연구와 비교 연구 사이의 관계를 가장 잘 검토할 수 있다. 인도의 빈곤 개혁에 대한 아툴 콜리의 비교 연구를 상기해 보자(〈사례 1.6〉 참조). 콜리는 인도의 개혁 정치 이론의 맥락에서 빈곤 개혁의 다양한 성공을 설명하는 하나 이상의 변수를 확인하려고 노력한다. 인도 세 개 주의 개혁 정치에 대한 상세한 비교 검토에 기초한 그의 연구는 각 주의 경제적 배치, 각 주에서 활동 중인 정치 조직들, 각 주에서 국가 관료제가 기능하는 방식, 그리고 각 주 정부의 공식 정책들에 대한 높은 수준의 상세한 지식을 반영한다. 다른 말로 하면, 이것은 이 세 가지 상황에 있는 빈곤의 정치의 세부 사항에 대한 매우 상세한 연구이다. 콜리는 이 분석을 사용해 국가 빈곤 정책의 성공 여부를 결정하는 지배적인 변수가 집권한 정권의 이데올로기, 내부적 일관성과 규율, 그리고 조직의 범위와 역량과 관련이 있다는 결론에 도달한다.

이제 이 연구를 아델만과 모리스(1973)의 연구와 대조해 보자. (이것은 〈사례 7.2〉에서 제시한 연구의 후속편이다.) 아델만과 모리스는 콜리의 문제와 밀접한 관련이 있는 문제, 즉 국가 간 경제 발전 과정의 분배적 특성을 결정하는 경제적·사회적 특징은 무엇인지에 관심이 있다. 그들은 74개국과 48개 지표가 포함된 대규모 국가 연구를 채택한다. 그리고 그들은 통계 기법(판별 분석)을 사용해 이 지표들의 작은 군집이 분배적 결과, 즉 인적 자원의 향상률, 정부의 직접적인 경제 활동, 사회경제적 이원론, 경제 발전 가능성, 1인당 국민총생산, 노동 운동의 강도와 밀접한 상관관계가 있다고 판단한다(Adelman and Morris, 1973: 184). 이러한 결론은 빈곤층 문제에 엄격한 정책적 관심을 기울이는 정권들이 빈곤 완화에 가장 큰 영향을 미친다는 것을 발견한 콜리의 결론과 밀접하게 관련되어 있다. 아델만과 모리스가 열거한 처음 두 가지 요인은 정권의 정책 선택의 특징과 연관이 있다. 그리고 그들이 열거한 마지막 요인(노동 운동의 강도)은 중요한 노동 운동의 환경에서 권력을 장악한 정권들이 다른 정권들보다 빈곤을 더 잘 감소시킬 것이라는 생각과 일치한다.

따라서 콜리의 발견과 아델만과 모리스의 발견 사이에는 상당한 정도의 일관성이 있다. 그러나 두 번째 연구에는 비교 방법을 통해 가장 잘 해결될 수 있는 몇 가지 중요한 단점이 있다. 첫째, 아델만과 모리스가 데이터에 던진 분석적 그물이 조악하다는 문제가 있다. 그들의 연구는 수십 년의 기간과 수십 개의 국가에 걸쳐 있다. 그러나 경제 성장과 분배의 메커니즘을 이해하려면 반드시 확인되어야 하지만, 그들의 연구에서 측정된 요인들보다 더 정교하게 작동하는, 지역적으로 또는 시간적으로 구체적인 과정이 있을 수 있다. 둘째, 그들의 연구는 불가피하게 매우 추상적인 기술적(記述的) 범주를 채택하고 있지만, 이러한 범주들이 인과적으로 관련된 요인들을 포착할 것이라고 예측할 이유는 거의 없다. 마지막으로, 그들의 연구는 그 변수들을 연결하는 인과 메커니즘을 확정하지 않고 인과적으로 관련된 변수들을 확인한다. 첫 번째 요인(인적 자원 향상률)을 고려해 보자. 그들의 연구는 인적 자원 개선을 위해 효과적으로 사회적 노력을 기울이는 국가들이 그렇지 않은 국가들보다 분배 결과가 더 평등하다는 것을 보여준다. 그러나 이 결과는 근본적인 질문, 즉 왜 일부 국가들은 실제로 인적 자원을 향상시키기 위해 이런 종류의 노력을 하는가라는 질문에 대해 해명하지는 못한다. 반면에, 콜리의 결론은, 만약 사실이라면, 이 질문에 대한 답을 제공한다. 빈곤 축소를 최우선 목표로 삼는 정권들은 이 목표에 도달하기 위한 수단으로 인적 자원의 향상을 선택한다.

　두 가지 접근은 분배 정의와 관련된 인과의 장을 다루는 데서도 차이가 난다. 적은 수의 사례에 대한 심층 연구 없이는 관련 요인들을 확인하기가 불가능할 수 있다. 콜리의 조사는 우리가 인과 관계가 있는 변수들을 미리 확인할 수 있다고 전제하지 않는다. 대신에, 그 변수들은 조사 결과로 등장한다. 그는 정치적 과정과 경제적 변화에 대한 일단의 이론적 가설을 제시하지만, 그가 도달한 일단의 인과 요인들—좌파 이데올로기, 정치적 역량, 리더십, 정당 내 결합력—은 데이터에 대한 그의 연구로부터 등장한다. 그러나 아델만과 모리스는 그들의 연구가 미리 정의된 범주에서 데이터를 수집할 것을 요구하기 때문에 미리 인과의 장을 식별해야만 한다. 다음의 사고 실험을 고려해 보자. 콜리의 가설이 맞다면, 아델만과 모리스의 분석은 어떻게 나오는가?

그들은 자신들이 그물을 넓게 던졌지만, 만약 그들이 좌파-우파 정권을 하나의 변수로 확인하지 않았다면, 그들은 현상들 사이에 존재하는 강한 상관관계를 놓쳤을 것이다. 사실, 콜리가 옳다면, 그것은 결정적인 상관관계이다. 이들이 고려하는 변수에는 정권 유형, 이데올로기, 조직적 능력 등 인과적으로 두드러진 요인들로 판명되는 것은 포함되지 않는다. 아델만과 모리스에 의해 사용된 변수들 가운데 어느 것도 그들로 하여금 가장 근본적인 인과 관계에 도달할 수 있도록 해주는, 국가 활동의 이러한 특징들에 충분히 밀접하게 상응하는 것은 없다. 일반적으로 우리가 특정 상황에 대한 인과의 장을 선험적으로 파악할 수 있다고 가정하는 것은 정당하지 않으며, 이는 통계 분석을 통해 확인된 대규모 과정들의 이면에 있는 사회·정치 메커니즘을 조명하는 더 작은 규모의 비교 연구로 대규모 통계 연구가 보완되어야 함을 시사한다.

자동적인 통계적 설명이 존재하는가?

때때로 통계적 규칙성의 발견이 설명의 시작과 끝이라고 여겨진다. 즉, 현상을 설명하는 것은 관찰된 상황에서 그 현상의 발생이 이면의 통계적 규칙성을 따른다는 것을 보여주는 것이다. 이 견해는 이면의 인과 메커니즘을 확인하는 것의 중요성을 부인하고 있기 때문에 이 책에서 주장된 것과 확연히 다르다. 그래서 이 입장과 정면으로 맞서보자. 자동적인 통계학적 설명, 즉 인과 이야기에 의존하지 않는 설명이 있는가?

강한 통계적 상관관계의 발견이 사건이나 유형에 대한 설명인가? 우리가 사건이나 규칙성이 절대 확률과는 다른 조건부 확률을 가진 한 부류에 속해 있음을 보여줌으로써 사건이나 규칙성을 설명했다고 말하는 것이 합리적일까? 겸상적혈구 빈혈은 일반 미국 인구 사이에서는 비교적 드물지만, 아프리카계 미국인들 사이에서는 상당히 더 흔하다. 우리는 토니가 이 병에 걸렸다는 것을 알지만, 그가 아프리카계 미국인이라는 것을 발견함으로써 이 상황을 설명한 것인가? 또는 1인당 국민총생산이 그 사회에서 대학 교육을 받은 성인의 비율과 강한 상관관계가 있다는 것을 발견했다고 가정해 보자. 이 발견이 프랑스에서 대학 교육을 받은 성인의 비율이 높다는 사실 **또는** (국제 기준에 의한) 1인당 국민총생산이 높다는 사실에 대한 설명을 구성하는가? 각각의 경우에 상관관계 또는 비정상적인 확률 분포를 발견하는 것이 설명의 시작이지만 최종 설명은 결코 아니라고 제안하는 것이 가장 합리적이다. 일반적으로 나는 확률론적 설명 및 통계적 설명에 대해 다음과 같은 원칙, 즉 영가설을 반박하는 발견은 변수들 사이에 유의미한 관계를 생성하는 그럴듯한 인과 메커니즘으로 우리를 인도하는 경우에만 설명적이라는 원칙을 제안한다. 우리가 데이터 세트에서 한 유형을 발견했을 때, 우리는 문제의 현상을 설명하기 위한 기초를 마련한 것이다. 그러나 만족스러운 설명을 위해서는 통계적 규칙성의 이면에 있는 인과 메커니즘을 최소한 대략적으로라도 식별할 수 있어야 한다.

우선, 의사 상관관계의 문제가 있다. 일부 통계 기법은 (예를 들어, 니코틴 얼룩이 있는 비흡연자들 사이의 암 발병률과 같은 다른 조건부 확률에 대한 데이터를 수집함으로써) 이러한 가능성을 배제하는 데 도움이 될 수 있다.[4] 그러나 의사 상관관계의 가능성을 배제하는 가장 직접적인 방법은 변수들을 연결하는 인과 메커니즘을 발견하는 것이다. x와 y 사이의 상관관계는 일단 인과 관계의 증거이지만, 인과적인 연결을 설정하기 위해서는 둘 다 어떤 세 번째 조건의 영향일 가능성을 배제할 필요가 있다. 인과 메커니즘의 분석은 상호관계 데이터에 기초한 인과 관계 판단을 지지하는 효과적인 방법이다. 왜냐하면 일단 우리가 전형적인 상황에서 조건 x가 조건 y를 산출하는 과정에 대한 이론을 가지고 있다면, 우리는 또한 상관관계가 의사 관계가 아니라 진정으로 인과적이라고 판단할 이론적 근거를 가지기 때문이다.

최저 수준의 통계적 설명을 방지하는 더 깊은 고려 또한 있다. 서론의 '왜-반드시' 질문에 대한 논의를 상기해 보자. 사건이나 규칙성에 대한 설명의 요구는 전형적으로 이 질문을 포함한다. 사건 발생 당시의 상황을 고려해 볼 때, 왜 이 사건이 발생했는가? 이것은 인과 이야기에 대한 요구로서, 선행 조건들이 피설명항을 야기한 법칙과 메커니즘에 대한 해명을 요구한다. 우리는 그것을 야기한 선행 조건 C_i와 법칙 L_i를 규명했다고 확신했을 때 설명에 만족한다. 적절한 인과 이야기를 통해 우리는 반사실적 판단을 할 수 있다. 만약 C_i가 존재하지 않았다면 E는 일어나지 않았을 것이다. 그리고 다른 요인들에 대해 인과적 비연관성을 판단하는 기초를 제공한다. 조건 D가 있든 없든 간에 E는 여전히 발생했을 것이다.

따라서 자동적인 통계 설명이 있는지 여부는 이 질문으로 환원된다. 두 변수 사이에 잘 확립된 통계적 연관성이 인과 관계를 산출하는가? 그

---

4   허버트 사이먼은 「의사 상관관계: 인과 관계 분석(Spurious Correlation: A Causal Interpre-tation)」(1971)에서 이 문제를 다룬다.

제7장 통계 분석   353

렇지 않다. 통계적 연관성은 변수들을 연결하는 일련의 인과적 메커니즘의 존재나 특성을 확립하지 않는다. 한 변수에서 다른 변수로 이어지는 인과 메커니즘은 없을 수 있다. 각각은 어떤 세 번째 변수의 영향일 수도 있고(〈그림 7-2〉 패널 I의 경우와 같이) 이들 사이의 연관성이 반사실적일 수 있다(〈그림 7-2〉 패널 VI의 경우와 같이). 통계적 연관은 또한 반사실적 판단의 근거를 마련하지 않는다. 왜냐하면 부수적인 효과가 서로 발생할 수 있는 필요하거나 충분한 조건이 아니기 때문이다. 마지막으로 통계 결과는 다른 요인들의 인과적 비연관성을 입증하지 않는다. 따라서 이러한 근거에서, 내가 결론을 내리는 것처럼, 통계적 규칙성의 진술은 그 자체로 설명적이지 않다고 결론 내리는 것이 타당하다.

변수들 사이에서 통계적 규칙성을 발견하는 것은 오히려 그 자체가 설명을 요구하는 사회 현상에 대한 경험적 기술이 된다. 우리가 앞에서 보았듯이, 상관관계가 실험적인 가공 상황이나 부수적인 인과 관계를 반영할 수 있기 때문에, 통계적 결과 자체로는 변수들 사이에서 어떤 설명적 관계를 얻을 수 있는지 결론 내릴 수 없다. (이 결론과 제4장의 기능적·구조적 설명에 관한 유사한 결과 사이의 비슷한 점에 주목하라.)

┃ 더 읽어볼 책들

Blalock, H. M., Jr. (ed.) 1971. *Casual Models in the Social Sciences*.
Bohrnstedt, George W. and David Knoke. 1988. 2d ed. *Statistics for Social Data Analysis*.
Suppes, Patrick. 1984. *Probabilistic Metaphysics*.
Tufte, Edward. 1974. *Data Analysis for Politics and Policy*.

제3부

현재의 논쟁들

마지막 세 장에서 나는 앞에서 등장했던 사회적 설명과 관련된 많은 철학적인 문제를 토론할 것이다. 이 책 전체에서 사회 현상에 대한 인과적 설명을 강조하는 것은 방법론적 개인주의의 중요한 주제를 제기한다. 사회적 원인과 개인 수준의 과정 사이의 관계는 무엇인가? 제8장은 이 주제와 관련된 문제들을 탐구하며, 수반(supervenience, 隨伴) 개념이 방법론적 개인주의 원칙에 대한 최선의 정식화를 제공한다고 주장한다. 그리고 사회적 설명은 미시적 기초가 필요하다고 결론 내린다. 두 번째로 제기된 주제는 문화들에 걸쳐 사회적 행동과 가치에 심오한 차이가 있다는 관찰에서 비롯된다. 이러한 다양성은 문화 상대주의 문제로 이어진다. 문화 전반에 걸쳐 존속하는 가치와 동기에 공통된 인간의 중심핵이 있는가? 아니면 각각의 문화는 사회적 행동의 가치와 형태의 독특한 복합체인가? 제9장은 이 질문을 세 가지 관점, 즉 개념 상대주의, 합리성의 상대성, 그리고 규범 상대주의로부터 고찰한다. 마지막으로 나는 사회과학 철학에서 특별히 곤란한 문제인 사회과학과 자연과학의 관계로 눈을 돌린다. 때때로 모든 과학은 자연과학의 방법들을 모방해야 한다고 주장된다. 이것은 '자연주의'의 원칙이라고 불린다. 반면에, 다른 사람들은 사회과학이 근본적으로 다른 방법과 형이상학에 의존한다고 주장한다. 제10장은 이 논쟁의 양쪽 주장을 모두 고찰하고 둘 다 틀렸다고 결론짓는다. 사회과학은 자연과학과 일부는 공통적인 요소를 갖고 있지만 일부는 더 독특한 요소들을 가지고 있는데, 그것은 생물학, 심리학, 그리고 다른 특수 과학에서도 마찬가지이다. 제10장은 사회과학의 방법은 다양하고 절충적이므로, 사회과학 방법론에 대한 하나의 통일적인 설명을 정식화하려는 시도는 실수라고 제안한다.

제8장

방법론적 개인주의

많은 사회적 설명은 사회 현상, 즉 반란의 발생, 도시와 마을의 공간적 분포, 후기 자본주의 내의 위기 경향 등을 천년왕국 운동, 상업화된 경제 체계, 자본주의 생산 양식의 작동 같은 다른 사회 현상의 결과로 설명하는 것을 목적으로 한다. 즉, 하나의 사회적 유형, 구조, 또는 실체는 다른 사회 현상에 의해 설명된다. 그러한 설명은 **거시적 설명**이라고 불릴 수 있으며, 사회과학 철학 내에서 오랫동안 비판의 대상이 되어왔다. 사회과학자들과 과학철학자들은 모두 사회과학은 **방법론적 개인주의**의 원칙에 근거해야 한다고, 즉 사회적 설명과 묘사는 개인에 대한 사실에 근거해야 한다고 주장해 왔다. 이 원칙은 몇 가지 서로 관련되어 있지만 별개인 주장들, 즉 사회적 실체들에 대한 테제, 사회적 개념의 의미에 대한 테제, 그리고 설명에 대한 테제로 구성되어 있다. 그리고 앞으로 살펴보겠지만, 그 원칙의 여러 가지 견해가 동등하지는 않다. 존재론적 테제는 참이지만, 상당히 사소하다. 의미 테제는 완전한 설득력이 없다. 그리고 설명 테제는 조건부로 사회적 설명에 대해 정당한 제약을 가하지만, 일반적으로 주어지는 이유 때문에 그런 것은 아니다.

개인과 사회적 규칙성

　방법론적 개인주의(methodological individualism: MI)의 존재론적 테제는 모든 사회적 실체가 개인들의 논리적 복합체로 남김없이 환원될 수 있다고 주장한다. 이 점에서, 사회적 실체는 서로 다양한 관계에 있는 개인들의 총체에 **불과**하다. 대학은 교수, 학생, 이사, 학장, 관리인 등 대학 활동에 참여하는 개인들에 불과하다. 이러한 형태의 테제는 사회 현상의 구성에 대한 주장으로서, 모든 사회 현상은 개인들의 총체와 그들의 행동으로 구성되어 있다고 주장한다. (비유하자면, 정신-두뇌 동일성 테제는 모든 정신적 사건은 두뇌 사건들의 집합으로 구성되어 있다고 주장한다.) 왓킨스(J.W.N. Watkins)는 방법론적 개인주의에 대한 영향력 있는 글에서 이러한 견해를 대표한다. "사회 세계의 궁극적인 구성 요소는 그들의 상황에 대한 성향과 이해에 비추어 다소 적절하게 행동하는 개별 사람들이다. 모든 복잡한 사회 상황 또는 사건은 개인들, 그들의 성향, 상황, 신념과 물리적 자원, 그리고 환경의 특별한 구성의 결과이다"(Watkins, 1968: 270~271).

　존재론적 테제는 분명히 참이다. 생물학적 실체가 원자나 분자로부터 독립적이지 않은 만큼 사회적 실체는 개인들로부터 독립적이지 않다. 열성적인 사회 전체론자(즉, 방법론적 개인주의의 비판가)인 뒤르켐도 환원할 수 없는 사회적 실체가 있는 것이 아니라 환원할 수 없는 사회적 **사실**이 있다고 주장한다. 그는 사회적 사실을 "개인의 외부에 있을 뿐만 아니라, 더욱이 강제력을 가지며, 그러한 강제력을 통해 개인의 의지와는 독립적으로 개인에게 부과하는 행동 양식이나 사고 양식"으로 묘사한다(Durkheim, 1938: 2). 여기서 그의 통찰은 사회적 행동이 개인들에게 외적이고 권위적인 사회적 규범에 의해 제약을 받는다는 것이다. 그러나 그러한 규범들은 오직 그 개인에 대한 다른 사람들의 행동의 직접적이고 간접적인 영향을 통해서만 개인에게 강요된다. 그래서 일련의 사회 규범의 작동은 존재론적 테제와 양립할 수 있다. 사회 규범은 개인의 행동 성향에 체화된다.

그렇다면 존재론적 테제를 받아들이고, 국가, 경제, 계약, 법체계, 종교, 예술 전통, 전쟁, 파업, 무역 체제, 그리고 혁명 등 모든 사회적 실체가 개인들의 총체와 그 사회적 실체들을 뒷받침하는 행동들에 의해 구성된다는 것에 동의하는 것이 타당하다. 사회 구조와 제도, 규범 체계, 그리고 사회적 관계의 유형들은 모두 다양한 종류의 의미 있고 의도적인 활동에 참여하는 인간들로 구성되어 있다. 그러나 이 결론에서 비롯되는 것은 무엇인가? 별로 없는 것 같다. 특히 의미 테제도 설명 테제도 뒤따르지 않는다는 것을 알게 될 것이다.

의미 테제는 사회적 개념에 대한 주장으로서, 사회적 개념은 개인과 개인의 관계와 행동만을 일컫는 개념에 의해 **정의될 수** 있어야 한다고 언급한다. 이 원칙에 따라 사회적 개념(예를 들어, 대학)을 개인들의 총체와 사회 현상에 기여하는 그 개인들의 행위에 의해서 정의할 수 있어야 한다. 이 주장은 훨씬 더 문제적이다. 우선, 개인에 대한 어떤 사실들을 사용할 수 있는가? 확실히 사회적 속성과 배열을 전제하는 개인의 속성은 많다. 앨버트의 행동에 대한 다음의 사실 묘사를 고려해 보자.

앨버트는 손을 흔들고 있다.
앨버트가 프레드에게 손짓을 하고 있다.
앨버트는 프레드를 모욕하고 있다.

앨버트는 외교 의전을 위반하고 있다.

앨버트에 대한 이러한 다양한 수준의 사실 묘사는 사회적 사실에 대한—우리가 그 사회적 사실을 해석하기 위해 해야만 하는—전제의 측면에서 상이하다. 의미 테제는 우리가 받아들일 만한 사실이 개인과 개인의 심리적인 속성만을 언급하는 것이어야 한다고 요구할 때에만 문제가 있다. 그러나 그러한 환원이 가능하다고 생각할 이유는 없다. 대신 우리가 참조해야 하는 개인들에 대한 사실을 특징짓기 위해서 사회 제도, 규칙 및 의미를 참조하도록 강제된다고 가정하는 것은 타당하다. [스티븐 룩스(Steven Lukes)는 이러한 종류의 주장을 발전시킨다(Lukes, 1973)].

그러므로 "존스는 영민한 정치인이다"라는 문장은 우리가 정치인이 무엇인지를 이해하는 것을 전제로 하며, 그것은 정치 제도, 정당, 선거, 결탁(logrolling),* 그리고 미디어 사용에 대한 신념들의 총체를 수반한다. 만약 이 문장이 사회적 개념들을 정의하는 데 사용될 수 있는 개인들에 대한 사실을 표현한다면, 그 과제는 쉬운 것이다. 그러나 방법론적 개인주의에 대한 옹호자가 기꺼이 이 주장들을 받아들일 것 같지는 않다. 다른 대안은 개인 수준의 특성에 대한 좁은 기준을 요구하고, 개인들에 대해 가용한 사실을 사회관계가 전제되어 있지 않은 사실, 즉 행동적 성향을 요약한 좁은 심리학적 사실로 제한하는 것이다. 만약 우리가 이 제한을 가한다면, 우리는 개인들이 처한 사회적 관계를 언급하는 것이 금지된다. 우리는 또한 개인들이 가지는 많은 신념, 즉 사회 제도나

* 의원들이 각자 지지하는 법안이 통과되도록 서로 짜고 돕는 것을 말한다. _옮긴이

사회관계에 대한 신념을 언급하는 것도 금지된다.

개인 수준의 사실에 대한 좁은 요구 조건은 사회적 개념의 정의가 존재한다는 것을 매우 믿기 어렵게 만든다. 야구 경기에 대한 정의를 내리는 데 따르는 어려움을 생각해 보자. 야구는 사회적인 활동이며, 게임에 대한 이해에 따라 자신의 행동 방향을 정하는 수많은 사람의 의미 있는 활동으로 구성되어 있다. 그러나 개인만을 지칭하는 용어로 게임과 게임의 주요 요소들을 정의할 수 있을까? 할 수 없는 것으로 보인다. 핵심적인 어려움은 적어도 이러한 의미에서 게임의 개념은 환원할 수 없을 정도로 사회적이라는 것이다. 각 선수의 행위는 다른 선수들이 게임의 규칙에 대한 핵심 전제들을 공유하며 그에 따라 행동한다고 이해하는 것에 초점을 맞춘다. 다시 말해, 야구를 제대로 이해하려면 야구가 각자 다른 선수들의 행위를 지향하는 여러 명의 선수로 이루어진 **게임**이라는 것을 인식해야 한다. 따라서 야구를 지배하는 규칙 체계는 단순히 야구 선수들의 복잡한 행동 성향 체계로서 정의될 수 없다. 대신, 규칙에 대한 각 선수의 이해는 반드시 자신의 플레이와 다른 선수들의 플레이의 타자 지향성을 참조해야 한다. 만약 각 선수의 행동에 대한 특징묘사에서 이러한 측면을 제거한다면, 우리는 더 이상 선수들 사이의 복잡한 상호작용을 해석할 만한 충분한 구조를 갖지 못한다.

이러한 야구 개념의 환원할 수 없는 사회적 특성은 존재론적 테제와 모순되지 않는다. 야구의 규칙은 다양한 참가자들의 행위와 이해에 체화된다. 타자가 세 번째 스트라이크를 당하면 그와 다른 모든 사람은 그가 아웃이라는 것을 안다. 그러므로 규칙은 존재론적 테제가 요구하는 대로 개인의 행동과 성향에 의존한다. 그러나 규칙 체계는 개인과 그들의 좁은 심리학적 속성만 참조하는 개념들에 의해서는 정의될 수 없다.

오히려 다른 사람들과 그들의 상호관계를 참조하는 개념 체계를 개인에게 귀속시킬 필요가 있다.

이 주장은 방법론적 개인주의와 연관된 의미 환원(meaning reduction)을 수행하는 데 논리적 장애가 있음을 시사한다. 그러나 그러한 정의가 가능하더라도, 사회적 수준에서 묘사된 대로 그 현상에 대한 만족스러운 과학적 이론을 갖기 위해 그러한 정의가 수행되어야 한다고 요구할 이유는 없다. 야구공은 수천억 개의 분자로 이루어져 있으며, 분자만을 지칭할 뿐 보통 크기의 물체에 대해서는 언급하지 않는 '야구공'의 정의를 내놓는 것이 가능할지도 모른다. 그러나 야구공과 다른 보통 크기의 물체는 그 수준에 대한 묘사를 허용하는 법칙과 같은 규칙성을 따르기 때문에 그러한 정의는 과학적인 설명으로부터 역방향으로 한 발짝 물러나는 것이 될 것이다. 이러한 노선을 따라 추론하면, 방법론적 개인주의 대신 과학적 개념 형성에 대한 다음과 같은 요건이 제시된다. 과학적 개념은 (1) 우리가 현상에 개념을 적용하는 데 엄격해질 수 있도록 명확한 적용 기준을 제공해야 하며, (2) 우리로 하여금 현상들 사이의 규칙성을 발견할 수 있게 해야 한다. 현상에 대한 설명의 수준, 즉 주어진 추상화의 수준에서 실체를 확인하는 개념 도식은 이러한 요건을 충족하는 경우에 수용 가능하다. 우리의 개념은 우리가 관심을 두고 있는 수준에서 현상에 대한 분석과 설명을 용이하게 해야 한다. 그리고 만약 개념 체계가 그 수준에서 적절하게 기능한다면, 개념적 환원을 요구하는 주장은 성공적이지 못하다. [앨런 가핑클(Alan Garfinkel, 1981)은 이러한 노선을 따라 사회적 설명의 실용적 특징에 대한 확대된 주장을 제공한다.]

따라서 나는 사회적 개념들의 의미에 대한 방법론적 개인주의 테제가 전혀 설득력이 없다고 결론 내린다. 우리는 그러한 환원이 가능하다

는 것을 의심할 충분한 이유가 있다. 그것이 가능했다고 할지라도, 우리
는 그것이 과학적으로 바람직하다는 것을 의심할 만한 충분한 이유가
있다. 그러므로 나는 자본주의 경제 체제, 부르주아지, 쌀 폭동, 인플레
이션율, 아노미, 윤리 체계 등의 전형적인 사회과학 개념들이 정당하며
더 낮은 수준의 묘사로(특히 개인 수준 개념으로) 환원할 것을 요구하지
않는다고 주장할 것이다. 과학에서 개념 체계의 적절성을 결정하는 것
은, 그 개념이 적용되는 현상의 범위를 분석하고 설명하는 데서의 궁극
적인 유용성이지, 존재론의 최저 수준이라고 가정되는 그 개념의 '토대'
가 아니다.

  설명에 대한 방법론적 개인주의 테제는 자율적인 사회적 설명은 없
다고 주장한다. 대신에 모든 사회적 사실과 규칙성은 궁극적으로 개인
에 대한 사실들, 즉 동기, 힘, 믿음, 능력의 측면에서 설명될 수 있어야
한다. 만약 우리가 높은 인플레이션율이 정치적 불안을 야기한다고 말
한다면, 이것은 이상적으로 개별 행위자들의 경제 상황에서 불안정성의
기원에 대한 설명으로 대체될 수 있어야 하는 약식 설명이다. 특히 모든
사회적 규칙성은 개인의 활동을 기술하는 법칙에서 파생될 수 있어야
한다. 왓킨스는 이렇게 쓴다. "대규모 사회 현상(예를 들어, 인플레이션)
을 다른 대규모 현상(예를 들어, 완전고용)을 통해 미완성 설명 또는 반쪽
설명을 할 수 있지만, 개인들의 성향, 믿음, 자원, 그리고 상호관계에 대
한 진술들로부터 대규모 현상에 대한 설명을 도출해야만 비로소 그 현
상에 대한 가장 기초적인 설명에 도달하게 된다"(Watkins, 1968: 271).

  어떤 근거가 그 설명적 격언을 뒷받침하는가? 가장 흔한 것은 존재론
에서부터 방법론에 이르는 주장이다. 사회 현상은 개인 수준의 활동에
의해 구성되기 때문에 개인 수준의 활동에 의해 설명되어야 한다. 그러

나 이것은 타당한 추론이 아니다. 우리는 이미 존재론적인 요점을 받아들였다. 그것은 사회적 실체에 대한 명백한 진실은 그 실체가 궁극적으로 개별 행위 주체들과 그들의 행동에 의해 구성된다는 것이다. 그것은 이 추론을 위한 짧은 단계이다. 만약 B가 A유형의 것들에 의해 **구성된다면**, B의 행동은 A유형의 것들이 가진 속성에 의해서 전적으로 **결정된다**. 구름은 물방울로 구성되며, 구름의 역동성은 원칙적으로 큰 총체를 이루고 있는 물방울들의 기계적 속성에 의해 결정된다. 구름의 '창발적' 속성, 즉 물방울의 역동성으로 환원될 수 없는 속성은 없다. 그러나 더 높은 수준의 현상에 대한 만족스러운 설명이 궁극적으로 더 낮은 수준의 구성 요소들의 행동을 지배하는 법칙에 근거해야 한다는 것은 이러한 추정적 진리로부터 비롯되지 않는다.

이 결론을 도출하기 위해서, 우리는 피설명항이 가장 낮은 수준의 구성 요소들의 속성에 의해 어떻게 결정되는지를 보여주는 경우에만 설명이 만족스럽다고 가정해야 할 것이다. 그러나 이것은 설명에 대해 전적으로 불합리한 제약이다. 그것이 요구하는 바는, 예를 들어 대포알의 궤적에 대한 유일한 만족스러운 설명은 주어진 초기 위치와 가속도에서 구성 분자들의 경로의 전개일 것이다. 설명 테제와 양립할 수 없는 두 가지 가능성이 있는데, 그 각각은 사회적 설명에서 어느 정도 근거가 있다. 첫째, 일부 현상 영역에는 창발적 속성이 있을 수 있다. 즉, 상위 수준의 묘사에서는 현상들 사이에 법칙이 존재할 수 있는데, 이는 하위 수준의 법칙에서는 파생될 수 없다. 둘째로, 상위 수준의 모든 규칙성은 실제로 하위 수준의 규칙성에 의해 결정될 수 있지만, 설명의 실용적인 특징은 환원을 수행하지 않는 것을 선호할 것이다.

첫 번째 가능성을 지지하기 위해 우리는 개별자 동일성(token-identity)

과 유형 동일성(type-identity) 사이의 차이를 고려해야 한다. 개별자는 한 종류의 단일 개체이며, 유형은 '자연종(natural kind)',* 즉 중요한 속성을 공유하는 개별자들의 전체 부류이다. 모든 동일성 테제는 다음과 같이 주장한다.

모든 A는 B들로 이루어져 있다.

예를 들어, 모든 통증은 자극된 신경세포들의 유형과 동일하고, 모든 구름은 물방울의 집합과 동일하며, 모든 대학은 개인들의 총체와 동일하다. 개별자 동일성 테제는 다음과 같이 정식화될 수 있다.

각각의 A 개별자(A-thing)는 어떤 B 개별자(B-thing)와 동일하다.

유형 동일성 주장은 더 강하다.

각각의 A유형은 어떤 B유형과 동일하다.

구름의 경우, 첫 번째 주장은 단지 구름이 물방울들과 동일한 하나의

---

* 어떤 종류를 자연적이라고 부르는 것은 그것이 인간의 이해관계나 행위와 일치하는 것이 아니라 자연 세계의 구조를 반영하는 집합과 일치한다는 것이다. 과학적 실재론은 자연에는 인간이 만들어낸 것이나 상상한 것이 아닌 객관적으로 실재하는 것이 있는데, 과학은 이러한 사물을 발견하는 것이며, 과학 이론은 자연 세계에 대한 참인 서술이라는 철학적 입장이다. 과학 이론은 사물에 대한 체계적이고 포괄적인 분류 방식을 제공하는데, 이러한 과학의 분류 방식이 자연에 존재하는 객관적 구조에 대응한다고 주장하는 것이다. _ 옮긴이

실례가 있다는 것만 주장한다. 두 번째 주장은 더 강한데, 왜냐하면 그것은 더 높은 수준의 자연종이 더 낮은 수준의 자연종에 연관될 수 있다고 주장하기 때문이다. 따라서 구름의 등급은 물방울 종류(물방울의 총체)의 수준에 있는 것들의 등급과 동일하다. 유형 동일성 테제는 개별자 동일성 테제를 함축하지만, 그 역은 참이 아니다. [이 구분을 정신-두뇌 동일성 이론에 적용한 논의에 대해서는 리처드 보이드(Richard Boyd, 1980)를 참조하라.]

이제 개별자 동일성은 묘사할 수 있지만 유형 동일성은 묘사할 수 없는 두 수준의 묘사를 고찰해 보자. 모든 통증(P)은 신경 활동 사건들(N)과 동일하지만, 통증에 상응하는 많은 다른 종류의 신경 활동 사건들 N_1, N_2, N_3이 있다고 가정해 보자. 통증이 발생할 때 때로는 N_1 사건과 일치하고, 때로는 N_2 사건과 일치한다. 또한 통증 사건이 없는 N_1, N_2, N_3 사건, 즉 모든 N 사건이 P 사건은 아닌 일부 사례가 있다고 가정해 보자. 이제 우리는 P가 외연적으로 N_1, N_2, N_3 가운데 어느 것과도 동등하지 않고 N_1, N_2, N_3의 총합과도 동등하지 않기 때문에 유형 동일성은 없는 개별자 동일성의 사례를 가지고 있다. 이제 마지막으로, 통증을 묘사하는 수준에 규칙성이 있다고 가정해 보자. 이 규칙성들은 반드시 N_1, N_2, N_3 사건들 사이의 규칙성에 상응하지 않을 것이며, 반드시 N 수준의 규칙성들로부터 파생되지 않을 것이다.

이것은 매우 추상적인 논의이지만, 사회 현상에 적용하는 데 시사하는 바가 있다. 예를 들어, 국가 구조와 같은 사회적인 종류의 개별 사례는, 개별적인 수준의 묘사에서 개인 행위자들의 총체들 사이에는 규칙성이 없지만 특정한 속성을 가지는 개인 행위자들의 총체와는 동일하다는 것이 참일 수 있다. 이 경우에 국가를 특징짓는 규칙성은 '국가를 구성하는 개인들의 총체'에 대한 규칙성으로부터 도출되지 않을 것이다.

방법론적 개인주의의 설명적 격언이 오류일 수 있는 또 하나의 방법은 실용적인 것이다. 상위 수준의 현상들 가운데 모든 법칙은 원칙적으로 하위 수준 현상의 법칙에서 도출될 수 있지만, 그 도출을 구상해 내기란 극도로 어렵거나 불가능할 것이다. 20개의 행성을 가진 빽빽하게 채워진 태양계의 궤도를 별과 행성의 초기 위치 및 운동량에 대한 정보로부터 도출하는 것은 원칙적으로 가능하지만, 그러한 도출은 현재의 계산 능력을 훨씬 넘어선다. 마찬가지로, "아르헨티나의 극심한 인플레이션은 정치적 불안을 야기한다"와 같은 단순한 규칙성은 수천만 아르헨티나인들의 심리 상태에 대한 사실들로부터 도출할 수 있겠지만, 현실적으로 그러한 도출은 불가능하다. 더욱이, 그것이 가능하다고 하더라도, 우리는 인플레이션, 경제적 안전성, 그리고 유권자 행동과 같은 사회적 요인 수준의 단순한 설명이 수백만 아르헨티나인들에 대한 수많은 개별 진술보다 더 낫다고 주장할 수 있다. 이 수준에서 경험적으로 뒷받침할 수 있는 설명에 도달하는 것이 가능하다면, 이는 적절한 수준의 묘사와 설명이다.

설명적 환원주의에 대한 이 강력한 요구 조건 대신에, 대안적인 제약 조건을 고려해 보자. 첫째로, 설명은 그것이 가정하는 규칙성과 구조가 인과 체계에 속한다는 확신을 줄 수 있는 경험적 근거 위에 충분히 잘 확립된 경우에만 만족스럽다.

이 기준은 상위 수준의 영역들에 설명적 자율성을 허용한다. 상위 수준의 원인과 규칙성에 의해서 엄격하게 상위 수준의 현상들에 대한 설명을 틀 지을 수 있도록 상위 수준의 구조들 사이에서 식별 가능한 충분히 강한 규칙성과 인과 관계는 존재할 수 있다(그리고 다양한 상위 수준의 학문 분야에서 그것은 참이다).

기상학은 전선, 고기압과 저기압 지역, 회오리바람, 뇌우 등 기상 현상을 인과 체계 내의 요소들로 취급한다. 그리고 기상학이 날씨 현상의 미시 구조에 대해 더 세밀하게 묘사할 필요 없이, 이러한 요소들에 준거하는 인과 모델에 기반해 날씨 현상에 대한 만족스러운 설명에 도달한다는 것은 신뢰할 수 있다. 해수 온도 상승, 멕시코 만류의 방향, 극심한 연안 폭풍의 발생 등과 같은 인과적 설명의 용어들이 구성 요인들(물 분자)의 총체에 대한 사실들로 환원될 수 있다는 것은 확실히 참이다. 그러나 그렇게 할 과학적 필요는 없으며, 이 과정에서 어떠한 설명적인 목적도 달성되지 않을 것이다.

이 주장은 방법론적 개인주의의 설명 원리를 위한 선험적 기초가 실패라는 것을 시사한다. 사회 현상이 강력한 인과 법칙을 가진 인과 체계를 구성할 수 있다는 것은 완벽하게 가능하다. 만약 그렇다면, 사회 현상이 개인 행위들에 의해 구성된다는 사실이 사회적 **설명**을 개인들에 대한 사실로 환원해야 한다고 요구하지는 않을 것이다. 그러므로 방법론적 개인주의가 유지되려면, 이론들 사이의 환원에 대한 일반적인 주장에 의해서가 아니라, 사회적이고 개인적인 현상에 특유한 고려에 의해 뒷받침되어야 한다.

방법론적 개인주의의 둘째 근거는 사회과학에 특정된다. 즉, 사회 현상은 법칙에 강하게 지배되지 않으며 사회적 변수들의 강력한 인과 체계를 보여주는 광범위한 사례가 있는 것 같지 않다는 회의적인 관찰이다. 만일 그렇다면, 사회적 설명은 자율적이라고 간주하는 것이 타당할 것이다. 그러나 그렇지 않기 때문에 만족스러운 설명적 규칙성을 식별하기 위해서는 수준을 사회 현상의 구성 요소들로 낮출 필요가 있다. 이 접근에서, 강한 사회적 규칙성의 부족은 방법론적인 개인주의를 요구한다. 아래에서 이 주장을 다시 논의할 것이다.

여러 공동체의 자살률에 대한 뒤르켐의 분석(Durkheim, 1897/1951)을 예로 들어보자. 뒤르켐의 설명은 **방법론적 전체주의**의 가정에 기초하고 있다. 그는 개인의 심리 상태는 그들이 처한 사회에 대한 사실을 준거로 해야만 설명될 수 있다고 주장한다. 그래서 심리적 상태는 사회적 사실보다 더 근본적인 것이 아니라 덜 근본적이다. 뒤르켐의 자살 이론에 개인주의적인 기초를 제공하는 것이 가능한가? 그렇다. 한 수준의 묘사에서 뒤르켐은 사회적 사실(공동체의 응집 정도)과 개별적 사실(개인의 자살 경향성) 사이의 인과 관계를 주장한다. 그러나 이 사회적 사실은 개인에게 직접적으로 영향을 미치지 않는다. 오히려 그것은 특정한 사회 내의 전형적인 사회적 상호작용에 대한 통계적 일반화로 이해되어야 한다. 즉, 대부분의 사회적 상호작용은 개인에게 높은 심리적 만족감과 밀착감을 제공한다. 그러나 특정한 개인은 통계적 사실에 의해 영향을 받는 것이 아니라 자신의 개인적인 사회적 상호작용의 이력에 의해 영향을 받는다. 응집력이 높은 사회에서는 이러한 대부분의 사회적 상호작용이 긍정적이기 때문에 긍정적인 심리 상태로 이어질 것이다. 그러나 개인의 긍정적인 심리 상태는 자신의 이력에서 특정한 상호작용에 의해 야기된다. 게다가 (가능성은 적지만) 어떤 특정한 개인이라도 응집력 있는 사회에서 흔치 않은 성마른 사람들과 불평분자들만 만날 수도 있다. 이 사람은 덜 긍정적인 심리 상태를 갖게 될 것이고 자살하는 경향이 더 강해질 것이다. 따라서 이 설명은 방법론적 개인주의와 완전히 일치한다.

자살과 아노미

에밀 뒤르켐은 여러 공동체의 자살률을 분석해, 자살률이 여러 사회 집단에서 시간과 공간에 따라 다르다는 것을 발견한다. 그는 종교, 가족의 의무, 민족주의 이상 등 각기 다른 사회에서 응집력을 제공하고 개인들에게 사회적 정체성을 제공하는 서로 다른 규범 체계에 근거해 이 차이를 설명하려고 한다. 서로 다른 사회 집단은 그러한 체계를 다양한 정도로 가지고 있으며, 뒤르켐은 공유된 규범의 수준이 낮은 집단들의 상태를 나타내기 위해 '아노미'라는 집합적 속성을 도입한다. 그러한 집단들은 응집력이 부족하며, 아노미는 집단의 도덕적 무질서의 척도이다. 그것은 개인이 아닌 집단에 부여된다는 점에서 집합적 속성이다. 뒤르켐은 인과적인 가설을 제공한다. 여러 사회 집단에 걸쳐 자살 유형 차이의 두드러진 원인은 집단을 특징짓는 아노미의 수준이다. 아노미의 수준이 더 높은 집단은 자살하는 경향이 더 크다. 아노미적 자살은 "인간의 활동이 충분히 규제되지 못해서 생기는 고통에서 나온다"(Durkheim, 1897/1951: 258 [뒤르켐, 2008: 322]). 뒤르켐에 따르면 아노미 수준은 사회 집단에 따라 다르다. 아노미 수준은, 예를 들어 개신교 집단이 가톨릭 집단에 비해 더 높고, 전문직 종사자가 농부보다 더 높다. 그러므로 우리는 아노미가 더 높은 집단에서 더 높은 자살률을 예측해야 한다.

▌ 자료: 다양한 사회 집단, 즉 가톨릭과 개신교, 도시 집단과 농촌 집단, 기혼자와 독신자, 군인과 민간인의 자살률 통계
▌ 설명 모델: 집단들의 집합적 속성(사회 응집력 수준)이 집단들 사이에 자살률의 차이를 설명한다고 가정하는 인과 가설
▌ 출처: Emile Durkheim, *Suicide: A Study in Sociology*(1987/1951) [에밀 뒤르켐, 『자살론』(2008)]

환원과 수반

방법론적 개인주의는 과학연구의 인접 영역들 사이의 관계에 관심을 두는 과학철학의 더 일반적인 입장, 즉 환원주의 프로그램과 연관된다. 환원주의에 따르면, 모든 법칙 같은 규칙성 및 모든 유형의 실체와 구조는 가장 근본적인 영역인 아원자(亞原子, subatomic) 물리학에서부터 상위 수준의 영역까지 이르는 위계에 속한다. [보이드(boyd, 1980)와 제리 포더(Jerry Fodor, 1980)는 환원주의 원리를 인지과학에 적용하는 데 유용한 논의를 제공한다.] 방법론적 개인주의와 환원주의 사이의 관계는 간단하다. 존재론 테제는 상위 수준의 실체를 하위 수준의 실체로 환원할 것을 요구하고, 의미 테제는 상위 수준의 개념을 하위 수준의 개념으로 환원할 것을 요구하며, 설명 테제는 상위 수준의 규칙성을 하위 수준의 규칙성으로 환원할 것을 요구한다. 따라서 방법론적 개인주의는 사회과학에 환원주의를 적용한 것으로 이해될 수 있다.

그러나 환원주의는 더 일반적인 원리이다. 환원주의가 우리에게 요구하는 것은, 덜 근본적인 과학 영역들이 더 근본적인 과학에 기초하게 되고 결국 물리학으로 이어지게 되는 실체와 법칙과 설명의 엄격한 위계에 따라 과학을 인식하는 것이다. 예를 들어, 다음과 같은 영역과 과학을 생각해 보자.

사회학
사회심리학
인지과학
신경생리학

세포생물학

분자생물학

분자물리학

아원자 물리학과 양자역학

이러한 영역 각각은 실체와 구조의 등급을 식별하고, 이러한 실체와 구조 사이에서 일련의 법칙 같은 규칙성을 포착하려고 한다. 환원주의는 (1) 그러한 위계 이면에 있는 차원에 대한 엄밀하고 상세한 설명을 제공할 수 있고, 따라서 어떠한 영역 쌍도 모호하지 않게 순위를 매길 수 있으며, (2) 더 높은 수준의 실체와 법칙이 더 낮은 수준의 실체와 법칙에 대한 사실들로 환원될 수 있다고 주장한다.

그렇게 정의되는 환원주의를 뒷받침하는 근거는 물리적 현상이 가장 근본적이라는 생각과 함께 더 복잡한 구조를 덜 복잡한 구조로 설명하는 것이 항상 바람직하다는 설명의 관점이다. 데이비드 루이스(David Lewis)는 물리주의(physicalism)의 원리를 다음과 같이 기술한다. "대략적으로 말하면, 유물론은 물리학이 아마도 어느 정도 향상되었지만 오늘날의 물리학과 크게 다르지 않으며 정확할 뿐만 아니라 완전한 세계에 대한 포괄적인 이론이라는 테제이다"(Lewis, 1983: 127). 물리주의에 따르면, 과학적 설명의 일반적인 목적은 높은 수준의 현상이 궁극적으로 어떻게 세계의 물리적 구조에 의해 결정되는지를 보여주는 것이다.

20세기 생물학에서 가져온 예를 생각해 보자. 멘델의 유전자 이론은 유전적 특성을 지배하는 유전적 요인을 상정한다. 분자생물학은 유전 정보를 포함하고 전달하는 분자 구조에 대한 묘사를 제공한다. 분자유전학은 유전자의 분자 구성과 유전 정보가 세포 분화 과정에 사용되는 메커니즘에 대한 이론을 발전시키며, 그것에서 우리는 멘델 유전학의 법칙들을 도출할 수 있다. 고전유전학은 상위의 과학이고, 분자유전학은 하위의 과학이다. 전자는 원자 구조에서 사회 제도에 이르기까지의 스펙트럼에서 가장 끝에 있는 생물학적 구조의 수준을 묘사한다. 후자는 물리적 기초에 더 가까운 구조를 묘사한다. 이 경우에 환원주의 프로그램은 고전유전학의 실체와 법칙을 분자생물학 내의 실체와 법칙의 논리적 구조로 환원시킬 수 있어야 한다고 가정한다. 유전자는 DNA 분자의 단백질 사슬이고, 고전유전학의 법칙은 분자생물학의 법칙으로부터 도출된다. 이것은 이론 간 환원의 고전적인 사례이다. 더 높은 수준의 과학 용어들은 더 낮은 수준에 있는 실체들로(유전자들은 복잡한 DNA 분자로) 환원되었고, 더 높은 수준의 과학 법칙은 더 낮은 수준의 과학 법칙에서 도출되었다. [이 프로그램의 성공과 실패에 대한 광범위한 분석은 데이비드 헐(David Hull, 1974)을 참조하라.]

환원주의를 바라보는 한 가지 방식은 하나의 설명 전략으로서 바라보는 것이다. 우리는 종종 낮은 수준의 조직에 있는 실체의 속성들로부터 비롯된다는 것을 보여줌으로써 다양한 현상을 설명할 수 있다. 이 관점에서 볼 때, 환원주의는 수용할 만한 연구 전략이다. 그러나 일반적으로 환원주의는 상위에서의 설명이 검증되어야 할 경우 그러한 환원을 제공하는 것이 **필수적**이라고 주장하면서 더 강력한 형태로 제시된다. 사회과학에 적용할 때, 이것은 사회적 설명이 개인 심리학 법칙의 관점에서 표현되어야 한다는 것을 의미한다. 설명에 대한 이러한 제약은 의심할 여지없이 너무 강하다. 즉, 우리가 생물학으로 돌아감으로써 정당화할 수 있는 결론이다. 멘델의 유전 이론의 경우, 멘델의 설명이 부모에게서 자손에게로 형질이 전달되는 현상에 대한 진정한 과학적 설명이었다는 것은 명백하다. 또한 형질을 유전적으로 전달하는 기초가 되는 분자 수준의 과정이 무엇인지 아는 것은 설명적이지만, 후자를 검증하기 위해서 전자가 필수적인 것은 아니다.

대부분의 과학철학자는 이제 특정한 과학 영역들을 볼 때 환원주의가 과학적 개념의 형성과 설명에 대한 그럴듯한 요구 조건이 아니라는 데 동의한다. 이론 간 경계의 다양한 예에서, 환원주의가 요구하는 종류의 실체와 법칙의 환원을 제공하는 것은 어려운 것으로 입증되었다. 그리고 실용적인 주장은 높은 수준의 묘사에서 표현된 설명이 특정 상황에서는 낮은 수준의 설명보다 우월하다는 것을 시사한다. 그 상황은 (1) 상위 수준의 설명이 그 수준에서 강한 경험적 규칙성에 의해 뒷받침되는 경우, 그리고 (2) 하위 수준에서 예견되는 설명이 예측을 불가능하게 하고 설명을 어렵게 만드는 계산 비용을 부과하는 경우이다.

다소 약한 요구 조건이 이론 간 환원주의에 대한 매력적인 대안으로 떠올랐다. 그것은 **수반**이라는 관념이다.[1] 수반은 두 영역에서 규칙성의 체계와 사실의 체계 사이에 존재하는 관계에 대한 원리이다. 그것은 (상위의 실체들은 하위의 실체들에 의해 구성된다는) 존재론적 테제의 진리는 흡수하지만, 의미 환원이나 설명 환원의 원리들은 거부한다. 한 수준의 묘사가 다른 수준의 묘사에 수반한다고 말하는 것은 상위 현상 사이의 모든 구분과 변이가 하위 현상 사이의 구분과 변이에 의존한다고 주장하는 것이다. 루이스는 그 견해에 대해 다음과 같이 기술한다. "수반 테제는 독립적인 변이를 부인하는 것이다. …… 이러이러한 것이 여차여차

---

1   수반 이론의 주요 서술을 위해서는 Kim(1984a, 1984b)을 참고할 수 있다.

한 것에 수반한다고 말하는 것은 여차여차한 것에 관한 차이 없이는 이러이러한 것에 관한 차이가 있을 수 없다고 말하는 것이다"(Lewis, 1983: 124).

예를 들어, 컴퓨터 과학에서 계산과 기계 상태 사이의 관계를 고려해 보자. 우리는 두 가지 수준에서 컴퓨터의 성능을 설명할 수 있다. 하나는 기계가 거치는 특정한 하드웨어 상태들의 순서에 의해서이고, 다른 하나는 컴퓨터가 수행하는 계산에 의해서이다. 우리가 "컴퓨터가 파이(pi)의 100만 번째 숫자를 계산하고 있다"고 주장한다고 가정해 보자. 이것은 계산적인 묘사이다. 그런 다음, 컴퓨터 엔지니어는 우리에게 "컴퓨터가 일련의 기계 상태 S_1, S_2, …… 를 거쳐서 기계 상태 S_n에서 마친다"고 알려준다. 이것은 기계 상태의 묘사이다. 계산 상태의 묘사는 기계 상태의 묘사에 수반한다. 두 기계가 동일한 기계 상태에 있는 동안 서로 다른 계산 상태에 있는 것은 불가능하다. 즉, 기계 상태 묘사 수준에서의 차이 없이는 계산 상태 묘사 수준에서의 차이가 있을 수 없다. 그러나 그 역은 사실이 아님에 주목하라. 특정한 계산 상태는 다른 기계 상태에서 실현될 수 있다(동일한 계산을 수행하는 다른 프로그램이 작성될 수 있고, 다른 유형의 기계가 동일한 프로그램을 구현할 수 있기 때문이다). 다시 말해, 특정한 기능적 능력은 다양한 비등가적인 방식으로 실현될 수 있다. (이를 기능적 다중 실현성의 특징이라고 부르자.) 더욱이 수반 테제는 기계 상태의 순서만 참조해 계산 상태의 순서를 설명할 것을 요구하지 않는다. 그러한 해명은 가능하지만, 정보를 제공하지는 못할 것이다. 컴퓨터가 어떻게 문제에 대한 해결책에 도달했는지 알고 싶다면, 우리는 기계의 물리적 상태의 순서가 아니라 컴퓨터가 구현한 계산 과정을 알아야 한다. 또한 동일한 계산이 많은 다른 종류의 기계(예를 들어, 공압관에 기초한 컴퓨터)에서 구현될 수 있다는 사실은 이 기계에 의한 이 계산의 설명이 기능적으로 동등하고 동일한 계산을 수행하는 모든 대체 기계를 제외한다는 것을 의미한다.

또한 수반 테제는 더 낮은 수준의 규칙성으로부터 더 높은 수준의 규칙성을 도출하는 것이 가능하거나 바람직하다는 것을 의미하지 않는다. 기계의 사례가 이것을 분명하게 해준다. 연산 기능을 산출하는 장치에서 동작의 규칙성은 이러한 알고리즘을 구현하는 물리적 과정보다는 알고리즘(연산 규칙)에 의해서 가장 잘 묘사되며, 장치에서 동작의 다양한 비트는 그 장치가 도달한 계산 단계에 연관시킴으로써 만족스럽게 설명될 수 있다. 100으로 시작하는 정수의 소인수들을 인쇄하도록 컴퓨터를 프로그램했다고 가정해 보자. 그리고 우리는 다음 숫자를 인쇄하는 데 평균 시간이 점점 더 오래 걸린다는 것에 주목한다. 우리는 왜 그 프로그램이 느려지고 있는지 물어볼 수 있다. 그리고 적절하고 설명적인 대답은 이렇다. 왜냐하면 소인수들을 찾는 알고리즘은 더 큰 숫자들을 위해 더 많은 시간이 필요하기 때문이다.

수반 개념은 사회 현상과 개인 행위 사이의 관계를 분석하는 데 어떻게 도움이 되는가? 우리는 이 테제를 다음과 같은 용어로 공식화할 수 있다. 사회 현상은 개인의 행위와 믿음에 수반한다. 이 테제는 우리가 앞에서 언급한 방법론적 개인주의의 존재론적 테제의 진리를 포함하게 해준다. 그 수반 주장은 사회 현상이 전적으로 개인들의 총체에 의존한다는 것을 확고히 한다. 그러나 다음으로 다중 실현 가능성의 개념을 고려해 보자. 우리가 '관료제'를 중앙집권적 의사결정자에 의해 수립된 계획에 따라 공무원들이 업무를 수행하는 위계적 사회 조직으로 이해한다고 가정해 보자. 이것은 조직 내에서 정의된 기능들에 의해서 개인 행동을 특징짓는다는 점에서 기능적 설명이다. 특정한 관료제는 주어진 시간에 특정한 개인들의 집합에서 실현되지만, 특정한 관료제가 자신의 정체성을 잃지 않고 무한히 많은 특정 개인들의 집합에서 실현될 수 있다는 것은 명백하다. (비슷하게 동일한 물리적 기계가 무한히 많은 다른 실리콘 칩의 총체에서 실현될 수 있다.) 그러나 더 중요하게는, 공무원들이 설명된 대로 그들의 업무를 수행하도록 유도하기 위해 확립될 수 있는 대체 인센티브 체계들이 있다. 예를 들어, 어떤 시행은 당근보다 채찍을, 다른 시행은 채찍보다 당근을 강조할 수 있다. (이것은 제도적 설계의 문제이다.) 따라서 특정 관료제가 특정 개인들과 개인 수준의 인센티브를 수반한다는 사실은 이러한 개인 수준의 배열만이 동일한 관료 조직을 실행할 수 있다는 것을 의미하지는 않는다. 만약 우리가 관료제 사이에서 발견될 수 있는 규칙성에 관심이 있다면, 우리는 관료제의 특정한 실현에 우리의 관심을 제한하지 말고 관료제가 공유하는 사회적 특징에 집중해야 한다.

이제 설명적 적절성으로 가보자. 우리가 관료제에 대한 경험적 일반화에 도달했다고 가정해 보자. 예를 들어, 관료제는 절차상의 혁신을 채택하는 데 보수적인 경향이 있다. 우리는 이 규칙성을 어떻게 설명해야 하는가? 관료제가 특정 개인들을 수반한다는 사실은 우리가 이러한 경향을 설명하기 위해 개인들(또는 다수의 관료제를 실현하는 개인들의 집합들)의 특징을 찾아야 한다고 제안할 수 있다. 그러나 혁신과 관련된 보수성을 설명하는 것은 개인들의 총체가 아니라 **관료제**에 관한 사실이기 때문에 이러한 노력은 잘못된 것일 수 있다. 설명은 다음과 같은 노선을 따를 수 있다. 일단 일련의 절차가 수립되면, 대안적인 절차가 더 효율적인 경우에도 그 절차를 변경하는 것은 비용이 많이 든다. 또는 우리는 관료제 내에서 하급자에 대한 상급자의 권위가 항상 절대적이지 않기 때문에 대규모 변화가 위로부터 지시될 때 불가피하게 상당한 정도의 불이행이 발생한다는 가설을 세울 수 있다. 공무원들은 처벌이 없다면 변화에 저항할 수 있다. 이 설명들 각각은 관료제를 하나의 사회 조직으로 특징짓기 위해 사용되는 개념들에 의해서 이루어지며, 각각의 설명은 '특수주의의 오류', 즉 특정한 보수적 관료제를 구성하는 남녀들의 특정한 특징들로 관료제적 보수주의를 설명하려는 노력보다 우월하다.

이러한 주장은 사회 현상은 개인 현상에 수반한다고 주장하는 것이 타당하지만 이것이 사회적 개념이나 사회적 설명이 개인 수준의 개념과 설명으로 환원될 필요가 있다는 것을 의미하지는 않는다는 것을 시사한다. 오히려 사회 분석은 사회 현상에 대한 가장 일반적이고 가장 경험적으로 근거가 있는 설명을 위한 근거를 제공하는 수준에서 이루어져야 한다. 이것은 특정한 개인 행동의 유형들이라기보다는 사회 제도, 규칙 및 관행의 수준일 수 있다.

이러한 결론은 '사회적인 것의 자율성'을 주장하는 것으로 묘사될 수 있는 입장을 어느 정도 지지한다. 대부분의 방법론적 개인주의 비판가들은 사회 현상이 의도적으로 행동하는 개별 행위 주체들로 구성된다는 것을 인정한다. 군대, 사회 구조, 시장 경제, 그리고 전쟁은 모두 목적 있는 활동에 연루된 방대한 행위 주체들로 구성되어 있다. 그러나 이러한 가정에서도 많은 반개인주의적 입장이 가능하다. 첫째, 사회 구조와 실체는 개별 행위 주체들로 구성되지만 엄격한 개인주의적인 용어로만 완전하게 정의될 수 없다는 점이 고려될 수 있다. 둘째, 사회적 규칙성의 진술은 그 규칙성의 기저에 있는 일련의 개인 행동의 규칙성에 대한 개략조차 없이 진정으로 설명적인 것으로 간주될 수 있다는 점이 고려될 수 있다. 셋째, '창발적인(emergent)' 사회적 규칙성이 있다는 점이 고려될 수 있다. 그 규칙성은 개인 활동에 관한 근본적인 사실로부터 전혀 도출될 수 없다. 다음 절에서 나는 이러한 불확정성을 어느 정도 감소시키는 노선의 주장을 고려할 것이다.

미시적 기초 논쟁

사회 과정과 개인 행위 사이의 관계에 대한 문제는 현대 마르크스주의 내에서 다소 다른 맥락에서 제기되었고, 이 논의는 사회적 설명에 대한 개인주의적 제약을 채택하는 더 분명한 이유를 제공했다. 그러므로 마르크스주의 사회과학의 '미시적 기초'의 문제에 대해 간단히 살펴보자.[2] 마르크스주의는 일반적으로 사회 현상에 대한 거시적 설명을 발전시켜 왔는데, 조사 대상은 사회의 대규모 특징이며, 설명항은 또 다른 거시 현상 집합의 묘사이다. 따라서 마르크스주의 경제학자들은 자본주의적 경제 구조의 특징에 기초한 대규모 경제 발전 유형을 발견하고 설명하는 데 관심이 있고, 마르크스주의 정치학자들은 자본주의적 민주주의에서 국가 정책이 자본주의 경제 구조의 필요를 충족시키는 방식에 관심이 있으며, 마르크스주의 사회학자들은 객관적 이해관계(예를 들어, 노동 조직, 대규모 시위, 또는 조직화된 혁명 활동)의 관점에서 계급 활동의 유형을 분석하는 데 관심이 있다. 각각의 경우에, 조사 대상은 자본주의

---

2   이 절의 주장은 『과학적인 마르크스(The Scientific Marx)』(Little, 1986: 127~153)에 실린 나의 분석을 면밀히 따른다.

사회 또는 초개인적 실체(예를 들어, 사회 계급 또는 국가)의 대규모 특성이며, 설명항은 다른 거시 현상 집합의 묘사이다.

그러나 일부 마르크스주의 이론가들은 최근 거시적 설명에는 **미시적 기초**, 즉 거시 수준의 사회적 유형이 전개되는 경로에 대한 상세한 해명이 필요하다고 주장해 왔다. 그래서 존 로머(John Roemer)는 "계급 분석에는 개인주의적 기초가 있어야 한다. …… 계급 분석은 계급이 왜 그리고 언제 적절한 분석 단위인지 설명하기 위해 개인 수준에서의 미시적 기초를 필요로 한다"(Roemer, 1982b: 513)라고 쓴다. 이 원칙은 사회 현상에 대한 거시적 설명은 상정된 사회 과정이 작동하는 개인 수준에서의 메커니즘에 대한 설명에 의해 뒷받침되어야 한다고 주장한다. 이 이론가들은 거시적 설명이 적절하고자 한다면, 총화적 유형을 낳는 개인의 선택 및 행위의 상황들을 묘사할 필요가 있다고 주장해 왔다. 그래서 자본주의 국가의 정책을 설명하는 데서 국가가 자본가의 이해관계에 봉사하는 경향이 있다는 것을 관찰하는 것만으로는 충분하지 않다. 우리는 또한 이러한 결과를 도출하기 위해 국가 정책들이 형성되고 통제되는 과정을 해명해야 한다.

보다 구체적으로, 미시적 기초 테제는 (인과적이고 기능적이고 구조적인) 사회적 수준에서의 설명적 관계에 대한 주장이 두 가지에 의해 보완되어야 한다고 주장한다. 하나는 전형적인 개인이 이러한 관계를 가져오는 방식으로 행위하도록 하는 그(또는 그녀)의 지역적 상황에 대한 지식이고, 다른 하나는 그러한 종류의 개인 행위들에서 설명적 사회관계로 이어지는 총화적 과정에 대한 지식이다. (제2장에서 우리는 이러한 유형의 설명을 '총화적 설명'이라고 지칭했다.) 이 원칙은 약한 설명과 강한 설명 둘 다로 표현될 수 있다. 약한 사회적 설명은 가정된 사회적 규칙성의 미시적 기초의 존재와 **양립할 수** 있어야 하지만 그것은 완전히 알려지지 않을 수 있다. 보다 강한 사회적 설명은 그 설명을 생산하는 미시적 기초에 대한 설명에 명백히 근거해야 한다. 나는 중간 형태를 주장할 것이다. 그것은 우리가 사회적 규칙성에 대한 믿을 만한 가설을 가지고자 한다면, 최소한 개인 수준에서 기저 메커니즘에 대해 대략적인 생각을 가지고 있어야 한다는 것이다. 개인 수준의 기저 메커니즘이 완전히 알려지지 않은 높은 수준의 사회적 요인들에 의해 표현된 추정상의 설명은 전혀 설명이 아니다.

미시적 기초 테제의 주장은 사회적 설명에 대한 일반적인 선험적 주장이라기보다는 사회 현상의 거시적 설명의 구체적인 특징들에서 비롯된다. 미시적 기초 테제의 정당성은 단순히 이론 간 환원주의에 대한 일반적인 선호—가끔 생물 철학과 심리 철학에서도 발견되는 선호—가 아니다. 대신, 미시적 기초 요건은 일반적인 형태의 거시적 설명에서 발생하는 몇 가지 특정한 문제, 즉 기능적 및 집단적 이해관계의 설명과 사회 규칙성의 전형적인 약점에 있는 문제들에 의존한다. 이것의 한 가지 결과는 사회과학에 이러한 특정한 비판의 대상이 되지 않는 합법적인 형태의 거시적 설명이 있을 수 있다는 것이고, 그 경우에는 미시적 기초의 주장은 침묵할 것이다.

집합적 합리성의 문제는 제2장에서 논의되었고, 기능적 설명의 결함은 제4장에서 검토되었다. 각각의 경우, 거시 수준의 결과가 나타나는 개인 수준의 과정에 대한 해명, 즉 미시적 기초의 요구 조건과 동등한 결론이 필요하다고 결론지었다. 거시적 설명을 위한 미시적 기초의 필요성에 대한 특히 설득력 있는 주장은 사회적 규칙성의 특성에서 비롯된다. 상위 수준의 학문 분야에서의 자율적인 설명은 이 수준의 현상들 사이에 있는 강력한 경험적 규칙성의 존재에 의해 좌우된다고 앞에서 주장되었다. 인지심리학과 신경생리학 사이의 관계를 고려해 보자. 인지심리학에서는 인지 현상들 사이에 강한 규칙성이 있기 때문에 밑바탕에 깔려 있는 신경생리학적 메커니즘에 대한 특정한 지식 없이 인지 체계의 다양한 요소가 다른 요소와 인과 관계가 있다고 주장하는 것은 신뢰할 만하다.[3]

그러나 사회과학에서 우리는 종종 사회적 현상의 인과적 연관성에 대해 확신을 갖게 하는 강한 유형의 규칙성과 법칙을 발견하지 못한다. 대신, 우리는 경향성과 예외로 가득 찬 규칙성을 발견한다. [마르크스의 경제 분석과 관련해서 이러한 결과에 대한 발전된 논의를 위해서는 리틀(Little, 1986)을 보라.] 여기서 자율적인 사회적 설명에 관한 문제는 흔히 특정한 사회 현상의 부류에 대해 거시 수준에서 볼 수 있는 명확한 규칙성이 전혀 없다는 것이다. 이 경우, 우리는 거시 수준의 현상을 설명하는 프로젝트를 완전히 포기하거나, 우리 자신을 다양한 특정 현상을 묘사하는 내러티브를 제공하는 데 한정하거나, 또는 이러한 유형의 현상을 생성하는 기저 메커니즘의 분석으로 관심을 돌릴 수 있다. 그리고 우리가 이러한 메커니즘에 대한 분석을 제공할 때, 낮은 수준의 규칙성이 있다는 것을 발견할 수 있다. 이 경우, 현상을 법칙 지배적인 것으로 묘사하는 데 도달하려면 총화적 활동의 미시적 기초에 대한 분석이 필수적이다.

그렇다면 여기서 우리는 사회적 설명에 대한 개인주의적 제한을 찬성

---

3   제리 포더는 「특수 과학, 또는 작업 가설로서의 과학의 분열(Special Sciences, or the Disunity of Science as a Working Hypothesis)」(1980)에서 심리학 이론과 뇌 과학 수준 사이의 관계에 대한 중요한 논의를 제공한다. 환원주의와 물리주의에 대한 각별하게 명확한 논의는 Poland(1994) 참조.

하는 새로운 주장을 펼친다. 사회적 원인은 항상 그리고 불가피하게 구조화된 개인 행위를 통해 작용하며, 사회 현상들 사이의 인과 관계는 사회 수준에서의 인과 관계가 가지는 공통적인 약점 때문에 개인 행위의 분석을 통해서만 확립될 수 있다. 이 입장은 방법론적 개인주의의 존재론적 테제와 사회적 규칙성이 다른 과학 영역들에서의 규칙성보다 일반적으로 훨씬 약하다는 관찰에 기초한다. 그리고 그것은 과학적인 설명은 우리가 설명하고자 하는 사건들과 과정들의 기저에 있는 인과 메커니즘들을 확인하도록 요구한다는, 제1장에서 도달한 결론을 강화한다.

하위 계급 정치의 현상은 사회적 설명을 위한 미시적 기초의 필요성을 예시한다. 고전적인 마르크스주의는 착취와 계급이 하위 계급 정치의 과정을 설명하는 핵심 요인이라고 가정한다. 착취적 계급사회의 다양한 사례에 대한 연구는 우리가 고전적 마르크스주의가 거시적 수준에서 예측할 수 있는 규칙성, 즉 착취된 집단은 결국 계급 체계를 공격하는 것을 목표로 하는 대중 운동을 지지한다는 규칙성을 찾지 못한다는 것을 보여준다. 그러나 대중 정치 현상에 대한 하위 수준의 묘사—집단의 구체적인 계급 배열, 개인의 정치적 동기 부여의 가변적 성격, 그리고 집단이 이용할 수 있는 정치문화·조직·리더십의 형태에 의한 집단행동 분석—로 옮겨갈 때, 우리는 그 현상을 출현시키고 다음과 같이 여러 경우로 나누는 규칙성이 있다는 것을 알게 된다.

- 강한 정치문화와 풍부한 조직적 자원을 가진 피착취 집단은 정치적으로 적극적이고, 끈질기며, 효과적인 경향이 있다.
- 약한 정치문화와 풍부한 조직적 자원을 가진 피착취 집단은 적당히 활동적이고, 우유부단하며, 비효과적인 경향이 있다.

• 강한 정치문화에 조직적 자원은 없는 피착취 집단은 적극적이고, 끈질기지만, 비효과적인 경향이 있다.
• 약한 정치문화에 조직적 자원은 없는 피착취 집단은 활동적이지 않고, 우유부단하며, 집합적으로 비효과적인 경향이 있다.

미시적 기초에 대한 탐구는 사회 수준에서 존재하는 규칙성이 약하고 단지 경향만을 나타내는 경우에 매우 중요하다. 이 경우 우리는 거시 수준의 규칙성을 확인하기 위해 문제의 사회 현상의 미시적 기초를 확인해야 한다. 마르크스적 관점에서 대중 정치에 대해 경험적으로 적절한 이론을 구성하려면 정치적 행동이 형성되는 어떤 구체적인 메커니즘에 주목해야 한다.

우리가 미시적 기초 접근을 신중하게 받아들인다면, 개인 수준의 동기 부여 구조와 의식의 형태를 확인하는 것이 중요하다. 우리는 다양한 사회 집단에 있는 개인들이 자신들의 정치적 이념, (가족과 공동체와 국가에 대한) 태도, 도덕적인 감각 등의 면에서 어떻게 다른지 구체적으로 이해할 필요가 있다. 사회적 설명의 어떤 목적을 위해서는 (예를 들어, 엷은 합리성 개념에 기초한 합리적 선택 설명처럼) 이러한 변수들에 대한 추상적이고 도식적인 설명만 제공하는 것으로도 충분하지만, 다른 목적을 위해서는 이러한 변수에 대해 좀 더 구체적인 정보를 가질 필요가 있다. 세이블의 『노동과 정치(Work and Politics)』(1982)는 산업화된 노동이 일어나는 다양한 사회적 상황에 대한 고려를 바탕으로 노동계급의 태도에 대한 이런 종류의 분석을 제공한다(〈사례 5.3〉 참조).

일단 거시적 설명에서 미시적 기초가 필요하다는 점을 인정하면, 다음에는 어떤 유형의 개인 수준의 과정을 찾아야 하는지 물어야 한다. 여기에는 두 가지의 광범위한 답이 있다. 하나는 합리적 선택 모델이고, 다른 하나는 사회심리학적 동기 부여 모델이다. 첫 번째 접근은 특정한 사회적 과정을 개별적으로 합리적인 전략을 추구하는 많은 수의 개인들의 총화적 결과로 설명하려고 시도한다. 두 번째 접근은 사회 현상을 개인 행위를 촉진하는 합리적이고 비합리적인 다양한 동기의 복잡한 결과로 설명하려고 시도한다.

나는 개인들의 합리적인 의사결정 과정에 의존하는 메커니즘을 우선적으로 강조해 왔는데, 많은 사회적 설명은 규범과 가치가 개인 행동에 영향을 미친다는 관념에 의존한다. 예를 들어, 억압에 대한 저항의 유형과 관련한 배링턴 무어(G. Barrington Moore, Jr.)의 설명을 고려해 보자(〈사례 8.2〉 참조). 여기서 무어는 다양한 사회 집단에서 발견될 정의감에 기초해 다양한 역사적 상황에서의 집합행동을 설명하고 있다. 하지만 우리가 뒤르켐의 자살 이론에서 보았듯이(〈사례 8.1〉), 이 설명 역시 미시적 기초 요구 조건과 완전히 양립 가능하다. 왜냐하면 그 설명이 참조하는 규범들은 다양한 사회 집단을 구성하고 있는 개인들에게 체화되어 있기 때문이다. 개인들은 다른 사람들과 주고받는 구체적인 의미 있는 상호작용을 통해 정의감을 얻고, 다른 사람들을 향한 행동을 통해 이 정의감을 전달한다. 그러면 정의감은 개인들에게 체화되며, 개인 수준에서 잘 이해되는 메커니즘을 통해 전달된다.

결론

방법론적 개인주의의 존재론적 테제는 논란의 여지는 없지만 약하

저항의 도덕적 기초

배링턴 무어는 여러 피착취 집단이 구현하고 있는 정의감의 분석에 기초해 그 집단들 사이에 나타나는 정치적 행동의 다양성을 설명하려고 시도한다. 그는 한 집단이 심하게 혹사당하는 경우, 때로는 조직적인 저항이 발생하고 때로는 발생하지 않는 많은 사회적 상황의 사례를 조사한다. 그의 사례에는 1848년 독일 노동자들, 1914년 이전의 루르(Ruhr) 지방 광부들, 그리고 독일 강제수용소 수감자들의 노동 투쟁이 있다. 무어는 "명백히 사회적 규칙과 그 규칙의 위반은 도덕적 분노와 불의감에서 중요한 요소이다. 본질적으로 그것은 다른 사람이 사회적 규칙을 위반했을 때 느끼는 상처에 대한 분노이다"라고 쓴다 (Moore, 1978: 5). 인간은 자신이 처한 문화로부터 특정한 '정의감'을 흡수하고, 이러한 정의감은 자신의 사회적 환경에서 행위와 사건을 인식하는 방식을 구조화하며, 그리고 이러한 행위와 사건에 대응해 취하는 행위들은 그 체화된 정의감의 세부 사항에 크게 좌우된다는 것이 그의 가설이다. 혹사당해 정의감에 상처를 입은 집단들은 자신들의 조건에 대한 도덕적 정당성을 받아들이는 집단에 비해 저항할 가능성이 더 높다.

▮ 자료: 착취되거나 억압된 여러 집단의 행동에 대한 역사적 자료
▮ 설명 모델: 비교 방법에 기초해 사회적 행동의 유형을 설명하는 데 있어 공유된 정의감의 인과적 중요성에 대한 가설
▮ 출처: G. Barrington Moore, Jr., *Injustice: The Social Bases of Obedience and Revolt* (1978)

다. 즉, 이 테제는 사회적 설명이 취해야 할 형태에 대한 함축적인 의미가 거의 없다. 방법론적 개인주의가 가진 이런 진실은 사회적 현상이 개인들의 행위와 의도에 수반한다는 주장으로 표현될 수 있다. 그러나 방

법론적 개인주의에 의해 부과되는 의미와 설명에 대한 규제는 설득력이 없다. 사회적 개념이 개인적 개념으로 환원될 수 있어야 한다거나 사회적 설명이 개인 수준 현상의 법칙들에서 파생될 수 있어야 한다고 가정할 설득력 있는 일반적인 이유는 없다. 그러나 방법론적 개인주의와 많은 공통점을 가진 사회적 설명에 대한 제한을 받아들이는 데에는 몇 가지 근거가 있다. 이러한 이유들은 사회 현상과 사회 규칙성의 특정한 특징에서 비롯된다. 첫째, 이러한 설명 관계를 발생시키는 개인 수준의 과정에 대한 해명을 동반해야만 뒷받침될 수 있는 여러 가지 사회적 설명 방식이 있다. 기능적 설명과 집단 이해관계 설명이 그것이다. 둘째, 사회 현상들 사이에서 발견되는 경험적 규칙성, 예를 들어 의회 체계의 유형과 유권자 참여 수준 사이의 상관관계는 우리가 이 수준에서 강한 인과 관계를 가정할 수 있도록 하기에는 종종 너무 약하다. 이러한 각각의 이유로, 사회과학자들은 사회적 설명의 관계를 얻는 기본 개인 수준의 메커니즘에 대한 개념을 갖는 것의 중요성을 명심할 필요가 있다.

그러므로 나는 미시적 기초 프로그램과 많은 공통점을 가진 개인주의의 약한 요구 조건을 옹호한다. 거시적 현상에 대한 사회적 설명은 총화적 현상이 나타나는 특정 개인 행동의 수준에서 그 메커니즘을 최소한 도식적으로 나타낼 수 있어야 한다. 즉, 거시적 설명은 사회적 유형과 과정이 발달하는 통로인 개인의 선택과 행위 과정의 수준에서 미시적 기초를 필요로 한다. 이 견해는 다음과 같이 공식화될 수 있다. 모든 사회적 과정, 인과적 영향, 체계적인 상호작용 등은 궁극적으로 특정 사회 및 자연환경 내에서 개별 행위자들의 행위에 체화되어 있다. 한 사회적 요인이 어떤 피설명항을 발생시키는지에 따라 사회적 설명이 제공될 때마다 원칙적으로 개인의 활동이 이 결과를 낳는 메커니즘을 나타내는 것이 가능해야 한다.

많은 사회적 설명의 경우, 이 요구 조건을 충족시키는 것은 매우 쉽다. 예를 들어, 로버트 브레너가 토지의 재산 소유 제도가 인과적으로 농업의 기술 변화 속도에 영향을 미친다고 주장할 때(〈사례 5.6〉 참조), 그가 가정하는 메커니즘은 그 소유 제도의 맥락에서 결정을 내리는 농부, 지주, 잠재적 투자자 등의 합리적 행동이다. 그러나 사회적 설명의 예를 고려할 때, 다음 질문을 명심하는 것이 항상 유익하다. 개인 수준에서 어떤 과정을 통해 저자가 기술한 사회 구조와 요인들 사이의 인과관계가 발생하는가?

미시적 기초 테제가 방법론적 개인주의 원리와 관련이 있는 것은 분명하지만, 그 두 개가 동일한 것은 아니다. 개인 행위의 결정요인에 대한 미시 기초적 설명은 사회적 관계, 구조 등을 참조해야 한다는 미시적 기초 테제와 전적으로 양립 가능하다. 그러나 사회적 관계와 구조는 개인에 관한 사실에 근거를 두고 있지만, 그 테제는 설명이 그러한 근거의 세부 사항을 제공하도록 요구하지 않는다. 따라서 미시적 기초 테제는 사회 개념의 의미에 대한 개인주의 테제와 같은 어떤 것에도 제약되지 않는다.

┃ 더 읽어볼 책들

Alexander, Jeffrey C., Bernhard Giesen, Richard Munch and Neil J. Smelser (eds.). 1987. *The Micro-Macro Link*.

Boyd, Richard. 1980. "Materialism Without Reductionism: What Physicalism Does Not Entail."

Elster, Jon. 1985. *Making Sense of Marx* [욘 엘스터, 『마르크스 이해하기』 (2015)].

Lukes, Steven. 1973. "Methodological Individualism Reconsidered."

Miller, Richard. 1978. "Methodological Individualism and Social Explanation."

Roemer, John. 1982b. "Methodological Individualism and Deductive Marxism."

제9장

상대주의

사회과학 연구에서 얻은 공통적인 인상은 사회 집단과 문화에 걸친 다양성에 대한 것이다. 사회적 특징들의 긴 목록을 통해, 인류학자들은 가족관계를 지배하는 매우 다른 관행들을 기술하고, 사회학자들은 여러 사회 집단의 도덕적 신념에서 실질적 차이가 있다는 것을 보고하며, 문화기술지학자들과 역사가들은 서로 다른 사회적 환경에서 세계에 대해 현저하게 다른 신념의 틀들을 상세하게 묘사한다. 일부 철학자들과 사회과학자들은 사회적 다양성의 증거로부터 일반적인 결론을 이끌어냈는데, 그들은 **문화 상대주의**가 인간사회의 심오하고 지속적인 특징이라고 주장해 왔다. 서로 다른 문화들은 인간관계를 관리하고 세계에 대한 믿음을 얻고 인간 행위를 평가하는 고유한 방법을 가지고 있다. 그리고 이렇게 서로 다른 틀들을 설명하고 평가할 수 있는 초문화적 기준은 없다. 이러한 관점은 특히 해석적 사회과학자들에게 환영을 받을 만하다. 왜냐하면 그 관점은 각 문화가 독특한 특수자(particular)이며 사회적 탐구가 연구 중인 문화의 의미 있는 자기 정의에서 시작되어야 한다는 그들의 견해를 인증하기 때문이다.

이러한 발견은 사회과학에 역설을 가져온다. 왜냐하면 만약 우리가 일반화의 발견을 과학의 목적 가운데 하나로 받아들인다면, 이 극단적인 다양성은 사회과학의 진보에 큰 장애물로 보이기 때문이다. 그러나 앞의 장들에 있는 많은 주장은 이러한 상대주의 결론을 좁히기 위한 기초를 제공한다. 특히 합리적 선택 이론과 유물론의 설명 체계 각각은 비교문화적인 보편적 특성을 통해 인간의 행동(인간 사회는 물질적 필요와 합리적 자기 이익을 충족시키는 기능을 하는 사회적 배열을 채택해야 한다는 개념)을 설명하기 위한 기초를 제공한다고 주장한다. 그리고 이러한 개념들이 다양한 문화적 환경에서 성공적인 설명을 위한 기초를 제공하는 만큼, 문화 상대주의의 강한 주장들은 약화된다. 이러한 주장들은 제1장, 제5장, 제7장에서 검토되고 있다.

이 장에서 나는 문화 상대주의의 몇 가지 형태, 즉 개념 상대주의, 신념 상대주의, 그리고 규범 상대주의에 대해 논의할 것이다. (언어와 과학 철학에서 일부 최근의 사상을 따르는) 개념 상대주의는 서로 다른 언어들이 공약 불가능한 개념 체계들을 구현하고 있으며, 그 결과로 서로 다른 집단이나 문화가 공약 불가능한 세계 범주화 방식을 소유할 수 있다고 주장한다. 신념 상대주의는 서로 다른 문화들이 근본적으로 해결할 수 없는 상이한 신념 평가의 기준을 가지고 있고, 결과적으로 그들은 공약 불가능한 신념의 체계를 가지고 있다고 주장한다. 합리성 자체는 문화에 구속되어 있다. 규범 상대주의는 서로 다른 문화가 근본적으로 구별되는 가치 체계를 구현하고 있기 때문에, 사회과학은 일상생활의 기저에 있는 규범과 가치를 규명하기 위해 모든 문화 집단에서 새로이 시작해야 한다고 명시한다. 각각의 경우에 핵심 아이디어는 개념, 합리성의 기준 또는 규범을 비교하거나 묘사하는 공통 이론이나 평가 기준이 없다는 것이다. 이 장에서 나는 이 세 개의 영역에서 발전된 주장들을 조사하고 평가할 것이며, 각각에 있는 상대주의적 충동에 한계를 제공하려고 노력할 것이다. 일반적으로 나는 상대주의의 주장이 일반적으로 과장되어 있고 인간의 합리성은 상대주의가 인정하는 것보다 더 많은 비교, 평가, 그리고 의사소통을 허용한다고 주장할 것이다.

상대주의 문제는 비교문화적 **보편자들**(universals), 즉 대부분의 사회 또는 모든 사회에서 발견되는 상상, 추론, 또는 행위의 특징들을 찾는 것과 관련이 있다. 만약 그러한 보편자들이 존재한다면, 이것이 문화와 사회화 이전에 인간의 본성으로부터 나온다고 결론짓는 것은 솔깃한 일이다. 그리고 사회적 설명의 합리적 선택 모델을 발전시킨 앞의 장들의 주장은 그 보편자들 가운데 일부―개인 복지에 대한 우려, 일부 규범적 제약의 구속력, 환경에 대한 진정한 믿음에 도달할 수 있는 능력, 심사숙고할 수 있는 능력, 그리고 계획에 따라 행위를 규제할 수 있는 능력―가 무엇인지를 암시한다. (이것들은 제6장에서 기술된 인간 행위성의 '핵심 특징'이다.) 그러므로 이 장은 사회적 다양성의 사실에서 시작해 문화 상대주의의 범위를 좁혀가려고 시도한다. 문화에 걸쳐 엄청난 다양성이 존재한다는 것은 분명 사실이지만, 비록 그들이 겉으로 보기에는 다른 형태로 표현될지라도 모든 문화의 근간이 되는 인간 사회의 핵심 특징이 많다는 것이 여기서 주장될 것이다.

개념 상대주의

개념 상대주의는 '우리의' 개념과 '그들의' 개념 사이에 공약 불가능한 차이가 있을 수 있으며, 이러한 체계들 사이에 선택할 수 있는 합리적인 근거가 없다고 주장한다. 우리는 다음과 같이 이 입장을 공식화할 수 있다.

- 서로 다른 문화는 세상에 무엇이 존재하는지, 시공간에서 사물들이 어떻게 조직되는지, 사물들 사이에 어떤 종류의 관계가 존재하는지, 그리고 어떤 것이 다른 것에 어떻게 영향을 미치는지 등을 정의하는 근본적으로 다른 개념적 도식들을 채택한다.
- 그러한 도식 중 하나가 다른 것보다 실재에 더 일치한다고 결론지을 합리적인 근거를 제공하는 것은 가능하지 않다.

첫 번째 테제는 사람들이 자신들 주위의 세계에 대해 생각하는 가장 기본적인 가정들을 선정한다. 우리의 과학적 세계관에서 우리는 공간과 시간에 위치한 고정된 인과적 속성을 가진 물체들을 식별하며, 모든 사건은 원인을 가지고 있다고 규정한다. 그러나 문화 상대주의자는 이것은 많은 것들 가운데 하나의 한정된 개념 체계일 뿐이며, 대안의 다양성은 세계의 수많은 비서구 문화에 대한 연구를 통해 추정될 수 있다고 주장한다.

우리는 잘 알려진 사례인 워프의 가설로 이 테제에 대한 논의를 시작할 수 있다(〈사례 9.1〉 참조). 언어학자 벤저민 워프(Benjamin Whorf)는 특히 강한 버전의 개념 상대주의를 나타내는 호피(Hopi) 언어 이론을 발전시켰다. 현대 인류학자 게리 위더스푼(Gary Witherspoon)은 나바호(Navajo) 언어와 형이상학에 대한 자신의 고려에서 이 일련의 아이디어를 한 단계 더 발전시켰다(〈사례 9.2〉 참조). 위더스푼의 해명에 따르면,

| 사례 9.1 |

호피족의 세계관에서 공간과 시간

벤저민 워프는 1930년대에 호피 언어 연구에 많은 시간을 바쳤던 언어학자이자 민속학자이다. 그는 연구를 통해, 공간, 시간, 원인, 그리고 다른 근본적인 형이상학적 범주들에 대한 호피족의 개념이 유럽 언어의 대응 개념들과 근본적으로 달라 보인다는 결론에 도달했다. 18세기에 철학자 칸트는 모든 이성적 사고는 행위 주체가 경험 세계를 분석하는 보편적 개념 집합의 존재에 의존한다고 주장했다. 물리적 대상, 공간, 시간, 그리고 인과는 칸트가 근본적이고 보편적이라고 믿었던 관념들 가운데 있었다. 그러나 워프는 호피족의 개념 체계가 이 유클리드(Euclidean), 라플라스(Laplacean) 체계와는 근본적으로 다르다고 주장한다. 그는 "호피 언어는 우리가 '시간'이라고 부르는 것, 즉 과거나 현재, 또는 미래, 지속성이나 항구성 …… 을 직접 지칭하는 단어나 문법 형태, 구문이나 표현을 가지고 있지 않은 것으로 보인다. …… 동시에 호피 언어는 화용적인 의미나 조작적 의미에서 우주에서 관찰할 수 있는 모든 현상을 정확하게 설명하고 기술할 수 있다"(Whorf, 1956: 57~58 [워프, 2010: 107~108])라고 쓰고 있다. 그래서 그는 다양한 문화들이 너무 다른 개념 체계들을 구현할 수 있어서 세계를 근본적으로 다른 방식으로 범주화한다고 결론짓는다.

▮ 자료: 호피 언어를 묘사하는 민속학 및 언어학 자료
▮ 설명 모델: 호피족의 세계관을 이해하기 위해서는 호피족이 세계를 인식하는 철저하게 다른 개념들의 집합을 재구성해야 한다는 설명
▮ 출처: Benjamin Whorf, *Language Thought and Reality: Selected Writings of Benjamin Lee Whorf* (1956) [벤자민 리 워프, 『언어, 사고 그리고 실재』 (2010)]

나바호 문화와 유럽의 문화가 세계를 대상으로 나누는 방식에는 깊은 차이가 있으며, 나바호의 근본적인 개념 체계를 발견하려면 능숙한 문화기술지적 조사가 필요하다. 그래서 워프와 위더스푼은 비서구 문화

나바호족의 구문론과 의미론

게리 위더스푼은 나바호족의 화자들이 활동적인 형식과 정적인 형식의 이원
론을 중심으로 조직된 개념 도식을 전제로 하며 나바호족의 사물(친족, 동물, 자
연 대상) 분류 체계는 이러한 이원론을 반영한다고 주장한다(Witherspoon,
1977: 179). **통제**의 개념이 핵심적이다. 대상들은 어떤 유형의 사물이 다른 유
형의 사물을 통제하거나 영향을 미치는지에 따라 위계 내에서 등급이 매겨진
다(Witherspoon, 1977: 71). 그는 나바호 언어의 구문과 의미론의 분석을 통해
이러한 주장들을 뒷받침하려고 시도한다. "말이 노새에게 걷어차였다"라는 표
현은 문법적이며 수용할 수 있지만, "말이 사람에게 걷어차였다"라는 표현은
그렇지 않으며, 입 밖으로 나왔을 때 웃음을 유발한다. 비대칭성에 대한 위더
스푼의 이러한 분석은 그 문장들이 서양인들에 의해 잘못 번역되어 왔으며, 기
본적인 구문의 의미는 "스스로 걷어차이게 했다"라는 것이다(나바호족은 "말이
사람을 걷어찼다"라고 말하는 대신 "사람이 말에게 걷어차였다"라고 말하는데, 그것
은 말은 사람보다 열등하기 때문에 의도적으로 사람을 걷어찰 수 없으며, 말보다 우월
한 사람은 의도적으로 말이 자신을 걷어차게 할 수 있다는 것이다. _옮긴이). 말과 노
새는 활동적인 통제력 면에서 서로 동등하지만, 말은 사람보다 열등하다. 따라
서 사람보다 말에게 통제력을 부여하는 것은 웃음을 살 만한 통제 위계의 도치
이다(Witherspoon, 1977: 75~76).

▎자료: 나바호 언어와 문화에 대한 문화기술지 연구
▎설명 모델: 나바호 언어의 개념 구조는 근본적으로 유럽의 개념 도식과 다르다는 설명
▎출처: Gary Witherspoon, *Language and Art in the Navajo Universe*(1977)

는 일상의 실재를 분석하고 범주화하는 서로 다른 개념 도식을 구현하
고 있다고 주장하며, 이러한 도식을 서구의 과학적 세계관으로 번역하

는 것은 어렵거나 불가능하다고 제안한다.

현대 저자들은 공약 불가능성 개념으로 개념 상대주의를 논의한다. 이 방식에서 워프 가설은 서로 다른 문화들이 구별되고 공약 불가능한 개념 도식들을 가질 수 있다는 것이다. 일반적인 생각은 두 개념 도식에서 개별 개념들 사이에 간단한 정의의 동등성을 확립하는 것이 불가능하다면, 두 개념 도식은 공약 불가능하다는 것이다. 당신과 내가 숲속을 산책할 때, 나의 개념 도식이 당신의 개념 도식보다 더 세련되었다고 가정해 보자. 나는 느릅나무, 오크나무, 그리고 너도밤나무를 구분하는 데 반해, 당신은 나무라고 일컫는다. 나는 다람쥐와 토끼를 구분하고, 당신은 '작은 숲속의 동물'이라고 일컫는다. 나아가 '나무', '동물' 등의 더 추상적인 범주들이 없다고 가정해 보자. 이 두 도식은 구분되지만 공약 불가능한 것은 아니다. 대신, 당신의 개념과 나의 개념 사이에 간단한 정의의 동등성을 확립하는 것이 가능하다. 당신의 개념인 '나무'는 나의 개념들, '느릅나무', '오크나무', 그리고 '너도밤나무'의 조합과 동등하다. 이 점을 부각시키는 한 가지 방법은 우리 각자가 세계를 실체들로 분해하는 것이다. 이 경우, 당신과 나는 같은 실체들—특정 나무들과 동물들—을 식별하지만, 더 포괄적이거나 덜 포괄적인 범주에 놓을 뿐이다. 두 개념 구조는 정확하게 겹치도록 정렬할 수 있다. 당신의 도식에서 '나무'인 모든 것은 나의 도식에서는 오크나무이거나, 느릅나무이거나, 너도밤나무이며, 다른 모든 개념에 대해서도 그러하다.

그렇다면 진정한 공약 불가능성이란 무엇인가? 개념적 공약 불가능성에 대한 중요한 현대적 주장은 과학사에서 개념적 변화에 대한 토머스 쿤(Thomas Khun)의 분석으로부터 비롯된다. 쿤은 과학적 연구가 **패러다임**, 즉 "개념적, 이론적, 도구적, 그리고 방법론적 구속(commitments)의 강력한 네트워크"를 중심으로 조직된다고 주장한다(Kuhn, 1970: 42). 쿤은 패러다임들을 가로지르는 개념들의 공약 불가능성 테제를 주장한다(Kuhn, 1970: 148~150). 패러다임은 과학적인 설명, 대표적인 실험, 세계에 대한 배경적인 가정과 같은 일련의 모델들의 집합이며, 그 맥락 안에서 연구자들은 더 구체적인 연구 문제를 만들어낸다.[1] 패러다임은 포괄적인 세계관을 구현하며, 연구자들이 자신들에게 가용한 자료들을 조직하는 범주들을 정의하고, 그리고 서로 경쟁하는 패러다임들은 상호 번역될 수 없는 개념과 신념의 체계를 내재적으로 구성한다. 이론적 용어들의 의미, 경험적 데이터의 해석, 이론적 주장, 그리고 추론의 기준은 패러다임들을 가로질러 공약 불가능하다. 비록 고전 물리학자와 상대성이론 물리학자 둘 다 '질량'을 언급하는 것처럼 보이지만, 사실 이것은 동음이의어에 지나지 않는다. 두 체계에서 이 용어의 의미는 근본적으로 다르며 서로 이해 불가능하다. 이러한 주장들은 초월적인 과학적 방법에 대한 쿤의 회의론을 더욱 뒷받침해 준다. 왜냐하면 이론적인 논쟁이 양쪽에 명백한 방식으로 이해 가능한 언어로 표현될 수 없다면, 그 문제에 대한 논리적인 해결은 있을 수 없기 때문이다.[2]

또 하나의 중요한 공약 불가능성 주장은 한 언어에서 다른 언어로의 번역 가능성에 관해 콰인(W. V. O. Quine)이 발전시킨 입장으로부터 도

---

1 쿤의 견해는 많은 논의를 불러일으켰다. 그중에서도 두 모음집, Lakatos and Musgrave(eds.), *Criticism and the Growth of Knowledge*(1970)와 Hacking(ed.), *Scientific Revolutions* (1981)는 특히 유용하다.
2 뉴턴-스미스(Newton-Smith, 1981), 브라운(Brown, 1983), 그리고 셰플러(Scheffler, 1967)는 공약 불가능성 원리에 대한 광범위한 논의와 비판을 제공한다. 번스타인(Bernstein, 1983)은 사회과학에 대한 공약 불가능성 주장의 함의에 대해 논의한다.

출될 수 있다. 그는 '번역의 불확정성'을 주장한다(Quine, 1960: 26~79). 이 견해에 따르면 우리가 한 언어에서 다른 언어로 번역할 때, 문장-문장 등가성의 정확성에 관한 사실의 문제는 존재하지 않는다. 대신에, 다른 문장-문장 쌍들을 적절하게 변화시킴으로써, 우리는 모든 화자의 성향과 일치하는 전반적인 번역 도식을 제공할 수 있다. "한 언어를 다른 언어로 번역하기 위한 설명서는 다양한 방법으로 설정될 수 있으며, 그 방법들은 모두 발화 성향의 전체와는 양립하지만 서로 간에는 양립하지 않는다. 그 방법들은 수많은 장소에서 아무리 느슨하더라도 그럴듯한 종류의 등가성을 가지지 않는 다른 언어의 문장들—한 언어의 문장에 대한 각각의 번역으로서의—을 제공하는 데서 갈라질 것이다"(Quine, 1960: 27). 이 입장에 따르면, 어떤 언어 쌍에 대해서도 이용 가능한 모든 증거와 동일하게 일치하지만 동등하지는 않은 대안적 번역 도식들이 있다. 개념 상대주의에 대한 이 주장의 함의는 다음과 같다. 만약 우리의 언어와 그들의 언어 사이의 번역이 불확정적이라면, 그들의 개념에 대해 우리에게 가용한 똑같이 정당화된 가설들이 있고, 우리가 이 대안들 가운데 선택할 수 있는 방법은 없다. [크리스토퍼 후크웨이(Christopher Hookway, 1978)는 인류학에서 이 테제의 함의를 탐구한다.]

앞의 사례로 돌아가보자. 당신의 개념들과 나의 개념들이 앞의 사례에서 고려되는 것보다 서로 더 이질적이라고 가정해 보자. 나는 세계가 각설탕, 토끼, 나무와 같은 개별적인 것들로 가득 차 있다고 생각하지만, 당신은 세계가 설탕이라는 물질, 토끼라는 물질, 나무라는 물질 등 물질의 양(quantities of stuff)으로 구성되어 있다고 생각한다. 즉, 당신은 개별적인 것에 대한 개념이 아니라 덩어리로 세계에 분포된 여러 종류의 물질(stuff)에 대한 개념을 가지고 있다. 내가 "토끼가 있다"라고 말할 때, 내

말은 "토끼라는 것(thing)이 있다"라는 뜻이다. 하지만 당신이 "토끼가 있다"라고 말하면, "토끼라는 물질(rabbit-stuff)이 좀 있다"라는 뜻이다. [이 예는 번역의 불확정성에 대한 콰인의 논의 가운데 그의 '가바가이(gavagai)' 사례에서 얼추 비슷하게 가져온 것이다.] 마지막으로 당신이 영어보다 외계어를 한다고 가정해 보자. 그러므로 당신의 문장은 '가바가이'이고, 나는 그것을 "토끼가 있다"와 연관 짓는다. 이 경우, 당신과 나는 근본적으로 다른 방식으로 세계를 나눈다. 나는 사물들로, 당신은 물질의 양으로 세계를 나눈다. 하지만 내가 당신에게 질문함으로써 그 차이를 발견할 수 있는 길은 없다.

여기서 우리는 공약 불가능한 개념 도식의 개념을 뒷받침하는 가장 중요한 생각에 도달한다. 두 문화는 근본적으로 다른 세계의 분석 틀— 어떤 종류의 사물들이 있는지, 어떻게 사물들이 서로 개별화되는지, 공간과 시간의 구조가 무엇인지—을 구현할 수 있지만, 문화기술지적 조사를 통해 이러한 차이를 발견하는 것은 불가능할 수 있다.

검토에 따르면, 개념 상대주의 주장은 두 가지 유형으로 나뉜다. 첫째, 서로 다른 언어 공동체가 공약 불가능한 개념 도식을 채택**할 수 있다**는 취지의 몇 가지 선험적 주장이 있다. 콰인의 번역 불확정성 주장과 쿤의 공약 불가능성 주장은 각각 이 결론에 대한 뒷받침을 제공한다. 두 번째 유형의 주장은 경험적이다. 그것은 특정 언어 집단이 사실상 우리 자신의 것과는 공약 불가능한 개념 도식을 채택하고 있다는 취지의 일련의 주장을 나타낸다. 그리고 두 종류의 주장의 힘은 상당히 다르다. 근본적으로 다른 개념 도식의 선험적 가능성은 반박하기 어렵지만, 우리 자신의 것과 공약 불가능한 기존의 도식을 식별하려는 경험적 시도는 실패한 것으로 보인다. 따라서 이것은 개념 상대주의 테제가 논리적으로는 일관되지만, 현존하는 인간 문화에서는 사실이 아님을 시사한다.

우선 공약 불가능한 개념 도식의 가능성에 대한 선험적인 주장이 가진 장점을 고려해 보자. 여러 철학자는 언어 공동체를 가로질러 번역하는 목적을 이해 불가능하게 만들기 때문에 급진적인 공약 불가능성 개념을 지지할 수 없다고 주장해 왔다. 예를 들어, 윌리엄 뉴턴-스미스(William Newton-Smith)는 개념 상대주의 주장은 '그들에게 진리인 것'과 '우리에게 진리인 것'을 지지하기 위해 진리 개념을 포기할 수밖에 없다고 주장한다. 그러나 그는 번역 가능성은 두 언어에서 문장들을 짝지을 수 있는 진리 조건의 가용성에 달려 있다고 주장한다. 그래서 만약 우리가 진리 개념을 포기한다면, 우리는 똑같이 개념 도식들을 가로질러 번역하려는 희망을 포기해야만 한다(Newton-Smith, 1982: 110~113). 데이비드슨은 그의 글 「개념적 도식의 바로 그 아이디어에 대하여(On the Very Idea of a Conceptual Scheme)」(1974)에서 개념 상대주의에 대한 유사한 비판을 제공한다. 그는 공약 불가능한 개념 도식이라는 관념은 그 자체의 무게로 무너진다고 주장한다. 만약 도식들이 공약 불가능하다면, 개념 도식에 걸친 모든 의사소통은 불가능할 것이다. 이 불가능성이 존재한다고 알려진 바는 없다. 그러므로 인간의 문화가 공약 불가능한 개념 도식을 구현하고 있다는 것은 참이 아니다.

마찬가지로, 다양한 과학철학자들은 과학적인 개념 도식의 공약 불가능성에 대한 쿤의 주장에 의문을 던져왔다. 가장 설득력 있는 주장은 과학적 실재론, 즉 과학적 개념은 세계에 실재하는 실체를 지칭한다는 견해에 의존한다. 이 접근에 따르면, 과학에서 개념 도식들을 가로지르는 의사소통을 실현 가능하게 하는 것은 실재하는 물리적 객체와 속성에 대한 공유된 준거의 가능성이다. 뉴턴의 질량 개념은 이 양을 불변하는 것으로 간주하는 반면, 상대성 이론의 질량 개념은 이 양을 불변하지 않는 것으로 간주한다. 쿤에게 이것은 깊고 건널 수 없는 개념적 차이이다. 그러나 과학적 실재론자에게는 고전 물리학자나 상대성 물리학자 모두 동일한 물리적 양을 언급하고 있고 그들이 이 양을 확인하고 측정할 수 있는 여러 가지 실험적인 기술을 공유한다는 것으로 충분하다. 공유된 준거는 각 과학자로 하여금 다른 과학자의 신념과 주장을 자신의 이론 안에서 대응 주장으로 번역할 수 있게 하고, 두 이론을 나누는 대상의 속성에 대한 신념의 특정한 불일치를 식별할 수 있게 해준다. [이러한 취지의 주장을 위해서는 뉴턴-스미스(Newton-Smith, 1981: 164ff.)를 보라.] 따라서 공약 불가능성에 대한 쿤의 결론을 받아들이지 않고서도 과학에서 개념적 변화의 성격에 대한 그의 많은 중요한 통찰을 받아들이는 것이 가능하다. 나는 패러다임 경계를 가로질러 의미 있는 의사소통이 가능하고, 경험적 방법이 패러다임 간의 불일치의 범위를 좁힐 수 있으며, 특정한 학문 분야 내부의 표준은 경험적 진리를 발견하는 문제에 대한 합리적인 적합성의 측면에서 평가될 수 있다고 결론짓는다.

개념 상대주의에 반대하는 이러한 주장들은 상당한 힘을 가지고 있지만, 개념적 공약 불가능성의 가능성에 대한 결정적인 반박으로 받아들여질 수는 없다. 그 주장들이 보여주는 것은 공약 불가능성을 지지하는 기존의 철학적 주장들이 생각보다 더 약하다는 것이다.

이러한 선험적 주장의 힘이 무엇이든 간에, 우리에게 가장 큰 관심사는 개념 상대주의의 경험적 문제이다. 그럼 이제 워프와 위더스푼의 주장, 즉 개념 상대주의가 존재하는 특수한 사례들이 있다는 취지의 경험적 주장으로 돌아가보자. 워프와 위더스푼은 가장 기본적인 개념 구조가 우리의 것과 근본적으로 다른 언어 공동체를 확인했다고 주장한다.

이것은 그들이 인용한 증거로부터 도출할 수 있는 합리적인 결론인가? 이를 의심할 만한 설득력 있는 근거가 있어 보인다. 첫째, 앞에서 데이비드슨과 뉴턴-스미스에 의해 제기된 비교문화적 해석의 문제가 있다. 만약 호피족의 개념이 유럽의 개념과 공약 불가능하다면, 문화기술지학자가 어떻게 그 개념을 이해할 수 있었는지 알기 어렵다. 의사소통은 공유된 신념과 개념의 핵심 집합을 필요로 한다. 만약 이것들이 결여된다면, 언어 집단들을 가로질러 의미를 해석하는 것은 불가능하다. 이 주장은 상대주의적인 인류학자들에게 딜레마를 주는 것으로 보인다. 그들은 자신들의 상대주의를 주장하면서 다른 문화의 언설들을 해석하려는 희망을 버릴 수도 있고, 또는 자신들의 상대주의적 주장의 범위를 충분히 좁혀서 비교문화적 해석의 기초를 제공할 수도 있다. 문화적 경계를 넘나드는 해석에 대한 가장 자연스러운 접근은 문화기술지학자가 일상적인 대상들과 그 속성을 식별한 다음, 더욱 추상적인 개념을 위한 번역 길잡이를 구성하기 시작한다는 생각과 관련된다. 하지만 만약 외국 문화가 우리와는 근본적으로 다른 방식으로 일상적인 대상을 인식한다는 가설을 세운다면, 우리는 이 해석 과정의 출발점을 결여하고 있는 것이다.

둘째, 공약 불가능성에 대한 가설의 경험적 평가와 관련된 문제가 있다. 낯선 문화가, 예를 들어 유니콘과 같이 우리가 가지고 있지 않은 종류의 것에 대한 개념을 가지고 있다는 것을 배울 수 있다. 그러나 그것은 가장 기본적인 형이상학적 범주들이 두 문화에서 다르다고 가정하는 것과 별개의 문제이다. 왜냐하면 그러한 가정을 위한 경험적 뒷받침을 어떻게 제공할 것인가 하는 것은 당혹스러운 문제이기 때문이다. 여기서 우리는 번역의 불확정성에 대한 콰인의 주장을 뒤집을 수 있다. 공약 불가능성을 지지하기 위해 어떠한 증거가 제공된다 할지라도, 그 증거는 두 언어 집단이 일상적인 대상에 대해 동일한 개념을 공유하는 대안적 번역 도식을 지원하는 것으로 동일하게 해석될 수 있다.

마지막으로, 개념 상대주의를 회피하면서 동시에 워프와 위더스푼이 제공하는 핵심 통찰을 보존하는 호피 언어와 나바호 언어의 상황에 대한 대안적 해석이 있다. 이 대안은 일상적인 대상을 정의하는 개념과 이 대상의 속성에 대한 상위 수준의 신념을 구분해야 한다고 요구한다. 이러한 관점에서, 우리는 두 문화가 나무, 동물, 언덕, 건물, 그리고 사람 같은 일상적인 대상의 공통 세계를 공유한다고 가정해야 한다. 그리고 각 문화는 화자들이 사물을 구별하는 핵심 개념 집합, 예를 들어 공간, 시간, 인과 관계, 객체, 속성 등의 개념을 가지고 있다. 게다가 각 문화는 문화적 경계를 넘어 공유되는 일상적인 대상에 대한 핵심적인 신념의 집합을 가지고 있는데, 예를 들어 "물체는 무겁다", "빵은 배고픔을 만족시킨다", "말은 다리가 네 개이다" 등이 그것이다. 또한 각 문화는 다른 문화에는 상당히 낯선 세계에 대한 일반적인 신념의 독특한 집합을 가질 수 있다. 예를 들어, "우주는 팽창하고 있다", "물질은 에너지와 호환적이다", 또는 "지구는 융핵을 가지고 있다"와 같은 우리의 신념과, "높은 수준의 것은 낮은 수준의 것을 통제해야 한다", "나무는 영혼을 가지고 있다", 또는 "역사는 순환적이다"와 같은 그들의 신념이다. 후자의 신념들은 '형이상학적'이라고 기술될 수 있는데, 그 신념들은 각 문화가 세계에 대해 설정하는 깊은 가정과 전제를 반영하며 다른 문화의 사람들에게는 근거 없어 보이는 추론을 이끌어낸다. 그러나 일단 이러한 가정들이 확인되면, 개념 상대주의의 외양은 세상이 작동하는 방식에 대한 깊지만 서로 이해할 수 있는 불일치의 인식으로 대체된다.

그렇다면 나는 선험적 주장이나 경험적 주장 모두 개념 상대주의를 확고히 하지 않는다고 결론짓는다. 대신에, 인간 문화는 일상적인 세계의 구조—어떤 종류의 대상이 있고 그 대상이 어떤 관찰 가능한 속성을 가지고 있는지—를 정의하는 핵심 개념과 신념의 집합을 공유한다고 가정할 충분한 이유가 있다. 이 핵심 개념과 신념의 집합은 문화적 경계를 넘어 해석의 가능성을 확립하며, 그것은 실재적이고 관찰 가능한 일상적 대상의 특징에 상응한다. 관찰 가능한 성질을 가진 객관적인 공유 세계의 존재는 문화들에 걸친 개념과 신념의 핵심을 위한 기초를 제공한다. 그리고 이 핵심이 문화적 경계를 넘어 공유되지 않는 개념과 가정들의 네트워크로 둘러싸여 있다는 것은 명백하다. 해석의 가능성을 확립하는 것은 일상적인 개념의 공유된 핵심이다. 상이한 문화에서 세계관의 다양성을 산출하는 것은 더 추상적인 수준에서 분기하는 가정과 개념이다.

개념 상대주의 테제에 대해 우리는 어떤 결론을 도출할 수 있는가? 이 논의는 몇 가지 점을 분명히 한다. 서로 다른 문화들이 서로 다른 종류의 사물을 골라내고 그 사물을 다르게 분류한다는 최소한의 의미에서 서로 다른 개념 집합을 가지고 있다는 것은 의심할 여지없이 사실이다. 예를 들어, 해변에 사는 사람들은 내륙 사람들보다 조개류를 훨씬 더 명확하게 분류하는 방법을 가지고 있을 수 있다.[3] 더욱이 상이한 인간 문화들이 사물이 무엇인지, 즉 물체들이 어떻게 식별되고 개별화되는지에 대해 급진적으로 다른 개념을 가지고 있다는 것을 시사하기 위해 사용할 수 있는 어떠한 경험적 주장도 없다. 나바호족, 안다만 제도 주민, 맨해튼 사람들은 똑같이 하나의 가로등 기둥과 다른 가로등 기둥을 구별

---

3   예를 들어, 20세기 미국 시민들은 다섯 개의 '은행' 개념을 가지고 있는 반면, 19세기 프랑스 시민들은 단 한 가지 개념으로 살아갈 수 있었다.

한다. 즉, 그들은 물체와 속성의 형이상학을 공유한다. 또한 입증되지는 않았지만, 일부 문화가 현대의 과학적 세계관과 다른 인과 관계 개념을 가지는 것도 가능하다. 현대 서구 과학은 먼 거리에서 비전(秘傳)적인 원인이나 행위를 허용하지 않는 반면, 어떤 문화권에서는 사건들 사이의 마법적 인과 관계를 허용할 수도 있다. 그러한 경우, 세상이 돌아가는 방식에 대한 '그들의' 개념은 우리의 개념과 매우 다르다. 공간과 시간에 대한 우리의 개념이 호피족에게는 결여되어 있다는 취지로 워프가 제기한 보다 형이상학적인 주장은, 안타까운 일이지만, 설득력이 없다. 그러한 결론을 정당화하기 위해 얼마나 적절한 증거가 제시될 수 있는지 아는 것은 매우 어렵다. 그리고 마지막으로, 앞에서 고찰한 어떤 주장도 여기서 인정된 개념적 차이가 문화에 걸친 공약 불가능한 차이를 나타낸다고 믿을 수 있는 설득력 있는 근거를 제시하지 못한다. 대신, 추가적인 대화를 통해 한 쌍의 도식 내의 사람들이 자신들 사이의 차이를 식별하는 것은 가능하다. 우리는 특정한 개념하에서 각각이 포괄하는 실체를 고려함으로써 분류 도식을 비교할 수 있으며, 다른 실체에 인과적 영향을 미치는 것으로 생각되는 실체의 유형에 주목함으로써 인과 이론을 비교할 수 있다. 따라서 나는 급진적인 개념 상대주의는 사회과학에 대한 경험적 뒷받침이 없는 철학적 입장이라고 결론 내린다.

합리성과 상대주의

문화 상대주의의 가장 도전적인 주장은 신념 합리성에 대한 문화 중립적인 기준이 없다는 것이다. 대신 다양한 문화는 '사실적' 신념을 평가하는 서로 다른 기준을 구현하고 있으며, 하나의 기준 집합이 다른 것보다 우월하다는 것은 무의미하다. 그 문제는 다양한 문화에서 마법, 주술, 영적인 힘 등을 포함하는 다양한 신념 체계에 의해 제기된다. '원시' 사회의 남녀들은 자신들의 일상적인 삶에서 흉작, 행운, 지도자의 흥망성쇠, 건강의 부침을 다양한 주술적 힘의 결과라고 해석한다. 그리고 일부 철학자들은 세상을 이해하는 하나의 방식이 다른 방식보다 더 합리적이라고 주장할 수 있는 어떤 문화 중립적인 방식이 있는지 의심해 왔다. 그래서 피터 윈치(Peter Winch)는 "상이한 사회 사이에서 합리성의 표준이 항상 일치하지는 않는다는 점이 이 논의의 출발점이다. 따라서 S라는 사회에서 통용되는 합리성의 표준은 우리의 표준과 다르다는 가능성으로부터 출발하는 것이다. 그러므로 우리가 발견한 바를 S의 구성원들도 마찬가지로 발견한다는 식의 얘기가 타당할 것이라고 미리 추정할 수는 없다. 그러한 발견은 그에 앞서 원초적 개념의 일치를 전제하기 때문이다"라고 쓰고 있다(Winch, 1970: 97 [윈치, 2011: 276~277]).

예를 들어, 우리는 질병이 신체의 정상적인 기능을 방해하는 바이러스와 박테리아 등의 미생물에 의해 발생한다고 믿는다. 이와 대조적으로, 다양한 서아프리카 문화권에서는 영혼, 주문, 또는 악한 조상들에 의해 질병이 발생한다고 믿는다. 우리의 믿음은 경험적인 의학에 근거하고, 그들의 믿음은 전통적인 종교적 우주생성론에 근거한다. 그리고 일부 인류학자들은 이와 같은 대조적인 믿음 체계는 서로 대조되기는 하지만 합리성의 측면에서 서로에 대해 우월하거나 열등한 것이 아니라는 것을 뜻한다고 주장해 왔다.[4] 합리성 상대주의 테제는 다음과 같이 표현될 수 있다. 서로 다른 문화는 서로 다른 믿음 검증 체계를 구현하고 있는데, 이는 세계가 작동하는 방식에 대해 근본적으로 다른 믿음을 이끌어내며, 그리고 그러한 체계가 다른 대안들보다 우월하다고 결론 내릴 수 있는 합리적인 근거는 없다. 반대 입장은 관찰, 연역, 이론 구성, 검증 등 과학적 추론의 기준에 특별한 우위를 부여하는 입장이다. 그 입장은 서양의 과학적 방법들이 진정한 믿음에 도달하기 위한 목적으로 전통적인, 마법적인, 또는 종교적인 방법들보다 우위에 있다고 주장한다. 그 방법들은 전통적인 또는 마법적인 대안들보다 더 현실적인 믿음 평가 방법을 적용한 결과이다. 이것은 데카르트나 스피노자의 합리주의와는 거의 관련이 없지만 '합리주의적' 입장이라고 불릴 수 있다. 오히려 경험적 과학의 실천은 다음과 같은 보편적인 신념 형성 기준에 거의 부합한다는 견해이다. 경험적 과학의 실천은 합리성을 구현한다.

합리성 기준의 문화 상대주의에 대한 가장 급진적인 입장은 피터 윈치로부터 온 것인데, 그는 믿음 형성 과정이 비판이나 정당성의 중요한 근거가 없는 사회적 관행에 지나지 않는다고 주장한다. 윈치의 입장의 궁극적인 기초는 자신이 믿음 체계가 일치하거나 일치하지 않을 수도 있는 객관적인 세계가 있다는 것을 부인한다는 것이다. '진리'라는 것은 없다. 대신, 개념 체계는 그들이 적용되는 세계를 구성하며, 개념 체계들을 가로질러 믿음의 진실이나 거짓을 비교할 수 있는 가능성은 없다 (Winch, 1970 [윈치, 2011]).

믿음 체계의 다양성에 관한 인류학적 자료는 합리성 기준의 상대성이라는 관념을 뒷받침하는가? 아니면 과학적 방법이 전통적이거나 종교적인 방법보다 더 현실적이라고 주장하는 것이 정당화될 수 있는가?

---

4 로빈 호턴(Robin Horton)은 「아프리카의 사고와 서구 과학(African Thought and Western Science)」(1970)에서 이러한 취지의 주장을 한다.

스티븐 룩스(Steven Lukes)는 교차-문화적으로 적용되는 보편적 합리성의 기준이 있다는 생각을 옹호한다(Lukes, 1970). "나는 …… 믿음은 단지 그 믿음이 견지되는 맥락에서 발견되어야 하는 범주에 의해서만 평가되는 것이 아니라 그야말로 합리성의 범주인 합리성의 범주에 의해서도 평가되어야 한다고 주장한다"(Lukes, 1970: 208). 그의 주장은 사실 우리와 낯선 문화 사이에 공통된 하나의 세계가 있다는 견해에 근거를 두고 있다. 그렇지 않으면 우리와 그들 사이의 모든 의사소통은 불가능할 것이다. 우리는 언어에서 동일한 일상적 대상들을 재확인하고 그 대상들의 행동에 대해 예측한다. (이 견해와 앞 절의 결론 사이의 유사점에 주목하라.) 우리가 이 세상에 대해서 똑같은 믿음을 공유하는 것은 아니지만, 이 세상은 애당초 문화적 경계들을 가로질러 의사소통을 가능하게 하는 시금석이 된다. 세상은 진리의 가능성을 확립한다. 이것은 우리를 위한 진리와 그들을 위한 진리가 아니라 세계가 존재하는 방식과의 대응으로서의 진리의 가능성을 확립한다(Lukes, 1970: 210). 그렇다면 진리는 교차-문화적이며, 합리성의 기준은 다른 대안들보다 더 신뢰할 만한 진정한 믿음을 만들어내는 기준이다. 여기서 이 주장은 앞 절의 결론을 기반으로 확립될 수 있다. 일단 우리가 개념들에 해당하는 실재의 실체들에 의해 개념 도식들을 비교하는 기초를 확립하면, 우리는 합의를 획득할 어느 정도 자신감을 가지고 경험적이고 인과적인 추론으로 나아갈 수 있다.

이 합리성의 기준은 무엇인가? 이 질문에 대한 짧고 포괄적인 해답은 없다. 왜냐하면 그 기준들은 진화하는 과학적 방법의 개념들과 밀접하게 얽혀 있기 때문이다. 그러나 우리의 목적을 위해 우리는 특별히 핵심적으로 보이는 추론 원칙들의 작은 목록을 확인할 수 있다. 첫째, 연역적 폐쇄의 원칙이 있다. 만약 당신이 S_i 문장들의 집합을 믿고, P가 S_i 로부터 논리적으로 뒤따른다면, P도 수용하라. (아니면 일부 S_i에 있는 믿음을 포기하라.) 이 원칙은 모든 연역적 논리를 언급한다. 그것은 과학적 추론에 논리적 일관성의 일반적인 요건을 부과한다. 둘째, 예를 들어, 밀의 인과 추론 방법, 최선의 설명에 이르는 추론, 다중 관찰에 기초한 일반화에 대한 추론, 또는 그 연역적 결과의 검증에 기초한 가설에 대한 추론 등 수없이 많은 귀납적 추론의 원칙이 있다.

이러한 귀납적 원칙은 연역적 추론 원칙보다 상당히 약하다. 우선, 귀납적 원칙은 오류의 가능성이 있다. 한 사람이 1000마리의 백조를 연구해서 모두 흰색이라는 것을 발견할 수 있지만, 여전히 그에 상응하는 일반화에는 예외가 있을 수 있다. 마찬가지로, 특정한 시간에 만날 수 있는 경험적 변칙 사례에 대한 최선의 설명이 E인데, 결국에는 이 귀납적 원칙들 각각에 대해 E^{*}가 올바른 설명이라는 것이 판명될 수 있다. 각각은 증거를 믿음과 연관시키는 방법에 대한 예외적인 처방이다. 그러나 전체적으로 볼 때, 그 귀납적 원칙들은 믿음 형성에 대한 강한 경험적 제약을 나타낸다. 그리고 나는 이것들이 정당화된 추론의 원칙이라고 제안한다. 그 귀납적 원칙들은 진리를 증진시킨다. 만약 우리가 이러한 원칙들을 채택하고 세계를 경험적으로 관찰한다면, 우리의 믿음 체계는 그 믿음과 세계와의 대응에서 증가하는 경향이 있을 것이다.

확장된 예를 생각해 보자. '그들'은 어떤 질병(말라리아)이 피해자의 적들이 건 주술에 의해 발생한다고 믿는 반면, '우리'는 말라리아가 말라리아모기에 의해 발생한다고 믿는다고 가정하자. 우리의 믿음은 이렇게 표현될 수 있다. 말라리아모기가 존재할 때마다 말라리아 발생률은 0보다 클 것이다. 말라리아모기가 완전히 없을 때 말라리아 발생률은 0

으로 떨어질 것이다. 반면 그들의 믿음은 다음과 같이 표현될 수 있다. 말라리아는 적절하게 실행된 주술의 결과로만 발생한다. 주문이 없으면 말라리아는 없고, 주문이 있으면 말라리아는 있을 것이다. 통제된 관찰과 실험을 통해 열린 마음을 가진 마술사를 설득하는 것이 가능해야 한다. (1) 모기가 특정 지역에서 퇴치되면 말라리아는 사라지고, (2) 모기가 없는 마을에서 적절한 주술을 걸면 말라리아는 발생하지 않으며, (3) 모기가 사는 마을에서 주술을 걸지 않으면 말라리아는 계속 발생한다. 우리는 낮은 수준의 사실적 신념이 문화를 가로질러 공유된다고 가정할 수 있다. 이러한 낮은 수준의 사실적 믿음들은 두 번째 테제의 거짓을 의미한다. 이것은 주술이 없는 상태에서는 말라리아가 있고, 말라리아가 없는 상태에서는 주술이 있다는 발견에서 비롯된다. 그리고 이러한 사실은 첫 번째 테제의 진리와는 일관되지만, (한정된 관찰치의 집합이 보편적 진술의 진리를 확립할 수 없기 때문에) 그 사실들이 이 테제의 진리를 확립하는 데는 부족하다. 이 시나리오는 신념 상대주의를 과소평가하는 것으로 보인다. 왜냐하면 일단 관련된 배경 사실이 합의되면 신념이 인과적 가설을 중심으로 수렴될 것이라는 결론으로 이어지기 때문이다.

그러나 모기 가설에 대한 추론은 모기와 주술과 말라리아의 발생에 관한 합의된 사실에서 직접적으로 나오지 않기 때문에 이러한 결론은 시기상조이다. 대신, 이러한 사실들은 연역적이고 귀납적인 추론 원칙들과 결합되어야 한다. 따라서 사실적 믿음은 그 자체로 하나 또는 다른 하나의 인과적 가설(모기나 주술)을 강요하지 않는다. 오히려 인과적 가설은 우리가 연역적 논리와 일부 귀납적 논리의 원리들(최상의 설명을 위한 추론, 인과 관계와 규칙적 연관성의 관계에 대한 추론 등)을 전제할 때에만 뒷받침될 수 있다. 우리가 이러한 원리를 주술과 모기와 말라리아 사례의 유무에 관한 사실들에 적용한다면, 우리는 모기가 말라리아를 유발하고 주술은 그렇지 않다는 것을 추론할 수 있다. 따라서 신념 상대주의자는 이 결론을 뒷받침하는 추론 원칙이 정확히 쟁점이 되는 것이라고 대답할 수 있다. 다른 문화들은 '우리의' 과학적 인과 추론의 원칙을 공유하지 않으며, 그 결과 세계의 인과 구조에 대해 현저하게 다른 믿음에 도달한다.

특히 주술 전문가들은 여러 가지 방법으로 우리의 결론을 회피할 수 있다. 주술 과정의 새로운 특징들(예를 들어, 모기와 연관된 적절한 종류의 주술, 모기들이 사라지면 주술은 효력을 잃는다)을 상정함으로써 모순을 부정하는 것은 언제나 가능하다. 그러한 수정은 명백히 임시변통이지만, 우리가 임시 가설을 피하도록 지시하는 과학적 추론의 원칙 자체는 이 맥락에서 누구에게나 가용하다. 또는 주술 전문가들이 이 추론의 과정에 완전히 관여하기를 거부할 수도 있다. 그들은 논리와 실험을 통해 진리에 도달하려는 노력의 정당성을 인정하지 않을 수도 있다. 그리고 그들은 우리의 '말라리아모기'라는 개념 자체를 논리적으로 반대할 만하다고 주장할 수 있다. 왜냐하면 우리가 말라리아를 발생시키는 성향을 가진 요인(말라리아모기)의 영향을 통해 질병의 발생을 설명하는 것으로 보이기 때문이다. 이것은 주술 전문가들에게는 의심스럽게도 순환적으로 들린다.

그러면 우리는 우리가 시작한 문제로 되돌아온 것이다. 연역적이고 귀납적인 추론 원리에 대한 문화 중립적 정당성을 제공할 수 있는가? 여기서 내가 옹호하는 입장은, 연역적·귀납적 추론의 원칙이 대체로 신념 합리성의 기준을 담아내고, 그것은 **진실성**(veridicality)의 원칙에 의해서 정당화된다는 것이다. 이러한 추론 원칙을 고수하면 신념 체계 전체의 진실성이 향상된다. 만약 이 입장이 받아들여진다면, 우리는 신념 상대주의의 논제를 거부할 수 있는 강력한 근거를 가지게 된다. 왜냐하면 이 해명에는 대안적인 신념 형성 체계, 즉 진실성의 원칙을 비교할 수 있는 독립적인 기준이 있기 때문이다.

　이러한 옹호는 궁극적으로 두 가지 점에 달려 있다. 하나는 문화를 가로지르는 일상적인 사실적 신념의 공통성이고, 다른 하나는 다른 일상적인 사실적 사태를 예측하는 데 있어 상위 수준인 신념의 역할이다. 만약 우리가 관찰할 수 없는 인과적 과정에 대한 진정한 믿음을 가지고 있다면, 우리는 미래의 사태에 대해 진정한 예측을 할 수 있는 기초를 가질 것이다. 만약 우리의 인과 가설이 거짓이라면, 우리의 예측도 거짓이 되는 경향이 있을 것이다. 이제 우리는 한 쌍의 '추론 기계'(연역적 추론 체계와 귀납적 추론 체계)에 대한 2차 검증을 수행할 수 있다. 각 추론 체계는 환경의 인과적 속성에 대한 일련의 신념을 생성하며 미래와 반사실적 사태에 대한 일련의 예측을 낳는다. 신념 집합이 생성하는 예측의 사실성 측면에서 두 기계 사이에 분명한 차이가 있다면, 진실성이 더 큰 기계가 합리적으로 선호될 것이다.

　왜 우리는 이 합리성의 진실성 범주를 채택해야 하는가? 두 가지 이유 때문이다. 하나는 거짓보다는 진실에 대한 일반적인 선호 때문이고, 다른 하나는 환경을 다루는 데 있어서 진실한 믿음이 가진 큰 유용성 때문이다. 행위와 진실한 믿음 사이에는 밀접한 관계가 있다. 잘못된 믿음을 전제한 행동은 의도된 결과를 가질 가능성이 적다. 환경을 다루는 데 있어서 체계적으로 열등한 '추론 기계'를 사용하는 집단과 사람들은 다른 집단과 사람들보다 훨씬 덜 성공적일 것이다. 그들의 카누는 가라앉을 것이고, 그들의 원정대는 황무지에서 길을 잃을 것이며, 그들은 독이 든 음식을 먹는 경향이 있을 것이다. 이러한 종류의 문제에 부딪치는 문화를 생각하기는 어려운데, 나는 이로부터 각 문화가 그들의 일상적인 인과적 추론에서 앞에서 언급한 것과 같은 일련의 귀납적 기준을 채택하고 있다고 추론한다.

이 절에서 마지막으로 짚고 넘어가야 할 점이 있다. 귀납적 원칙과 연역적 원칙의 기준들의 정확성을 위해 내가 진전시킨 주장은 신념의 합리적 근거에 대한 주장이라는 것이다. 나는 이 추론 기계와 같은 무언가가 다른 모든 대안보다 우월하다고 주장해 왔다. 따라서 합리성은 문화 상대적인 것이 아니다. 이러한 결론은 모든 문화가 이 원칙들을 공유한다는 것을 의미하지는 않는다(비서구인들이 전 세계로 기술적·사회적으로 정교하다는 것은 그들이 이 원칙들을 공유한다는 것을 암시하지만). 오히려 이 결론은 이러한 원칙들에서 크게 벗어난 문화는 합리성과 진리에서 벗어났다는 것을 의미한다.

규범 상대주의

지금까지 우리는 인지 상대주의라고 부를 수 있는 것, 즉 지식 형식의 상대주의와 지식 검증의 상대주의를 고려해 왔다. 이제 규범 상대주의를 살펴보자. 특정 문화에서 현재 존재하는 규범과 가치의 중요도는 어떠한가? 모든 규범 체계의 기저에 있는(또는 있어야 하는) 도덕적 보편성이 있는가? 또는 도덕규범은 본질적으로 매우 가변적이면서 합리적 기초는 부족한 미적 가치와 비슷한가?

이 주제는 우리를 개별 행동을 구속하는 데 있어서 믿음에서 행위로, 그리고 규범 체계와 가치 체계의 역할과 다양성에 대한 고려로 이동시킨다. 우리는 이 책의 여러 지점에서 인간의 행동이 도덕적이고 규범적인 고려에 의해 영향을 받는다는 것을 보아왔다. 그래서 남자와 여자는 애국심의 규범을 고려해 군복무를 자원하고, 독실한 이슬람교도들은 종교적 금지를 존중해 돼지고기를 먹는 것을 삼가고, 농민들은 자신들의 정의감이 모욕당할 때 호전성이 유발되고, 부모들은 아이들의 미래 복지를 위해 현재의 소비를 포기한다. (〈사례 8.2〉에서 논의했던, 서로 다른 피착취 집단들이 구현하고 있는 정의감에 대한 분석에 기반해 그들의 정치적 행동의 차이를 설명한 배링턴 무어의 연구를 상기해 보라.) 이들 각각은 도덕적 또는 규범적 구속을 받아들임으로써 수단-목적 합리성의 직선에서 벗어나는 개별 행동의 사례들이다. 마지막으로, 이러한 규범적 헌신이 인간 공동체마다 다르다는 것이 일반적으로 관찰된다. 어떤 공동체는 추상적 정의에 높은 우선순위를 두는 반면, 어떤 공동체는 개인적인 관계와 가족관계에 더 높은 가치를 둔다. 어떤 사람들은 유아 살해에 대해 혐오감을 가지고 있고, 다른 사람들은 그 관행을 가족계획의 합법적인 수단으로 여긴다. 규범적 헌신의 이러한 차이는 **도덕 상대주의** 테제를 낳는다.

도덕 상대주의는 서로 다른 문화는 서로 다르고 양립할 수 없는 도덕 가치 체계를 구현하고 있으며, (경합하는 가치 체계의 관점에서 벗어나서) 하나의 체계를 다른 체계보다 선호할 합리적인 근거가 없다는 견해이다. 상대주의자들은 모든 사회가 그러한 일련의 규범과 가치를 구현하고 있고, 다양한 문화의 가치 체계—사람들이 자기 자신, 자신의 친구와 적, 자신의 사회적 배열, 자신의 인공 산물 등을 평가하는 평가 도식—사이에 근본적인 다양성이 있다고 주장한다. 그러한 체계는 정의, 남자다움, 예의 바름, 그리고 아름다움에 대한 지역적 개념들을 결정한다. 이 입장은 다음과 같은 방식으로 표현될 수 있다. 인간 활동을 규제하는 규범 체계는 문화마다 가변적이며, 그 체계의 관점에서 벗어나서 하나의 체계를 선호할 수 있는 합리적인 근거가 없다. 예를 들어, 가족생활을 지배하는 규범들, 즉 아이에 대한 부모의 의무가 무엇인지, 젊은 세대의 자유 범위가 무엇인지, 남성과 여성 사이에서 어떤 형태의 지배가 허용되는지 등을 고려해 보자. 가족 구조가 문화마다 매우 다양하다는 것은 잘 알려져 있다. 어떤 가부장적 사회에서는 나이 많은 남성에게 의사결정이 집중되지만, 다른 사회에서는 여성이 의사결정에서 주된 권한을 가진다. 어떤 문화권에서는 아이들에게 넓은 선택의 폭이 주어지고, 어떤 문화권에서는 아이들이 부모의 바람을 따르도록 기대된다.

적어도 이 테제의 일부는 다툼의 여지가 없다. 가족관계, 시민-국가 관계, 경제 관계 등 일상적인 삶을 지배하는 규범들은 세계 문화 전반에 걸쳐 분명히 가변적이다. 이것은 사회 규범에 광범위한 변형이 있다는 사실을 입증한다. 더 어려운 문제는 **모든** 규범이 이런 방식으로 가변적인가 하는 것이다. 일부 논평가들은 인간 조건의 공통적인 특징 때문이거나 또는 공통의 진화 역사 때문에 인간 보편자인 규범적 원칙이 있음을 주장하려고 노력해 왔다. 이 이론들은 **자연주의**, 즉 인간의 자연적 상황에 대한 어떤 사실들이 적어도 몇 가지 도덕적 원칙의 내용을 결정한다는 관점의 형태들이다. 농민의 도덕 경제에 대한 스콧의 이론은 첫 번째 선택지의 온건한 견해를 대표한다. 스콧은 다양한 문화적 배경에서 농민 생산의 환경이 사회의 모든 구성원이 현재 사회적 배열 내에서 생계를 유지할 권리를 강조하는 윤리를 낳는다고 주장한다(Scott, 1976). 이

윤리는 정의감으로 묘사될 수 있다. 스콧은 생존 윤리에 대해 다음과 같이 쓴다. "비록 생계 안정성에 대한 바람이 경작자들의 욕구—농민의 경제학—로부터 나오는 것이기는 하지만, 그것은 도덕적 권리나 기대의 유형으로서 사회적으로 경험된다. …… 그런데 이 생존 윤리는 농민 사회의 경제적 관행과 사회적 교환에 뿌리를 내리고 있다. 나는 이것이 도덕적 원칙으로서, 그리고 생존의 권리로서 농민이 지주와 국가에 의한 잉여 수탈을 평가하는 기준이 된다는 점을 보여줄 수 있다고 믿는다"(Scott, 1976: 6~7 [스콧, 2004: 20~21]).

스콧의 생존 윤리 이론은 두 가지 관련된 가정, 즉 첫째, 광범위한 농민 사회의 구성원들 사이에서 경험된 공통의 정의감이 있고, 둘째, 이 윤리는 전 세계 농민들의 공통된 '실존적 상황'에 의해 발생한다는 가정을 포함하고 있다. 농민들은 날씨의 변칙과 더 강력한 행위 주체들(지주들, 세리들 등)에 종속되고, 근근이 살아가고 있으며, 생존 윤리는 이러한 상황에 처한 사람들이 발전시키는 자연스러운 규범 도식이다. 분명히 후자의 결론은 기능주의적인 느낌을 가지고 있다. 그 결론은 중요한 사회적 필요를 만족시키는 규범 체계가 나타나는 경향이 있다는 생각을 전제로 하는 것처럼 보인다. 제4장에서 보았듯이, 우리가 개연성 있게 이러한 결과로 이어지는 사회적 메커니즘을 규정할 수 없는 한, 이러한 일련의 가정은 의심스럽다. 그러나 이 경우, 농민들의 이기적인 행동의 형식으로 가능한 메커니즘이 있다. 이들은 일상적인 삶에서 사용할 규범을 만들어내면서, 자신들의 안보와 복지를 증진하는 규범을 채택하는 경향이 있고, 생존 윤리는 이를 잘해낸다.

우리가 생존 윤리의 기원에 대한 이 이야기를 받아들인다고 가정해 보자. 이것은 규범 상대주의에 대해 우리에게 무엇을 말해주는가? 소소하게, 이 이야기는 문화 전체를 특징짓는 규범 도식이 있다는 것을 보여줌으로써 상대주의의 범위를 좁힌다. 그러나 그것은 유사 보편적인 규범 도식을 위한 합리적인 근거를 제공하지는 않는다. 농민 사회가 위기 상황에서 지대 면제를 거부하는 지주들을 비난하는 도덕 체계를 포함하고 있다는 발견은 그들이 이런 식으로 행동하는 것이 정말로 잘못되었다는 것을 보여주지는 않는다. 그것은 단지 많은 문화가 그렇게 판단한다는 것을 보여줄 뿐이다.

도덕 상대주의에 대한 두 번째로 가능한 답변을 생각해 보자. 이 답변은 인간 사회생활의 환경보다는 인간 종의 진화 역사를 중심으로 한다. 이 노선은 인간 도덕 심리학에서 적어도 일부분은 진화적 배경을 가지고 있다는 것을 보여주고자 하는 사회생물학자들이 취한 것이다. 여기서 일반적인 접근은 도덕적 행동과 진화 역사에 명백하게 기반을 둔 다른 형태의 인간 행동들(예를 들어, 인지 능력) 사이의 유추를 도출하는 것이다. 사람들이 수천 개의 인간 얼굴을 구별할 수 있다는 사실은 번식 성공에 끼치는 긍정적인 영향 때문에 인간의 인지 레퍼토리 내에서 그럴듯하게 발달한 인지 능력의 한 예이다. 즉, 이 능력에는 신경생리학적인 기초가 있다. 인간이 수천 명의 얼굴들을 구별할 수 있다는 것은 '자연스러운' 것이다.

사회생물학자들은 윤리적 역량에 대해 비슷한 분석에 도달하려고 시도한다. 인간 행동은, 예를 들어 아동학대를 저지르는 것에 대한 도덕적 혐오와 같이 특정한 기본 규범에 대한 유형화된 규칙성을 보여준다. (이 행동은 "아이들에게 까닭 없는 고통을 가하는 것은 잘못된 것이다"라는 원칙으로 요약될 수 있다.) 사회생물학자들은 이제 이러한 행동 규칙성에 유전적 근거가 있을 수 있다고 주장한다. 그들은 그렇지 않은 부모에 비해 이러한 구속을 체화하는 부모에게 부여된 재생산적 이점을 언급한다. 나는 그러한 결론을 위한 경험 사례를 평가하려고 시도하지 않을 것이다. [필립 키처(Philip Kitcher)는 이러한 논점에 파괴적인 비판을 가한다 (Kitcher, 1985: 417~423).] 그러나 두 가지 주목할 만한 점이 있다. 첫째, 우리가 이 노선을 따라 바랄 수 있는 최선의 것은 도덕적인 행동을 할 수 있는 능력에 대한 해명이지 특정한 도덕 원칙이나 혐오가 아니라는 것이 꽤 명백해 보인다. 그리고 둘째, 모든 인간이 아동학대에 대해 유전적으로 고정된 혐오를 체화하고 있다는 것을 입증할 수 있다면(아마도 입증할 수 없을 것이다), 이는 문화 상대주의의 범위를 약간 축소시킬 것이다. 왜냐하면 인간의 규범적 행동의 가장 명백한 특징은 규범적 행동의 고정성이 아니라 오히려 그 반대이기 때문이다.

지금까지 우리는 문화 전반에 걸쳐 어떤 규범적인 보편성이 발견되는지의 문제에 집중해 왔다. 그리고 나는 만약 보편성이 있다 하더라도 그 보편성은 드물며, 이것이 인간의 도덕적 원리에 대해 아주 깊은 것은 전혀 말해주지 않는다고 주장해 왔다. 특히 그것은 도덕적 보편자들이 유효하다는 것을 보여주지 않는다. 그렇다면 도덕 기준의 상대주의에 대한 질문으로 돌아가보자. 도덕 상대주의는 철학적 입장이며, 일차적으로 사회과학적인 문제는 아니다. 그것은 앞 절에서 언급한 신념의 기준의 합리성 문제와 직접적으로 유사하다. 이러한 형태의 도덕 상대주의는 도덕적 진리와 같은 것은 없다는 주장에 해당한다. 오히려 양립할 수 없거나 공약 불가능한 다양한 도덕 체계가 있으며, 하나를 다른 것보다 선호할 수 있는 합리적인 근거는 없다.

길버트 하먼(Gilbert Harman)은 이러한 노선을 따라 도덕적 신념에 대한 해석을 제공한다. 그는 도덕적 의무는 한 사회집단의 구성원들 사이의 암묵적인 합의에 의해서 구성된다고 주장한다(Harman, 1975). 이는 **협약주의적**(conventionalist) 해석을 나타낸다. 도덕적 원칙은 사회집단의 대부분 또는 모든 다른 구성원들도 그렇게 한다는 인식하에, 개인의 규범 수용을 통해 개인의 행위를 규제하는 사회적 관습과 유사하다. 이 해명에서, 한 사람이 다른 사람을 존중해야 한다는 도덕적 요구는 이 원칙이 한 사회집단 구성원들의 행위에 체화되어 있다는 사실에서 비롯된다. 이 규범이 관습적으로 존중되지 않는 사회에서는 그러한 의무는 없다. [매키(J. L. Mackie, 1977)는 『윤리학: 옳고 그름의 탐구(Ethics: Inventing Right and Wrong)』에서 유사한 주장을 한다.] 이러한 생각의 노선을 따라, 도덕적 원칙은 토대는 없지만 사회생활에서 중요한 기능을 한다. 그 원칙들은 사회적 효용의 기초 위에서는 한 발 떨어져 있다.

이러한 견해는 다양한 형태의 철학적인 도덕 상대주의를 나타내는데, 이는 20세기 철학에서 반토대주의의 일반적인 풍토로부터 많은 지지를 얻었던 입장이다. 많은 철학자는 도덕적인 신념에 대한 궁극적인 토대가 없다는 것에 동의하는 경향이 있다. 대신에, 가치 체계는 한 도덕 문화 안에서 계승되고, 도덕 이론은 이러한 문화적으로 특정한 가치들을 표현하고 합리화하는 역할을 한다. 그러나 도덕적 원칙에 대한 논쟁의 범위를 좁히려고 시도했던 한 철학자를 생각해 보자. 『정의론』에서 존 롤스는 합리적인 사람이라면 구체화된 선택의 상황에서 대안들보다 자신의 원칙을 선택할 것이라는 근거 위에 자신의 정의 원칙이 특정한 대안들, 즉 효용주의(utilitarianism)와 완전주의(perfectionism)보다 우월하다는 것을 보여주려고 시도한다. 롤스는 이것이 자신의 정의 이론을 위한 절대적인 토대나 정당화가 아니라는 것을 인정한다. 아직 공식화되지는 않은 원칙이지만 그의 원칙보다 선택될 수 있는 다른 원칙이 있을 수 있으며, 더 근본적으로 어떤 이는 최선의 원칙이 합리적인 사람들에 의해 선택될 원칙이라는 관념을 거부할 수도 있다. 그럼에도 불구하고 롤스는 합리적인 논의에 역할을 부여하는 도덕 이론에 대한 지지를 모으는 방법을 제공한다. 그러나 그가 후기 저작에서 이 이론의 정당성을 위해 내세우는 주장을 약화시켰다는 것은 의미심장하다. 「공정으로서의 정의: 정치적인, 형이상학적이지는 않은(Justice As Fairness: Political Not Metaphysical)」(1985)에서, 그는 도덕적 논쟁은 공동체의 도덕 문화 내에서 합의를 확립하는 데 기여하며, 우리가 문화들을 가로지르는 도덕적 불일치를 해결할 수 있다고 가정할 이유가 없다는 결론에 도달한다.

보편자들

교차-문화적인 인간 보편자들은 존재하는가? 우리는 이 질문에 대답하기 전에 먼저 질문을 명확히 해야 한다. 어떤 특성을 인간 보편자로 간주할 수 있는 몇 가지 방법이 있다. 우리는 이 개념을 "모든 인간은 고통을 느낀다"와 같이 모든 인간에 대한 맹목적인 보편적 일반화를 지칭하기 위해 사용할 수 있다. 또한 "모든 인간은 음식과 물을 필요로 한다"와 같이 인간 상황의 어떤 공통된 특징이나, "인간은 산수를 할 수 있다"와 같이 어떤 공통된 능력을 인간 보편자로 식별할 수도 있다. 한 능력의 중요한 특징은 실제 역량이라기보다는 잠재력을 나타낸다는 것이다. 그 능력이 실현되려면 환경과의 적절한 상호작용이 요구된다. 특별히 명확한 사례인 인간의 언어 습득과 사용을 예로 들어보자. 언어학자들은 인간의 언어는 언어를 습득하고 사용하는 종 전체의 인지 능력에 의존한다는 것을 명백히 밝혔다. 따라서 언어를 사용할 수 있는 능력은 세 번째 의미에서 인간의 보편자이다. 인간 종의 한 특징은, 전형적인 인간은 이 능력을 가지고 있다는 것이다. 그러나 언어 사용은 다음 몇 가지 이유로 인간 종 전체에 걸쳐 예외 없이 보편적인 것은 아니다. 첫째, 언어를 습득할 수 있는 인지 능력이 부족한 개별 인간들이 있다. 둘째, 능력을 가지고는 있지만 이 능력이 발전되는 환경이 허락되지 않은 개인들이 있다. 그들은 언어 습득 기간에 성인 화자들로부터 격리되어 있다. 마지막으로, 사회적 배열이 언어 습득에 체계적으로 간섭해 (나는 그런 경우를 알지 못하지만) 전체 인구가 언어 능력이 부재하게 되는 것도 가능할 것이다. 그러나 이러한 예외들 가운데 어느 것도 언어 능력이 인간 보편자가 아니라는 것을 보여주지 않는다. 대신에, 그 예외들이 보여주는 것은 단지 보편자들은 활성화되고 발전되기 위해 특정한 환경적 단서를 요구하는 능력이라는 것이다. 이 예는 앞에서 말한 인간 보편자에 대한 각 정의를 예시하지만, 우선적인 것은 '능력'에 대한 정의이다. "모든 정상적인 성인 인간은 언어를 사용한다"라는 엄격한 보편자는 거의 사실이며, 이 보편자의 진실은 모든 인간은 언어를 습득할 수 있는 능력(능력 보편자)을 가지고 있다는 사실과 모든 인간은 언어를 사용하는 공동체(상황적 보편자)에서 태어난다는 사실에서 비롯된다.

그러면 인간 보편성이 있는지 생각해 보자. 생물학은 분명히 그러한 보편자들의 한 부류를 확립한다. 가장 기본적인 수준에서 인간에게 음식과 은신처가 필요하다는 것은 교차-문화적 보편자이다. 마찬가지로, [미셸 푸코(Michel Foucault)는 섹슈얼리티의 깊은 문화적 특성을 주장하지만 (Foucault, 1978)] 인간 종의 진화 역사에 기초하는 것으로 보이는 성적인 행동과 생식 행동의 교차-문화적 유형들이 있다. 다소 더 미묘한 수준에서 인지과학은 인간 인지 체계의 주요 요소들이 유전적으로 결정된다는 것을 분명히 했다. 지각 체계, 유형 인식, 기억, 언어 능력, 도구 사용 능력, 기타 인지 능력은 신경생리학에 확고한 기반을 가지고 있는 것으로 보이며, 인간 유기체의 진화 역사에 기초해서 설명된다. 모든 인간은 자연어를 사용하며, 노암 촘스키(Noam Chomsky)로 시작하는 언어학자들은 인간 언어의 명백한 다양성 이면에 있는 언어적 보편자를 확인하려고 시도했다.

제2장과 제6장에서는 교차-문화적 보편자인 실천 이성의 핵심적 특징들이 있다고 주장했다. (이 발견은 합리적 선택의 유용성과 물질주의적인 설명 틀의 기초가 된다.) 우리는 의도적인 선택을 위한 이 인간 능력의 요소와 구조도 마찬가지로 그 자체의 진화적 역사를 가진 인간 보편자라고 추정할 수 있다. 이 능력은 인지 능력과 실천 능력의 다양성에 의존한다. 인지적인 측면에서 우리는 세계에 대한 믿음을 형성할 수 있는 능력, 인과 관계에 대한 가설을 세울 수 있는 능력, 또는 세계의 미래 상태에 대해 예측할 수 있는 능력을 규명할 수 있다. 그리고 실천적인 측면에서는 자신의 목표와 목적에 대해 판단할 수 있는 능력, 특정한 행동이 행위 주체들이 따르는 규범과 가치와 양립하는지 고려할 수 있는 도덕적 능력, 그리고 다양한 사회적 환경에서 행위를 낳는 복잡한 정념과 감정의 체계가 있다. 인간의 합리성과 감정은 종 특유의 것이다. 그러나 이러한 특징은 서로 다른 문화에서 서로 다른 방식으로 동원되고 사용되는, 인간에게 가용한 자원으로 이해될 필요가 있다. 여기서 언어와의 유비는 유익하다. 모든 인간은 인간 언어를 습득할 수 있는 능력(과 그 능력을 뒷받침하는 신경생리학)을 가지고 있다. 그러나 그들이 어떤 언어

를 습득하느냐는 전적으로 그들이 태어난 언어 공동체에 달려 있다. 따라서 인간의 언어는 보편성과 문화적 특수성을 모두 보여준다. 음운론, 의미론 및 구문론 수준에서의 다양성은 하나 또는 다른 인간 언어를 습득하고 사용할 수 있는 공통의 보편적인 인간 능력의 존재와 모순되지 않는다. 게다가 이것은 무의미한 보편자가 아니라 인간 종을 다른 종(아마도 심지어 다른 지적인 종들)과 구별해 주는 것이다.

이 견해는 모든 인간 행동을 뒷받침하고 인간 보편자를 나타내는 중요한 인지적·실천적 능력이 있음을 시사한다. 마찬가지로 인간 문화 전반에 걸쳐 보편적인 실질적 도식들이 존재하는가? 특히 문화들을 가로질러 공통적인 인간 개념 도식, 추론의 기준, 행위의 표준 등의 특징들이 있는가? 개념 상대주의를 지지하는 주장들에도 불구하고, 모든 인간 인식의 기초가 되는 핵심적인 개념적 특징들의 집합이 있다는 결론을 피하기는 어렵다. 실증적 경험을 개별적인 대상들로 나누는 데 필요한 개념, 속성들의 대상으로의 귀인, 시간과 공간에서 대상의 위치, 그리고 인과 관계의 틀은 인간의 경험에서 피할 수 없는 것으로 보인다. 여기에 우리는 인간 경험에 공통적인 특징들인 색, 온도, 맛, 냄새, 시각적 경험의 3차원성을 분석하는 데 필요한 개념들을 추가할 수 있다. 이 입장은 **모든** 개념이 공동으로 소유된다는 것을 의미하지 않는다. 이것은 다른 문화에 대한 피상적인 연구에 의해서도 명확하게 반박되는 견해이다. 그러나 그것이 배제하는 것은 급진적인 워프 가설, 즉 가장 기본적인 존재론의 수준(세계가 사물들로 나누어지는 방식들)에서도 다양성이 있다는 것이다.

우리의 관심을 신념의 틀로 돌리면, 우리는 비슷한 결론에 도달한다. 모든 문화에 존재하는 것처럼 보이는 경험적·인과적 추론의 핵심 표준이 있다. 물고기와 새가 계절에 따라 이동하기 때문에 어떤 계절에는 발견될 수 있지만 다른 계절에는 그렇지 못하다는 것을 배우는 능력, 농사를 짓기 위해 다양한 씨앗의 속성을 배울 수 있는 능력, 별과 행성의 규칙적인 움직임을 알아보는 능력, 식물과 약초의 약효 발견, 이 모든 능력은 환경을 관찰하고 경험적 규칙성에 대한 가설과 일반화에 도달하는 능력에 의존한다. 다시 한번 말하지만, (신념 체계에는 광범위한 문화적 가변성이 있지만) 급진적인 문화 상대주의 주장은 과장된 것처럼 보인다.

마지막으로, 규범 상대주의로 관심을 돌리면, 우리는 상대주의자의 입장이 가장 강하지만 완전히 설득력 있는 것은 아니라는 것을 발견한다. 인간 규범 체계의 다양성은 광범위하며, 동시에 인간 규범은 인간 실존적 상황의 귀중한 특징들, 즉 고통의 중요성, 인간 필요 충족의 중요성, 부모-자녀 관계의 강렬함 등을 지향한다. 이러한 특징들은 서로 다른 문화에서 다르게 다루어지지만, 그것들은 모두 자리가 주어져 있다.

따라서 인류학은 우리를 위해 인간의 가변성에 관한 메시지를 가지고 있는 것으로 보이지만, 정확히 급진적인 문화 상대주의에 의해 제기된 것은 아니다. 올바른 결론은, 개념, 신념, 그리고 규범의 수준에서 인간 문화들을 가로지르는 통일성과 다양성이 모두 존재한다는 것이다. 다양성은 문화적 도구들을 발전시키는 인간 능력의 창조성과 인간 필요에 의한 문화의 과소 결정력을 보여준다. 이와는 대조적으로 통일성은 인간 삶의 생물학적 상수와 인간 실존 상황의 공통적인 특징 모두를 반영한다. 마지막으로, 인간이 철학, 과학 이론, 종교적 신념과 같은 성찰적이고 심사숙고하는 사고를 할 수 있다는 사실은 인간 이성의 실행으로부터 새로운 보편자들이 등장하는 것을 가능하게 한다.

▌더 읽어볼 책들

Bernstein, Richard J. 1983. *Beyond Objectivism and Relativism: Science, Hermeneutics, and Praxis.* [리처드 J. 번스타인, 『객관주의와 상대주의를 넘어서 : 과학과 해석학 그리고 실천』(2017)].

Gellner, Ernest. 1985. *Relativism and Social Science.*

Harman, Gilbert. 1975. "Moral Relativism Defended."

Hollis, Martin and Steven Lukes(eds.). 1982. *Rationality and Relativism.*

Jarvie, I. C. 1984. *Rationality and Relativism: In Search of a Philosophy and History of Anthropology.*

Kuhn, Thomas. 1970. *The Structure of Scientific Revolutions.* 2d ed. [토머스 새뮤얼 쿤, 『과학혁명의 구조』(2013)].

Mackie, J. L. 1977. *Ethics: Inventing Right and Wrong.* [J. L. 매키, 『윤리학: 옳고 그름의 탐구』(1990)].

Trigg, Roger. 1985. *Understanding, Social Science.* [로저 트리그, 『사회과학 이해하기: 사회과학에 대한 철학적 소개』(2013)].

Wilson, Bryan R.(ed.) 1970. *Rationality.*

Winch, Peter. 1958. *The Idea of a Social Science.* [피터 윈치, 『사회과학의 빈곤』(2011)].

Wong, David. 1984. *Moral Relativity.*

제10장

방법론적 다원주의를 향하여

이 장에서는 아마도 사회과학 철학에서 가장 자주 논의되는 주제인 사회과학과 자연과학 사이의 관계를 살펴볼 것이다. 앞의 여러 장에서는 사회과학 설명이 자연과학과 중요한 공통된 특징들, 예를 들어 인과적 설명의 중심성, 정량적 추론의 유용성, 하위 수준에 있는 인과 메커니즘의 틀 내에서 상위 수준의 과정을 위치시키는 것의 중요성 등을 공유한다는 것을 보여주었다. 우리는 또한 사회과학과 자연과학을 선명하게 구별하는 여러 특징, 예를 들어 사회과학에서 개인 행위성의 설명적 역할, 인간 행위를 의미 있는 것으로 해석해야 할 필요성, 사회과학에서 법칙과 규칙성의 약함 등을 접했다. 그렇다면 사회과학과 자연과학 사이의 적절한 관계는 무엇인가?

지난 세기에 이 주제에 대해 두 가지 극단의 입장이 취해졌다. 첫 번째는 자연주의, 즉 사회과학이 자연과학과 방법론적으로 유사하다는 견해이다. 다른 하나는 반자연주의, 즉 사회과학은 자연과학과 근본적으로 구별되는 하나 이상의 특징을 구현한다는 견해이다. 반자연주의 입장의 가장 흔한 변론은 설명 유형들 사이의 대조에 의존한다. 자연과학은 인과적 설명을 제공하는 반면, 사회과학은 의미 있는 해석을 제공한다. 우리는 자연주의도 반자연주의도 전적으로 설득력이 없다는 것을 보게 될 것이고, 두 가지 모두에 반대해 나는 방법론적 다원주의 원칙을 주장할 것이다.

자연주의

많은 철학자와 일부 사회과학자들은 사회과학이 자연과학의 방법론적 특징들을 재생산하는 것을 목표로 해야 한다고 주장한다. 데이비드 토머스(David Thomas)는 그 점을 다음과 같이 표현한다. "나는 인간 사회에 대한 연구가 자연과학적 방법론을 충족시킬 수 있는지 여부에 관심이 있다. 전체적으로 나는 다음과 같은 용어로 질문을 제기한다. 사회 연구가 **자연과학적** 방법론을 따를 수 있을까? 즉, 자연과학의 방법론을 복제할 수 있을까? **자연주의**, 즉 자연과학적인 사회 연구가 있을 수 있다는 원리는 옳은가?"(Thomas, 1979: 1) 그리고 그는 자신의 분석이 자연주의가 사회과학을 위한 정당한 방법론적 프로그램이라는 것을 보여준다고 믿는다.

자연주의 프로그램은 두 가지 생각 사이를 오가며 애매한 태도를 갖고 있다. 우리는 이것들을 약한 자연주의(Weak Naturalism)와 강한 자연주의(Strong Naturalism)라고 부를 수 있다.

약한 자연주의   사회 현상을 조사하기 위해 자연과학에 기반한 방법론을 사용하는 것이 가능하다.

강한 자연주의   사회 현상을 조사하기 위해 자연과학에 기반한
방법론을 사용하는 것은 필수적이다.

약한 자연주의는 자연주의적 사회과학이 가능하다는 것만을 주장하며, 강한 자연주의는 사회 탐구가 조금이라도 과학적이고자 한다면 자연주의적 사회과학**이어야 한다**고 주장한다. 그러므로 약한 자연주의는 일부 사회 탐구가 자연주의적이지 않다는 견해와 양립할 수 있다. 그렇다면 분명히 강한 자연주의는 더 방어하기 어렵다.

두 번째 예비적인 이슈 또한 제기된다. 자연주의의 내용은 우리가 자연과학 방법론에 대해 제공하는 해명에 따라 달라진다. 조사, 경험적 절차, 정량적 방법 등의 기법이 자연과학 사이에서도 분야마다 크게 다르다는 것은 상당히 명백하다. 결과적으로 자연주의가 조금이라도 개연성이 있으려면, 우리는 이러한 차이들로부터 추상화하는 일반성의 수준에서 '자연과학의 논리'를 기술해야 한다. 그러나 과학의 통일성이라는 개념에 실체를 부여할 수 있는 과학적 방법의 특징은 무엇인가? 가장 그럴듯한 견해는 과학적 방법의 핵심-주변 분석이다. 모든 과학적 기획이 공유해야 하는 몇 가지 특징이 있으며, 모두는 아니지만 일부 과학적 기획 사이에서는 공통적으로 주장되는 수많은 특징이 있다. 전자는 핵심 기준을 구성하고, 후자는 다양한 과학적 기획 전반에 걸쳐 짜인 가족 유사성 같은 특징을 나타낸다.

과학의 핵심 특징은 적어도 이러한 기준들, 즉 경험적 검증 가능성 기준, 논리적 일관성 기준, 그리고 신념 평가와 비판의 상호 주관적 과정에 대한 제도적 헌신을 포함한다. 모든 과학은 과학적 주장과 가설을 평가하는 핵심 수단으로서 경험적인 조사와 관찰을 사용하는 것에 높은

가치를 둔다. 모든 과학은 신념 체계가 논리적으로 일관되고 발전되어야 한다고 요구한다. 그리고 모든 것은, 개인의 과학적 결과가 공동체 전체의 적정성 기준에 종속되는, 탐구자들의 공동체를 통해 진행된다.[1]

이러한 기준은 과학 탐구에 대해 전체적으로 기술해 주지 않으며, 오히려 어떠한 기획이라도 과학적이라고 판단되고자 한다면 반드시 충족시켜야 하는 최소한의 기준을 나타낸다. [칼 포퍼(Karl Popper)와 다른 이들은 과학과 유사 과학을 구별하기 위한 '구획 기준(demarcation criterion)'으로 이러한 종류의 기준을 제공한다(Popper, 1965).] 과학적 추론의 이러한 공유된 특징들 외에도 과학 분야에 따라 다양하게 나타나는 주변적 특징들의 집합이 있다. 과학의 중요한 주변적 특징에는 정량적 방법과 모델의 사용, 기저의 법칙과 과정, 또는 메커니즘에 기초해 관찰된 현상의 설명에 대한 헌신, 통일된 가설의 체계로서 이론의 개념화, 가설을 평가하기 위한 통제된 실험 사용, 이론적 추론에 기초한 예측의 광범위한 사용, 그리고 배후의 형이상학적 신념에 대한 헌신(예를 들어, 원거리 작용은 없다, 순수한 이타주의를 전제로 하는 개인 행동에 대한 설명은 없다) 등이 있다. 이러한 특징은 여러 과학이 공유하지만 다른 과학들은 공유하지 않는 일반적인 특징이기 때문에 주변적이다. 과학의 범위 전체에 걸쳐 이러한 특징에 대한 분명하고 중요한 예외가 있다. 따라서 열역학 분야는 그 역사의 대부분에 걸쳐서 기저의 과정에 대한 가설을 의도적으로 회피했고, 문화 인류학자들은 복잡한 정량적 모델을 거의 사용하지

---

1   뉴턴-스미스는『과학의 합리성(The Rationality of Science)』(1981)에서 과학의 제도적 구조의 인식론적 중요성에 대해 풍부하게 기술한다. 머튼의『과학 사회학(The Sociology of Science)』(1973)은 과학의 제도적 구조에 대한 고전적인 경험 연구의 모음을 제공한다.

않으며, 사회과학의 일부 분야는 설명에는 전혀 관심을 두지 않고 묘사적 정확성에 만족하고 있다.

만약 자연주의가 사회과학은 과학의 핵심적 특징을 자연과학과 공유해야 한다는 주장에만 해당한다면 그 주장은 받아들일 만하다. 이것은 단지 사회과학이 경험적 연구와 논리적 엄격성에 핵심적인 중요성을 부여하고 올바른 종류의 제도적 구조를 가지도록 요구할 뿐이다. 그러나 자연주의를 옹호하는 사람들은 훨씬 더 많은 것을 의도하는 것으로 보인다. 여기서 사용되는 용어로 바꾸어 표현된 그들의 견해는, 자연과학은 핵심 특징과 주변 특징의 중요한 군집, 즉 예측의 실질적인 사용, 관찰 불가능한 것에 대한 가설에 기초한 설명, 예측 결과를 통한 가설 검증 등을 공유한다는 것이다.

나는 다른 곳에서 내가 '예측적-이론 자연주의(predictive-theory naturalism)'라고 말한 것에 대한 해명을 제공한다. 이 해명에서, 모든 과학적 기획의 핵심 특징 외에 자연과학 방법론의 군집 특징은 다음과 같은 개념을 포함한다.

1. 과학적 지식은 통일된 연역 이론의 형태를 취한다.
2. 그러한 이론은 전형적으로 관찰 가능한 상태를 설명하기 위해 관찰 불가능한 메커니즘을 묘사한다.
3. 그러한 이론은 자연의 법칙을 묘사하려고 시도한다.
4. 이 이론은 상대적으로 정확한 예측을 가능하게 한다.
5. 이 이론은 예측 결과를 통해 경험적 확증을 얻는다.
6. 과학적 이론화의 핵심 목표는 현상 영역에 대한 통일된 이론, 즉 그 영역의 모든 현상을 설명할 수 있는 단일한 포괄적 이론에 도달하

는 것이다.[2]

여기서 자연과학은 예측 결과를 갖는 이론에 의해 특징지어지며, 과학적 이론은 그 이론이 낳는 예측을 통해 경험적으로 평가된다. 자연주의의 문제는 사회 탐구가 이러한 논리적·인식론적 구조를 가진 사회 세계에 대한 지식을 산출하느냐 여부이다.

어떤 종류의 고려사항들이 자연주의를 사회과학의 철학으로 추천하는가? 핵심 동기는 과학의 통일성 원리에서 비롯되는데, 이에 따르면 모든 과학이 적어도 과학이 되고자 한다면 일련의 방법론적 특징을 함께 공유해야 한다. 두 번째 동기는 연관된 것인데, 그것은 모든 현상은 궁극적으로 물리적 대상들의 속성에 기초한다는 물리주의 프로그램에서 비롯된다. 따라서 비근본적인 실체들에 관심을 두는 것으로 보이는 과학은 하위 과학으로 환원될 필요가 있다. 과학의 통일성 주장과 환원주의의 사례는 다음 두 절에서 검토될 것이다.

이러한 일반적이고 프로그램적인 견해들을 넘어서 자연주의를 추천하는 데는 특히 세 가지 생각이 중요하다. 첫째, 자연과학에서 이론적인 설명 모델의 강점은 자연주의를 뒷받침하는 또 다른 요소이다. 자연과학은 현상을 생산하는 기저 메커니즘 이론을 공식화함으로써 일견 다양하고 무질서한 현상을 설명하는 데 큰 성공을 거두었다. 뉴턴의 중력 이론은 조류, 행성 궤도, 낙하하는 물체의 법칙에 대한 간결한(parsimonious) 설명을 제공한다. 그러므로 사회과학의 목적이 비슷하다고 주장하는 것,

---

2   이 테제들은 리틀(Little, 1986: 14)로부터 다시 만든 것이다. 그 테제들은 자연과학의 많은 사례에 적용해도 실패하게 되는 과학적 지식의 이상화를 나타낸다는 점에 유의해야 한다.

즉 우리가 광범위한 사회 현상을 체계화할 수 있게 해주는 기저의 사회 과정이나 메커니즘에 대한 이론을 공식화하는 것은 솔깃한 일이다. 그리고 일부 사회 이론은 이러한 가능성을 제공하는 것처럼 보인다. 따라서 집합 행위 이론은 다양한 사회적 환경에서 집합 행위와 무임승차 사례를 설명할 수 있게 해준다.

자연주의의 두 번째 동기는 실천적인 인간 목적을 위한 예측의 중요성에서 비롯된다. 자연과학은 자연 체계의 행동을 예측하는 자연과학 이론들의 능력에 기초해서 인간이 환경에 다양한 형태로 개입할 수 있는 기초를 제공한다. 따라서 예를 들어 공학은 역학, 재료 과학 등의 기초과학에 의존하고, 의학은 분자생물학, 세포생물학, 그리고 생화학에 의존한다. 자연 체계가 가진 기저의 인과적 속성에 대한 이론에 도달함으로써, 자연과학은 인간이 자연환경을 실질적으로 통제하기 위한 길을 닦았다. 사회 현상은 인간 환경에서 마찬가지로 중요하다. 전쟁, 불황, 그리고 인종 폭력의 시기는 모두 인간 공동체들이 가능하면 회피하고 싶어 하는 사회적 결과이다. 그리고 더 높은 경제 생산성, 더 큰 평등, 약자에 의한 더 높은 교육적 성취, 더 높은 수준의 사회적 연대는 인간 공동체가 얻고 싶어 하는 결과이다. 그렇다면 사회과학을 사회정책의 지적 기반을 제공하는 것으로 보는 것은 솔깃한 일이다. 사회적 인과에 대한 이론들을 제시함으로써 사회과학은 정책 입안자들로 하여금 현재의 사회적 조건의 영향을 예측하고 바람직한 결과를 가져오는 개입을 설계할 수 있도록 해야 한다. [칼 포퍼는 '사회공학'을 위한 기초로서 이러한 사회과학의 측면을 강조한다(Popper, 1961).]

자연주의의 마지막 동기는 경험주의의 훌륭한 목적, 즉 지식 주장은 적절한 경험 자료와 엄격한 논리적 추론에 의해 뒷받침되어야 한다는 요구 조건에서 비롯된다. 자연과학은 이러한 목적을 상당한 정도까지 구현했으며, 사회과학이 이러한 방법에서 자연과학을 잘 모방할 수 있다고 주장하는 것은 매력적이다. 이것은 이데올로기, 사회 철학, 사회 신화, 사회과학 사이의 근접성 때문에 사회과학에서 특히 중요하다. 우리 모두는 무엇이 인종차별주의를 유발하는지, 무엇이 불경기를 자극하는지, 또는 왜 전쟁이 일어나는지에 대한 이론을 가지고 있다. 사회과학이 이런 형태의 학술적 근거가 없는 사회적 믿음들을 넘어서 진보하려면, 사회과학 이론은 엄격한 검증 기준과 경험적 평가의 대상이 되어야 한다. 그리고 자연주의는 그러한 기준들에 대한 방법론적 근거를 제공한다.

예측과 이론

예측-이론 자연주의는 사회과학 방법론의 타당한 기초인가? 과학적 지식은 통일된 연역적 이론의 형태를 취한다는 생각에서 출발해 핵심 아이디어들을 차례대로 고려해 보자. 이것은 사회과학 지식을 조직하는 데 유용한 모델인가? 대체로 그렇지 않다. 예를 들어, 신고전주의 경제학 이론과 같이 이러한 구조를 가진 사회과학의 사례가 있으며, 사회과학은 이론들을 채택한다. 그러나 그 이론은 자연주의가 상정하는 방식으로, 즉 사회 현상이 파생될 수 있는 공리 체계로서 기능하는 경우가 극히 드물다. 오히려 전체적으로 사회과학 설명은 머튼이 '중범위 이론'이라고 부르는 것에 의존한다(Merton, 1967). 그는 "**중범위 이론**은, 일상적인 조사연구 동안 풍부하게 진화하는 사소하지만 필수적인 작업가설과 사회 행동, 사회 조직, 사회 변동의 모든 관찰된 통일성을 설명할 이론을 발전시키기 위한 포괄적인 체계적 노력 사이에 있는 이론들"이라고 쓰고 있다(Merton, 1967: 39). 사회과학자들은 베버가 '이념형'이라고 특징지은 것에서 이론적인 구성물을 더 흔하게 사용한다. 베버에 따르면 이념형은 "역사적 삶의 특정한 관계와 사건을 하나의 세계로 종합하고 있는데, 그 자체로 모순 없는 세계이다"(Weber, 1949: 90). 이론적 구성물은 사회과학자가 구체적인 사회 현상을 분석하고 설명하려고 시도하는 조직적 장치로서 기능한다. 사회과학자는 추상적인 이론적 개념과 구체적인 사회 현상 사이를 오가며 작업하는데, 사회 현상의 다양한 요소들이 어떻게 서로 잘 들어맞는지 보여줌으로써 구체적인 현상을 조명한다. 그러나 사회과학자가 문제의 사건의 구체적인 특수성을 고려하지 않고 이론적 구성물의 추상적 논리에 근거해 사회 현상에 대한 결론을 추론하는 경우는 거의 없다.

비교 사회학자들이 다양한 사회의 집단 폭력을 분석하기 위해 노력하는 한 예를 들어보자. '곡물 폭동' 개념은 중세 영국의 빵 폭동과 청나라의 쌀 폭동을 특징짓는 데 유용할 수 있다. 각각은 당면한 식량 부족과 아마도 대중의 불의에 대한 의식에 자극된 집단 폭력의 사례이다. 이 개념은 사회과학자가 서로 다른 문화의 사건들을 분석하고 논의할 수 있게 해준다. 그러나 사회과학자는 처음부터 끝까지 역사적 우발성과 문화적 다양성의 사실을 명심해야 한다. 따라서 영국과 중국의 사건들을 식량 부족과 집단 폭력이라는 지나치게 빈약한 개념 공간으로 몰아넣지 않는 것이 중요하다. 곡물 폭동 개념은 역사적으로 특수한 사례를 탐색하는 유용한 도구이지만, 그 부류에 들어가는 현상들의 필수적인 발전 과정을 연역할 수 있는 근거는 제공하지 않는다. 따라서 사회과학 지식은 전형적으로 통일된 연역적 이론의 형태를 취하지 않는다. 대신에 그것은 역사적인 특수 사례를 분석하기 위해 이론적으로 인도되는 노력이다.

다음으로 이론은 관찰 가능한 현상을 설명하기 위해 관찰할 수 없는 메커니즘을 기술해야 한다는 생각을 살펴보자. 이러한 자연주의의 특징은 우리가 이 책에서 고찰했던 사회과학 설명의 많은 사례에 더 잘 들어맞으며, 그것은 한 현상에 대한 설명은 종종 문제의 사건이나 유형의 원인을 규명하는 것을 포함한다는 생각과 일치한다. 그리고 제1장에서 보았듯이, 가장 만족스러운 인과적 설명은 원인과 결과가 연결되는 메커니즘을 규명하는 것이다. 그러나 우리는 사회과학에서 인과 메커니즘이 일반적으로 관찰 불가능한가에 대해 옥신각신할 수 있다. 왜냐하면 기본 물리학의 장과 입자와는 달리 사회적 원인은 일반적으로 익숙하고 관찰 가능하기 때문이다. 따라서 우리가 1980년 로널드 레이건의 당선이 물가상승률에 대한 선거인들의 불만족에서 비롯되었다고 주장한다면, 우리는 적절한 의미에서 관찰 가능한 경제적 변수를 원인으로 규명한 것이다. (이것은 이 변수에 대해 잘 알려져 있고 타당한 경제적 척도가 있다는 것을 의미한다.) 관찰 불가능한 것은 변수가 아니라 그 변수와 결과 사이의 인과적 연결이다. 그럼에도 불구하고 이 책에서 검토된 사례들 가운데 많은 것은 기저의 인과 메커니즘을 규명하는 문제에 중점을 둔다.

사회적 설명은 자연의 법칙에 의존하는가? 우리는 여러 지점에서 사회적 설명이 법칙과 같은 규칙성을 규명하는 데 달려 있다는 것을 보아 왔지만, 이러한 규칙성은 전형적으로 자연의 법칙이 아니다. 오히려 그 규칙성은 사회 현상에서의 특유한 규칙성, 즉 사회관계와 사회 변동의 과정을 구성하는 사람들에게서 발견되는 행위성의 형식들로부터 비롯되는 규칙성이다. 제1장과 제2장에서 나는 특히 인간 행위의 규칙-지배적 성격과 사회적 인과의 이면에 있는 규칙성을 통해 개인의 합리성에서 비롯되는 규칙성을 강조했다. 하지만 앞에서 언급한 명제 (3) '그러한 이론은 자연의 법칙을 묘사하려고 시도한다'의 요점은 우리가 고려했던 많은 사회적 설명의 사례에 의해 증명된다. 설명은 법칙과 같은 규칙성에 의존한다. 우리가 세워야만 하는 자격 조건은 좁은 것이다. 사회적 규칙성은 물리적 대상들의 고정된 속성으로부터 비롯되는 것이 아니라, 인간 행위성의 환경으로부터 나온다.

사회과학은 정확한 예측을 위한 기초를 제공하는가? 그리고 그들이 미래의 어느 시점에 그렇게 할 수 있다고 바라는 것은 합리적인가? 두 가지 사항에 대한 답은 모두 '아니오'이다. 사회과학은 확실히 예측을 허용하지만, 그 예측은 정확하지도 않고 신뢰하기도 어렵다. 그리고 이 사실은 사회과학의 미성숙함에서 오는 것이 아니라 사회적 인과의 장의 개방성과 사회적 과정들의 비결정성에서 비롯된다. 우리는 필리핀 신인민군(New People's Army: NPA)의 가설적인 권력 장악에 따른 결과를 예측하는 데 관심이 있으며, 소수의 변수를 분석한다고 가정해 보자. 그 변수는 과격한 국가의 건설에 의해 유발될 경제 위기, 새로운 지배 계급 내에서 초래될 권력 경쟁, 신인민군이 권력 장악에 앞서 발표한 정책 목표들(토지 개혁, 미군기지 폐지), 그리고 필리핀의 보수 야당의 여력이다. 이 변수들 각각은 매우 상세하게 조사될 수 있으며, 우리는 각 변수가 신인민군 정부의 구조와 행동에 미칠 수 있는 영향의 종류에 대한 예측에 도달할 수 있다. 그러나 결과적인 예측에 대해서는 다음과 같은 주요 유보 조항들이 달려야 한다. (1) 각 개별 요인에 대한 예측은 의심스러우며, 오차 확률가 높다. 예를 들어, 다른 분석가들은 명시된 정책 목표가 정책 입안자의 실제 행동에 얼마나 영향력이 있는지에 대해 동의하지 않을 수 있다. (2) 이 요인들의 개별적 영향을 집계하는 문제는, 그 요인들 사이에 예상하지 못한 상호작용 효과가 있을 수 있기 때문에 새로운 불확실성을 초래할 수 있다. 예를 들어, 경제 위기는 정부 내 경쟁을 예상보다 더 악화시킬 수 있다. (3) 마지막으로, 새로운 국가의 행동에는 앞에 열거된 네 가지 변수 외에 잠재적으로 중요한 수많은 다른 요인이 있다. 예를 들어, 국제기구들의 태도와 영향, 소련, 일본, 중국 등 다른 주요 국제 행위자들의 행동, 새로운 정부 정책과 개혁 속도로 인한 대중적 불만의 가능성, 흉작, 큰 폭풍이나 지진 등이다. 이 요인들 각각은 분석에 새로운 차원의 불확실성을 들여온다. 따라서 새 정부의 결과에 대한 예측은 매우 의심스러우며 실제 결과라기보다는 경향에 대한 예측으로 간주되어야 한다. 그리고 이러한 한계는 관련 사회과학 분야의 미성숙함에서 비롯되지 않는다. 오히려 그 한계들은 모든 복잡한 사회 현상에 존재하는 다중적 인과에 내재되어 있다.

사회과학은 예측 결과를 검증함으로써 경험적 뒷받침을 얻는가? 예측에 대한 앞의 논평은 이 주장에 대해서 우리를 회의하게 만들어야 한다. 그리고 실제로 다양한 사회과학의 연구는 경험적 증거가 종종 사회 이론에서는 이런 방식으로 기능하지 않는다는 것을 보여준다. 이 이론들은 전체로서 검증되지 않으며, 대신 그 이론의 다양한 요소가 다소 독립적인 근거 위에서 평가된다. 앞의 필리핀 사례에서, 가상의 연구자가 도달하는 '이론'은 경제적 과정, 국내 정치, 국제기구들, 리더십 동기 등과 같은 것에 대한 여러 작은 이론으로 구성되어 있다. 그리고 이 각각의 이론과 가설의 적용은 별개의 경험적 평가와 함께 제공될 수 있다. 따라서 포괄적 이론은 예측적인 결과를 가지고 판단되는 것이 아니라 부분적인 평가를 통해 단편적으로 판단된다.

　마지막으로 통일성이 사회과학의 적절한 목표인지 질문해 보자. '사회의 과학', 즉 모든 사회 현상을 설명하고, 자본주의 국가의 구조, 민족 갈등의 발생, 주거 분리의 유형과 같은 다양한 것을 설명할 수 있는 기초를 제공하는 과정과 메커니즘에 대한 포괄적 이론 같은 것이 있는가? 사회과학을 위한 일종의 '거대 통일 이론'이 있는가? 사실, 그 문제를 제기하는 것은 그 문제를 해결하기 위해 먼 길을 가야 한다는 뜻이다. 왜냐하면 그것은 잘못 계획된 목표이며, 달성하거나 접근하기 불가능한 목표이기 때문이다. 사회 현상은 본질적으로 다양하며, 유형화된 규칙성과 창조적인 혁신 모두를 반영한다. 그리고 심지어 사회 현상들 사이에서 발견되는 규칙성은 근본적으로 다양한 종류의 원인, 즉 개인의 합리성, 개인 심리의 예측할 수 없는 변화, 사회 제도들의 구조적 속성, 사회정책들의 의도되지 않은 결과, 문화와 정치의 상호작용 등으로부터 나온다. 그래서 사회 과정들에 대한 완결되고 포괄적인 이론에 도달한다는 목표는 근본적으로 잘못 계획된 것이다. 대신, 우리는 사회과학이 다양한 형태의 사회적 인과와 구조화된 인간 행위성을 밝히는 절충적인 지식체(知識體)에 기여한다고 생각해야 한다. 인간 창의성과 혁신 역량의 개방성을 반영하는 그러한 지식의 총체는 본질적으로 개방적이고, 단일한 포괄 이론 아래에서 통일성에 영향을 받지 않는다. [베버는 「사회과학적 그리고 사회정책적 인식의 '객관성'('Objectivity' in Social Science)」에서 이 관점을 적극적으로 취한다(Weber, 1949: 72~81).]

　이러한 고려사항들은 예측-이론 자연주의 모델이 사회과학에 매우 밀접하게 어울리지 않음을 시사한다. 그러나 자연주의가 사회과학 철학자들에게 매력적인 원리가 되어온 몇 가지 더 일반적인 이유는 아래에서 검토된다.

과학의 통일성에 대한 고려

자연주의가 일부 철학자들에게 호소력을 갖는 중요한 이유 중 하나는 과학이 지닌 통일성 원리의 힘 때문이다. 모든 과학은 궁극적으로 하나의 크고 방법론적으로 단일한 기획의 부분이다. 과학의 통일성 원리는 모든 과학적 지식이 이상적으로 하나의 논리적 조직 모델(통일된 연역 이론의 모델)과 하나의 탐구 및 정당화 방법(가설 형성과 실험을 통한 이론 검증)을 따른다고 주장한다. 자연주의 원리는 모든 사회적·과학적 지식은 과학적으로 적절하다면 자연과학과 근본적인 논리적·방법론적 특징을 공유해야 한다고 명시한다. 그러나 다양한 사회적 설명을 조사해 보면, 그 설명들이 다양한 요소를 공유하고 있다는 것을 알 수 있지만, 모든 경우를 포괄하는 단일한 과학적 추론 모델은 없다. 따라서 이 연구에서 고려된 사례들은 과학이 연결된 방법과 이론적 구조의 '완벽한 망'이라는 전통적인 견해에 의문을 제기한다. 오히려 나는 여기서 고려된 사례들이 다원주의적 사회과학 개념을 뒷받침한다고 결론지을 것이다.[3]

앞에서 나는 과학적 방법에 대한 핵심-주변 분석을 제공했다. 이 분석을 통해 우리는 과학의 통일성 원리의 두 가지 입장을 공식화할 수 있다. 약한 입장은 어떤 기획이 과학적인 것으로 간주되기 전에 충족되어야 하

---

3   앨런 라이언(Alan Ryan)은 『사회적 설명의 철학(The Philosophy of Social Explanation)』 (1973) 서문에서 사회과학에 적용되는 과학의 통일성 원리에 대한 명쾌한 논의를 제공한다.

는 최소한의 표준들이 있다는 것만을 주장하며, 강한 입장은 모든 과학이 이러한 최소한의 특징과 다른 특징의 모음을 공유한다고 주장한다.

약한 입장   모든 과학은 과학의 핵심 특징을 공유한다.

강한 입장   모든 과학은 핵심 특징과 주변적인 특징의 중요한 군집을 공유한다.

약한 원리는 아마도 사실일 것이지만 다소 공허한 반면, 강한 원리는 아마도 거짓일 것이다.

이 책에서 조사된 많은 사회적 설명 사례의 연구는, 약한 과학의 통일성 이론은 지지를 받지만, 더 강한 과학의 통일성 이론은 확증되지 않는다는 것을 시사한다. 앞의 장들에서 논의된 각 사례는 과학적 연구의 핵심 표준들, 즉 경험적 통제, 논리적 엄격함, 그리고 과학적 발견의 상호 주관적 평가에 대한 근본적인 헌신을 보여준다. 각 사례에서 우리는 연구자들이 경험적 현상의 영역을 정의하고 이러한 현상에 대한 체계적이고 경험적으로 근거 있는 설명을 제공하려고 시도해 왔다는 것을 발견한다. 그리고 많은 사례들이 자연과학의 인과적 설명 유형과 매우 유사한 설명 패러다임을 구현하고 있다. 게다가 이러한 논쟁의 과정은 사회과학 연구의 제도적 측면을 강조한다. 각각의 경우, 조사자는 자신의 가설, 해석, 또는 이론을 학자들의 공동체에 제기하고, 날카로운 비판적 평가가 이어진다. 이러한 논쟁은 전문 학술지, 뉴스레터, 저서뿐만 아니라 학술 대회, 학술회의, 사적인 서신 등을 통해 이루어진다. 이러한 형태의 상호주관적인 동료 평가가 그 분야에서 특정한 가설의 성패를 실질적으로 결정한다는 것은 명백하다. 따라서 첫째, 실무자 자신은 앞에서 확인한 과학적 객관성의 핵심 기준에 의해 인도되고, 둘째, 사회과학 기관은 자연과학에서 하는 것처럼 사회과학 연구에 이러한 기준을 효과적으로 적용한다고 결론짓는 것이 타당해 보인다. 따라서 경험적으로 통제되고 상호주관적으로 평가된 조사에 대한 핵심적인 헌신의 측면에서, 여기서 살펴본 사회과학은 약한 과학의 통일성 원리를 충족시킨다.

그러나 여기서 어떤 더 강한 입장의 원리가 지지되는지 여부를 묻는다면, 대답은 '아니오'로 보인다. 연구 방법, 사실 탐구 기법, 이론적 적정성의 표준, 또는 경험적 검증 절차를 고려함에 따라, 우리는 다양한 사례와 분야에서 상당한 편차를 발견한다. 이러한 논쟁들 각각은 내부적으로 높은 수준의 엄격함을 나타낸다. 그러나 논쟁들의 규제적 맥락, 즉 설명적 적절성의 기준, 제기해야 하는 질문의 종류, 그리고 조사 방법과 경험적 절차들에 대한 배경 전제는 다양한 분야의 특정한 역사의 산물이다. 유럽 경제사, 농민 행동에 대한 정치학 연구, 그리고 천년왕국 반란에 대한 상징적 해석에서 작동하는 연구 패러다임은 매우 다양하다. 이러한 다양성은 이 분야와 기획 사이의 상호작용이 불가능하거나 성과가 없다는 것을 의미하지 않는다. 그 반대가 사실이다. 그러나 그것은 이 모든 조사가 채택하고 분야와 기획 사이에서 공통어(lingua franca)로 기능할 수 있는 사회과학의 일반적인 방법론을 찾는 것은 쓸모없다는 것을 암시한다. 과학의 통일성에 대한 고려는 사회과학 방법론의 이론으로서의 자연주의를 강하게 지지하지 않는다.

환원주의와 사회과학

자연주의를 선호하는 두 번째 일반적인 이유는 상위 수준 과학을 위한 설명 모델로서의 환원주의의 매력 때문이다. 일부 철학자는 사회과학이 결국 다양한 자연과학으로 환원되기를 바란다. 예를 들어, 밀은 사회과학이 궁극적으로 인간 성격의 과학인 '인성학(ethology)' 과학에 의존한다고 주장했다. 제리 포더는 다음과 같은 식으로 환원주의 프로그램을 표현한다. "특수 과학들의 모든 참된 이론은 '결국에는' 물리학 이론들로 환원되어야 한다"(Fodor, 1980: 120). 이러한 생각의 노선을 따라, 다양한 과학은 상위 과학에서 하위 과학에 이르기까지 잘 정의된 위계로 배열된다. 그리고 상위 과학은 다음 두 가지 측면에서 하위 과학으로 환원될 수 있어야 한다. 두 이론에서 실체의 동등성을 보여줄 수 있어야 하며, 하위 과학의 법칙으로부터 상위 과학의 법칙을 도출할 수 있어야 한다.

사회과학 철학에서 환원주의적 접근은 우리로 하여금 경제학과 사회학 같은 특정한 핵심 사회과학에서 성격 심리학, 사회 심리학 등의 개인 심리학 분야로 유사한 환원의 수행을 시도하도록 권고한다. 예를 들어, 상황이 더 과밀해지면 죄수 폭력의 발생이 급격히 증가하는 것이 교도소 사회학 내의 법칙이라고 가정해 보자. 환원주의적 접근은 개인 심리학의 보다 기본적인 법칙으로부터 이러한 규칙성을 도출해 내도록 노력하기를 제안할 것이다. 사회과학에 적용되는 환원주의를 다음과 같은 요건들로 구성되는 것으로 고려해 보자.

- 모든 사회적 실체는 개인과 개인 심리에 관한 사실들에 의해서 정의될 수 있어야 한다.
- 모든 사회법칙은 개인 심리의 규칙성에서 파생될 수 있어야 한다.

제8장에서, 우리는 환원주의가 상위 수준의 과학에 대한 요구 조건이

너무 강하다는 것과, 개인 수준의 개념과 법칙으로 환원할 수 없는 자율적인 사회적 개념과 법칙이 있을 수 있다고 가정할 좋은 근거가 있다는 것을 발견했다. 사회과학에는 개인 심리학 수준의 규칙성으로부터 도출할 수 없는 자율적인(즉, 환원 불가능한) 설명과 이론이 있을 수 있다. 그리고 이것은 자연주의의 토대로서의 환원주의의 신빙성을 상실하게 한다.

자연주의에 대한 결론

그러므로 나는 환원주의 테제가 사회적 설명과 이론에 대한 유효한 방법론적 제약이 **아니라고** 결론짓는다. 통일된 연역 체계로서의 지식 관념에 대한 강조와 과학이 주로 예측에 관심이 있다는 가정은 전형적인 사회적 설명에 적용될 때 실패한다. 사회적 설명은 다양한 이론적 전제를 사용하지만, 거대한 사회 현상 영역을 작은 이론적 공리로 환원하도록 설계된 경우는 드물다. 사회과학 이론과 관련된 예측은 경합하는 사회적 요인들에 의해 쉽게 무력화되는 약한 예측이다. 마지막으로, 전형적인 사회과학 연구는 예측-이론 자연주의의 틀이 제안하는 것과는 달리 추상적 사회 이론으로부터 독립된, 상대적으로 직접적인 경험적 조사 연구라는 훨씬 더 큰 핵심을 포함한다.

자연주의에서 살아남은 것은 인과적 설명과 엄격한 경험적 추론의 요구에 관한 테제이다. 만약 우리가 이러한 관찰에 비추어 자연주의를 재정식화하기로 선택한다면, 그 원리는 '개혁 자연주의'의 원칙으로 표현될 수 있다.

- 모든 사회과학은 사회 현상에 대한 인과적 설명을 제공하려고 시도해야 한다.
- 이러한 설명은 참여자들의 행위성의 상황에 대한 분석에 근거해야 한다.
- 사회 이론들은 대안적인 설명을 배제하기 위해 경험적 증거의 엄격한 사용에 의해 뒷받침되어야 한다.

이 설명은 여기서 고려된 많은 사례들(과 광범위한 실제 사회과학 관행)을 묘사하는 데 더 가깝다. 그것의 결점은 포괄성인데, 왜냐하면 우리가 여러 지점에서 보아온 것처럼 인과적 설명의 형태를 취하지 않는 사회과학 분야가 있기 때문이다. 특히 의미 있는 구체적인 사회적 행위와 실천의 해석에 바탕을 둔 해석적 사회과학의 타당한 영역이 존재한다. 마지막 교정작업으로서, '약한 개혁 자연주의'를 고려해 보자. 좋은 사회과학 설명의 많은 사례는 개혁 자연주의 기준을 따른다. 따라서 약한 개혁 자연주의가 참이라면 강한 반자연주의는 잘못이기 때문에, 이 절의 주장은 반자연주의의 주요 형태를 뒷받침하지 않는다. 대신 나는 이론적으로나 방법적으로나 절충적인 사회과학에 대한 해석을 제안하며, 모든 탐구에 동일하게 잘 들어맞는 사회과학 방법론에 대한 일반적인 해명을 제공할 수 있어야 한다는 생각에 의문을 던진다. 그러므로 약한 개혁 자연주의는 훌륭한 현대 사회과학에서 하나의 중요한 흐름을 나타낸다. 적절히 수정된 약한 반자연주의 또한 그러하다. 마지막 절에서 이 문제들로 돌아갈 것이다.

반자연주의

이제 반대 입장으로 가보자. 그것은 사회과학은 방법과 내용에 있어서 자연과학과는 근본적으로 다르다는 견해이다. 이 입장은 '반자연주의(antinaturalism)'라고 불리며, 사회과학의 '해석학적' 또는 '해석적' 이론이라고 불릴 수도 있다. 사회과학 철학의 이러한 가닥은, 첫째, 사회과학은 일련의 공통적이고 본질적인 특징을 공유하고, 둘째, 이러한 특징들은 사회과학과 자연과학을 근본적으로 구분한다고 주장한다. 이러한 노선을 따라 사회과학에 가장 흔하게 귀속되는 특징이 관련되어 있다. 사회과학은 탐구의 방법―제2장에서 묘사된 해석적 방법―과 독특한 연구 주제―인과적으로 결정된 사건이라기보다는 의미 있는 인간 행위―를 공유한다고 주장된다.

주요 자연주의 비판가 가운데 하나는 찰스 테일러이다. 그는 자연주의에 대해 다음과 같이 쓴다. "자연과학 이론을 사회 이론의 모델로 삼으려는 끊임없는 유혹이 있다. 즉, 이론을 사회의 기저 과정과 메커니즘에 대한 해명을 제공하는 것으로 보고, 또한 사회생활을 더 효과적으로 계획하는 기초를 제공하는 것으로 보는 것이다. 그러나 모든 피상적인 유사점들에도 불구하고, 사회 이론은 결코 이 역할을 맡을 수 없다. 그것은 상당히 다른 활동의 일부이다"(Taylor, 1985: 92). 테일러에 따르면, 사회 이론과 물리 이론 사이에는 중요한 불일치가 있다. 사회 현상이 참여자들의 자기 이해(self-understanding)에 의해 부분적으로 구성된다는 점에서, 사회 이론은 자신이 묘사하는 사회적 배열이나 사실을 바꿀 수 있다(Taylor, 1985a: 98). "자연과학과 달리, 그 이론은 독립적인 대상에 대한 것이 아니라 부분적으로 자기 이해에 의해 구성된 대상에 대한 것이다"(Taylor, 1985a: 98).

그렇다면 반자연주의적 대안은 무엇인가? 나는 반자연주의를 다음의 주장들로 구성된 것으로 제시할 것이다.

- 사회 현상(행동, 사회적 실천, 사회 제도)은 본질적으로 의미 있는 것이며, 참여자들이 덧붙이는 의미에 따라 구성된다.
- 사회 현상은 그 현상을 구성하는 의미에 대한 해석학적 해독을 통해서만 설명될 수 있다.
- 사회 현상의 해석은 그 현상의 내적 일관성과 참여자들의 행동 및 발언과의 적합성에 의해서만 평가될 수 있다.
- 인과적 설명은 사회과학에서 정당한 역할이 없다.
- 귀납적 규칙성과 예측은 사회과학에서 정당한 역할을 가지고 있지 않다.

반자연주의 틀의 첫 번째 부분, 즉 모든 사회과학이 본질적인 특성을 공유한다는 가정을 짧게 고려해 보자. 우리는 이제 사회과학에서 도출한 수십 가지 사례를 검토해 보았다. 따라서 우리는 사회과학 연구의 다양성에 대해 어느 정도 감을 잡고 있다. 이러한 모든 사례와 이러한 사례가 도출된 연구 전통에 일단의 공통적인 특징이 있다는 것이 타당한가? 한 가지 사소한 긍정론이 가능하다. 그 사례들은 모두 사회 현상, 사회관계에서의 인간들의 상호작용적 행동과 관련이 있다는 것이다. 하지만 이 공통적인 특징은 우리를 그리 멀리까지 데려가지 않는다. 그리고 만약 우리가 반자연주의 사회과학자들에 의해 주장된 두 번째 단계 —모든 사회과학은 의미 있는 인간 행위의 해석을 포함한다는—를 밟는다면,

우리는 그 테제가 타당해 보이지 않는다는 것을 알게 된다. 사회과학자들에 의해 제공되는 몇 가지 설명을 고려해 보자.

- 나바호 화자들은 말이 사람을 '통제'할 수 없다고 믿기 때문에 "말이 남자에게 걸어차였다"라는 문장이 재미있다고 생각한다.
- 고전적 노예제도는 충분히 빨리 노예들을 대체할 수 없었기 때문에 붕괴되었다.
- 자본주의는 고용주들이 임금을 낮게 유지할 동기를 가지고 있기 때문에 과소 소비의 위기를 겪는다.
- 버마 농민들은 국가로부터 부당한 대우를 받았다고 느꼈기 때문에 사야 산(Saya San) 반란을 일으켰다.
- 가난한 도시 거주자들은 무료 의료 서비스를 이용할 수 있기 때문에 가난한 시골 주민보다 수명이 더 길다.
- 장기간 수유 관행은 출생 억제 수단으로서 수렵 채집 사회에서 발견된다.

이 사례들은 다양한 사회과학으로부터 가져왔다. 어떤 사례들, 예를 들어 첫 번째와 네 번째 사례는 해석적 언명을 따르고 있다. 그 사례들은 사회적 행동을 의미 있는 것으로 해석하는 것과 관련된다. 다른 사례들은 이러한 요구 조건에 들어맞지 않는다. 예를 들어, 다섯 번째 사례는 도시 생활과 시골 생활의 구조적 차이를 식별하는 것과 관련되며, 두 번째 사례는 로마의 노예제도에 대한 구조적 제약을 식별하는 것과 관련된다. 세 번째 사례는 중간이다. 그 사례는 전형적인 자본가에게 제시되는 유인을 고려하는 것에 달려 있고, 이 점에서 의미 있는 행위의 해석과 관련되지만, 그 해명은 매우 추상적이고 문화 중립적이며 표준적인 인과적 설명을 낳는다. 따라서 여기에는 의미 있는 행위의 해석에서부터 사회적 인과 유형 분석에 이르기까지 작동하고 있는 설명 패러다임의 스펙트럼이 있다. 모든 경우에서, 의미 있는 인간 행위는 어느 지점에서 이야기 속으로 들어오지만, 이것은 우리가 단순히, 당연하게 개인 행위를 포함하는, 사회 현상을 다루고 있다는 사실의 사소한 결과일 뿐이다. 그렇다면 나는 모든 사회과학이 동일한 논리적 특성을 가지고 있다는 강력한 테제는 효력이 없다고 결론지을 것이다.

게다가 반자연주의 학파의 일부 분파는 과학의 핵심 특징을 침해할 위험이 있다. 기어츠의 방법론적 저술에서 발견되는 특히 자연주의에 대한 단호한 거부를 고려해 보자. 기어츠는 사회과학이 자연과학의 패러다임, 즉 인과 관계의 발견, 포괄 법칙 설명, 그리고 객관적 현상의 객관적 설명 등을 본보기로 삼아야 한다는 개념을 단연코 거부한다. 대신에, 그는 사회과학자들이 문학 비평, 연극학, 그리고 다른 상징적 해석 분야와 같은 다른 기획과 친화력을 기를 것을 촉구한다. 그리고 기어츠는 사회과학자들에게 기어츠 자신이 객관성과 진리에 대한 가짜 탐구로 간주하는 것을 포기하라고 촉구한다. [이러한 견해는 기어츠의 저작 여러 곳에서 제시되고 있다. 특히 관련된 것은 「모호한 장르들(Blurred Genres)」(1983)이다.]

그러나 이것은 자연주의에서뿐만 아니라 앞에서 기술한 과학의 핵심 개념에서도 철저하게 이탈한 것이다. 그것은 사회 연구를 정통적인 과학 개념—유동적이고 모호하며 경험적 제약에 의해 과소 결정되는—보다는 문학적 해석에 더 가깝게 만드는 사회 탐구 모델을 제안한다. 기어츠의 입장은 (어떤 경우이든, 그의 더 극단적인 방법론적 분위기에서) 주제의 변화로 보인다. 그는 더 이상 사회과학에 대해 말하는 것이 아니라 경험적 평가의 기준이 실질적으로 덜 심각하게 받아들여지는 해석적 학문 분야에 대해 말하고 있다. [폴 섕크먼(Paul Shankman)은 「두꺼운 것과 얇은 것: 클리퍼드 기어츠의 해석적 이론 프로그램에 대하여(The Thick and the Thin: On the Interpretive Theoretical Program of Clifford Geertz)」(1984)에서 기어츠에 대한 이러한 비판을 살펴본다.][4]

이러한 주장들은 우리가 반자연주의를 반박하는 방식의 일부이지만, 그것은 단지 일부일 뿐이다. 몰락하고 있는 것은 그 원리의 포괄성이다. 우리는 **일부** 사회과학이 자연과학과는 근본적으로 다른 방법에 의존한다는 것을 고수하는 '약한 반자연주의'를 생각해 볼 수 있다. 이것이 바로 해석적 방법이다. (이것은 우리가 '약한 개혁 자연주의'와 관련해 추구했던 유사한 방법에 필적한다.) 그러나 약한 반자연주의는 사회과학 방법론에 대한 정당한 입장인가? 인과적이기보다는 주로 해석적인 사회과학 연구 형태들이 있는가?

우리는 이 질문에 잠정적으로 그렇다고 인정하는 데 동의할 정도로 충분한 해석적 사회과학 사례들을 살펴보았다. 기어츠의 발리 닭싸움 해석, 위더스푼의 나바호 형이상학 분석, 아다스의 천년왕국 종교에 대한 논의, 로빈 호턴(Robin Horton)의 아프리카 주술 신앙 연구가 모두 해석적 사회과학의 강력한 후보들이다. 각각의 경우에, 우리는 문화 환경

---

4 이러한 비판은 기어츠의 현장 연구와 관련 있는 것이 아니라, 명시적으로 방법론적인 그의 기여와 관련 있다는 점에 유의해야 한다. 예를 들어, 『농업의 내향적 정교화』(1963)와 『극장국가 느가라』(1980) 등의 현장 연구에서 기어츠는 경험적 세부 사항과 엄격하고 비사변적인 분석에 대한 감탄할 만한 관심을 보여준다. 사실 그는 과학에서 꽤 흔한 현상 가운데 하나의 사례를 제시한다. 즉, 방법론적 저술에서 자신의 연구에서는 발견되지 않는, 그리고 그 연구에 구현된 암묵적인 추론 기준보다 설득력이 상당히 떨어지는 과학적 사고 모델을 기술하는 연구 실행자의 사례이다.

에 대한 더 나은 이해와 그러한 문화에 살고 있는 사람들의 행위와 말을 해석하기 위한 더 나은 기초를 가지고 있으며, 이것들은 사회과학에 대한 진정한 기여이다. 게다가 기어츠와 테일러가 이러한 질문들에 대해 다른 방법은 없을 것이라고 말한 것은 아마도 맞을 것이다. 특히 인과적이거나 구조적이거나 또는 환원주의적인 접근은 핵심 질문들을 밝히지 못할 것이다. 우리가 인간 행동과 실천의 의미에 대해 관심이 있을 때, 불가피하게 우리는 원인이나 구조가 아닌 의미의 수준에 기초해 가설을 제기해야 한다.

반자연주의가 제기하는 가장 긴급한 관심은 과학적 신념을 평가하는 데서의 경험적 증거의 역할과 연관되어 있다. 과학을 상식으로부터 구별해 주는 것은 과학에 대해 경험적 적합성의 적절한 표준을 사용하는 것이다. 만약 해석적 사회학에 그러한 표준이 부족하다면, 해석적 사회학은 사회과학이 아니라고 결론짓는 것이 타당할 것이다. 그것이 사실이라고 생각할 만한 어떤 이유가 있는가?

실증주의적 사고를 가진 철학자들은 해석적 사회과학이 경험적으로 뒷받침될 **수 있다**는 것을 의심하는 경향이 있었다. 하지만 그들의 회의론은 그 자체로 의심스러운 철학적 견해, 특히 일종의 잠재적 행동주의에 기대고 있다. 다음 주장을 고려해 보자. 경험적 자료는 증거를 필요로 하는 가설로부터 논리적으로 독립적이어야 한다. 그리고 이상적으로는 완전히 관찰적이어야 한다. 해석학적 해석에 사용할 수 있는 '자료'는 이중으로 오염되어 있다. 그것은 참여적 의미에 대한 가설을 평가하는 데 사용하는 참여적 행동에 의미를 부여할 것을 요구한다. (따라서 논리적 독립성 요구 조건을 위반한다). 게다가 의미 자체는 관찰할 수 없으므로 의미 있는 행동을 보고하는 자료에는 결함이 있다. 순전히 행동적 묘사는 허용될 수 있지만, 이 묘사들은 의미를 정확히 표현할 수 없는 것으로 악명 높다. 따라서 참여적 의미에 대한 가설의 평가를 위한 경험적 근거는 없으며, 해석적 사회학은 경험적 지원을 받을 수 없다.

그러나 이 주장은 받아들일 수 없다. 자료가 종종 또는 항상 이론-준거적이라는 것은 이제 과학 철학에서 잘 확립되어 있다. 심지어 물리학에서조차 경험적 자료를 표현하는 순수하게 관찰적인 어휘는 없다. 대신에, 관찰은 경험 자료와 함께 물리 이론의 상당한 부분을 수반한다. 그리고 사회적 자료가 순수하게 행동적 묘사에 기초해야 한다는 요구 조건은 이론 심리학에서 사고, 의식, 인지, 언어 사용 등의 문제에 대한 실행 가능한 접근인 행동주의가 붕괴하면서 신빙성을 상실한다. 따라서 우리가 참여자의 행동의 의미 중 적어도 일부를 이해한다고 스스로 전제하는 관찰에 기초해, 해석학적 가설을 위한 경험적 뒷받침을 제공하는 해석 이론에 장애물은 없다. '해석학적 순환(hermeneutic circle, 의미의 관찰과 해석은 불가분의 관계라는 사실)'은 이론과 이론-준거적 관찰의 상응하는 순환성이 자연과학에 손상을 주는 만큼 해석적 사회학의 경험적 자격에 손상을 주지는 않는다.

이 주장은 경험적으로 근거가 충분한 해석적 사회학에는 논리적 장애가 없다는 사실을 입증한다. 그러나 실제로 해석적 사회학이 경험적으로 근거 있는 학문 분야를 만드는 데 성공하는지 여부를 알기 위해서는 해석적 사회과학자들의 관행을 조사해야 한다. 그리고 여기서 결과는 뒤섞여 있다. 어떤 분위기에서 기어츠와 같은 이들은 '실증주의'에 대한 불신이 너무 강해서 경험적 적합성의 요구 조건을 무시한다. 하지만 이것은 불가피한 것이 아니며, 사실 매우 엄격하고 그들의 결론을 위한 증거를 제공하는 데 전념하는 문화기술지적 및 해석학적 연구의 강력한

사례들은 많다. 따라서 위더스푼의 나바호 개념 도식에 대한 분석은 나
바호 문법 연구를 통해 정교하게 수집된 증거에 의해 강력하게 지지되
고(Witherspoon, 1977), 터너의 종교적 순례의 중요성에 대한 분석은 다
양한 문화의 자료들에 의해 주의 깊게 뒷받침되며(Turner, 1974: 166~228
[터너, 2018: 215~294]), 느가라에서의 발리의 상징적·물질적 문화에 대한
기어츠 자신의 논의는 가용한 증거에 대한 주의 깊고 엄격한 평가에 근
거하고 있다(Geertz, 1980 [기어츠, 2017]). 이러한 사례들은 해석적 사회
학이 적절한 경험적 방법에 의해 지지되는 것이 가능하다는 것을 보여
주는데, 우리는 약한 반자연주의가 사회 연구의 일부 문제에 대한 정당
한 접근이라는 결론만 내면 된다.

그러므로 약한 반자연주의는 이 책에서 논의된 많은 사례를 고려함
으로써 유지된다. 해석적 방법은 사회과학 조사의 정당한 기초이다. 그
러나 해석적 사회과학이 다른 과학 영역들과 마찬가지로 적절한 경험적
방법에 의존하는 것은 똑같이 중요하다고 강조되어야 한다. 게다가 이
접근은 몇 가지 정당한 방법 가운데 하나일 뿐이며, 경험적 규칙성과 인
과적 메커니즘과 합리적 선택 설명을 중심으로 조직된 방법들도 결국
똑같이 정당하다.

방법론적 다원주의

이러한 주장들은 강한 자연주의나 강한 반자연주의 모두 사회과학을
이해하는 데 신뢰할 만한 근거를 제공하지 않는다는 것을 보여준다. 자
연주의에 맞서서, 우리는 통일된 연역 이론으로서의 과학적 지식의 모

델이 여기서 고려되는 다양한 사회과학 사례에 적절하게 들어맞지 않는다는 것을 발견했다. 이러한 경우들은 전형적으로 예측적 결과를 초래하는 통일된 연역 이론의 형태를 띠지 않는다. 또한 그 사례들은 이론적인 모델이 사회과학의 다른 영역에서 다른 결과와 다른 목적에 사용될 수 있다는 것을 보여준다. 사회과학의 다른 분야에서의 경험적 관행에도 상당한 차이가 있다. 따라서 사회과학에서의 방법과 접근의 다원성은 단순하게 요약하기 어렵다. 사회과학은 다양한 방법과 문제를 포함하고 있으며, 이것들은 해석 이론, 자연주의, 해석학, 또는 물질주의 등의 전통적인 범주에 의해서 깔끔하게 포착되지 않는다. 마지막으로, 연구 실행자들 자신이 자연과학에서 유래하는 과학적 지식의 모델에 의해 인도되는 것처럼 보이지 않는다. 여기서 설명하는 과학자들 가운데 자연주의의 문제나 사회과학과 자연과학의 방법 사이의 관계에 관심이 있는 사람은 거의 없어 보인다.

그렇다면 이것이 반자연주의 원리, 즉 사회과학이 자연과학과 원칙적으로 구별된다는 견해를 위한 지지를 제공하는가? 그렇지 않다. 오히려 그것은 사회과학자들이 자신들의 연구 문제, 조사 방법, 설명 모델 등을 자연과학에서 이용할 수 있는 모델들과 독립적으로 정의할 수 있고 또한 정의해야 한다는 것을 시사한다. 이것은 사회과학의 구성이 때로는 자연과학의 이론 구성과 밀접하게 유사한, 때로는 자연과학의 방법과 거의 유사하지 않은 모델, 방법, 경험적 절차 등을 활용한다는 것을 시사한다. 자연주의와 반자연주의 모두 사회과학의 실천 방향을 자연과학에서 도출한 몇 가지 모델에 (긍정적이든 부정적이든) 맞추는 것은 잘못된 일이다.

그렇다면 자연주의도 반자연주의도 모두 싸움에서 이기지 못하며,

각각의 단점도 동일하다. 각 틀은 자연적이든 사회적이든 과학의 본질적 특징에 대해 지나치게 까다로운 가정을 한다. 반자연주의자들은 모든 사회과학이 의미 있는 현상의 해석과 관련된다고 주장하는 실수를 범한다. 자연주의적 틀은 설명과 메커니즘에 대해 믿을 수 없을 정도로 좁은 제한을 가정한다. 각각의 주장에 반대해, 나는 방법론적 다원주의의 입장을 주장한다. 방법론적 다원주의는 과학을 '과학적 방법'에 의해 정의된 하나의 단일하고 일원화된 활동으로 이해하기보다는 관련된 기획들의 직물(fabric)로 본다. 이런 방식으로 그것은 반자연주의와 일치한다. 과학의 어떤 가닥은 다른 것들보다 서로 더 차이가 날 수도 있다. 그러나 모든 사회과학은 어떤 자연과학보다 서로 더 유사한 몇 가지 특징(사회적 행위의 유의미성과 인과 분석의 무연관성)을 지니고 있다는 것을 부인한다는 점에서 다원주의는 반자연주의와 갈라선다. 대신, 그 직물은 서로 촘촘하게 얽혀 있는 것으로 이해된다. 예를 들어, 계량경제학과 같은 사회과학의 일부 분야는 사회과학의 다른 분야보다 인구 생물학 같은 자연과학 분야와 더 유사하다. 그리고 자연과학의 어떤 분야는 전형적인 자연과학보다 사회과학에 더 가깝다. (예를 들어, 일기 예보는 여론 표집이 그런 것처럼 고전 역학과도 거리가 있어 보인다.) 그리고 우리가 다양한 분야의 연구 세부 사항에 세심한 주의를 기울이고, 탐구 방법, 경험적 추론의 형식, 그리고 설명 모델에 존재하는 중요한 다양성의 가닥들에 계속 민감하다면, 사회과학의 논리를 가장 잘 이해할 수 있을 것이다.

▌더 읽어볼 책들

Braybrooke, David. 1987. *Philosophy of Social Science*.

Geertz, Clifford. 1983. *Local Knowledge*.

Hempel, Carl. 1942. "The Function of General Laws in History."

Putnam, Hilary. 1978. *Meaning and the Moral Sciences*.

Roth, David. 1987. *Meanings and Methods: A Case for Methodological Pluralism in the Social Sciences*.

Rudner, Richard. 1966. *Philosophy of Social Science* [리처드 러드너, 『사회과학의 철학』(1986)].

Stinchcombe, Arthur L. 1978. *Theoretical Methods in Social History*.

Taylor, Charles. 1985a. *Philosophy and the Human Sciences: Philosophical Papers 2*.

Thomas, David. 1979. *Naturalism and Social Science*.

Van Parijs, Philippe. 1981. *Evolutionary Explanation in the Social Sciences*.

Weber, Max. 1949. *The Methodology of the Social Sciences*. New York: Free Press [막스 베버, 『막스 베버 사회과학방법론 선집』(2011)].

Winch, Peter. 1958. *The Idea of a Social Science* [피터 윈치, 『사회과학의 빈곤』(2011)].

참고문헌

Achinstein, Peter. 1983. *The Nature of Explanation*. Oxford: Oxford University Press.

Adas, Michael. 1979. *Prophets of Rebellion: Millenarian Protest Movements Against the European Colonial Order*. Chapel Hill: University of North Carolina Press.

Adelman, Irma, and Cynthia Taft Morris. 1967. *Society, Politics, and Economic Development: A Quantitative Approach*. Baltimore: Johns Hopkins University Press.

———. 1973. *Economic Growth and Social Equity in Developing Countries*. Stanford, Calif.: Stanford University Press.

Adorno, Theodor W., et al. 1969. *The Positivist Dispute in German Sociology*. New York: Harper & Row.

Alexander, Jeffrey C., Bernhard Giesen, Richard Munch, Neil J. Smelser(eds.). 1987. *The Micro-Micro Link*. Berkeley: University of California Press.

Althusser, Louis, and Etienne Balibar. 1970. *Reading Capital*. London: New Left Books.

Arrigo, Linda Gail. 1986. "Landownership Concentration in China: The Buck Survey Revisited." *Modern China* 12: 259~360.

Aston, T. H., and C. H.E. Philpin(eds.). 1985. *The Brenner Debate: Agrarian Class Structure and Economic Development in Pre-Industrial Europe*. Cambridge: Cambridge University Press.

Axelrod, Robert. 1984. *The Evolution of Cooperation*. New York: Basic Books [로버트 액설로드, 『협력의 진화: 이기적 개인의 팃포탯 전략』, 이경식 옮김(서울: 시스테마, 2009)].

Ball, Terence, and James Farr(eds.). 1984. *After Marx*. Cambridge: Cambridge University Press.

Bates, Robert H.(ed.) 1988. *Toward a Political Economy of Development: A Rational Choice Perspective*. Berkeley: University of California Press.

Becker, Gary. 1976. *The Economic Approach of Human Behavior*. Chicago: University of Chicago Press.

Berger, Peter L. and Thomas Luckmann. 1966. *The Social Construction of Reality*. Garden City, N.Y.: Doubleday [피터 L. 버거·토마스 루크만, 『실재의 사회적 구성: 지식사회학 논고』, 하홍규 옮김(서울: 문학과지성사, 2013)].

Bernstein, Richard J. 1983. *Beyond Objectivism and Relativism: Science, Hermeneutics, and Praxis*. Philadelphia: University of Pennsylvania Press [리처드 J. 번스타인, 『객관주의와 상대주의를 넘어서: 과학과 해석학 그리고 실천』, 황설중·이병철·정창호 옮김(서울: 철학과현실사, 2017)].

Blalock, H. M., Jr.(ed.) 1971. *Causal Models in the Social Sciences*. Chicago: Aldine-Atherton.

Bloch, Marc. 1966. *French Rural History*. Berkeley: University of California Press.

Block, Ned. 1980. *Readings in Philosophy of Psychology* vol. 1. Cambridge: Harvard University Press.

Bohrnstedt, George W., and David Knoke. 1988. *Statistics for Social Data Analysis*. 2d ed. Itasca, Ill.: F. E. Peacock.

Bonner, John. 1986. *Introduction to the Theory of Social Choice*. Baltimore: Johns Hopkins University Press.

Boserup, Ester. 1981. *Population and Technological Change: A Study of Long-term Trends*. Chicago: University of Chicago Press.

Bourdieu, Pierre. 1977. *Outline of a Theory of Practice*. Cambridge: Cambridge University Press.

Boyd, Richard. 1980. "Materialism without Reductionism: What Physicalism Does Not Entail." in *Readings in Philosophy of Psychology* vol. 1. See Block 1980.

_____. 1984. "The Current Status of Scientific Realism." in *Scientific Realism*. See Leplin 1984.

Braverman, Harry. 1974. *Labor and Monopoly Capital*. New York: Monthly Review [해리 브레이버먼(해리 브레이버맨), 『노동과 독점자본: 20세기에서의 노동의 쇠퇴』, 이한주·강남훈 옮김(서울: 까치, 1987)].

Braybrooke, David. 1987. *Philosophy of Social Science*. Englewood Cliffs, N.J.: PrenticeHall.

Brenner, Robert. 1976. "Agrarian Class Structure and Economic Development in PreIndustrial Europe." *Past and Present* 70: 30~75.

_____. 1982. "The Agrarian Roots of European Capitalism." *Past and Present* 97: 16~113.

Brodbeck, May(ed.). 1968. *Readings in the Philosophy of the Social Science*. New York: Macmillan.

Brown, Harold. 1979. *Perception, Commitment, and Theory*. Chicago: University of Chicago Press.

_____. 1983. "Incommensurability." *Inquiry* 26: 1.

_____. 1987. *Observation and Objectivity*. Oxford: Oxford University Press.

Buchanan, Allen. 1979. "Revolutionary Motivation and Rationality." *Philosophy and Public Affairs* 9: 1.

Chomsky, Noam. 1965. *Aspects of the Theory of Syntax*. Cambridge, Mass.: MIT Press.

Cohen, G. A. 1978. *Karl Marx's Theory of History: A Defence*. Princeton: Princeton University Press [제럴드 앨런 코헨, 『카를 마르크스의 역사이론: 역사유물론 옹호』, 박형신·정헌주 옮김(파주: 한길사, 2011)].

_____. 1982. "Functional Explanation, Consequence Explanation, and Marxism." *Inquiry* 25: 27~56.

Dalton, George. 1969. "Theoretical Issues in Economic Anthropology." *Current Anthropology* 10: 63~102.

_____. 1971. *Economic Anthropology and Development*. New York: Basic Books.

Dalton, George(ed.). 1967. *Tribal and Peasant Economies*. Garden City, N.Y.: Doubleday.

Davidson, Donald. 1963/80. "Actions, Reasons, and Causes." in *Essays on Actions and Events*. See Davidson 1980.

_____. 1974. "On the Very Idea of a Conceptual Scheme." *Proceedings and Addresses of the American Philosophical Association* 47: 5~20.

_____. 1980. *Essays on Actions and Events*. Oxford: Oxford University Press. [도널드 데이비드슨(도널드 데이빗슨), 『행위와 사건』, 배식한 옮김(파주: 한길사, 2012)]

Dawkins, Richard. 1976. *The Selfish Gene*. Oxford: Oxford University Press [리처드 도킨스, 『이기적 유전자』, 홍영남·이상임 옮김(서울: 을유문화사, 2018)].

Douglas, Mary. 1958/1967. "Raffia Cloth Distribution in the Lele Economy." in *Tribal and Peasant Economies*. See Dalton 1967.

Durkheim, Emile. 1897/ 1951. *Suicide: A Study in Sociology*. New York: Free Press.

_____. 1938. *Rules of Sociological Method*. New York: Free Press [에밀 뒤르켐, 『자살론』, 황보종우 옮김(파주: 청아, 2008)].

Elster, Jon. 1979. *Ulysses and the Sirens*. Cambridge: Cambridge University Press.

_____. 1982. "Marxism, Functionalism, and Game Theory." *Theory and Society* 11: 453~482.

_____. 1983. *Explaining Technical Change*. Cambridge: Cambridge University Press.

_____. 1985. *Making Sense of Marx*, Cambridge: Cambridge University Press [욘 엘스터, 『마르크스 이해하기』, 진석용 옮김(파주: 나남, 2015)].

_____. 1986. "Three Challenges to Class." in *Analytical Marxism*. See Roemer 1986.

Elster, Jon(ed.). 1986. *Rational Choice*. New York: New York University Press.

Esherick, Joseph W. 1981. "Number Games: A Note on Land Distribution in Prerevolutionary China." *Modern China* 7: 387~411.

Evans-Pritchard, E. E. 1940. *The Nuer: A Description of the Modes of Livelihood and*

Political Institutions of a Nilotic People. Oxford: Oxford University Press [E. E. 에
반스 프리차드, 『누어인』, 권이구·강지현 옮김(서울: 탐구당, 1988)].

Fei, Hsiao Tung. 1987. "Peasantry as a Way of Living." in *Peasants and Peasant
Societies.* See Shanin 1987.

Fernbach, David(ed.). 1974a. *The Revolutions of 1848: Political Writings* vol. 1.
New York: Vintage

_____. 1974b. *Surveys from Exile: Political Writings* vol. 2. New York: Vintage.

Ferro, Marc. 1973. *The Great War 1914~1918.* Boston: Routledge & Kegan Paul.

Flanagan, Owen. 1993. *Varieties of Moral Personality: Ethics and Psychological
Realism.* Cambridge: Cambridge: Harvard University Press

Flew, Antony. 1985. *Thinking About Social Thinking.* London: Blackwell.

Fodor, Jerry. 1980. "Special Sciences, or the Disunity of Science as a Working
Hypothesis." in *Readings in Philosophy of Psychology* vol. 1. See Block 1980.

Foucault, Michel. 1978. *A History of Sexuality.* New York: Pantheon [미셸 푸코, 『성
의 역사』, 이규현 옮김(서울: 나남출판, 2004)].

Frohlich, Norman, Joe Oppenheimer, and Oran R. Young. 1971. *Political
Leadership and Collective Goods.* Princeton: Princeton University Press.

Garfinkel, Alan. 1981. *Forms of Explanation: Rethinking the Questions of Social
Theory.* New Haven: Yale University Press.

Geertz, Clifford. 1963. *Agricultural Involution: The Process of Ecological Change in
Indonesia.* Berkeley: University of California Press [클리퍼드 기어츠, 『농업의 내
향적 정교화: 인도네시아의 생태적 변화 과정』, 김형준 옮김(서울: 일조각, 2012)].

_____. 1968. *Islam Observed.* New Haven: Yale University Press.

_____. 1971a. *The Interpretation of Cultures.* New York: Basic Books [클리퍼드 기
어츠, 『문화의 해석』, 문옥표 옮김(서울: 까치, 1998)].

_____. 1971b. "Religion as a Cultural System." in *The Interpretation of Cultures.*
See Geertz 1971a.

_____. 1971c. "Thick Description: Toward and Interpretive Theory of Culture." in
The Interpretation of Cultures. See Geertz 1971a [클리퍼드 기어츠, 「중층 기술: 해
석적 문화이론을 향하여」, 『문화의 해석』, 문옥표 옮김(서울: 까치, 1998), 11~47
쪽].

_____. 1971d. "Ritual and Social Change: A Javanese Example." in *The
Interpretation of Cultures.* See Geertz 1971a [클리퍼드 기어츠, 「의례와 사회변화:
자바의 예」, 『문화의 해석』, 문옥표 옮김(서울: 까치, 1998), 175~205쪽].

_____. 1971e. "Deep Play: Notes on the Balinese Cockfight." in *The Interpretation
of Cultures.* See Geertz 1971a [클리퍼드 기어츠, 「심층 놀이: 발리의 닭싸움에 관
한 기록들」, 『문화의 해석』, 문옥표 옮김(서울: 까치, 1998)].

_____. 1980. *Negara: The Theatre State in Nineteenth-Century Bali.* Princeton:

Princeton University Press. [클리퍼드 기어츠, 『극장국가 느가라: 19세기 발리의 정치체제를 통해서 본 권력의 본질』, 김용진 옮김(서울: 눌민, 2017)].

_____. 1983. *Local Knowledge*. New York: Basic Books.

_____. 1984. "Culture and Social Change: The Indonesian Case." *Man* 19: 513~532.

Gellner, Ernest. 1985. *Relativism and Social Science*. Cambridge: Cambridge University Press.

Giddens, Anthony. 1979. *Central Problems in Social Theory: Action, Structure and Contradiction in Social Analysis*. Berkeley: University of California Press [안소니 기든스, 『사회이론의 주요 쟁점』, 윤병철·박병래 옮김(서울: 문예출판사, 1991)].

Gillis, Malcolm, Dwight H. Perkins, Michael Roemer, Donald R. Snodgrass. 1987. *Economics of Development*. 2d ed. New York: W. W. Norton and Company.

Glymour, Clark. 1980. *Theory and Evidence*. Princeton: Princeton University Press.

Gramsci, Antonio. 1971. *Selections from the Prison Notebooks of Antonio Gramsci*. Edited and translated by Q. Hoare and G. Nowell-Smith. New York: International Publishers.

Griffin, James. 1985. "Some Problems of Fairness." *Ethics* 96: 100~118.

Gurr, Ted Robert. 1968. "Urban Disorder: Perspectives from the Comparative Study of Civil Strife." *American Behavioral Scientist* 11: 50~55.

Gutman, Herbert. 1976. *Work, Culture, and Society in Industrializing America: Essays in American Working-class and Social History*. New York: Knopf.

Hacking, Ian(ed.). 1981. *Scientific Revolutions*. Oxford: Oxford University Press.

Hahn, Frank, and Martin Hollis(ed.). 1979. *Philosophy and Economic Theory*. Oxford: Oxford University Press.

Hanley, Susan B. 1985. "Family and Fertility in Four Tokugawa Villages." in *Family and Population in East Asian History*. See Hanley and Wolf. 1985.

Hanley, Susan B., and Arthur P. Wolf(eds.). 1985, *Family and Population in East Asian History*. Stanford, Calif.: Stanford University Press.

Hardin, Russell. 1982. *Collective Action*. Baltimore: Johns Hopkins University Press [러셀 하딘, 『집합행동』, 황수익 옮김(서울: 나남출판, 1995)].

Harman, Gilbert. 1975. "Moral Relativism Defended." *Philosophical Review* 84: 3~22.

Harré, Rom. 1970. *Principles of Scientific Thinking*. Chicago: University of Chicago Press.

Harré, Rom, and E. H. Madden. 1975. *A Theory of Natural Necessity*. Oxford: Basil Blackwell.

Harris, Marvin. 1978. *Cannibals and Kings: The Origins of Cultures*. New York:

Vintage [마빈 해리스, 『식인문화의 수수께끼』, 정도영 옮김(파주: 한길사, 2000)].

_____. 1980. *Cultural Materialism: The Struggle for a Science of Culture*. New York: Vintage [마빈 해리스, 『문화 유물론: 문화과학의 정립을 위하여』, 유명기 옮김(서울: 민음사, 1996)].

Harsanyi, John C. 1976. *Essays on Ethics, Social Behavior, and Scientific Explanation*. Dordrecht, Holland: D. Reidel.

_____. 1985. "Does Reason Tell Us What Moral Code to Follow and, Indeed, to Follow Any Moral Code at all?" *Ethics* 96: 42~55.

Hayami, Jujiro and Vernon Ruttan. 1985. *Agricultural Development: An International Perspective*. Baltimore: Johns Hopkins University Press.

Hempel, Carl. 1942/1965. "The Function of General Laws in History." in *Aspects of Scientific Explanation*. See Hempel 1965.

_____. 1965. *Aspects of Scientific Explanation*. New York: Free Press. [칼 구스타프 헴펠, 『과학적 설명의 여러 측면 1, 2』, 전영삼·최원배·이영의·여영서 옮김(서울: 나남출판사, 2011)].

_____. 1966. *Philosophy of Natural Science*. Englewood Cliffs, N.J.: Prentice-Hall [C. G. 헴펠, 『자연과학 철학』, 곽강제 옮김(파주: 서광사, 2010)].

Herrnstein, Richard J. 1973. *I. Q. in the Meritocracy*. Boston: Little, Brown.

Hindess, Barry, and Paul Q. Hirst. 1975. Pre-capitalist Modes of Production. London: Routledge & Kegan Paul.

Hollis, Martin, and Steven Lukes(eds.). 1982. *Rationality and Relativism*. Cambridge, Mass.: MIT Press.

Hookway, Christopher. 1978. "Indeterminacy and Interpretation." in *Action and Interpretation Studies in the Philosophy of the Social Sciences*. See Hookway and Pettit 1978.

Hookway, Christopher, and Philip Pettit(eds.). 1978. *Action and Interpretation: Studies in the Philosophy of the Social Sciences*. Cambridge: Cambridge University Press.

Horton, Robin. 1970. "African Thought and Western Science." in *Rationality*. See Wilson 1970.

Hsieh, Winston. 1978. "Peasant Insurrection and the Marketing Hierarchy in the Canton Delta, 1911~12." in *Studies in Chinese Society*. See Wolf 1978.

Huang, Philip C. C. 1985. *The Peasant Economy and Social Change in North China*. Stanford, Calif.: Stanford University Press.

Hull, David. 1974. *Philosophy of Biological Science*. Englewood Cliffs, N.J.: PrenticeHall.

Jarvie, I. C. 1984. *Rationality and Relativism: In Search of a Philosophy and History of Anthropology*. London: Routledge & Kegan Paul.

Jensen, Arthur Robert. 1973. *Educability and Group Differences*. New York: Harper & Row.

Kahneman, D., P. Slovic, and A. Tversky. 1982. *Judgment Under Uncertainty: Heuristics and Biases*. Cambridge: Cambridge University Press.

Keat, Russell, and John Urry. 1975. *Social Theory as Science*. London: Routledge & Kegan Paul [러셀 키트·존 어리, 『과학으로서의 사회이론』, 이기홍 옮김(서울: 한울, 1993)].

Keohane, Robert O. 1984. *After Hegemony: Cooperation and Discord in the World Political Economy*. Princeton: Princeton University Press.

Kim, Jaegwon. 1984a. "Supervenience and Supervenient Causation." *Southern Journal of Philosophy* 22: 45~56, supplement.

_____. 1984b. "Concepts of Supervenience." *Philosophy and Phenomenological Research* 14: 153~176.

Kitcher, Philip. 1985. *Vaulting Ambition*. Cambridge, Mass.: MIT Press.

Kohli, Atul. 1987. *The State and Poverty in India: The Politics of Reform*. Cambridge: Cambridge University Press.

Kuhn, Philip A. 1980. *Rebellion and Its Enemies in Late Imperial China: Militarization and Social Structure, 1796~1864*. Cambridge: Harvard University Press(paperback ed.).

Kuhn, Thomas. 1970. *The Structure of Scientific Revolutions*. 2d ed. Chicago: University of Chicago Press [토머스 새뮤얼 쿤, 『과학혁명의 구조』, 김명자·홍성욱 옮김(서울: 까치, 2013)].

Lakatos, Imre, and Alan Musgrave(eds.). 1970. *Criticism and the Growth of Knowledge*. Cambridge: Cambridge University Press.

Laudan, Larry. 1977. *Progress and Its Problems*. Berkeley: University of California Press.

Lee, Ronald. 1986. "Population Homeostasis and English Demographic History." in *Population and Economy*. See Rotberg and Rabb 1986.

Leplin, Jarrett(ed.). 1984. *Scientific Realism*. Berkeley: University of California Press.

Levi, Isaac. 1967. *Gambling with Truth: An Essay on Induction and the Aims of Science*. Cambridge, Mass.: MIT Press.

Lévi-Strauss, Claude. 1963. *Structural Anthropology*. New York: Basic Books

_____. 1969. *The Elementary Structures of Kinship*. Boston: Beacon Press.

_____. 1969. *Convention*. Cambridge: Harvard University Press.

Lewis, David K. 1983. "New Work for a Theory of Universals." *Australasian Journal of Philosophy* 61: 109~143.

Little, Daniel. 1986. *The Scientific Marx*. Minneapolis: University of Minnesota

Press.

_____. 1988. "Collective Action and the Traditional Village." *Journal of Agricultural Ethics* 1: 41~58.

_____. 1989. *Understanding Peasant China: Case Studies in the Philosophy of Social Science.* New Haven: Yale University Press.

Luce, R. D., and Howard Raiffa. 1958. *Games and Decisions.* New York: Wiley.

Lukes, Steven. 1970. "Some Problems About Rationality." in *Rationality.* See Wilson 1970.

_____. 1973. "Methodological Individualism Reconsidered." in *The Philosophy of Social Explanation.* See Ryan 1973.

_____. 1982. "Relativism in Its Place." in *Rationality and Relativism.* See Hollis and Lukes 1982.

MacIntyre, Alasdair. 1973. "Is a Science of Comparative Politics Possible?" in *Rationality.* See Ryan 1973.

_____. 1984. *After Virtue.* 2d ed. Notre Dame, Ind.: University of Notre Dame Press [알래스데어 매킨타이어, 『덕의 상실』, 이진우 옮김(서울: 문예출판사, 1997)].

MacKay, Alfred. 1980. *Arrow's Theorem: The Paradox of Social Choice.* New Haven: Yale University Press.

Mackie, J. L. 1965. "Causes and Conditions." *American Philosophical Quarterly* 17: 4.

_____. 1974. *Cement of the Universe.* London: Oxford University Press.

_____. 1977. *Ethics: Inventing Right and Wrong.* Harmondsworth: Penguin. [J. L. 매키, 『윤리학 : 옳고 그름의 탐구』, 진교훈 옮김(서울: 서광사, 1990)].

Malinowski, Bronislaw. 1922/1961. *Argonauts of the Western Pacific.* New York: E. P. Dutton, 1961.

Margolis, Howard. 1982. *Selfishness, Rationality, and Altruism: A Theory of Social Choice*, Chicago: University of Chicago Press.

Marx, Karl. 1850/1974. *The Class Struggles* in *France in Surveys from Exile.* See Fernbach 1974b.

_____. 1852/1974. *The Eighteenth Brumaire of Louis Bonaparte* in *Surveys from Exile.* See Fernbach 1974b.

_____. 1867/1977. *Capital* vol. 1. New York: Vintage.

_____. 1846/1970. *The German Ideology.* New York: International Publishers.

Marx, Karl, and Frederick Engels. 1848/1974. *The Communist Manifesto* in *The Revolutions of 1848.* See Fernbach 1974a.

Mason, Edward S., Mahn Je Kim, Dwight Perkins, Kwang Suk Kim, and David C. Cole. 1980. *The Economic and Social Modernization of the Republic of Korea.* Cambridge: Council on East Asian Studies, Harvard University.

McMurtry, John. 1977. *The Structure of Marx's World-view*. Princeton: Princeton University Press.

Merton, Robert K. 1963. *Social Theory and Social Structure*. New York: Free Press.

_____. 1967. *On Theoretical Sociology*. New York: Free Press.

_____. 1973. *The Sociology of Science: Theoretical and Empirical Investigations*. Chicago: University of Chicago Press.

Migdal, Joel. 1974. *Peasants, Politics and Revolution*. Princeton: Princeton University Press.

Miliband, Ralph. 1969. *The State in Capitalist Society*. New York: Basic Books.

_____. 1977. *Marxism and Politics*. Oxford: Oxford University Press [R. 밀리밴드 (R. 밀리반드), 『마르크스주의 정치학 입문』, 정원호 옮김(서울: 풀빛, 1989)].

Mill, John Stuart. 1950. *Philosophy of Scientific Method*. New York: Hafner.

Miller, Richard W. 1978. "Methodological Individualism and Social Explanation." *Philosophy of Science* 45: 387~414.

_____. 1987. *Fact and Method*. Princeton: Princeton University Press.

Moore, Barrington Jr. 1978. *Injustice: The Social Bases of Obedience and Revolt*. White Plains, N.Y.: M. E. Sharpe.

Morris, Morris David. 1979. *Measuring the Condition of the World's Poor: The Physical Quality of Life Index*. New York: Pergamon Press.

Mueller, Dennis C. 1976. "Public Choice: A Survey." *Journal of Economic Literature* 14: 395~433.

Myers, Ramon H. 1970. *The Chinese Peasant Economy*. Cambridge: Harvard University Press.

Nagel, Ernest. 1961. *The Structure of Science*. New York: Harcourt, Brace & World.

Nagel, Thomas. 1970. *The Possibility of Altruism*. Oxford: Oxford University Press.

Naquin, Susan. 1976. *Millenarian Rebellion in China: The Eight Trigrams Uprising of 1813*. New Haven: Yale University Press.

Nash, Manning. 1965. *The Golden Road of Modernity: Village Life in Contemporary Burma*. New York: Wiley.

_____. 1966. *Primitive and Peasant Economic Systems*. San Francisco: Chandler.

Newton-Smith, W. H. 1981. *The Rationality of Science*. Boston: Routledge & Kegan Paul.

_____. 1982. "Relativism and the Possibility of Interpretation." in *Rationality and Relativism*. See Hollis and Lukes 1982.

North, Douglass C., and Robert Paul Thomas. 1973. *The Rise of the Western World: A New Economic History*. Cambridge: Cambridge University Press [노스 C. 더글러스, 『서구세계의 성장: 새로운 경제사』, 이상호 옮김(서우리 자유기업센터, 1999)].

O'Brien, P. K., and C. Keyder. 1978. *Economic Growth in Britain and France,*

1780~1914. London: George Allen & Unwin.

Olson, Mancur. 1965. *The Logic of Collective Action: Public Goods and the Theory of Groups*. Cambridge: Harvard University Press [멘슈어 올슨,『집단행동의 논리』, 최광·이성규 옮김(서울: 한국문화사, 2013)].

Outhwaite, William. 1975. *Understanding Social Life: The Method Called Verstehen*. London: George Allen & Unwin.

Oye, Kenneth A.(ed.) 1986. *Cooperation Under Anarchy*. Princeton: Princeton University Press.

Pampel, Fred C., and John B. Williamson. 1989. *Age, Class, Politics, and the Welfare State*. Cambridge: Cambridge University Press.

Pasternak, Burton. 1978. "The Sociology of Irrigation: Two Taiwanese Villages." in *Studies in Chinese Society*. See Wolf(ed.). 1978.

Perry, Elizabeth J. 1980. *Rebels and Revolutionaries in North China 1845~1945*. Stanford, Calif.: Stanford University Press.

Poland, Jeffrey. 1994. *Physicalism: The Philosophical Foundations*. Oxford: Oxford University Press.

Polanyi, Karl. 1957. *The Great Transformation*. Boston: Beacon Press [칼 폴라니, 『거대한 전환:우리 시대의 정치 경제적 기원』, 홍기빈 옮김(서울: 길, 2009)].

Popkin, Samuel L. 1979. *The Rational Peasant*. Berkeley: University of California Press.

_____. 1981. "Public Choice and Rural Development: Free Riders, Lemons, and Institutional Design." in *Public Choice and Rural Development*. See Russell and Nicholson 1981.

Popper, Karl. 1947. *The Open Society and Its Enemies* vol. 2. London: Routledge & Kegan Paul [칼 R. 포퍼,『열린사회와 그 적들 2』, 이명현 옮김(서울: 민음사, 1997)].

_____. 1961. *The Poverty of Historicism*. London: Routledge & Kegan Paul [칼 포퍼,『역사법칙주의의 빈곤』, 이한구·정연교·이창환 옮김(서울: 철학과현실사, 2016)].

_____. 1965. *Conjectures and Refutations: The Growth of Scientific Knowledge*. New York: Basic Books [칼 포퍼,『추측과 논박: 과학적 지식의 성장』, 이한구 옮김 (서울: 민음사, 2001)].

Poulantzas, Nicos. 1973. *Political Power and Social Class*. London: New Left Books. [니코스 풀란차스, 『정치권력과 사회계급』, 홍순권·조형제 옮김(서울: 풀빛, 1986)].

Przeworski, Adam. 1985a. *Capitalism and Social Democracy*. Cambridge: Cambridge University Press [아담 쉐보르스키,『자본주의와 사회민주주의』, 최형익 옮김(서울: 백산서당, 1995)].

_____. 1985b. "Marxism and Rational Choice." *Politics and Society* 14: 379~409.

Putnam, Hilary. 1978. *Meaning and the Moral Sciences.* London: Routledge & Kegan Paul.

Quine, Willard Van Orman. 1960. *Word and Object.* Cambridge, Mass.: MIT Press.

Radcliffe-Brown, A. R. 1922/1964. *The Andaman Islanders.* New York: Free Press.

Ragin, Charles C. 1987. *The Comparative Method: Moving Beyond Qualitative and Quantitative Strategies.* Berkeley: University of California Press.

Rapoport, Anatol. 1966. *Two-Person Game Theory.* Ann Arbor. University of Michigan Press.

Rapoport, Anatol, and A. M. Chammah. 1965. *Prisoners' Dilemma: A Study in Conflict and Cooperation.* Ann Arbor: University of Michigan Press.

Rawls, John. 1971. *A Theory of Justice.* Cambridge: Harvard University Press [존 롤스, 『정의론』, 황경식 옮김(서울: 이학사, 2003)].

_____. 1985. "Justice as Fairness: Political Not Metaphysical." *Philosophy and Public Affairs* 14: 223~251.

Regan, Donald. 1980. *Utilitarianism and Co-operation.* Oxford: Oxford University Press.

Roemer, John. 1981. *Analytical Foundations of Marxism.* New York: Cambridge University Press.

_____. 1982a. *A General Theory of Exploitation and Class.* Cambridge: Harvard University Press.

_____. 1982b. "Methodological Individualism and Deductive Marxism." *Theory and Society* 11: 513~520.

_____. 1988. *Free to Lose: An Introduction to Marxist Economic Philosophy.* Cambridge: Harvard University Press.

Roemer, John(ed.). 1986. *Analytical Marxism.* Cambridge: Cambridge University Press.

Rosenberg, Alexander. 1988. *Philosophy of Social Science.* Boulder, Colo.: Westview Press.

Rotberg, Robert I., and Theodore K. Rabb(eds.). 1986. *Population and Economy Population and History from the Traditional to the Modern World.* Cambridge: Cambridge University Press.

_____. 1989. *The Origin and Prevention of Major Wars.* Cambridge: Cambridge University Press.

Roth, David. 1987. *Meanings and Methods: A Case for Methodological Pluralism in the Social Sciences.* Ithaca, N.Y.: Cornell University Press.

Ruben, David-Hillel. 1985. *The Metaphysics of the Social World.* London: Routledge & Kegan Paul.

Rudner, Richard. 1966. *Philosophy of Social Science*. Englewood Cliffs, N.J.: PrenticeHall [리처드 러드너(리챠드 러드너), 『사회과학의 철학』, 신원형 옮김(서울: 연구사, 1986)].

Russell, Clifford S., and Norman K. Nicholson(eds.). 1981. *Public Choice and Rural Development*. Washington, D.C.: Resources for the Future.

Ryan, Alan(ed.). 1973. *The Philosophy of Social Explanation*. Oxford: Oxford University Press.

Sabel, Charles F. 1982. *Work and Politics*. Cambridge: Cambridge University Press.

Sabel, Charles F., and Jonathan Zeitlin. 1985. "Historical Alternatives to Mass Production: Politics, Markets and Technology in 19th Century Industrialization." *Past and Present* 108: 133~176.

Sahlins, Marshall. 1972. *Stone Age Economics*. New York: Aldine Publishing. [마셜 살린스, 『석기시대 경제학』, 박충환 옮김(파주: 한울아카데미, 2014)].

_____. 1976. *Culture and Practical Reason*. Chicago: University of Chicago Press.

Salmon, Wesley C. 1984. *Scientific Explanation and the Causal Structure of the World*. Princeton: Princeton University Press.

Sandler, Todd, and John T. Tschirhart. 1980. "The Economic Theory of Clubs: An Evaluative Survey." *Journal of Economic Literature* 18: 1481~1521.

Scheffler, Israel. 1967. *Science and Subjectivity*. Indianapolis: Bobbs-Merrill.

Schelling, Thomas C. 1978. *Micromotives and Macrobehavior*. New York: Norton [토머스 셸링, 『미시동기와 거시행동: 작은 동기와 선택은 어떻게 커다란 현상이 될까』, 이한중 옮김(파주: 21세기북스, 2009)].

Schofield, Roger S. 1986. "Through a Glass Darkly: The Population History of England as an Experiment in History." in *Population and Economy Population and History from the Traditional to the Modern World*. See Rotberg and Rabb 1986.

Schoultz, Lars. 1987. *National Security and United States Policy Toward Latin America*. Princeton: Princeton University Press.

Schultz, Theodore W. 1964. *Transforming Traditional Agriculture*. New Haven: Yale University Press.

Scott, James C. 1976. *The Moral Economy of the Peasant*. New Haven: Yale University Press. [제임스 스콧, 『농민의 도덕경제: 동남아시아의 반란과 생계』, 김춘동 옮김(서울: 아카넷, 2004)].

Sen, Amartya K. 1970. *Collective Choice and Social Welfare*. San Francisco: Holden-Day.

_____. 1973/1986. "Behaviour and the Concept of Preference." *Economica* 40: 241~259. Also in *Rational Choice*. See Elster 1986.

_____. 1979. "Rational Fools." in *Philosophy and Economic Theory*. See Hahn and

Hollis 1979.

_____. 1981. *Poverty and Famines: An Essay on Entitlements and Deprivation.* Oxford: Oxford University Press.

_____. 1982. *Choice, Welfare and Measurement.* Cambridge, Mass.: MIT Press.

_____. 1987. *On Ethics and Economics.* New York: Basil Blackwell.

Shanin, Teodor. 1985. *Russia as a "Developing Society."* New Haven: Yale University Press.

Shanin, Teodor(ed.). 1987. *Peasants and Peasant Societies.* 2d ed. Oxford: Blackwell.

Shankman, Paul. 1984. "The Thick and the Thin: On the Interpretive Theoretical Program of Clifford Geertz." *Current Anthropology* 25: 261~279.

Shubik, Martin. 1982. *Game Theory in the Social Sciences: Concepts and Solutions.* Cambridge, Mass.: MIT Press.

Simon, Herbert A. 1969/1981. *The Sciences of the Artificial.* 2d ed. Cambridge, Mass.: MIT Press.

_____. 1971. "Spurious Correlation: A Causal Interpretation." in *Causal Models in the Social Sciences.* See Blalock 1971.

_____. 1979. "From Substantive to Procedural Rationality." in *Philosophy and Economic Theory.* See Hahn and Hollis 1979.

_____. 1983. *Reason in Human Affairs.* Stanford, Calif.: Stanford University Press.

Skinner, G. William. 1964/1965. "Marketing and Social Structure in Rural China." 3 parts. *Journal of Asian Studies* 24: 1, 24: 2, 24: 3.

_____. 1977. "Cities and the Hierarchy of Local Systems." in *The City in Late Imperial China.* See Skinner(ed.). 1977.

Skinner, C. William(ed.). 1977. *The City in Late Imperial China.* Stanford, Calif.: Stanford University Press.

Skocpol, Theda. 1979. *States and Social Revolutions: A Comparative Analysis of France, Russia, and China.* Cambridge: Cambridge University Press [시다 스코치폴(테다 스코치폴), 『국가와 사회혁명: 혁명의 비교 연구(프랑스, 러시아, 중국)』, 한창수·김현택 옮김(서울: 까치, 1981)].

Skyrms, Brian. 1980. *Causal Necessity: A Pragmatic Investigation of the Necessity of Laws.* New Haven: Yale University Press.

Soboul, Albert. 1975. *The French Revolution 1787~1799: From the Storming of the Bastille to Napoleon.* New York: Vintage.

Sperber, Dan. 1985. *On Anthropological Knowledge: Three Essays.* Cambridge: Cambridge University Press.

Ste. Croix, G. E. M. de. 1981. *The Class Struggle in the Ancient Greek World from the Archaic Age to the Arab Conquests.* Ithaca, N.Y.: Cornell University Press.

Stich, Stephen. 1983. *From Folk Psychology to Cognitive Science: The Case Against Belief.* Cambridge, Mass.: MIT Press.

Stinchcombe, Arthur L. 1978. *Theoretical Methods in Social History.* New York: Academic Press.

Suppes, Patrick. 1984. *Probabilistic Metaphysics.* Oxford: Basil Blackwell.

Szymanski, Albert. 1978. *The Capitalist State and the Politics of Class.* Cambridge, Mass.: Winthrop.

Taylor, Charles. 1985a. *Philosophy and the Human Sciences: Philosophical Papers 2.* Cambridge: Cambridge University Press.

_____. 1985b. "Interpretation and the Sciences of Man." in *Philosophy and the Human Sciences.* See C. Taylor 1985a.

_____. 1985c. "Neutrality in Political Science." in *Philosophy and the Human Sciences.* See C. Taylor 1985a.

Taylor, Michael. 1976. *Anarchy and Cooperation.* London: Wiley.

_____. 1982. *Community, Anarchy and Liberty.* Cambridge: Cambridge University Press.

_____. 1986. "Elster's Marx." *Inquiry* 29: 3~10.

_____. 1987. *The Possibility of Cooperation.* Cambridge: Cambridge University Press.

_____. 1988. "Rationality and Revolutionary Collective Action." in *Rationality and Revolution.* See M. Taylor(ed.). 1988.

Taylor, Michael(ed.). 1988. *Rationality and Revolution.* Cambridge: Cambridge University Press.

Thomas, David. 1979. *Naturalism and Social Science.* Cambridge: Cambridge University Press.

Thompson, E. P 1963. *The Making of the English Working Class.* New York: Vintage [E. P. 톰슨, 『영국 노동계급의 형성』, 나종일 외 옮김(파주: 창비, 2000)].

_____. 1978. *The Poverty of Theory and Other Essays.* New York: Monthly Review.

Tilly, Charles. 1964. *The Vendée.* Cambridge: Harvard University Press.

_____. 1984. *Big Structures, Large Processes, Huge Comparisons.* New York: Russell Sage Foundation.

Tilly, Charles, Louise Tilly, and Richard Tilly. 1975. *The Rebellious Century 1830~1930.* Cambridge: Harvard University Press.

Tong, James. 1988. "Rational Outlaws: Rebels and Bandits in the Ming Dynasty, 1368~1644." in *Rationality and Revolution.* See M. Taylor(ed.). 1988.

Trigg, Roger. 1985. *Understanding Social Science.* London: Blackwell [로저 트리그, 『사회과학 이해하기: 사회과학에 대한 철학적 소개』, 김연각 옮김(서울: 한국문화

사, 2013)].

Tufte, Edward. 1974. *Data Analysis for Politics and Policy.* Englewood Cliffs, N.J.: Prentice-Hall.

Turner, Victor. 1974. *Dramas, Fields, and Metaphors: Symbolic Action in Human Society.* Ithaca, N.Y.: Cornell University Press [빅터 터너, 『인간사회와 상징 행위: 사회적 드라마, 구조, 커뮤니타스』, 강대훈 옮김(서울: 황소걸음, 2018)].

Van Parijs, Philippe. 1981. *Evolutionary Explanation in the Social Sciences.* Totowa, N.J.: Rowman & Littlefield.

Vlastos, Stephen. 1986. *Peasant Protests and Uprisings in Tokugawa Japan.* Berkeley: University of California Press.

Von Wright, Georg Henrik. 1971. *Explanation and Understanding.* Ithaca, N.Y.: Cornell University Press.

Ware, Robert and Kai Nielsen(eds.). 1989. *Analyzing Marxism. Canadian Journal of Philosophy.* Supplementary vol. 15.

Watkins, J. W. N. 1957. "Historical, Explanation in the Social Sciences." *British Journal for the Philosophy of Science* 8: 104~117.

_____. 1968. "Methodological Individualism and Social Tendencies." in *Readings in the Philosophy of the Social Sciences.* See Brodbeck 1968.

Weber, Max. 1949. *The Methodology of the Social Sciences.* Edited and translated by E. Shils and H. A. Finch. Glencoe, Ill.: Free Press [막스 베버, 『막스 베버 사회과학방법론 선집』, 전성우 옮김(파주: 나남, 2011)].

_____. 1958. *The Protestant Ethic and the Spirit of Capitalism.* New York: Scribner's [막스 베버, 『프로테스탄티즘의 윤리와 자본주의 정신』, 김덕영 옮김(서울: 길, 2010)].

_____. 1978. *Economy and Society* vol. 1. Berkeley: University of California Press [막스 베버, 『경제와 사회 I』, 박성환 옮김(서울: 문학과지성사, 1997)].

Weintraub, E. 1979. *Microfoundations.* Cambridge: Cambridge University Press.

White, Lynn. 1962. *Medieval Technology and Social Change.* Oxford: Oxford University Press.

Whorf, Benjamin. 1956. *Language, Thought, and Reality: Selected Writings of Benjamin Lee Whorf.* Edited by John B. Carrol. Cambridge, Mass.: MIT Press [벤자민 리 워프, 『언어, 사고, 그리고 실재』, 신현정 옮김(파주: 나남, 2010)].

Williams, George C. 1966. *Adaptation and Natural Selection: A Critique of Some Current Evolutionary Thought.* Princeton: Princeton University Press [조지 C. 윌리엄스, 『적응과 자연선택: 현대의 진화적 사고에 대한 비평』, 전중환 옮김(파주: 나남, 2013)].

Williamson, Samuel R., Jr. 1989. "The Origins of World War I." in *The Origin and Prevention of Major Wars.* See Rotberg and Raab 1989.

Wilson, Bryan R.(ed.) 1970. *Rationality*. Oxford: Blackwell.

Winch, Peter. 1958. *The Idea of a Social Science*. London: Routledge & Kegan Paul [피터 윈치, 『사회과학의 빈곤』, 박동천 옮김(서울: 모티브북, 2011)].

_____. 1970. "Understanding a Primitive Society." in *Rationality*. See Wilson 1970 [피터 윈치, 「원시 사회의 이해」, 『사회과학의 빈곤』, 박동천 옮김(서울: 모티브북, 2011), 231~308쪽].

Witherspoon, Gary. 1977. *Language and Art in the Navajo Universe*. Ann Arbor: University of Michigan Press.

Wolf, Arthur P. 1978. "Gods, Ghosts, and Ancestors." in *Studies in Chinese Society*. See Wolf(ed.). 1978.

Wolf, Arthur P.(ed.) 1978. *Studies in Chinese Society*. Stanford, Calif.: Stanford University Press.

Wolf, Eric. 1966. *Peasants*. Englewood Cliffs, N.J.: Prentice-Hall.

Wong, David. 1984. *Moral Relativity*. Berkeley: University of California Press.

Wright, Erik Olin. 1978. *Class, Crisis and the State*. London: Verso.

Wrigley, E. Anthony, and Roger S. Schofield. 1981. *The Population History of England, 1541~1871: A Reconstruction*. Cambridge: Harvard University Press.

찾아보기

지은이
대니얼 리틀(Daniel Little)

미시간대학교 디어본 캠퍼스의 철학 교수이자 미시간대학교 앤아버 캠퍼스의 사회학 교수이다. *The Scientific Marx*(1986), *Understanding Peasant China: Case Studies in the Philosophy of Social Science*(1989), *Microfoundations, Method, and Causation: Essays in the Philosophy of the Social Sciences*(1998), *The Paradox of Wealth and Poverty*(2003), *New Contributions to the Philosophy of History*(2010) 등의 책을 저술하고, 사회과학 철학과 분석 마르크스주의에 대한 많은 논문을 발표했다.

옮긴이
하홍규

연세대학교 사회학과에서 학사학위와 석사학위를 받고, 미국 보스턴대학교 사회학과에서 박사학위를 받았다. 현재 숙명여자대학교 인문학연구소 HK 연구교수로 일하고 있다. 사회이론과 종교사회학이 주된 전공분야이며, 현재 프래그머티즘 사회이론과 문화사회학, 감정사회학 연구에 집중하고 있다. 쓴 책으로는 『피터 버거』, 『현대사회학 이론: 패러다임적 구도와 전환』(공저), 『감정의 세계, 정치』(공저), 『공간에 대한 사회인문학적 이해』(공저) 등이 있으며, 옮긴 책으로는 『실재의 사회적 구성』, 『모바일 장의 발자취』, 『종교와 테러리즘』이 있다.

한울아카데미 2322

사회과학의 방법론
사회적 설명의 다양성

지은이 ı 대니얼 리틀   옮긴이 ı 하홍규
펴낸이 ı 김종수   펴낸곳 ı 한울엠플러스(주)   편집 ı 신순남
초판 1쇄 인쇄 ı 2021년 8월 20일   초판 1쇄 발행 ı 2021년 9월 6일

주소 ı 10881 경기도 파주시 광인사길 153 한울시소빌딩 3층   전화 ı 031-955-0655
팩스 ı 031-955-0656   홈페이지 ı www.hanulmplus.kr   등록번호 ı 제406-2015-000143호

Printed in Korea.
ISBN 978-89-460-7322-7 93300(양장)
      978-89-460-8108-6 93300(무선)